VIES DES DOUZE CÉSARS

Historiens grecs et latins
dans la même collection

DIOGÈNE LAERCE : Vie, Doctrines et Sentences des Philosophes Illustres.

SALLUSTE : Conjuration de Catilina — Guerre de Jugurtha — Histoires.

TACITE : Annales.

THUCYDIDE : Histoire de la guerre du Péloponnèse.

SUÉTONE

VIES DES DOUZE CÉSARS

Traduction de
Théophile Baudement
révisée par Jacques Gascou

Édition établie par
Jacques GASCOU

GF
FLAMMARION

ISBN 2-08-070553-9
Imprimé en France

INTRODUCTION

La vie et l'œuvre de Suétone

Suétone (*Caius Suetonius Tranquillus*) est pour la postérité l'auteur des *Vies des Douze Césars.* Ce livre, intégralement conservé si l'on néglige les premiers chapitres, perdus, de la *Vie de César,* ne représente pourtant qu'une assez faible part d'une œuvre immense qui a pour l'essentiel disparu. Il n'en subsiste, au demeurant, que la plus grande partie d'un opuscule consacré à des vies de grammairiens et de rhéteurs, qui lui-même appartenait à un livre plus vaste, *Sur les hommes illustres (De viris illustribus),* où Suétone traitait des poètes, des orateurs, des historiens, des philosophes, des grammairiens et des rhéteurs ; et, en outre, des fragments plus ou moins étendus, ou simplement les titres, d'ouvrages d'érudition touchant aux questions les plus diverses. Ceux-ci furent écrits tantôt en latin, tantôt en grec, ce qui prouve que Suétone, comme beaucoup d'intellectuels romains, était parfaitement bilingue. Mentionnons quelques-uns de ces titres : *Les Jeux des Grecs ; Les Jeux publics des Romains ; L'Année romaine ; Les Usages et mœurs des Romains ; Le Costume des Romains ; L'Institution des offices ; Les Rois ; Les Courtisanes célèbres ; Les Mots injurieux ; Les Signes abréviatifs ; Sur la République de Cicéron ; Variétés (De rebus variis).* Citons enfin les *Prata (Les Prairies),* qui pour les uns seraient une vaste encyclopédie et, pour les autres, sans doute plus justement, une collection d'essais sur toutes sortes de sujets.

Cette liste est éloquente : Suétone est d'abord un érudit, qui a consacré une grande partie de son activité à des travaux portant — notamment — sur la littérature, sur le langage, sur les institutions, sur la vie quotidienne. Il s'en faut pourtant qu'il n'ait été qu'un homme de lettres. Nous avons la chance de n'être pas totalement dénués d'informations sur son origine sociale, sur sa vie, sur sa carrière, même si beaucoup de zones d'ombre subsistent.

Fils d'un chevalier qui fut tribun militaire sous l'empereur Othon, Suétone est né à une date sans doute proche de 70. Assez jeune, dès l'année 97, il apparaît comme un ami du sénateur Pline le Jeune qui jouera un rôle politique important sous le principat de Trajan et favorisera sa carrière. Il est alors avocat. Dès cette époque, il est renommé auprès de ses amis pour son érudition. Comme il était normal pour un fils de chevalier, Suétone aspira à s'engager lui-même dans la carrière équestre. Une fonction préparatoire à cette dernière était celle de « juge sélectionné » : il obtint d'être agrégé aux décuries de juges entre 98 et 103 au plus tard. Puis il sollicita un tribunat militaire en Bretagne (c'est-à-dire en Grande-Bretagne). Mais la perspective de la vie militaire eut-elle pour lui peu d'attraits ? Ou bien jugea-t-il cette province trop lointaine ou trop inhospitalière ? Il renonça à ce tribunat et demanda à son ami Pline la faveur de le faire transférer à un de ses parents. Effectua-t-il ailleurs le service militaire des chevaliers, utile, mais non absolument indispensable à qui voulait s'engager dans la haute administration impériale ? On l'ignore, mais c'est peu probable : il n'est pas exclu qu'il ait pu bénéficier du « service militaire fictif » que l'empereur Claude avait imaginé pour certains chevaliers et qui dispensait ses titulaires de toute présence sous les drapeaux. On sait que peu de temps après, en 105-106, il travaillait à un ouvrage que ses scrupules d'auteur l'empêchaient de considérer comme achevé. Quelques années se passent, sur lesquelles aucun document ne nous apporte la moindre lumière, si l'on met à part une lettre de Pline le Jeune (IX, 34), datable de 106-108, où ce dernier consulte Suétone sur l'opportunité qu'il y aurait à faire faire une lecture publique de ses vers par un de ses affranchis : elle prouve au moins qu'il était bien introduit dans les milieux littéraires romains et qu'il y faisait figure d'expert. Entre 111 et 113, Pline demanda à Trajan et obtint par dérogation, pour Suétone, dont le mariage avait été stérile, le « droit des pères de trois enfants », qui comportait certains privilèges. La lettre de recommandation de Pline laisse supposer que notre auteur est alors auprès de son ami et protecteur, en Bithynie. On peut penser que c'est encore grâce à la faveur de Pline que Suétone, juste avant la mort de ce dernier, qui eut lieu sans doute en 113, s'engagea dans la carrière « procuratorienne ». Il obtint des postes de haute responsabilité auprès de l'empereur : il fut *a studiis*, puis *a bibliothecis*, entre 113 et 117 semble-t-il. Peut-être cumula-t-il ces deux fonctions. La mort de Trajan en 117 ne mit pas un terme à cette carrière : Suétone devint, sans doute dès l'avènement d'Hadrien, *ab epistulis*, et, à ce titre, responsable de la correspondance latine et grecque du prince. Étant dans l'exercice de ces fonctions, il publia, entre 119 et 122, ses *Vies des Douze Césars* : il les dédia à un important personnage qui avait fait partie comme lui de l'entourage de Pline, Septicius Clarus, alors préfet du prétoire. Il y a tout lieu de penser qu'elles parurent en une seule fois, car le texte de Jean Lydus qui atteste cette publication ne fait pas état de livraisons successives : malgré l'opinion récemment exprimée par certains érudits, on n'a pas de raison de croire que Suétone ait fait paraître les dernières *Vies* des Césars après 122. Un événement grave mit fin brutalement, en 122, à sa carrière : Septicius Clarus, Suétone, « et beaucoup d'autres » furent privés de leur charge cette année-là pour s'être conduits de façon trop familière envers l'impératrice, Vibia Sabina. Cette information due à la *Vie d'Hadrien*, dans l'*Histoire Auguste* (rédigée à la fin du IVe siècle), reste énigmatique, et le grand nombre de personnes concernées, en même temps que la futilité du motif invoqué, incite à se demander s'il n'y eut pas là un simple prétexte pour écarter un groupe de personnes qui avaient déplu au prince pour des raisons politiques, ou simplement parce qu'elles constituaient une coterie encombrante. Rien n'indique que Suétone ait joué un rôle prédominant dans ce groupe, encore moins que le contenu de son œuvre ait pu heurter l'empereur. Le simple fait qu'il ait été un protégé et un ami de Septicius Clarus, le préfet du prétoire disgracié et le chef probable du clan qui avait encouru la défaveur impériale, a pu entraîner son renvoi. On ne sait plus rien de sa vie après 122. On a parfois prétendu qu'il avait vécu encore longtemps après cette date pour pouvoir rédiger les nombreuses œuvres dont les titres nous sont conservés. Mais rien ne nous permet de préjuger du rythme de travail de Suétone, et n'empêche d'envisager qu'il ait écrit l'essentiel de son œuvre avant, plutôt qu'après 122. On ne risquera donc aucune hypothèse sur la date de sa mort.

Les *Vies des Douze Césars*

Les *Vies des Douze Césars* posent à l'historien de la littérature des problèmes ardus et multiples, dont on débat encore : quelle est l'origine de la composition si singulière qu'affectent ces biographies ? Suétone mérite-t-il d'être appelé un écrivain, ou faut-il le ravaler au rang de pur « érudit » ? Quels rapports entretiennent ses vies de Césars avec l'histoire ? Est-il permis d'accoler à son nom le qualificatif d' « historien », ou doit-on affirmer avec maints critiques que son œuvre est aussi peu « historique » que possible ? Est-il dénué d'idées, et son livre est-il une simple collection de petits faits et de détails érudits, comme une lecture rapide peut en donner le sentiment ? Ou bien, derrière l'apparence anecdotique de son récit, doit-on tenter de deviner une conception globale de l' « empereur idéal », et Suétone décrit-il, par référence à cette conception, les vertus qui doivent être celles du prince, les vices qu'il doit éviter ? Par voie de conséquence, peut-on déceler chez notre auteur des options politiques ? Examinons ces différents points.

Les biographies de Suétone offrent un mode de composition très particulier, que l'on ne rencontre chez aucun des biographes grecs ou latins qui l'ont précédé, de ceux du moins dont l'œuvre nous est parvenue. Un récit chronologique *(per tempora)* plus ou moins développé, précédé d'un exposé sur la famille du César dont la vie est décrite, nous conduit généralement de la naissance jusqu'à l'avènement ou la prise de pouvoir. Après quoi la vie se poursuit « par rubriques » *(per species) :* Suétone y loge commodément ce qu'il lui serait parfois malaisé de développer dans un récit historique suivi. Prenons l'exemple de la *Vie d'Auguste* : après des considérations sur l'origine familiale d'Auguste (chap. 1-4), le récit chronologique, réduit à sa plus simple expression (chap. 5-8), est suivi des grandes rubriques « vie publique » (chap. 9-60), puis « vie privée » (chap. 61-93). Ces rubriques contiennent elles-mêmes des subdivisions. La « vie publique » englobe de multiples catégories : guerres civiles ; guerres extérieures ; magistratures ; constructions publiques et réforme de l'organisation de Rome ; législation ; relations avec les grands ordres de l'État : sénateurs et chevaliers, et avec la plèbe ; spectacles ; administration de l'Italie et des provinces ; attitude à l'égard des rois et de l'armée ; vertus publiques d'Auguste et popularité qu'elles lui valurent. Quant à la vie privée, elle inclut les divisions suivantes : famille (mère, sœur, femmes, enfants) ; amis ; affranchis et esclaves ; conduite privée (goûts sexuels ; amour du jeu ; simplicité de son mode de vie) ; santé ; culture et goûts intellectuels ; attitude devant les choses de la religion. Enfin, la *Vie* se termine par les rubriques suivantes : présages ; mort ; âge ; funérailles ; « consécration » (ou apothéose) ; testament.

Les autres *Vies* présentent des variantes par rapport à ce schéma ; le récit chronologique y est plus développé et les rubriques et « sous-rubriques » y sont moins nombreuses, et, parfois, différentes. Il reste que l'organisation en est comparable (à l'exception des *Vies*, très brèves, des trois empereurs qui font transition entre les princes julio-claudiens et les Flaviens, Galba, Othon, Vitellius, qui ne présentent à peu près qu'un récit chronologique) et paraît répondre à une intention du biographe. Il s'en explique, d'ailleurs, au chapitre 9 de la *Vie d'Auguste* : « Tel est le sommaire de sa vie. Je vais maintenant en exposer séparément les parties diverses, non suivant l'ordre des temps (*per tempora*), mais par catégories (*per species*), pour en donner une idée plus nette et plus distincte. » C'est le triomphe de l'esprit analytique : Suétone renonce à saisir une vie et un règne dans leur continuité historique. Il s'interdit de comprendre ce qui, au terme de la vie d'Auguste, a changé à Rome et dans l'Empire, et la gigantesque révolution qui a fait du passage de la République au Principat une des étapes majeures de l'histoire du monde. En revanche, il nous livre des informations précises sur certains aspects de l'œuvre administrative ou législative d'Auguste, sur les constructions dont il fut directement ou indirectement responsable, sur le détail de ses magistratures ; et aussi sur ses goûts en matière de style, sur ses essais littéraires, ou sur la simplicité de ses repas. Mais tout est placé sur le même plan, comme si Suétone s'interdisait toute hiérarchie entre l'important et le futile, l'historique et le biographique.

Les historiens de la littérature n'aiment pas qu'on puisse concevoir le surgissement *ex nihilo* d'une forme littéraire. Il leur faut expliquer un genre en apparence nouveau par autre chose qui a précédé : on a donc imaginé l'existence d'une biographie érudite hellénistique (plus précisément : alexandrine) qu'on aurait appliquée à l'origine aux écrivains, et qui aurait présenté la même distinction entre le récit chronologique et l'exposé « par rubriques » d'une vie. Suétone se serait emparé de cette forme et l'aurait utilisée pour décrire des vies d'hommes d'État. L'ennui est que la preuve de cette reconstruction fait défaut et qu'on n'a, pour l'instant, pas fourni l'ombre d'un argument tangible en sa faveur. Aussi, malgré les *a priori* de l'histoire littéraire, faut-il peut-être créditer Suétone de la paternité de ce mode d'organisation biographique. Il a pu, il est vrai, s'inspirer des éloges funèbres et des épitaphes, où les principaux événements d'une vie et les traits essentiels d'une personnalité étaient regroupés « par catégories ». Mais il ne s'agissait là que de brefs schémas, et il y a une distance considérable entre des inscriptions de caractère systématiquement hagiographique et de longues biographies où les aspects les moins glorieux d'une vie voisinent avec ceux qui sont dignes d'admiration ou ne suscitent ni le blâme ni l'éloge.

Suétone écrivain ou érudit ? Voilà l'une de ces fausses antinomies où se complaît le débat critique touchant Suétone : comme si l'érudition excluait l'intention littéraire, et réciproquement. Certes, c'est une chose entendue et qui ne souffre pas la contestation : Suétone est un érudit, non seulement attiré par la philologie, mais manifestant un goût profond pour tout l'univers du concret. L'apparence physique des Césars lui importe, mais aussi les institutions, les spectacles offerts par les empereurs, et encore les sommes distribuées par eux au peuple, leurs constructions, leur connaissance du grec, leurs goûts littéraires, aussi bien que leur façon de se vêtir ou de se nourrir, ou leurs penchants sexuels, — et la liste est loin d'être exhaustive. De plus, Suétone a des scrupules d'antiquaire : il existait des versions différentes de certains événements, et il n'était pas toujours possible de dire quelle était la plus digne de foi. Ainsi en allait-il de la mort de Claude : deux relations divergentes avaient cours sur les circonstances de son empoisonnement et sur les suites de cet attentat. Tacite et Dion Cassius présentent un récit continu et unitaire, et le premier de ces historiens mêle visiblement des éléments empruntés aux deux versions pour donner un tableau admirable d'intensité, mais où la vérité historique n'est pas scrupuleusement respectée. Suétone, dans la *Vie de Claude* (chap. 44), distingue soigneusement entre les deux traditions, ce qui, assurément, rompt l'unité de la narration et lui interdit les effets splendidement théâtraux de Tacite, mais témoigne d'un louable souci d'exactitude. En contrepartie, sans doute, cela nuit à la qualité littéraire du récit. Mais Suétone est-il pour autant dénué de mérites artistiques ? A une époque où l'on aimait volontiers le style contourné, précieux et moderniste ou au contraire archaïsant, notre auteur se recommande par une langue brève et d'une grande limpidité, qui a l'ambition d'exprimer clairement sa pensée, sans pointes et sans formules recherchées. On lui en fait quelquefois reproche, estimant que l'abondance des « ablatifs absolus », la place du verbe presque invariablement en fin de phrase, la monotonie dans l'usage des temps, témoignent d'une certaine pauvreté stylistique qui serait le propre de l' « expression érudite ». Et si Suétone tirait de cette prose si sage, apparemment sans relief, des effets plus subtils qu'on ne veut bien le dire ? N'y a-t-il pas un contraste voulu entre l'horreur de certaines descriptions et le ton paisible sur lequel elles sont relatées ? Montesquieu s'en étonnait [1] à propos de la *Vie de Néron* (chap. 26-39), jugeant qu'il ne fallait pas se fier à cette apparence. Une phrase brève et pleine de force (chap. 40) brise la monotonie voulue de l'énumération et témoigne de l'indignation jusque-là contenue de l'écrivain : « Le monde, après avoir supporté près de quatorze ans un tel prince, le déposa enfin », où Montesquieu décelait un « plaisir de la surprise ». L'émotion et l'intensité ne sont d'ailleurs pas absentes de certains tableaux de Suétone : les récits de la mort des Césars sont des morceaux de bravoure où il donne la mesure de son talent. Qu'on en juge par le court exposé du meurtre de Jules César (*Vie de César,* chap. 82), avec cette peinture pleine de grandeur du dictateur s'abandonnant aux poignards des conjurés : « Alors il s'enveloppe la tête de sa toge, et, de la main gauche, il en abaisse un des pans sur ses jambes, afin de tomber plus décemment », ou la sécheresse de cette description, d'où ressort la précision hallucinante d'un détail habilement choisi : « Enfin trois esclaves le rapportèrent chez lui sur une civière, d'où pendait un de ses bras. » Qu'on se reporte aussi au tableau beaucoup plus développé des derniers instants de Néron (*Vie de Néron,* chap. 47-49) : le monstre sanguinaire n'est plus qu'un histrion pitoyable, gémissant sur son sort, abandonné de

1. *Essai sur le goût (Des plaisirs de la surprise)* : « Suétone nous décrit les crimes de Néron avec un sang-froid qui nous surprend en nous faisant presque croire qu'il ne sent point l'horreur de ce qu'il décrit. Il change de ton tout à coup, et dit : " L'univers ayant souffert ce monstre pendant quatorze ans, enfin il l'abandonna. " » Montesquieu, qui sans doute cite de mémoire, modifie légèrement le texte, remplaçant « un tel prince » par « ce monstre », et « près de quatorze ans » par « pendant quatorze ans ».

tous sauf de deux ou trois affranchis, lâche devant la mort qu'il ne consent à s'infliger lui-même qu'à la pensée du supplice qui l'attend. L'accumulation des détails triviaux donne une force réaliste étonnante à ce récit : l'odeur d'un cadavre abandonné sur la route, qui fait reculer son cheval ; l'eau puisée par Néron dans une mare pour étancher sa soif ; le prince arrachant les épines de ronces qui s'étaient fixées à son manteau ; ses dernières paroles, grec et latin mêlés, où s'exprime son désarroi ; enfin l'image d'horreur : « Il expira en prononçant ces mots, les yeux ouverts et fixes, objet d'épouvante et d'effroi pour ceux qui le regardaient. » C'est ici que l'érudit et l'écrivain se rejoignent, la foule de petits faits en apparence insignifiants concourant à la force de l'évocation[1].

Cet auteur, que l'on croit volontiers terne parce qu'il se refuse aux effets rhétoriques, sait aussi faire preuve d'humour, et ce trait est chez lui singulièrement méconnu. Son récit des talents de Caligula (*Vie de Caligula*, chap. 53-54 : facilité de parole, aptitude aux combats de gladiateurs et à la conduite des chars, chant, danse) s'achève par ce trait satirique où l'on a eu bien tort de ne voir que de la naïveté : « Toutefois cet homme, qui avait appris tant de choses, ne savait pas nager. » Autre effet de dissonance cocasse : dans la description de la carrière de Vespasien avant son avènement à l'Empire, l'évocation du gouvernement de l'Afrique par ce personnage se termine par une chute des plus facétieuses qui jure avec l'éloge des vertus dont il fit preuve durant sa charge (*Vie de Vespasien*, chap. 4) : « Il administra cette province avec beaucoup d'intégrité, et il s'y acquit le respect des peuples ; ce qui n'empêcha pas que, dans une

1. Il y aurait beaucoup à dire sur le réalisme méticuleux, âpre, parfois atroce, du biographe latin. Rappelons ces propos de Victor Hugo sur Balzac, où le rapprochement entre le romancier et Suétone souligne ce trait : « Tous ses livres ne forment qu'un livre, livre vivant, lumineux, profond, où l'on voit aller et venir et marcher et se mouvoir, avec je ne sais quoi d'effaré et de terrible mêlé au réel, toute notre civilisation contemporaine ; livre merveilleux que le poète a intitulé comédie et qu'il aurait pu intituler histoire, qui prend toutes les formes et tous les styles, qui dépasse Tacite et qui va jusqu'à Suétone, qui traverse Beaumarchais et qui va jusqu'à Rabelais » (*Actes et Paroles, Funérailles de Balzac*, dans Victor Hugo, *Œuvres complètes*, Le Club Français du Livre, t. VII, p. 317). Il est surprenant que Victor Hugo, très grand admirateur de Tacite, mais qui ne parle guère de Suétone dans son œuvre, paraisse placer, ici, ce dernier encore plus haut que l'auteur des *Annales*.

sédition à Adrumète, on ne lui jetât des raves. » Ce n'est là qu'un échantillon de l'esprit satirique de Suétone, dont la *Vie de Claude* offrirait maints exemples.

Peut-on situer Suétone par rapport à l'histoire et le qualifier d' « historien » ? Ici encore, nous nous heurtons aux barrières étanches et aux interdits de l'histoire littéraire traditionnelle. La biographie est aux yeux des Anciens un genre distinct de l'histoire, et l'on a beau jeu de rappeler la parole célèbre de Plutarque au début de la *Vie d'Alexandre* : « Je n'écris pas des ouvrages d'histoire, mais des biographies. » Histoire et biographie s'opposent par leur contenu et leur finalité : le biographe s'intéresse à un homme, à la fois dans le déroulement de son existence et dans sa personnalité. L'historien s'attache aux grands événements, aux guerres, aux bouleversements politiques, et n'évoque certains individus que pour le rôle qu'ils ont tenu dans leur déclenchement ou dans leur développement. Lorsque la biographie est celle d'un homme d'État, il y a certes, des points de rencontre entre les deux genres : le biographe ne peut ignorer le fond historique sur lequel se profile la personnalité dont il retrace la vie, les événements qu'elle a suscités ou dont elle a subi le contrecoup. Il reste que la perspective est différente : le biographe cherche à décrire une personnalité dans toute sa complexité, ce qui n'est pas l'objet de l'historien. Mais il est préférable d'aborder par un autre biais la situation de Suétone vis-à-vis de l'histoire. Laissons de côté la notion de genre littéraire, qui nous conduirait rapidement à une impasse, et voyons ce que notre auteur apporte, dans ses *Vies*, qui mérite d'être qualifié d' « historique ». Essayons de comprendre pourquoi il est et sera toujours une source de premier ordre pour qui s'intéresse à la fin de la République et au premier siècle de l'Empire. C'est, paradoxalement, le fait qu'il n'ait pas écrit des « histoires annalistiques » (rapportant les événements année par année) à la façon de Tite-Live ou de Tacite, qui lui confère sa valeur éminente aux yeux des historiens actuels de l'Antiquité romaine. Ces auteurs, il est vrai, nous livrent une trame précise des événements et sont incomparablement supérieurs à Suétone lorsqu'il s'agit d'établir une chronologie relative ou absolue. Mais on sait que l'histoire « événementielle » n'est qu'une partie de l'histoire, et les méthodes nouvelles qui se sont développées au XXe siècle nous ont habitués à considérer que le but de l'historien n'est pas seulement de mettre au point une chronologie précise des faits : nous avons tendance à penser que les nombreuses réalités qui intéressent tant Suétone appartiennent à l'histoire, autant que le tableau exactement daté des guerres et des conquêtes, des complots, de l'avènement et de la chute des empereurs, de la naissance et de la mort des dynasties. Suétone, assurément, n'était pas conscient d'annexer de nouvelles provinces à l'histoire et de faire œuvre d'historien. Il n'avait sans doute que l'ambition d'apporter, dans un esprit de pure érudition, des informations précises et multiples qu'il avait soigneusement recherchées, soit dans des ouvrages déjà publiés, soit dans des documents de première main. Il est historien à son insu. On ne peut donner ici qu'une légère idée de la nature très variée de ses informations de caractère « historique » (au sens large du terme) dans les *Vies des Douze Césars* : plus qu'aucun historien romain, il s'intéresse à la famille et à la carrière des Césars avant leur avènement. C'est lui qui nous fournit les détails les plus nombreux et les plus précis sur l'origine sociale et géographique des rameaux paternel et maternel de la famille d'Auguste, nous permettant de comprendre de quels atouts considérables disposait le fondateur de l'Empire, de par sa naissance, dans la conquête du pouvoir. C'est encore lui qui nous livre l'essentiel de ce que nous savons sur la carrière de Galba avant son accession au trône impérial : Plutarque, Tacite, et Dion Cassius nous apportent à ce sujet des renseignements fragmentaires qui sont très inférieurs en nombre et en précision. Il a le sens de la caractérisation physique des personnages dont il retrace l'existence et nous transmet à cet égard un riche matériel de notations concrètes qui procède d'un souci de réalisme parfois altéré, dans le portrait de certains Césars qu'il déteste ou méprise particulièrement (Caligula, Claude), par une volonté satirique ou caricaturale, mais où, contrairement à une opinion répandue, il n'est guère possible de déceler une intention « physiognomoniste[1] ».

1. La « physiognomonie » est une prétendue science qui avait ses spécialistes dans l'Antiquité gréco-latine et dont l'ambition était de déterminer le caractère d'une personne à partir de ses traits physiques (il convient de ne pas la confondre, comme on le fait trop souvent, avec la « métoposcopie », qui prétendait deviner le destin d'un individu à partir de son aspect physique). Les tentatives faites pour prouver que Suétone a eu ce genre de préoccupations ont rencontré un succès durable. Elles ne reposent cependant sur aucun fondement sérieux : la comparaison des portraits des Césars, dans les biographies de Suétone, avec les traités antiques consacrés à la physiognomonie, témoigne au contraire de l'indifférence de Suétone à l'égard de cette discipline.

Il a surtout un intérêt très vif pour les réalités administratives et juridiques. Ses études et sa carrière, sa situation de haut fonctionnaire auprès de Trajan, puis d'Hadrien, l'ont familiarisé avec ce type d'informations, auxquelles l'histoire annalistique n'accordait qu'un intérêt médiocre, mais qui paraissent très précieuses à l'historien d'aujourd'hui soucieux de comprendre en profondeur le fonctionnement de la société romaine. A cet égard, Suétone est très supérieur à Tacite et l'emporte même souvent sur Dion Cassius lui-même, l'historien de l'époque impériale le plus attentif à la politique administrative des empereurs. Sur les réformes juridiques et l'activité législative d'Auguste et de Claude, sur certains aspects de l'administration de l'Italie et des provinces, sur les questions relatives à la citoyenneté romaine, sur l'organisation des carrières des sénateurs et des chevaliers, Suétone est une de nos meilleures sources. Son œuvre enrichit notablement les connaissances que, sans elle, nous aurions de ces réalités à la fin de la République et sous les premiers empereurs.

L' « évergétisme » impérial — c'est-à-dire les libéralités de tous ordres dont le peuple était redevable aux Césars en matière de jeux et de spectacles, de distributions, de constructions publiques — jouait un rôle capital dans les relations du prince et de la plèbe romaine. L'empereur qui voulait agir dignement se devait de répandre autour de lui les fruits de sa générosité : c'était un attribut presque obligatoire de sa puissance. Les souverains qui, comme Tibère, manquaient à ce devoir, étaient sévèrement jugés. Suétone, qui touche de près aux rouages du pouvoir impérial, n'ignore pas l'importance de l'évergétisme : d'où l'abondance de ses informations concernant les spectacles du théâtre, de l'amphithéâtre et du cirque, les distributions de vivres ou d'argent, les constructions, — bien supérieures à celles que nous livrent Tacite et Dion Cassius. Aucun historien, par exemple, n'apporte autant de précisions concernant les grands travaux de Claude ou l'œuvre monumentale de Domitien.

Mais l'originalité la plus remarquable de Suétone en tant qu' « historien » est sans doute l'importance qu'il attache à la relation des Césars avec la culture : la description de leurs goûts intellectuels, de leur style, de leurs aptitudes littéraires, de leurs écrits, de leur langage parlé ou épistolaire, fait partie à ses yeux des éléments qui permettent de caractériser leur personnalité. Par ce biais, il nous livre une précieuse ébauche d'une histoire intellectuelle des Césars, aux développements inégaux, mais unique dans les lettres latines. C'est en vain que nous chercherions chez un historien latin ou grec de l'Empire romain quelqu'une des nombreuses précisions qu'il nous apporte sur les ouvrages d'Auguste, sur son style, sur les locutions qu'il affectionnait, sur son goût pour les études grecques, sur l'encouragement qu'il donna aux talents de son siècle. C'est un tableau très complet et très vivant qui intéresse au premier chef non seulement l'historien de la littérature, mais l'historien tout court.

Au total donc, Suétone s'attache aux aspects les plus variés de la réalité historique telle que peuvent la concevoir nos contemporains et qui relèvent du « non-événementiel ». En visant un autre objet que celui de l'historien traditionnel, il élargit le champ de l'histoire telle qu'on la concevait en son temps.

Historien, Suétone l'est encore en un autre sens : alors que l'historien ancien est rarement un érudit soucieux d'amasser une documentation de première main, se contentant souvent d'une mise en forme littéraire de ce que lui apportaient ses prédécesseurs, notre auteur est curieux de toutes les sources d'information, littéraires ou documentaires. Certes, il n'applique pas une méthode « scientifique » consciente d'elle-même. Il manque souvent de critique et juxtapose sans le dire des sources de grande valeur et d'autres de qualité douteuse, telles que libelles et pamphlets, ou œuvres de propagande. Il accueille trop souvent des données romanesques ou légendaires, qu'il préfère parfois à des renseignements plus avérés. Pourtant, il manifeste aussi un réel esprit de « chercheur » en quête d'une documentation ample et variée. Il fait appel non seulement aux ouvrages historiques auxquels tout le monde avait accès, mais aussi à des auteurs peu connus ou qui même ne sont connus que grâce à lui seul, tels qu'Actorius Naso, Aquilius Niger, Julius Saturninus, Julius Marathus, C. Drusus, Q. Elogius, etc. Il utilise, en outre, des sources de première main. Il s'agit pour une part de documents inédits empruntés aux archives impériales, que ses fonctions d'*a studiis*, d'*a bibliothecis*, puis d'*ab epistulis*, lui ont permis de consulter : lettres autographes d'Auguste, qu'il décrit comme un expert en graphologie, testaments de César, d'Auguste et de Tibère, dont il reproduit des expressions techniques et précise la forme extérieure, tablettes et carnets contenant des vers de Néron dans lesquels il signale les ratures et les surcharges qui prouvent les scrupules littéraires du princehistrion. D'autres documents de première main sont les « Actes du sénat », dont la publication était interdite depuis le règne d'Auguste, mais auxquels les hommes politiques et les littérateurs avaient accès, et le « Journal du peuple » (ou « Actes du peuple »), largement diffusé, et où étaient consignés certains faits relatifs aux affaires publiques, aux grands personnages de l'État et à la famille impériale, ainsi que quantité de faits divers. Les mentions que fait Suétone de ces deux sortes de documents et les conjectures que l'on peut risquer sur les informations qu'il peut leur avoir empruntées permettent de conclure qu'il a, en certaines occasions, utilisé les uns et les autres, mais qu'il a dû faire appel plus souvent au Journal du peuple qu'aux Actes du sénat. Il n'a pas négligé non plus d'autres documents de première main, déjà publiés : lettres réunies en recueils, mémoires de grands personnages ou d'empereurs, ouvrages littéraires des Césars. Il a même fait appel, dans certains cas et de son aveu même, à des informations orales que lui avaient transmises son grand-père, son père, ou des personnes dont il ne mentionne pas l'identité. Il utilise aussi, trop rarement il est vrai, son propre témoignage : notamment à propos d'une scène révoltante qui eut lieu à Rome sous le règne de Domitien (*Vie de Domitien*, chap. 12). Soucieux d'enrichir encore sa documentation, il est attentif à certaines inscriptions, notamment aux *Res Gestae* où Auguste donnait un compte rendu de son action politique depuis la mort de César jusqu'à la fin de son règne, et où il a manifestement puisé plusieurs informations. Il mentionne et décrit des monuments, des objets, des lieux qu'il a personnellement examinés, pour entourer des détails les plus circonstanciés certains événements de la vie des Césars.

Dans l'utilisation de ses sources, il sait faire preuve d'une saine méthode : lorsqu'il y a conflit entre le document de première main et la source littéraire, il accorde la préférence au premier sur la seconde. A cet égard, le chapitre 8 de la *Vie de Caligula* offre un modèle de discussion historique : Suétone prouve, contre plusieurs historiens et contre des opinions répandues dans le public, que Caligula n'a pu naître qu'à Antium, en s'appuyant sur le Journal du peuple : le document brut, irréfutable, est préférable à toute autre source. Suétone, enfin, offre un cas unique parmi les historiens ou les biographes anciens : il a le sens de la citation littérale. Qu'il cite une œuvre littéraire, des documents officiels, des lettres, des vers, des graffiti, on peut lui faire confiance : chaque fois que la vérification est possible, elle prouve qu'à la différence de l'historien ancien, qui répugne, pour des raisons stylistiques, à citer fidèlement, et recompose les discours ou les lettres qu'il rapporte, Suétone a un souci quasi « scientifique » d'exactitude littérale.

Voilà bien des raisons qui peuvent nous permettre de considérer Suétone comme un véritable historien. Un historien, pourtant, qui a ses limites : qu'on ne cherche pas chez lui l'objectivité dont on le crédite trop facilement. Il a beau affecter un détachement et une impassibilité de savant, faire semblant de peser gravement le bien et le mal dans la vie d'un César, il a ses sympathies et ses antipathies et entend les faire partager à son lecteur. Il choisit et parfois manipule ses informations. Son attirance mitigée, mais réelle, pour le personnage de Jules César, le conduit à écarter tout ce qui dans ses sources contredirait l'image de sa clémence. De ce fait, il ne dit mot des meurtres dont Tite-Live et Dion Cassius l'accusent. Il lui arrive, plus d'une fois, de bouleverser la chronologie de certains événements pour suggérer une évolution. Il se livre alors à un véritable trompe-l'œil. Voulant exprimer l'horreur croissante des crimes de Néron, il termine son énumération par l'incendie de Rome (qu'il impute à Néron, alors que Tacite est beaucoup moins affirmatif), qui pourtant se situe dans le temps avant plusieurs autres crimes, moins monstrueux, qui sont relatés auparavant. Suétone préfère un ordre impressionniste à un ordre chronologique. Enfin, il a une très grande habileté pour entremêler dans la description de la vie des Césars qu'il déteste les faits avérés et les simples on-dit : il suggère par là sans affirmer, mais le résultat recherché est atteint. Le lecteur ne fait pas grande différence entre le fait rapporté comme une vérité historique et celui qui est simplement attribué à des garants inconnus. C'est ainsi que la légende d'un Caligula faisant son cheval consul, présentée pourtant par Suétone comme une simple rumeur relatant une intention de ce prince (*Vie de Caligula*, chap. 55), a fini par prendre aux yeux de la postérité la consistance d'un fait bien établi.

Notre écrivain est donc bien loin d'être le biographe naïf, un peu simple et dénué d'intentions que l'on se plaît souvent à décrire. Si son livre fait en apparence peu de place aux idées et aux conceptions politiques, il faut sans doute se méfier de cette impression. Le débat relatif à l' « idéologie » de Suétone suscite bien des controverses. Pour les uns, il ne faudrait pas chercher à déceler chez lui des vues ou des pensées générales, car il serait dénué de toute conviction, n'étant guidé que par des préoccupations d'érudit et d'antiquaire. Pour tel savant, les *Vies des Douze Césars* seraient au contraire une subtile machine de guerre montée contre Hadrien : à travers les critiques qu'il formule contre les Césars du passé, il faudrait lire des blâmes mal dissimulés envers Hadrien. Ce dernier représenterait en quelque sorte le contraire de l'empereur idéal dont l'image invisible serait décodable pour un lecteur averti. Une autre thèse a cours, selon laquelle Suétone, sans être hostile à Hadrien, aurait eu l'ambition de lui adresser indirectement des conseils, en montrant à travers l'exemple des empereurs du passé quelles erreurs politiques il convenait d'éviter, quels vices il fallait fuir, à quelles vertus il fallait s'attacher.

Que faut-il penser de ces points de vue ? Nous ne croyons pas à un Suétone purement érudit et au fond indifférent à la matière de son œuvre. Il est vrai qu'il s'interdit les digressions et les réflexions personnelles, et se prive par là du moyen de nous faire connaître directement ses idées. Mais il n'est pas dénué de sévérité morale et il entend nous faire partager son approbation et sa désapprobation, même s'il ne le fait souvent que de façon indirecte, par la description de comportements à ses yeux négatifs ou louables. Il n'apparaît pas illégitime de vouloir décrypter l'œuvre de Suétone, et derrière les jugements partiels qu'il énonce ou suggère, saisir leur inspiration commune. On pourra alors décrire ce qu'est le prince idéal selon Suétone, confronter cette image à celle que l'histoire nous a transmise d'Hadrien, et tenter de déceler dans quelle mesure ce souverain a pu mériter la faveur ou la critique du biographe des Césars.

Le régime des « Antonins » qui vit le jour avec Nerva, dont le règne fut suivi par ceux de Trajan, puis d'Hadrien, fut marqué par une réaction contre le despotisme de Domitien, et de l'aveu même de Suétone dans les dernières lignes des *Vies des Douze Césars*, se signala par le « désintéressement » et la « modération » des empereurs qui l'incarnèrent. Ce sont à ses yeux les deux vertus politiques par excellence, celles du prince qui sait ne pas abuser de son pouvoir et faire preuve de maîtrise de soi. Elles sont les régulatrices de l'absolutisme inhérent au principat, elles témoignent de l'aptitude d'un César à réfréner les désirs à l'exercice desquels le pouvoir impérial offre une libre carrière. L'absence de ces vertus se manifeste chez les tyrans les plus odieux de la galerie de portraits que nous offre le biographe : Tibère, Caligula, Néron, Vitellius, Domitien. L'esprit despotique, la cruauté, la cupidité en sont l'antithèse. Or, le désintéressement est une vertu que les historiens antiques qui ont traité du règne d'Hadrien ont reconnue à ce prince. La « modération » lui est souvent attribuée bien qu'elle soit davantage sujette à caution et que des meurtres de sénateurs aient pu lui être imputés par certains auteurs. Il n'y a cependant pas de doute qu'en faisant étalage de sa propre clémence dans de nombreuses légendes monétaires de son règne, Hadrien ait voulu se présenter à l'opinion publique de son temps comme un prince modéré, et qu'il ait dû trouver son compte dans l'exaltation de cette vertu par Suétone.

Il est une autre vertu, romaine par excellence, que l'œuvre de Suétone met en valeur ou dont il dénonce l'absence chez les mauvais princes, la *pietas,* que le mot « piété » ne traduit qu'imparfaitement, et qui englobait l'exercice des devoirs relatifs à la famille, à la patrie et aux dieux. Arrêtons-nous plus particulièrement à la piété envers les dieux : Suétone est très soucieux du comportement religieux des empereurs. Sa position est simple : le prince doit respecter la religion nationale ainsi que les cultes helléniques, mais ne doit que mépris à l'encontre des religions orientales ou barbares. C'est l'attitude même d'Auguste, qui, sur ce point comme sur beaucoup d'autres, représente l'idéal de notre auteur. Or Hadrien s'est voulu le champion de la religion romaine (par devoir plutôt que par conviction), respecta la religion grecque (il se fit initier aux mystères d'Éleusis, imitant en cela Auguste), et méprisa les autres religions, au témoignage de l'*Histoire Auguste*. Ici encore, il y a, en gros, convergence entre l'idéal de Suétone et le comportement présumable d'Hadrien.

Il faut considérer non seulement les vertus, mais l'action des empereurs et les divers aspects de leur politique. Il n'est pas douteux que Suétone n'ait des idées arrêtées sur ce que doivent être les relations d'un empereur avec les grands ordres de l'État (les sénateurs et les chevaliers), avec les affranchis, avec la société en général, avec l'armée, sur son rôle en matière d'administration et de justice, sur sa politique extérieure.

Il n'est pas républicain et, à la différence de Tacite, n'a même pas la nostalgie de la République. Il accepte le principat, qui est à ses yeux le meilleur des régimes comme il ressort clairement du chapitre 28 de la *Vie d'Auguste,* où il loue Auguste d'avoir renoncé à son dessein de rétablir la République. Pourtant, il estime que l'empereur doit respecter les formes : le Principat est dans la réalité une monarchie, mais avec une façade républicaine et le maintien des magistratures d'autrefois, consulat, préture, tribunat de la plèbe, etc., et d'un sénat dont les pouvoirs sont bien affaiblis mais qui conserve un prestige considérable. Il importe de respecter ce dernier et de reconnaître à l'ordre sénatorial sa place éminente dans la société, de lui octroyer une certaine liberté de parole et de lui témoigner des marques tout extérieures de déférence. Les « mauvais » princes, tels que Caligula ou Néron, ont manqué aux égards qu'ils lui devaient, et parfois attenté à ses prérogatives. Les « bons » empereurs, comme Auguste, tout en agissant de façon autoritaire et paternaliste envers le sénat, multiplient les marques de respect et d'amitié envers les sénateurs. L'ordre équestre est le second ordre de l'État : cette hiérarchie, aux yeux de Suétone, est intangible et, quoi qu'on ait pu dire, il ne le privilégie nullement dans son œuvre aux dépens de l'ordre sénatorial. Il faut respecter ses droits et ne pas laisser, comme Caligula, occuper par la plèbe les sièges qui lui étaient réservés au théâtre, ni confier, comme Claude, à des affranchis des commandements ou des gouvernements qui reviennent à des chevaliers. Mais à l'inverse, Néron est condamné pour avoir voulu confier à des chevaliers (et à des affranchis) des postes militaires ou civils qui étaient l'apanage des sénateurs. Quant aux affranchis, maints d'entre eux avaient été les âmes damnées de détestables Césars, Claude, Néron, Vitellius, qui leur avaient confié des responsabilités qui n'étaient dues, selon Suétone, qu'aux membres des deux grands ordres de l'État, et leur avaient permis parfois de pénétrer dans l'ordre équestre. Notre auteur éprouve à leur encontre la plus vive hostilité et loue les princes qui ont su les remettre à leur place quand ils prétendaient s'élever au-dessus de leur condition.

En ce qui touche aux relations du prince avec la société conçue dans son ensemble, Suétone est un ferme partisan de l'ordre moral. Il ne lui déplaît pas que l'empereur traite le peuple avec un mélange de sévérité et de tendresse, qu'il lui indique où est la voie du bien, qu'il lui inculque de bonnes mœurs et de bonnes manières. Auguste représente à cet égard le modèle indépassable. Ses règlements moralisateurs (loi somptuaire, mesures natalistes), son souci du maintien de l'ordre et de la discipline dans les spectacles publics où les sénateurs ont des places d'honneur, où les hommes sont séparés des femmes et les hommes mariés des jeunes gens, les porteurs de toge (c'est-à-dire les citoyens romains) des porteurs de manteaux, suscitent la chaude approbation du biographe des Césars. Son obsession des hiérarchies et des cloisonnements sociaux y trouve son compte. Mais cet ordre moral doit être tempéré par une certaine dose de libéralisme. Les sénateurs doivent pouvoir disposer de leur franc-parler, les écrivains publier librement. Les princes ne doivent pas encourager les délateurs, instruments de la tyrannie.

Cet équilibre entre autorité et libéralisme doit s'accompagner d'un autre équilibre, entre générosité et rigueur financière, que sut observer Auguste. Les princes ne doivent pas être pingres. Il leur appartient de tenir leur rang. Les jeux, les constructions, les distributions sont pour eux des titres de gloire, et il leur faut satisfaire le petit peuple de Rome très attaché à ces libéralités qui sont le plus sûr gage de leur popularité. Mais la folle prodigalité de Caligula ou de Néron, fruit de l'esprit d'ostentation et de l'égoïsme, ne conduit qu'à la ruine de l'État et à la rapine. Cet enchaînement infernal entraîne inéluctablement les complots et la mort brutale des princes qui n'ont pas su résister au vertige de la toute-puissance.

Suétone a des idées nuancées sur les relations que doit entretenir l'empereur avec l'armée : il est sûrement conscient de la situation inconfortable du pouvoir impérial. L'armée est pour ce dernier un péril constant et un appui indispensable. Notre auteur n'aime guère les militaires : il s'en méfie, il les montre coupables de mauvais choix et de sympathies déplorables. Ce sont eux qui, contre la volonté du sénat, ont fait de l'incapable Claude un empereur. Eux seuls s'indignèrent du meurtre du tyran Domitien, acte éminemment positif aux yeux de Suétone. Il applaudit aux actes de fermeté dont surent faire preuve César et Auguste envers l'armée, au refus de la démagogie et de la familiarité avec les soldats qui caractérisa le fondateur de l'Empire. Il condamne Claude qui, le premier, a acheté par des récompenses la fidélité des prétoriens. Pourtant le prince ne peut compter que sur l'armée pour maintenir la sécurité de l'Empire. Domitien ne put diminuer le nombre des soldats, comme il l'avait d'abord souhaité (*Vie de Domitien*, chap. 12). Dans certaines circonstances, une avarice excessive envers l'armée peut être désastreuse pour le prince : le refus de Galba de tenir les promesses de ses officiers envers les légionnaires (*Vie de Galba*, chap. 16) lui fut fatal, et Suétone est bien loin d'approuver la parole de cet empereur qui suscite l'admiration de Tacite : « J'ai coutume d'enrôler des soldats, et non d'en acheter. » Le souverain doit composer avec l'armée, sans jamais rien perdre de sa dignité, comme sut le faire Vespasien (*Vie de Vespasien,* chap. 8).

Le pouvoir impérial n'est pas une sinécure : le souverain a un rôle capital à jouer en matière d'administration et de justice. Les longs chapitres que consacre Suétone à ce sujet dans beaucoup de ses *Vies* témoignent de l'importance qu'il attribue à l'activité ou à la négligence de ces princes dans ce domaine. César et Auguste s'emploient assidûment à ces fonctions. Tibère, dans sa retraite de Capri, et Néron, uniquement préoccupé de ses succès d'artiste, se désintéressent des affaires publiques.

Dans ce survol des « idées politiques » de Suétone, il est un dernier point qu'il convient d'examiner : la politique extérieure. Notre auteur est soucieux de la sécurité et de la grandeur de l'Empire. Mais il ne voit pas la nécessité de l'expansion territoriale. Pas un seul passage des *Vies des Douze Césars* ne laisse penser qu'il ait approuvé l'esprit de conquête. Il infléchit même la réalité historique en affirmant qu'Auguste ne fit jamais la guerre à aucune nation sans raison légitime et sans nécessité et ne fut jamais inspiré par le désir d'accroître l'Empire ou sa gloire militaire (*Vie d'Auguste,* chap. 21). Il condamne, en revanche, la légèreté des motifs des conquêtes entreprises par Caligula, Claude ou Domitien. Contrairement à ce que l'on a dit, il ne reproche pas à Néron de n'avoir pas voulu agrandir l'Empire, car il place cette remarque (*Vie de Néron,* chap. 18) dans le compartiment des actes positifs ou neutres de ce prince.

Si maintenant on confronte l'idéal politique qui nous paraît se dégager d'une lecture attentive des *Vies des Douze Césars* et ce que nous savons de l'action de l'empereur Hadrien, on apercevra de multiples points de convergence. Ce souverain fut respectueux de la hiérarchie sociale et, à l'exemple d'Auguste, honora grandement le sénat, envers qui il fut déférent et généreux. Il ne fut que trois fois consul et conféra un troisième consulat à plusieurs sénateurs, qu'il faisait par là, en quelque manière, ses égaux : signe d'un respect formel des institutions républicaines. Il joua le jeu hypocrite, mais apprécié, consistant à vouloir être un sénateur éminent, certes, et le plus éminent de tous, mais qui ne s'accorde pas de privilèges exorbitants vis-à-vis de ses collègues. Les chevaliers aussi eurent à se louer de ses libéralités, et c'est sous son règne que fut constituée une véritable carrière de hauts fonctionnaires dont furent écartés définitivement les affranchis et dont les bénéficiaires furent des membres de l'ordre équestre. On prête à Hadrien une grande méfiance pour les affranchis et du mépris pour ceux de ses prédécesseurs qui les avaient laissés agir à leur guise. Comme Auguste, cet empereur fut un tenant de l'ordre moral cher à Suétone : il sépara les bains publics des hommes de ceux des femmes, réaffirma l'obligation pour les citoyens romains de porter la toge, lutta contre les excès du luxe, veilla au respect de l'ordre dans les spectacles. Si Hadrien ne fut peut-être pas le prince « libéral » qu'aurait souhaité notre biographe (encore est-il juste de reconnaître que les actes d'arbitraire que les historiens postérieurs ont reproché à cet empereur se situent pour la plupart après la rédaction des *Vie des Douze Césars*), l'*Histoire Auguste* le loue de n'avoir jamais accepté les accusations de lèse-majesté, à l'inverse de Tibère, de Néron, de Domitien. Et son attitude déférente envers le sénat l'apparentait, dans la classification implicite de Suétone, aux empereurs libéraux plutôt qu'aux souverains tyranniques.

L'équilibre entre générosité et rigueur financière que prône l'auteur des *Vies des Douze Césars* se retrouve encore chez Hadrien : ce dernier abolit les dettes des particuliers envers le fisc et le trésor public, multiplia les distributions, les jeux, les constructions, et voulut que l'on dît de lui qu'il avait « enrichi l'univers » comme l'indique la légende *locupletatori orbis terrarum* qu'il fit inscrire sur certaines des monnaies frappées sous son règne. Pourtant, à l'inverse d'un Caligula, d'un Néron, d'un Domitien, il ne se conduisit jamais en empereur irresponsable sur le plan financier et ne s'abandonna pas à la folle prodigalité des deux premiers. Certaines anecdotes de l'*Histoire Auguste* insistent au contraire sur la bonne organisation domestique dont il sut faire preuve.

Quant à la politique militaire d'Hadrien, elle paraît avoir correspondu à peu près exactement à ce qui nous est apparu comme l'idéal de Suétone. Généreux envers les soldats, il veilla aussi à ce que l'armée fût parfaitement entraînée et soumise à son pouvoir : il passait pour être le prince qui, depuis Auguste, avait le mieux contribué à maintenir les militaires dans l'obéissance. Il fut le premier empereur à diviniser la Discipline.

En matière de justice et d'administration, Hadrien manifesta un sens du devoir et un esprit de sérieux qui firent de lui comme l'antithèse d'un Tibère, et, surtout, d'un Néron. Les historiens anciens comme les érudits modernes ont souligné ses innovations sur ce plan et sa prodigieuse activité d'administrateur.

Sa politique extérieure ne peut, elle aussi, qu'avoir reçu la pleine approbation de Suétone : Hadrien fut un tenant de ce que l'on a appelé l' « impérialisme statique » contre les partisans de l' « impérialisme dynamique ». Son règne a été tout entier consacré à la pure et simple défense de l'Empire. Il n'hésita pas à abandonner les récentes et fragiles conquêtes de Trajan en Orient, dont la défense aurait épuisé l'État. Il eut pour principe de dissuader les agresseurs éventuels par une impeccable préparation de l'armée et préféra toujours la diplomatie à la guerre. Il alla jusqu'à acheter la paix au roi des Parthes et à d'autres rois en leur versant des subsides, si l'on en croit Dion Cassius et l'*Histoire Auguste*. Les guerres furent peu nombreuses et peu importantes sous son règne et il eut l'ambition, partiellement réalisée, d'enfermer l'Empire derrière un puissant *limes* qui en assurerait la sécurité. Son refus de toute expansion territoriale, comme sa répugnance vis-à-vis des guerres, est dans le droit fil des idées que Suétone, implicitement ou explicitement, exprime dans maintes de ses biographies impériales.

Il n'ignore donc vraisemblablement pas Hadrien, même si le nom de ce prince n'apparaît pas une seule fois dans le principal de ses ouvrages[1] et même s'il s'abstient de toute comparaison entre un des « douze Césars » et le successeur de Trajan. Il ne s'est pas voulu, non plus, son censeur ou son conseiller. Il est vrai qu'il n'a pas voulu écrire une œuvre courtisane et qu'il semble avoir été dénué de tout esprit de servilité : que d'occasions il aurait eues, s'il l'avait souhaité, de multiplier les références flatteuses à Hadrien en comparant ou en opposant les actes des bons ou des mauvais empereurs à celles de son maître ! Il n'a, assurément, pas écrit un ouvrage de propagande qui aurait servi à vulgariser les mots d'ordre ou les slogans du prince régnant. Mais les points de contact entre l'image de l' « empereur idéal » telle qu'elle se dégage indirectement des *Vies des Douze Césars* et l'image qu'on vient de tracer d'Hadrien et de sa politique sont trop nombreux et trop précis pour qu'on puisse nier une convergence entre la première et la seconde. Les principales vertus impériales selon Suétone sont celles-là même dont Hadrien s'est réclamé ou dont on a pu le créditer. Les relations entretenues par ce souverain avec les ordres privilégiés, avec le peuple et avec l'armée, son souci d'une parfaite administration et sa politique étrangère

1. Une simple allusion est faite à cet empereur à propos d'une statuette d'Auguste que Suétone lui offrit (*Vie d'Auguste,* chap. 7).

pacifique, correspondent de très près à ce que pouvait souhaiter le biographe des Césars. L'approbation globale de Suétone pour les qualités personnelles et pour l'action d'Hadrien ne nous paraît pas faire de doute. Il n'est pas concevable que la publication des *Vies des Douze Césars* ait été à l'origine de sa disgrâce. Cet ouvrage ne pouvait que favoriser l'image d'Hadrien dans l'opinion publique et seconder ses desseins.

Cette œuvre a une importance capitale dans l'historiographie latine. A partir de Suétone, on n'a plus écrit l'histoire à Rome comme avant. Méditons ce paradoxe : Tacite, contemporain de Suétone, et auteur de livres (les *Histoires*, les *Annales*) qui respectent les schémas de l'histoire « annalistique » qui avait largement dominé jusqu'alors, est un immense écrivain. Suétone, qui a le premier adapté la forme biographique à des vies d'empereurs, est un auteur certes estimable et dont le talent est trop souvent méconnu, mais il ne se situe pas sur les sommets de la littérature universelle où Tacite a sa place à jamais établie. Pourtant, après Tacite, l'histoire annalistique est abandonnée (elle ne renaîtra momentanément qu'au IVe siècle avec Ammien Marcellin). Au contraire, la biographie impériale, sur le modèle de celle de Suétone, s'impose au point de devenir une forme privilégiée et presque exclusive dans l'historiographie latine : Marius Maximus (IIe-IIIe siècles), dont l'œuvre est perdue, décrivait les vies d'empereurs qui se sont succédé de Nerva à Élagabal. Au IVe siècle, Aurelius Victor, l'auteur inconnu de l'*Epitome de Caesaribus* (« résumé de la vie des Césars »), Eutrope et l'auteur de l'*Histoire Auguste* marchent aussi sur les traces de Suétone. Au moment de la renaissance carolingienne, Eginhardt écrira une *Vie de Charlemagne* qui reprendra le schéma de la *Vie d'Auguste* de Suétone. Ainsi, jusqu'à la fin de l'Antiquité et encore bien au-delà, Suétone s'est imposé comme un modèle pour les historiographes. La personnalisation du pouvoir qu'avait entraînée le passage de la République à l'Empire appelait une nouvelle forme littéraire, qui mît l'accent sur l'acteur principal de l'histoire, le prince, aux dépens des comparses. Que pouvait signifier pour un contemporain de Trajan ou d'Hadrien la référence aux dates consulaires utilisées par les historiens annalistiques comme les cadres principaux de leur récit, alors que le pouvoir des consuls n'était plus que le symbole désuet d'une république fantomatique à laquelle seul le respect des choses anciennes et une tenace fiction juridique conféraient un semblant de vie ? La réalité, c'était la monarchie (même si les Romains ont toujours refusé ce mot pour désigner le Principat) et le prince qui l'incarnait. Au déroulement des événements selon le rythme des années consulaires, devait nécessairement se substituer une nouvelle organisation du temps historique, conçue selon les règnes des empereurs. Suétone est le premier à avoir compris cette évidence, et les conséquences qu'elle impliquait. Il est juste qu'il ait été l'initiateur, en même temps que le représentant le plus éclatant, d'un genre historique promis à une immense fortune.

Jacques GASCOU.

NOTE SUR LA TRADUCTION DE THÉOPHILE BAUDEMENT

La traduction du XIXe siècle que nous reproduisons ici ne manque ni d'élégance ni même d'une certaine qualité littéraire. Mais elle est de son temps : c'est-à-dire que son auteur ne s'astreint pas à la scrupuleuse exactitude que l'on est aujourd'hui en droit d'exiger d'une traduction. Il ajoute des mots, il en supprime, il délaie ou contracte le texte latin, ne respecte pas toujours le temps des verbes, intervertit certains membres de phrases sans qu'on en comprenne bien la raison. Il est particulièrement brouillé avec les chiffres, multipliant ou divisant, à l'occasion, par dix ou par cent certains nombres élevés, car il paraît ignorer, ou du moins oublier de façon intermittente la façon dont les Romains les transcrivaient. Il n'est pas toujours exempt de faux-sens, voire de contre-sens. D'autre part, le texte latin qu'il suit n'avait pas encore fait l'objet de la révision que C.L. Roth, dans l'édition Teubner de 1858, effectua à la suite d'une collation précise des nombreux manuscrits de Suétone. Aussi arrive-t-il à T. Baudement de suivre, et donc de traduire, des leçons qui ne font plus autorité et que les progrès de la critique philologique ont définitivement écartées.

Pour toutes ces raisons, il convenait de revoir cette traduction, qui n'est, au demeurant, nullement dénuée de mérites. Nous avons cependant tenu à lui conserver sa couleur propre, et n'avons introduit de modifications que lorsque la version proposée nous a semblé vraiment inacceptable.

J.G.

VIES DES DOUZE CÉSARS

C. J. CÉSAR

SOMMAIRE

I. Jeunesse de César. Il est proscrit par Sylla. — II. Ses premières campagnes. Son commerce avec Nicomède. — III. Son retour subit à Rome. — IV. Son accusation contre Dolabella. Il va étudier à Rhodes. Il est pris par des pirates. Ses succès contre Mithridate. — V. Il est fait tribun des soldats. — VI. Il est nommé questeur. Son origine. — VII. Sa questure en Espagne. La statue d'Alexandre. — VIII. Ses projets. — IX. Il entre dans plusieurs conjurations qui avortent. — X. Son édilité. Ses munificences. — XI. Il demande un commandement extraordinaire et se venge du refus des grands. — XII. Il fait accuser Rabirius et le condamne. — XIII. Il est nommé souverain pontife. Ses profusions et ses dettes. — XIV. Sa préture. Son opinion dans le jugement des complices de Catilina. — XV. Il veut enlever à Q. Catulus le droit de faire la dédicace du Capitole. — XVI. Il est suspendu de ses fonctions, et rétabli. — XVII. Il est nommé comme complice de Catilina. — XVIII. Il part pour l'Espagne. — XIX. Il est nommé consul. Premier triumvirat. — XX. Actes principaux et violences de son consulat. — XXI. Il devient le gendre de Pison et le beau-père de Pompée. — XXII. Il obtient le gouvernement des Gaules. Son arrogance. — XXIII. Il est cité en justice. Ses précautions pour s'assurer l'impunité. — XXIV. Il oblige Crassus et Pompée à demander le consulat dans son intérêt. Sa conduite coupable en Gaule. — XXV. Ses expéditions militaires. — XXVI. Ses menées à Rome, pendant la guerre des Gaules. — XXVII. Il augmente par tous les moyens le nombre de ses partisans. — XXVIII. De vives attaques sont dirigées contre lui à Rome. — XXIX. Ses mesures contre ces attaques. — XXX. Il vient à Ravenne, préparé à tous les événements. — XXXI. Il s'avance la nuit jusqu'au Rubicon. — XXXII. Un prodige le détermine à passer ce fleuve. — XXXIII. Sa harangue et ses promesses à ses soldats. — XXXIV. Commencement de la guerre civile. — XXXV. Bataille de Pharsale. Guerre d'Alexandrie. Défaite de Pharnace. Guerre d'Afrique. — XXXVI. Revers de ses lieutenants. Ses dangers. — XXXVII. Ses triomphes à Rome. — XXXVIII. Ses largesses à ses soldats et au peuple. — XXXIX. Magnificence de ses spectacles. — XL. Il réforme le calendrier. — XLI. Ses règlements politiques. — XLII. Ses mesures pour augmenter la population de Rome et éteindre les dettes. — XLIII. Sa sévérité dans la distribution de la justice. Ses lois somptuaires. — XLIV. Ses projets. Il médite la guerre contre les Parthes. — XLV. Son portrait. Son tempérament, ses habitudes. — XLVI. Son faste. — XLVII. Son goût pour les choses rares. — XLVIII. Sa sévérité envers ses esclaves et ses affranchis. — XLIX. La corruption de ses mœurs. — L. Ses adultères à Rome. — LI. Ses adultères dans ses gouvernements. — LII. Les reines qu'il aima. Loi qui lui donnait toutes les femmes. — LIII. Sa sobriété. — LIV. Ses concussions. — LV. Son mérite comme orateur et comme écrivain. — LVI. Jugements sur ses Commentaires. Ses autres ouvrages. — LVII. Sa célérité. — LVIII. Sa prudence et sa témérité. — LIX. Il est inaccessible à la superstition. — LX. Ses batailles. — LXI. Son cheval. — LXII. Son énergie dans les moments critiques. — LXIII. Son intrépidité. — LXIV. Sa présence d'esprit dans le danger. — LXV. Sa conduite envers ses soldats. — LXVI. Comment il les rassurait. — LXVII. Son affection pour eux. — LXVIII. Leur amour pour lui. Leur bravoure. — LXIX. Sa fermeté devant ses troupes séditieuses. — LXX. Il apaise d'un seul mot une révolte. — LXXI. Son zèle pour ses clients. — LXXII. Son dévouement à ses amis. — LXXIII. Sa facilité à pardonner les outrages. — LXXIV. Sa douceur, même dans la vengeance. — LXXV. Sa clémence et sa modération. — LXXVI. Son orgueil. Son despotisme. — LXXVII. Orgueil de ses discours. LXXVIII. Son mépris pour le sénat. — LXXIX. Tentatives qui sont faites pour le nommer roi. — LXXX. Conjuration tramée contre lui. Dispositions du peuple. — LXXXI. Présages de sa mort. — LXXXII. Il est tué dans le sénat. — LXXXIII. Son testament. — LXXXIV. Ses funérailles. — LXXXV. Fureur du peuple contre ses meurtriers. — LXXXVI. Son mépris de la vie. Sa sécurité. — LXXXVII. Ses souhaits pour une mort prompte. — LXXXVIII. Son apothéose. — LXXXIX. Destinée commune à ses meurtriers.

I. Caïus Julius César [1]... avait seize ans lorsqu'il perdit son père. L'année suivante, il fut désigné prêtre de Jupiter; et quoiqu'on l'eût fiancé, alors qu'il portait la toge prétexte [2], à Cossutia, née de simples chevaliers, mais fort riche, il la répudia [3], pour épouser Cornélie, fille de Cinna, lequel avait été quatre fois consul [4]. Il en eut bientôt une fille, nommée Julie. Le dictateur Sylla voulut le contraindre à la répudier, et, ne pouvant y réussir par aucun moyen, le priva du sacerdoce, des biens de sa femme, des successions de sa maison, et le regarda dès lors comme son ennemi. César fut même réduit à se cacher, et, quoique atteint de la fièvre quarte, à changer presque toutes les nuits de retraite, et à se racheter, à prix d'argent, des mains de ceux qui le poursuivaient. Il fallut que les Vestales, et Mamercus Emilius avec Aurélius Cotta, ses proches et ses alliés, se réunissent pour obtenir son pardon. Il est certain que Sylla le refusa longtemps aux prières de ses meilleurs amis et des hommes les plus éminents, et que, vaincu par leur persévérance, il s'écria, par une inspiration divine ou par un secret pressentiment de l'avenir : « Eh bien, vous l'emportez ; soyez satisfaits ; mais sachez que celui dont la vie vous est si chère écrasera un jour le parti aristocratique, que nous avons défendu ensemble ; car il y a dans César plus d'un Marius. »

II. César fit ses premières armes en Asie, où l'avait emmené le préteur M. Thermus. Chargé par lui d'aller chercher une flotte en Bithynie, il s'arrêta chez le roi Nicomède[5], à qui on le soupçonna de s'être prostitué. Ce qui confirma ce bruit, c'est qu'on le vit, peu de jours après, retourner en Bithynie, sous prétexte de faire payer une certaine somme due à un affranchi, son client. Le reste de la campagne fut plus favorable à sa réputation ; et, à la prise de Mytilène, il reçut de Thermus une couronne civique[6].

III. Il servit aussi en Cilicie, sous Servilius Isauricus[7], mais pendant peu de temps ; car, à la nouvelle de la mort de Sylla, et sur les espérances qu'il conçut des nouveaux troubles excités par M. Lépidus, il se hâta de revenir à Rome. Toutefois, il ne voulut pas entrer dans ses projets, quelques avantages qui lui fussent offerts ; le caractère de Lépidus ne lui inspirait pas de confiance, et l'occasion lui semblait moins belle qu'il ne l'avait cru.

IV. Ces troubles apaisés, il accusa de concussion Cornélius Dolabella, qui avait été honoré du consulat et du triomphe. L'accusé fut absous, et César résolut de se retirer à Rhodes, tant pour se dérober aux ennemis qu'il s'était faits, que pour y consacrer ses loisirs aux leçons d'Apollonius Molon, le plus célèbre rhéteur de ce temps-là. Dans ce trajet, exécuté pendant l'hiver, il fut pris par les pirates, à la hauteur de l'île Pharmacuse[8] ; et, dans la plus grande indignation[9], il resta leur prisonnier l'espace d'environ quarante jours, n'ayant près de lui qu'un médecin et deux esclaves du service de sa chambre ; car il avait dépêché sur-le-champ ses compagnons et ses autres esclaves, pour lui rapporter l'argent nécessaire à sa rançon. Il la paya cinquante talents[10], et, à peine débarqué sur le rivage, il poursuivit, à la tête d'une flotte, les pirates qui s'en retournaient, les réduisit en son pouvoir, et les punit du supplice dont il les avait souvent menacés comme en plaisantant. Mithridate ravageait alors les pays voisins; César ne voulut pas paraître indifférent au malheur des alliés : de Rhodes, où il s'était rendu, il passa en Asie, leva des troupes, chassa de la province le lieutenant de ce roi, et retint dans le devoir les peuples dont la foi était ébranlée et douteuse.

V. Revenu à Rome, la première dignité qu'il obtint par les suffrages du peuple fut celle de tribun militaire [11]. On le vit alors aider de tout son pouvoir ceux qui voulaient rétablir la puissance tribunitienne [12], dont Sylla avait beaucoup retranché. Il fit aussi servir la proposition Plotia au rappel de L. Cinna, frère de sa femme, et de tous ceux qui, dans les troubles civils, s'étaient attachés à Lépidus, et qui, après la mort de ce consul, s'étaient réfugiés auprès de Sertorius [13] : il prononça même un discours à ce sujet.

VI. Étant questeur [14], il fit, à la tribune aux harangues et selon l'usage reçu, l'éloge de sa tante Julie et de sa femme Cornélie, qui venaient de mourir. Dans le premier, il établit ainsi la double origine de sa tante et celle de son propre père : « Par sa mère, ma tante Julie est issue des rois; par son père, elle se rattache aux dieux immortels. En effet, d'Ancus Marcius descendaient les Marcii Reges [15], dont le nom fut celui de sa mère; de Vénus descendent les Jules, dont la race est la nôtre. On voit donc unis dans notre famille et la majesté des rois, qui sont les maîtres des hommes, et la sainteté des dieux, qui sont les maîtres des rois. » Pour remplacer Cornélie, il épousa Pompéia, fille de Q. Pompée et petite-fille de L. Sylla; mais, dans la suite, il divorça d'avec elle, sur le soupçon d'un commerce adultère avec P. Clodius [16], si publiquement accusé de s'être introduit chez elle sous un costume de femme, pendant une fête religieuse, que le sénat dut ordonner une information de sacrilège.

VII. Pendant sa questure, l'Espagne ultérieure [17] lui échut en partage. En visitant les assemblées de cette province, pour y rendre la justice par délégation du préteur, il alla jusqu'à la ville de Cadix; c'est là que voyant, près d'un temple d'Hercule, la statue du grand Alexandre, il poussa un profond soupir, comme pour déplorer son inaction; et, se reprochant de n'avoir encore rien fait de mémorable à un âge où Alexandre avait déjà conquis l'univers, il demanda incontinent son congé, afin de venir à Rome épier l'occasion d'accomplir de plus grandes choses. Les devins élevèrent encore ses espérances, par l'interprétation d'un songe qu'il avait eu la nuit précédente, et qui lui troublait l'esprit; car il avait rêvé qu'il violait sa mère. Ils lui promirent l'empire du monde, « cette mère qu'il avait vue placée sous lui n'étant autre que la terre, notre mère commune ».

VIII. Étant donc parti avant le temps, il visita les colonies latines [18], qui nourrissaient des prétentions au droit de cité romaine ; et il les aurait poussées à quelque audacieuse entreprise, si, dans cette crainte même, les consuls n'avaient retenu quelque temps les légions destinées pour la Cilicie. Il n'en médita pas moins de plus grands projets, qui devaient bientôt éclater au sein même de Rome [19].

IX. On le soupçonna en effet, peu de jours avant qu'il ne prît possession de l'édilité, d'être entré dans une conspiration avec le consulaire M. Crassus, et avec P. Sylla [20] et Lucius Autronius, condamnés tous deux pour brigue, après avoir été désignés consuls. Ils devaient attaquer le sénat au commencement de l'année, égorger les sénateurs qu'ils voudraient, donner la dictature à Crassus, qui aurait eu César pour maître de la cavalerie ; et, après avoir organisé l'État à leur guise, rendre à Sylla et à Autronius le consulat qu'on leur avait ôté. Tanusius Géminus [21] dans son histoire, M. Bibulus [22] dans ses édits, et C. Curion [23], le père, dans ses discours, parlent de cette conjuration. Cicéron lui-même paraît y faire allusion dans une lettre à Axius [24], où il dit que « César effectua, pendant son consulat, le projet de domination qu'il avait conçu étant édile ». Tanusius ajoute que Crassus, soit peur, soit repentir, ne se montra pas le jour marqué pour le meurtre, et que, pour cette raison, César ne donna point le signal convenu, qui était, à ce que rapporte Curion, de laisser tomber sa toge de son épaule. Le même Curion et M. Actorius Nason [25] lui imputent encore une autre conspiration avec le jeune Cn. Pison, et prétendent que c'est sur le soupçon des menées de ce Pison dans Rome, qu'on lui donna, par commission extraordinaire, le gouvernement de l'Espagne ; que néanmoins ils convinrent d'exciter des mouvements simultanés, l'un au-dehors, l'autre à Rome, et d'agir au moyen des Ambrones [26] et des peuples qui sont au-delà du Pô ; mais que la mort de Pison fit avorter leurs projets.

X. Édile, César ne se borna pas à orner le Comitium [27], le Forum, et les basiliques ; il orna aussi le Capitole, et y fit élever, pour le temps d'une exposition supplémentaire, des portiques où il étala aux yeux du peuple une partie des nombreuses curiosités qu'il avait rassemblées. Il donna des chasses et des jeux, tantôt avec son collègue et tantôt en son propre nom ; ce qui fit que la popularité ne s'attacha qu'à lui pour des dépenses faites en commun. Aussi son collègue, M. Bibulus, disait-il, en se comparant à Pollux, « que, comme on avait coutume d'appeler du seul nom de Castor le temple érigé dans le Forum aux deux frères, on appelait magnificence de César les libéralités de César et de Bibulus ». César joignit à ces prodigalités un combat de gladiateurs ; mais il y en eut quelques couples de moins qu'il ne le voulait ; car il en avait fait venir de toutes parts une si grande multitude, que ses ennemis, épouvantés, firent restreindre, par une loi expresse, le nombre des gladiateurs qu'un citoyen avait le droit de posséder à Rome.

XI. S'étant concilié la faveur du peuple, il essaya, par le crédit de quelques tribuns, de se faire donner le gouvernement de l'Égypte[28], en vertu d'un plébiscite. Cette demande inopinée d'un commandement extraordinaire était fondée sur ce que les habitants d'Alexandrie avaient chassé leur roi, ami et allié du peuple romain ; conduite généralement blâmée à Rome. Le parti aristocratique fit échouer les prétentions de César, qui, pour affaiblir à son tour leur autorité par tous les moyens possibles, releva les trophées de C. Marius sur Jugurtha, sur les Cimbres et sur les Teutons, monuments autrefois renversés par Sylla ; et quand on informa contre les sicaires[29], il fit ranger parmi ces meurtriers, malgré les exceptions des lois cornéliennes[30], ceux qui, pendant la proscription, avaient reçu de l'argent du trésor public pour prix des têtes des citoyens romains.

XII. Il suscita aussi un accusateur, pour crime capital, contre C. Rabirius, qui, bon nombre d'années[31] auparavant, avait plus que personne aidé le sénat à comprimer les séditieuses entreprises du tribun L. Saturninus. Désigné par le sort pour être un des juges de l'accusé, il le condamna avec tant de passion, que, devant le peuple, rien ne fut aussi utile à l'appelant que la dureté de son juge.

XIII. Déçu de l'espérance d'un commandement[32], César brigua le souverain pontificat, et répandit l'argent avec une telle profusion, qu'effrayé lui-même de l'énormité de ses dettes, il dit à sa mère, en l'embrassant avant de se rendre aux comices, qu'il ne reviendrait chez lui que grand pontife. Aussi l'emporta-t-il sur deux compétiteurs bien redoutables, bien supérieurs à lui par l'âge et par la dignité ; et il eut même sur eux cet avantage, de réunir plus de suffrages dans leurs propres tribus, qu'ils n'en eurent ensemble dans toutes les autres.

XIV. César avait été élu préteur[33] quand on découvrit la conjuration de Catilina. La mort des coupables avait été résolue dans le sénat, d'une voix unanime : lui seul opina pour qu'ils fussent détenus séparément dans des villes municipales, et que leurs biens fussent vendus. Bien plus ; ceux qui avaient proposé une peine plus sévère, il les effraya tellement par la menace réitérée des haines populaires qui, un jour, se déchaîneraient contre eux, que Décimus Silanus, consul désigné, ne craignit pas d'adoucir, par une interprétation, son avis, dont il ne pouvait changer sans honte, et qu'on avait compris, dit-il alors, dans un sens plus rigoureux qu'il ne l'avait voulu. César allait l'cmporter : déjà même un grand nombre de sénateurs étaient passés de son côté, entre autres Cicéron[34], le frère du consul : c'en était fait, si le discours de M. Caton n'eût raffermi le sénat intimidé. César, loin de renoncer à son opposition, y mit une telle persistance, qu'une troupe de chevaliers romains, qui gardait armée la salle du sénat, menaça de lui donner la mort : des glaives nus furent même dirigés contre lui, en sorte que ses voisins se reculèrent ; quelques-uns seulement, le tenant dans leurs bras et le couvrant de leur toge, réussirent, non sans peine, à le sauver. Alors, saisi d'effroi, il céda ; et, de tout le reste de l'année, il ne parut plus au sénat.

XV. Le premier jour de sa préture[35], il cita devant le peuple Q. Catulus pour une enquête sur la reconstruction du Capitole[36] ; et il proposa d'en confier le soin à un autre. Mais voyant que les aristocrates, au lieu d'aller rendre leurs devoirs aux nouveaux consuls, accouraient en foule à l'assemblée pour lui opposer une résistance opiniâtre, et jugeant la lutte inégale, il se désista de son entreprise.

XVI. Il n'en montra que plus d'ardeur et de passion à soutenir le tribun du peuple Cécilius Métellus, auteur des lois les plus séditieuses contre le droit d'opposition de ses collègues. Un décret du sénat finit par les suspendre tous deux de leurs fonctions. César eut l'audace de rester en possession de sa charge, et de rendre encore la justice. Mais quand il apprit qu'on se préparait à employer contre lui la violence et les armes, il congédia ses licteurs, se dépouilla de la prétexte[37], et se retira secrètement chez lui, résolu, pour s'accommoder au temps, de se tenir tranquille. Deux jours après, la foule s'assembla d'elle-même et spontanément devant sa maison, et lui offrit son appui pour le rétablir dans sa dignité : le tumulte était au comble ; César l'apaisa. Étonnés de cette modération, les sénateurs, que la nouvelle de l'attroupement avait réunis à la hâte, envoyèrent, pour lui rendre grâces, les plus illustres d'entre eux ; et il fut rappelé dans le sénat, où lui furent prodigués les plus pompeux éloges. Enfin, on le réintégra dans sa charge, en rapportant le premier décret.

XVII. D'autres embarras ne tardèrent pas à l'assaillir : il fut nommé parmi les complices de Catilina, devant le questeur Novius Niger, par le délateur Lucius Vettius[38], et dans le sénat, par Q. Curius, à qui l'on avait décerné des récompenses publiques, pour avoir révélé le premier les projets des conjurés. Curius prétendait tenir de Catilina ce qu'il avançait. Vettius s'engageait à produire la signature de César, donnée à Catilina lui-même. César ne crut pas devoir souffrir ces attaques ; il implora le témoignage de Cicéron, pour prouver qu'il lui avait, de son plein gré, transmis certains détails sur la conjuration ; et il vint à bout de priver Curius des récompenses qu'on lui avait promises. Pour Vettius, à qui l'on commença par imposer une saisie[39], dont on pilla les meubles, dont on maltraita la personne, et qui enfin fut près d'être mis en pièces en pleine assemblée, au pied de la tribune, César le fit jeter en prison. Il y fit conduire aussi le questeur Novius, pour avoir souffert qu'on accusât à son tribunal un magistrat supérieur à lui.

XVIII. A l'issue de sa préture, le sort lui départit l'Espagne ultérieure[40]. Mais, retenu par ses créanciers, il ne s'en délivra qu'après avoir donné des cautions ; et sans attendre que, selon l'usage et les lois, le sénat eût réglé tout ce qui concernait les provinces[41], il partit, soit pour échapper à une action judiciaire qu'on voulait lui intenter à l'expiration de sa charge[42], soit pour porter plus promptement secours aux alliés, qui imploraient la protection de Rome. Quand il eut pacifié sa province, il revint, avec la même précipitation et sans attendre son successeur, pour demander à la fois le triomphe et le consulat. Mais le jour des comices étant déjà indiqué, l'on ne pouvait tenir compte de sa candidature que s'il entrait dans la ville en simple particulier[43] ; et lorsqu'il demanda la faveur d'être affranchi de la loi, il rencontra une forte opposition. Il fut donc forcé de renoncer au triomphe, pour n'être pas exclu du consulat.

XIX. De ses deux compétiteurs, L. Luccéius et Marcus Bibulus, il s'attacha le premier, qui avait peu de crédit mais une grande fortune, à condition que celui-ci associerait le nom de César au sien dans ses largesses aux centuries. Les aristocrates, instruits de ce marché, dont ils craignaient les suites, et persuadés que César, avec la plus haute magistrature de l'État et un collègue tout à lui, ne mettrait pas de bornes à son audace, voulurent que Bibulus fît aux centuries les mêmes promesses et la plupart d'entre eux se cotisèrent à cet effet. Caton lui-même avoua que, cette fois, la corruption profiterait à la république. César fut donc nommé consul avec Bibulus[44]. Les aristocrates n'eurent plus d'autre ressource que d'assigner aux futurs consuls des commandements sans importance, comme l'inspection des forêts et des chemins[45]. Excité surtout par cette injustice, César ne négligea aucun moyen de s'attacher Cn. Pompée, alors irrité lui-même contre les sénateurs de ce que, malgré ses victoires sur le roi Mithridate[46], ils hésitaient à ratifier ses actes. Il le réconcilia aussi avec M. Crassus, qui était resté son ennemi depuis les violentes querelles de leur consulat ; et il conclut avec eux une alliance, en vertu de laquelle il ne se ferait rien dans l'État de ce qui déplairait à l'un des trois[47].

XX. En prenant possession de sa dignité, César établit, le premier, que l'on tiendrait un journal de tous les actes du sénat[48] et du peuple, et que ce journal serait rendu public. Il fit revivre aussi l'ancien usage de se faire précéder par un appariteur et suivre par des licteurs, pendant le mois où l'autre consul aurait les faisceaux[49]. Il promulgua une loi agraire, et, ne pouvant vaincre la résistance de Bibulus, il le chassa du Forum, à main armée. Le lendemain, celui-ci porta ses plaintes au sénat ; mais il ne se trouva personne qui osât faire un rapport sur cette violence, ou proposer de ces résolutions vigoureuses qu'on avait si souvent prises dans de moindres dangers. Bibulus, au désespoir, se retira chez lui, où il se tint caché tout le temps de son consulat, n'agissant plus, dans son opposition, que par la voie des édits. De ce moment César régla tout dans l'État, de sa seule et souveraine autorité ; si bien que des railleurs, lorsqu'ils signaient des actes pour faire une déposition comme témoins, les dataient par plaisanterie, non du consulat de César et de Bibulus, mais du consulat de Jules et de César ; désignant deux fois le même personnage, par son nom et par son surnom. On fit aussi courir les vers suivants :

Certain événement a eu lieu récemment, non point sous Bibulus, mais sous César : car je ne me souviens pas que rien soit arrivé sous le consulat de Bibulus.

Le territoire de Stella consacré par nos ancêtres[50], et les champs de la Campanie restés soumis à l'impôt pour les besoins de la république, furent distribués, par son ordre et sans que le sort fût consulté[51], à vingt mille citoyens, pères de trois enfants ou d'un plus grand nombre. Les fermiers de l'État demandaient une réduction ; César leur remit le tiers de leur fermage, et les engagea en public à ne point enchérir inconsidérément à la prochaine adjudication des impôts. Il en était ainsi du reste : tout ce que l'on convoitait, César en faisait largesse ; car personne n'osait s'y opposer, et quiconque l'osait se voyait en butte à ses vengeances. Caton l'ayant un jour apostrophé, il le fit traîner hors du sénat par un licteur, et conduire en prison. L. Lucullus, après l'avoir bravé quelques moments, fut si épouvanté de ses menaces, qu'il lui demanda grâce à genoux. Cicéron, dans un plaidoyer, avait déploré l'état des affaires publiques ; le jour même, à la neuvième heure, César fit passer dans les rangs plébéiens le patricien P. Clodius [52], ennemi de Cicéron, et qui, depuis longtemps, tâchait en vain d'y entrer. Voulant en finir avec ses adversaires, il suborna Vettius [53], à prix d'argent, pour qu'il déclarât que quelques-uns d'entre eux l'avaient engagé à tuer Pompée, et qu'amené au Forum, il nommât les prétendus auteurs de ce complot : mais Vettius [54] accusant sans preuves tantôt l'un, tantôt l'autre, la fraude fut bientôt soupçonnée ; et César, désespérant du succès d'une entreprise aussi imprudente, fit, dit-on, empoisonner le dénonciateur.

XXI. Vers le même temps, il épousa Calpurnie, fille de L. Pison, qui allait lui succéder au consulat [55] ; et il donna en mariage à Cn. Pompée sa fille Julie, rejetant son précédent fiancé Servilius Cépion, l'un de ceux qui, peu de temps auparavant, l'avaient le plus aidé à se défaire de Bibulus. Après cette nouvelle alliance, il commença, dans le sénat, par prendre d'abord l'avis de Pompée, tandis qu'il avait coutume d'interroger Crassus le premier, et qu'il était d'usage que le consul conservât toute l'année l'ordre établi par lui aux calendes de janvier pour recueillir les votes.

XXII. Ainsi appuyé du crédit de son beau-père et de son gendre, il choisit, parmi toutes les provinces romaines, celle des Gaules, qui, entre autres avantages, offrait à son ambition un vaste champ de triomphes. Il reçut d'abord la Gaule Cisalpine avec l'Illyrie, en vertu d'une loi de Vatinius, et ensuite la Gaule Chevelue [56], par un décret des sénateurs, qui craignaient que le peuple ne la lui accordât également si eux-mêmes la lui refusaient. Il en éprouva une joie qu'il ne put contenir : on l'entendit, peu de jours après, se vanter en plein sénat d'être enfin parvenu au comble de ses vœux, malgré la haine de ses ennemis consternés, et s'écrier qu'il marcherait désormais sur leurs têtes : « Cela ne sera pas facile à une femme [57] », répondit quelqu'un afin de l'outrager. « Je ne sache pas, répliqua-t-il comme par plaisanterie, que cela ait empêché Sémiramis de régner en Syrie, et les

Amazones de posséder jadis une grande partie de l'Asie. »

XXIII. Après son consulat, les préteurs C. Memmius et Lucius Domitius demandèrent qu'on examinât les actes de l'année précédente [58]. César déféra l'affaire au sénat, qui ne voulut point en connaître. Trois jours s'étant passés en vaines altercations, il partit pour son gouvernement [59] ; et aussitôt, afin de constituer à son égard un précédent fâcheux, on traîna son questeur en justice, à raison de plusieurs crimes [60]. Lui-même y fut bientôt cité par le tribun du peuple L. Antistius ; mais, grâce à l'intervention du collège des tribuns, il obtint de ne pas être accusé pendant qu'il était absent pour le service de la république. Pour se mettre désormais à l'abri de pareilles attaques, il eut grand soin de s'attacher par des services les magistrats de chaque année, et il se fit une loi de n'aider de son crédit ou de ne laisser parvenir aux honneurs que ceux qui se seraient engagés à le défendre en son absence ; condition pour laquelle il n'hésita pas à exiger de quelques-uns d'eux un serment et même une promesse écrite.

XXIV. Aussi L. Domitius, qui aspirait au consulat, s'étant vanté publiquement d'accomplir comme consul ce qu'il n'avait pu faire comme préteur, et d'ôter, en outre, à César l'armée qu'il commandait, celui-ci fit venir Crassus et Pompée à Lucques, ville de sa province, et il les contraignit de demander aussi le consulat, pour en écarter Domitius, et faire ensuite proroger son commandement pour cinq ans ; ce qui fut exécuté. Rassuré de ce côté, il ajouta d'autres légions à celles qu'il avait reçues de la république, et il les entretint à ses frais. Il en forma, dans la Gaule Transalpine, une dernière, à laquelle il fit prendre le nom gaulois d'Alauda [61], qu'il sut former à la discipline des Romains, qu'il arma et habilla comme eux, et que, dans la suite, il gratifia tout entière du droit de cité. Il ne laissa désormais échapper aucune occasion de faire la guerre, fût cette guerre injuste et périlleuse : il attaqua indistinctement et les peuples alliés et les nations ennemies ou sauvages. Enfin sa conduite fit prendre, un jour, au sénat la résolution d'envoyer des commissaires dans les Gaules, pour informer sur l'état de cette province ; plusieurs sénateurs proposèrent même de le livrer aux ennemis. Mais le succès de toutes ses entreprises lui fit, au contraire, décerner de solennelles actions de grâces, plus longues et plus fréquentes qu'à aucun autre avant lui.

XXV. Voici, en peu de mots, ce qu'il fit pendant les neuf années que dura son commandement. Toute la Gaule comprise entre les Pyrénées, les Alpes, les Cévennes, le Rhône et le Rhin, c'est-à-dire dans un circuit de trois millions deux cent mille pas[62], il la réduisit en province romaine, à l'exception des villes alliées et de celles qui avaient bien mérité de Rome, et il imposa au pays conquis un tribut annuel de quarante millions de sesterces[63]. Il est le premier qui, après avoir jeté un pont sur le Rhin, ait attaqué les Germains au-delà de ce fleuve, et qui ait remporté sur eux de grands avantages. Il attaqua aussi les Bretons, jusqu'alors inconnus, les vainquit, et en exigea des contributions et des otages. Au milieu de tant de succès, il n'éprouva que trois revers : l'un en Bretagne, où une violente tempête détruisit presque entièrement sa flotte, un autre en Gaule, devant Gergovie, où une légion fut battue ; et le troisième sur le territoire des Germains, où ses lieutenants Titurius et Aurunculéius périrent dans une embuscade.

XXVI. C'est dans le même intervalle de temps qu'il perdit d'abord sa mère, puis sa fille, et peu après son petit-fils. Cependant le meurtre de P. Clodius avait mis le trouble dans l'État[64], et le sénat, qui était d'avis de ne créer qu'un consul, désignait nommément Cn. Pompée. Les tribuns du peuple lui destinaient César pour collègue ; mais ne voulant pas revenir, pour cette candidature, avant d'avoir terminé la guerre, il s'entendit avec eux pour qu'ils lui fissent plutôt obtenir du peuple la permission de briguer, absent, son second consulat, lorsque le temps de son commandement serait près d'expirer. On lui accorda ce privilège ; et concevant déjà de plus grands projets et de plus hautes espérances, il ne négligea rien pour se faire des partisans, à force de bons offices et de largesses publiques et particulières. Avec l'argent extorqué aux ennemis, il commença la construction d'un forum, dont le terrain seul coûta plus de cent millions de sesterces[65]. Il promit au peuple, en mémoire de sa fille, un spectacle de gladiateurs et un festin, ce qui était sans exemple ; et, pour répondre à la vive impatience de la multitude, il employa aussi ses esclaves aux préparatifs de ce festin, qu'il avait confiés à des traiteurs. Il avait à Rome des agents qui enlevaient de force, pour les lui garder, les gladiateurs les plus fameux, au moment où les spectateurs allaient prononcer leur arrêt de mort[66]. Quant aux élèves, ce n'était ni dans l'enceinte d'une école ni par des professeurs d'escrime qu'il les faisait instruire, mais dans les maisons des particuliers, par des chevaliers romains, ou même par des sénateurs habiles à manier les armes, et qu'il suppliait (ses lettres en font foi) d'entreprendre l'instruction de chacun de ces gladiateurs, et de présider eux-mêmes, comme des maîtres, à leurs exercices. César doubla pour toujours la solde des légions. Dans les années d'abondance, il distribuait le blé sans règle ni mesure, et on le vit parfois donner à chaque homme un esclave pris sur le butin.

XXVII. Afin de conserver, par une nouvelle alliance, l'appui de Pompée, il lui offrit Octavie[67], petite-fille de sa sœur, quoiqu'elle fût mariée à C. Marcellus ; et il lui demanda la main de sa fille, destinée à Faustus Sylla[68]. Tous ceux qui entouraient Pompée, et presque tous les membres du sénat, César les avait faits ses débiteurs, sans leur demander d'intérêt, ou en n'acceptant d'eux qu'un intérêt modique. Il faisait aussi de magnifiques présents aux citoyens des autres classes, qui se rendaient auprès de lui sur son invitation ou de leur propre mouvement. Sa libéralité s'étendait jusque sur les affranchis et les esclaves, selon ce qu'ils avaient de crédit sur l'esprit de leur maître ou de leur patron. Les accusés, les citoyens perdus de dettes, la jeunesse prodigue, ne trouvaient qu'en lui un refuge assuré, à moins que les accusations ne fussent trop graves, la ruine trop complète, les désordres trop grands, pour qu'il pût y remédier : à ceux-là il disait ouvertement « qu'il leur fallait une guerre civile ».

XXVIII. Il ne montra pas moins d'empressement à s'attacher les rois et les provinces dans toute l'étendue de la terre, offrant aux uns, en pur don, des milliers de captifs, envoyant aux autres des troupes auxiliaires, où et quand ils le voulaient[69], sans prendre l'avis du sénat ni du peuple. Il orna de magnifiques monuments les villes les plus puissantes de l'Italie, des Gaules, des Espagnes et aussi de l'Asie et de la Grèce. Enfin tout le monde commençait à s'interroger avec stupeur sur le but de tant d'entreprises, lorsque le consul M. Claudius Marcellus publia un édit par lequel, après avoir annoncé qu'il s'agissait du salut de la république, il proposa au sénat de donner un successeur à César avant l'expiration de son commandement, et, puisque la guerre était finie et la paix assurée, de licencier l'armée victorieuse. Il demanda aussi que, dans les prochains comices, on ne tînt pas compte de César absent, puisque Pompée lui-même avait abrogé le plébiscite rendu en sa faveur[70]. Or il était arrivé que, dans une loi portée par Pompée sur les droits des magistrats, et au chapitre où il interdisait aux absents la demande des honneurs, il avait oublié d'excepter César ; erreur qu'il n'avait corrigée que lorsque la loi était déjà gravée sur l'airain et déposée dans le trésor. Non content d'enlever à

César ses provinces et son privilège, Marcellus fut encore d'avis de retirer à la colonie fondée par lui à Novumcomum[71], sur une motion de Vatinius, le droit de cité romaine, comme étant le résultat de la brigue et de la violation des lois.

XXIX. Ébranlé par ces attaques, et persuadé, comme il le disait souvent, qu'il serait plus difficile, quand l'État l'aurait pour chef, de le faire descendre du premier rang au second, que du second jusqu'au dernier, il résista de tout son pouvoir, soit par l'opposition des tribuns, soit grâce à Servius Sulpicius, l'autre consul. L'année suivante, comme C. Marcellus, qui avait succédé, dans le consulat, à son cousin germain Marcus, suivait le même plan que lui, César s'assura, au prix d'immenses largesses, le concours de son collègue Émilius Paulus et de Caïus Curion, le plus violent des tribuns. Mais rencontrant partout une résistance obstinée, et voyant que les consuls désignés[72] étaient aussi contre lui, il écrivit au sénat, pour le conjurer de ne pas lui enlever le bienfait du peuple, ou du moins d'ordonner que les autres généraux quittassent aussi leurs armées. Il se flattait, à ce que l'on croit, de rassembler ses vétérans, dès qu'il le voudrait, plus aisément que Pompée ne réunirait de nouveaux soldats. Il offrit néanmoins à ses adversaires de renvoyer huit légions, de quitter la Gaule Transalpine, et de garder la Cisalpine avec deux légions, ou même l'Illyrie avec une seule, jusqu'à ce qu'il devînt consul[73].

XXX. Mais le sénat n'eut aucun égard à ses demandes, et ses ennemis refusèrent tout accord concernant les affaires publiques. Alors il passa dans la Gaule Citérieure[74], et, après avoir tenu ses assises[75], il s'arrêta à Ravenne, prêt à venger par la force des armes les tribuns qui avaient embrassé sa cause, dans le cas où le sénat prendrait contre eux quelque parti violent. Tel fut, en effet, pour lui, le prétexte de la guerre civile; mais on pense qu'elle eut d'autres causes. Cn. Pompée disait souvent que, ne pouvant achever les travaux qu'il avait commencés, ni répondre, par ses ressources personnelles, aux espérances que le peuple avait fondées sur son retour, César avait voulu tout troubler, tout bouleverser. Selon d'autres, il craignait qu'on ne l'obligeât à rendre compte de ce qu'il avait fait contre les lois, les auspices et les oppositions légales, dans son premier consulat. En effet, M. Caton déclarait, avec serment, qu'il le citerait en justice, dès qu'il aurait licencié son armée; et l'on disait généralement que, s'il revenait en simple particulier, il serait forcé, comme Milon[76], de se défendre devant des juges entourés de soldats armés. Ce qui rend cette dernière opinion probable, c'est ce que rapporte Asinius Pollion[77], qu'à la bataille de Pharsale, César, jetant les yeux sur ses adversaires vaincus et en déroute, prononça ces propres mots : « Voilà ce qu'ils ont voulu : après tant de victoires, j'aurais été, moi C. César, condamné, si je n'avais réclamé le secours d'une armée. » Enfin quelques auteurs pensent qu'il était dominé par l'habitude du commandement, et qu'ayant pesé les forces de ses ennemis et les siennes, il avait cru devoir saisir l'occasion d'envahir la souveraine puissance, objet de tous ses vœux depuis sa première jeunesse. Telle paraît avoir été aussi l'opinion de Cicéron, qui nous apprend, dans le troisième livre du traité des Devoirs, que César avait sans cesse à la bouche ces vers d'Euripide, dont il nous a donné la traduction :

Car s'il faut violer la justice, que ce soit pour régner qu'on la viole ; pour le reste, respecte tes devoirs[78].

XXXI. Quand il apprit qu'on n'avait tenu aucun compte de l'opposition des tribuns, et qu'ils étaient sortis de Rome, il fit prendre aussitôt les devants à quelques cohortes, et dans le plus grand secret, pour n'éveiller aucun soupçon. Habile à dissimuler, il présida lui-même à un spectacle public, s'occupa d'un plan de construction pour une école de gladiateurs, et se livra, comme de coutume, à la joie d'un grand festin. Mais, après le coucher du soleil, il fit atteler à un chariot les mulets d'une boulangerie voisine, et, suivi de fort peu de monde, il prit les chemins les plus détournés. Les flambeaux s'éteignirent ; il se trompa de route, et erra longtemps au hasard. Enfin, au point du jour, ayant trouvé un guide, il suivit à pied des sentiers étroits jusqu'au Rubicon, limite de sa province, et où l'attendaient ses cohortes. Il s'y arrêta quelques instants, et, réfléchissant aux conséquences de son entreprise : « Il est encore temps de retourner sur nos pas, dit-il à ceux qui l'entouraient ; une fois ce faible pont franchi, c'est le fer qui décidera tout. »

XXXII. Il hésitait ; un prodige le détermina. Un homme d'une taille et d'une beauté remarquables apparut tout à coup, assis à peu de distance et jouant du chalumeau. Des bergers et quelques soldats des postes voisins, parmi lesquels il y avait des trompettes, accoururent pour l'entendre. Il saisit l'instrument d'un de ces derniers, s'élança vers le fleuve, et, tirant d'énergiques accents de cette trompette guerrière, il se dirigea vers l'autre rive. « Allons, dit alors César, allons où nous appellent les prodiges des dieux et l'injustice de nos ennemis : le sort en est jeté ! »

XXXIII. Quand l'armée eut ainsi passé le fleuve, César fit paraître les tribuns du peuple, qui, chassés de Rome, étaient venus dans son camp : alors il harangua ses troupes assemblées, et invoqua leur fidélité en pleurant, et en déchirant ses vêtements sur sa poitrine. On croit aussi qu'il avait promis à chaque soldat le cens de l'ordre équestre [79]. Mais ce qui donna lieu à cette erreur, c'est que, dans la chaleur du discours, il montra souvent le doigt annulaire de sa main gauche, protestant qu'il était prêt à donner tout, jusqu'à son anneau, pour ceux qui défendraient sa dignité ; en sorte que les derniers rangs, plus à portée de voir que d'entendre, prêtèrent à ce geste une signification qu'il n'avait point ; et le bruit ne tarda pas à se répandre que César leur avait promis de porter l'anneau [80] avec les quatre cent mille sesterces.

XXXIV. Voici, dans l'ordre des faits, le résumé de ce qu'il fit ensuite. Il occupa d'abord le Picénum, l'Ombrie et l'Étrurie. L. Domitius, que, dans ces troubles, on lui avait donné pour successeur, s'étant enfermé dans Corfinium avec une garnison, César le contraignit de se rendre à discrétion, le renvoya, et, longeant la mer Supérieure [81], marcha sur Brindes, où les consuls et Pompée s'étaient enfuis, dans le dessein de passer au plus tôt la mer. Après avoir tout tenté inutilement pour empêcher l'exécution de ce projet, il se dirigea sur Rome, s'adressa aux sénateurs sur la situation politique, et attaqua les meilleures troupes de Pompée, qui étaient en Espagne, sous les ordres de trois lieutenants, M. Pétréius, L. Afranius et M. Varron. Il avait dit à ses amis en partant : « Je vais combattre une armée sans général, pour venir ensuite combattre un général sans armée. » Quoique retardé par le siège de Marseille [82], qui sur son passage lui avait fermé ses portes, et par le manque absolu de vivres, il lui fallut peu de temps pour tout soumettre.

XXXV. Il revint ensuite à Rome, passa en Macédoine, investit Pompée et le tint assiégé, pendant près de quatre mois, dans une enceinte immense de retranchements. Enfin il le vainquit à Pharsale, et le poursuivit dans sa fuite jusqu'à Alexandrie, où, le trouvant assassiné, il fit lui-même au roi Ptolémée, qui lui tendit aussi des embûches, une guerre des plus difficiles et que rendaient pour lui bien périlleuse le désavantage du temps et du lieu, un rigoureux hiver, l'activité d'un ennemi pourvu de tout, au sein de sa capitale, et son propre dénuement dans une lutte qu'il était loin de prévoir. Vainqueur, il donna le royaume d'Égypte à Cléopâtre et au plus jeune de ses frères. Il craignait, en faisant de ce pays une province romaine, qu'il ne devînt un jour, entre les mains d'un gouverneur turbulent, une cause d'entreprises séditieuses[83]. D'Alexandrie, César passa en Syrie, et de là dans le Pont, où l'appelaient de fréquents messages ; car Pharnace, fils du grand Mithridate, profitait de ces troubles pour faire la guerre, et avait déjà remporté de nombreux avantages, qui l'avaient fort enorgueilli. Quatre heures de combat suffirent à César, le cinquième jour de son arrivée, pour détruire cet adversaire. Aussi se récriait-il souvent sur le bonheur de Pompée, qui avait dû, en grande partie, sa gloire militaire à la faiblesse de pareils ennemis. Il vainquit ensuite Scipion et Juba, qui ranimaient en Afrique les restes de leur parti[84], et il défit en Espagne les fils de Pompée[85].

XXXVI. Dans le cours de toutes les guerres civiles, César n'éprouva de revers que par le fait de ses lieutenants. C. Curion, l'un d'eux, périt en Afrique ; un autre, C. Antoine, tomba au pouvoir de ses adversaires en Illyrie. P. Dolabella y laissa aussi sa flotte, et Cn. Domitius Calvinus perdit son armée dans le Pont. Lui-même obtint toujours de brillants succès, et ne fut en danger que deux fois : l'une à Dyrrhachium, où, repoussé par Pompée, qui ne songea pas à le poursuivre, il dit que cet adversaire ne savait pas vaincre ; l'autre, au dernier combat livré en Espagne, et où ses affaires parurent si désespérées, qu'il songea même à se donner la mort[86].

XXXVII. Ses guerres terminées, il triompha cinq fois ; dont quatre dans le même mois, après sa victoire sur Scipion, mais à quelques jours d'intervalle, et la cinquième après la défaite des fils de Pompée. Le premier jour, il triompha de la Gaule, et ce fut le plus beau de ses triomphes ; ensuite d'Alexandrie, puis du Pont, puis de l'Afrique, et en dernier lieu de l'Espagne ; toujours avec un appareil et un faste différents. Le jour où il triompha de la Gaule, comme il passait devant le Vélabrum[87], il fut presque jeté hors de son char, dont l'essieu se rompit. Il monta au Capitole à la lueur des flambeaux, que portaient dans des lustres quarante éléphants rangés à droite et à gauche. Quand il célébra son triomphe sur le Pont, on remarqua, entre autres ornements de la pompe triomphale, un tableau où étaient écrits ces seuls mots : « JE SUIS VENU, J'AI VU, J'AI VAINCU », qui ne retraçaient pas, comme les autres inscriptions, tous les événements de la guerre, mais qui en marquaient la rapidité.

XXXVIII. Outre les deux mille sesterces[88] qu'il avait fait compter à chaque fantassin des légions de vétérans, au commencement de la guerre civile, César leur en donna vingt-quatre mille à titre de butin. Il leur assigna aussi des terres, mais non contiguës, afin de ne point dépouiller les possesseurs. Il distribua au peuple dix boisseaux de blé par tête et autant de livres d'huile, avec trois cents sesterces qu'il avait promis autrefois, et auxquels il en ajouta cent autres, pour compenser le retard. Il remit même les loyers d'un an dans Rome jusqu'à la concurrence de deux mille sesterces, et dans le reste de l'Italie, jusqu'à celle de cinq cents. A tous ces dons il ajouta un festin public et une distribution de viandes. Après sa victoire en Espagne, il porta cette libéralité jusqu'à deux repas, car le premier lui avait paru peu digne de sa magnificence : le second, donné cinq jours après, fut des plus somptueux.

XXXIX. Il donna des spectacles de divers genres, un combat de gladiateurs et en outre des pièces de théâtre dans tous les quartiers de la ville, et jouées par des acteurs parlant toutes les langues[89]. Il y eut aussi des jeux dans le cirque, des combats d'athlètes, une naumachie[90]. On vit combattre dans le Forum, parmi les gladiateurs, Furius Leptinus, d'une famille prétorienne, et Q. Calpénus, qui avait fait partie du sénat et avait plaidé des causes devant le peuple. Les enfants de plusieurs princes d'Asie et de Bithynie dansèrent la pyrrhique[91]. Aux jeux scéniques, Décimus Labérius, chevalier romain, joua un mime de sa composition. Il reçut de César cinq cent mille sesterces et un anneau d'or ; et, de la scène, il alla, en traversant l'orchestre, s'asseoir dans les quatorze rangs[92]. Au cirque, l'arène fut agrandie des deux côtés ; on creusa tout autour un fossé qui fut rempli d'eau, et l'on vit des jeunes gens des plus nobles familles faire courir dans cette enceinte des chars à deux et à quatre chevaux, ou sauter alternativement sur des coursiers dressés à cette manœuvre. Des enfants, partagés en deux troupes, suivant la différence de leur âge, célébrèrent les jeux appelés Troyens[93]. Cinq jours furent consacrés à des chasses. Le dernier spectacle fut celui d'une bataille rangée entre deux armées, et où combattirent, de part et d'autre, cinq cents fantassins, trente cavaliers et vingt éléphants. Afin d'ouvrir à ces troupes un plus vaste champ de bataille, on avait enlevé les bornes du cirque, et l'on y avait substitué, à chaque extrémité, deux camps. Des athlètes luttèrent, pendant trois jours, dans un stade construit exprès aux environs du champ de Mars. Un lac fut creusé dans la petite

Codète[94] pour le combat naval, et des vaisseaux tyriens et égyptiens à deux, à trois, à quatre rangs, et chargés de nombreux combattants, y livrèrent une bataille. L'annonce de tous ces spectacles avait attiré à Rome une si prodigieuse affluence d'étrangers, que la plupart d'entre eux couchèrent sous des tentes, dans les rues et dans les carrefours, et que beaucoup de personnes, entre autres deux sénateurs, furent écrasées ou étouffées dans la foule.

XL. Tournant ensuite ses vues vers l'organisation de la république, César corrigea les fastes[95], tellement dérangés par la faute des pontifes et par l'abus, déjà ancien, des intercalations[96], que les fêtes de la moisson ne tombaient plus en été, ni celles des vendanges en automne. Il régla l'année sur le cours du soleil, et la composa de trois cent soixante-cinq jours, en supprimant le mois intercalaire, et en augmentant d'un jour chaque quatrième année. Pour que ce nouvel ordre de choses pût commencer avec les calendes de janvier de l'année suivante[97], il ajouta deux autres mois, entre novembre et décembre, à celle où se firent ces règlements ; et elle fut ainsi de quinze mois, avec l'ancien mois intercalaire, qui se trouva revenir cette même année.

XLI. Il compléta le sénat ; il fit des patriciens ; il augmenta le nombre des préteurs, des édiles, des questeurs et des magistrats subalternes. Il réhabilita ceux que les censeurs avaient dépouillés de leurs dignités, ou que les tribunaux avaient condamnés pour brigue. Il partagea avec le peuple le droit d'élection dans les comices ; de sorte qu'à l'exception des candidats au consulat, les autres étaient élus, moitié par la volonté du peuple, moitié sur la désignation de César. Or, il désignait les siens dans des tablettes qu'il envoyait à toutes les tribus, et qui contenaient ce peu de mots : « César dictateur, à telle tribu. Je vous recommande tels et tels, afin qu'ils tiennent leur dignité de vos suffrages. » Il admit aux honneurs les enfants des proscrits. Il restreignit le pouvoir judiciaire à deux sortes de juges, aux sénateurs et aux chevaliers, et il supprima les tribuns du trésor[98], qui formaient la troisième juridiction. Il fit le recensement du peuple, non de la manière accoutumée ni dans le lieu ordinaire, mais par quartiers, et par l'intermédiaire des propriétaires d'immeubles[99]. Le nombre de ceux à qui l'État fournissait du blé fut réduit, de trois cent vingt mille à cent cinquante mille ; et pour que la formation de ces listes ne pût être à l'avenir l'occasion de nouveaux troubles, il établit qu'avec ceux qui n'y seraient pas encore inscrits, le préteur pourvoirait chaque année, par la voie du sort, au remplacement de ceux qui seraient morts dans l'intervalle.

XLII. Quatre-vingt mille citoyens furent répartis dans les colonies d'outre-mer. Pour que la population de Rome n'en fût pas épuisée, César défendit par une loi qu'aucun citoyen au-dessus de vingt ans et au-dessous de quarante [100], qui ne serait pas lié par un serment militaire [101], restât plus de trois ans de suite absent de l'Italie ; qu'aucun fils de sénateur partît pour l'étranger, si ce n'était à la suite et sous le patronage d'un magistrat ; et enfin que ceux qui élevaient des bestiaux eussent, parmi leurs bergers, moins d'un tiers d'hommes libres en âge de puberté. Il conféra le droit de cité à tous ceux qui pratiquaient la médecine à Rome et qui y professaient les arts libéraux, une telle faveur devant leur faire aimer davantage le séjour de cette ville, et en attirer d'autres encore. Quant aux dettes, au lieu d'en ordonner l'abolition, qui était vivement attendue et réclamée sans cesse, il finit par décréter que les débiteurs satisferaient leurs créanciers suivant l'estimation de leurs propriétés, et conformément au prix de ces biens avant la guerre civile, et que l'on déduirait du principal tout ce qui aurait été payé en argent ou en promesses écrites, à titre d'intérêts. Ce règlement anéantissait environ le quart des dettes. César dispersa toutes les communautés [102], hormis celles dont l'institution remontait aux premiers âges de Rome. Il augmenta les peines établies contre les crimes ; et comme les riches en commettaient d'autant plus facilement qu'ils en étaient quittes pour s'exiler, sans rien perdre de leur fortune, il ordonna contre les parricides, ainsi que le rapporte Cicéron, la confiscation entière, et contre les autres criminels, celle de la moitié des biens.

XLIII. Il déploya dans la distribution de la justice beaucoup de zèle et de sévérité. Il retrancha du nombre des sénateurs ceux qui étaient convaincus de concussion. Il déclara nul le mariage d'un ancien préteur qui avait épousé une femme séparée depuis deux jours seulement d'avec son mari, et contre lequel il ne s'élevait pourtant aucun soupçon d'adultère. Il mit des impôts sur les marchandises étrangères. Il défendit l'usage des litières, de la pourpre et des perles, excepté à certaines personnes, à certain âge et pour certains jours. Il veilla surtout à l'observation de la loi somptuaire [103], et il envoyait dans les marchés des gardes qui saisissaient les denrées défendues et les portaient chez lui. Quelquefois même des licteurs et des soldats allaient, par son ordre, enlever jusque sur les tables ce qui avait pu échapper à la surveillance de ces gardes.

XLIV. Il avait conçu pour l'équipement et l'embellissement de Rome, pour l'agrandissement et la sûreté de l'empire, des projets de jour en jour plus vastes et plus nombreux. Il voulait, avant tout, construire un temple de Mars plus grand qu'aucun temple du monde, en comblant jusqu'au niveau du sol le lac où il avait donné le spectacle d'un combat naval. Il voulait bâtir un immense théâtre au pied du mont Tarpéien. Il voulait réduire à une juste proportion tout le droit civil, et renfermer en un très petit nombre de livres ce qu'il y avait de meilleur et d'indispensable dans l'immense et diffuse quantité des lois existantes. Il voulait former les bibliothèques publiques les plus considérables possible, en livres grecs et latins, et confier à M. Varron[104] le soin de les acquérir et de les classer. Il voulait dessécher les marais Pontins, ouvrir une issue aux eaux du lac Fucin[105], construire un chemin de la mer Supérieure au Tibre, à travers le sommet de l'Apennin. Il voulait percer l'Isthme[106]. Il voulait réprimer les Daces, qui s'étaient répandus dans la Thrace et dans le Pont; porter ensuite la guerre chez les Parthes, en passant par l'Arménie mineure, et ne les attaquer en bataille rangée qu'après les avoir éprouvés. C'est au milieu de ces travaux et de ces projets que la mort le surprit. Mais, avant de parler de sa mort, il ne sera pas inutile de donner une idée succincte de sa figure, de son extérieur, de son habillement et de ses mœurs, ainsi que de ses talents civils et militaires.

XLV. Il avait, dit-on, une haute stature, le teint blanc, les membres bien faits, le visage un peu trop plein[107], les yeux noirs et vifs, le tempérament robuste, si ce n'est que, dans les derniers temps de sa vie, il était sujet à des défaillances subites, et à des terreurs nocturnes qui troublaient son sommeil. Deux fois aussi il fut atteint d'épilepsie dans l'exercice de ses devoirs publics. Il attachait trop d'importance au soin de son corps; et, non content de se faire tondre et raser soigneusement, il se faisait encore épiler, comme on le lui reprocha. Il souffrait impatiemment le désagrément d'être chauve, qui l'exposa maintes fois aux railleries de ses ennemis. Aussi ramenait-il habituellement sur son front ses rares cheveux; et de tous les honneurs que lui décernèrent le peuple et le sénat, aucun ne lui fut plus agréable que le droit de porter toujours une couronne de laurier. On dit aussi que sa mise était recherchée, et son laticlave[108] garni de franges qui lui descendaient sur les mains. C'était toujours par-dessus ce vêtement qu'il mettait sa ceinture[109], et il la portait fort lâche[110]; habitude qui fit dire souvent à Sylla, en s'adressant aux grands : « Méfiez-vous de ce jeune homme, qui met si mal sa ceinture. »

XLVI. Il habita d'abord une assez modeste maison dans Subure[111] ; mais quand il fut nommé grand pontife, il eut pour demeure un bâtiment de l'État, sur la voie Sacrée[112]. Il passe pour avoir aimé passionnément le luxe et la magnificence. Il avait fait bâtir dans sa propriété de la région de Némi une maison de campagne, dont la construction et les ornements lui avaient coûté des sommes énormes ; il la fit, dit-on, jeter à bas, parce qu'elle ne répondait pas entièrement à son attente : et il n'avait encore qu'une fortune médiocre et des dettes. Dans ses expéditions, il portait avec lui, pour en paver son logement, des pièces de marqueterie et de mosaïque.

XLVII. On dit qu'il n'envahit la Bretagne que dans l'espoir d'y trouver des perles, et qu'il prenait plaisir à en comparer la grosseur et à les peser dans sa main ; qu'il recherchait avec une incroyable avidité les pierres précieuses, les ouvrages ciselés, les statues et les tableaux antiques ; qu'il payait un prix exorbitant les esclaves bien faits et bien élevés, et qu'il défendait de porter cette dépense sur ses livres de compte, tant il en avait honte lui-même.

XLVIII. Dans ses provinces, il avait toujours deux tables de festin : l'une pour ceux qui portaient un costume militaire ou le manteau grec[113], l'autre, pour ceux qui portaient la toge[114] et les plus illustres habitants du pays. La discipline domestique était chez lui exacte et sévère, dans les petites choses comme dans les grandes. Il fit mettre aux fers son pannetier, pour avoir servi à ses convives un autre pain qu'à lui-même. Un de ses affranchis avait commis un adultère avec la femme d'un chevalier romain : César, quoiqu'il l'aimât beaucoup et que personne n'eût porté plainte, le punit du dernier supplice.

XLIX. Il n'y a que son commerce intime avec Nicomède qui fit tort à sa réputation de chasteté ; mais il en rejaillit sur lui un opprobre ineffaçable, éternel, et qui a servi de texte à une foule de railleries. Je ne rappellerai pas ces vers, si connus, de Calvus Licinius[115] :

Rome égale en horreurs la Bithynie infâme,
Et l'impudique roi dont César fut la femme[116].

Je ne citerai pas les discours de Dolabella et de Curion le père[117], où César est appelé par le premier « la rivale de la reine, la planche intérieure de la litière royale » ; et par le second, « le bordel de Nicomède », et « la prostituée bithynienne ». Je ne m'arrêterai pas non plus aux édits de Bibulus [118] contre son collègue ; édits où il le traite de « reine de Bithynie », et lui reproche à la fois son ancien goût pour un roi et son nouveau penchant pour la royauté. M. Brutus raconte qu'à cette même époque un certain Octavius, espèce de fou qui avait le droit de tout dire, donna à Pompée, devant une assemblée nombreuse, le titre de roi, et salua César du nom de reine. C. Memmius [119] l'accuse aussi d'avoir servi Nicomède à table, avec les autres mignons de ce prince, et de lui avoir présenté la coupe et le vin devant un grand nombre de convives, parmi lesquels étaient plusieurs négociants romains, dont il cite les noms. Cicéron, non content d'avoir écrit, dans ses lettres, que César fut conduit par des gardes dans la chambre du roi, qu'il s'y coucha, couvert de pourpre, sur un lit d'or, et que ce descendant de Vénus [120] prostitua en Bithynie la fleur de son âge, lui dit un jour en face, au milieu du sénat, où César défendait la cause de Nysa, fille de Nicomède, et rappelait les obligations qu'il avait à ce roi : « Passons, je vous prie, sur tout cela ; on sait trop ce que vous en avez reçu et ce que vous lui avez donné. » Enfin, le jour où il célébra son triomphe sur les Gaules, les soldats, parmi les chansons dont ils ont coutume d'égayer la marche du triomphateur, chantèrent surtout ce couplet fort connu :

César a soumis les Gaules, Nicomède a soumis César.
Voici qu'à présent César triomphe, lui qui a soumis les [Gaules,
Mais non point Nicomède, lui qui a soumis César.

L. Une opinion bien établie, c'est qu'il était très porté aux plaisirs de l'amour, et n'y épargnait pas la dépense. Il séduisit un grand nombre de femmes du premier rang, telles que Postumia, femme de Servius Sulpicius ; Lollia, femme d'Aulus Gabinius ; et Tertulla, femme de M. Crassus. On cite aussi Mucia, femme de Cn. Pompée. Ce qu'il y a de certain, c'est que les Curions père et fils, et beaucoup d'autres, reprochèrent à Pompée « d'avoir, dans l'intérêt de son ambition, épousé la fille de celui pour qui il avait répudié une femme qui lui avait donné trois enfants ; de celui que, dans l'amertume de ses regrets, il avait coutume d'appeler un autre Égisthe [121] ». Mais il n'aima aucune femme autant que Servilie, mère de Marcus Brutus. Il lui donna, pendant son premier consulat, une perle qui lui avait coûté six millions de sesterces [122] ; et, à l'époque des guerres civiles, outre les riches présents dont il la combla, il lui fit adjuger à vil prix les plus magnifiques domaines, vendus alors aux enchères. Or, comme on s'étonnait de ce bon marché, Cicéron répondit plaisamment : « Il est d'autant meilleur qu'on a fait déduction de Tertia[123]. » On soupçonnait en effet Servilie de favoriser elle-même un commerce d'amour entre sa fille Tertia et César.

LI. Dans les provinces de son gouvernement il ne respectait pas davantage le lit conjugal, témoin ce distique chanté en chœur par ses soldats, le jour où il triompha des Gaules :

Citadins, gardez vos femmes : nous amenons l'adultère chauve ;
Tu as dilapidé l'or en Gaule pour faire l'amour, ici, tu en as [emprunté.

LII. Il aima aussi des reines, entre autres Eunoé, la Maure, femme de Bogud[124], et, au rapport de Nason[125], il lui fit, ainsi qu'à son mari, de nombreux et d'immenses présents. Mais il affectionna surtout Cléopâtre ; et il leur arriva souvent de prolonger leurs repas jusqu'au jour. Il remonta le Nil avec elle sur un vaisseau pourvu de chambres, et traversant ainsi toute l'Égypte, il aurait presque atteint l'Éthiopie, si l'armée n'eût refusé de les suivre. Enfin il la fit venir à Rome, et ne la renvoya que comblée des honneurs et des récompenses les plus magnifiques ; il souffrit même que le fils qu'il eut d'elle fût appelé de son nom[126]. Quelques auteurs grecs ont écrit que ce fils lui ressemblait pour la figure et la démarche ; M. Antoine affirma, en plein sénat, que César l'avait reconnu ; et il invoqua le témoignage de C. Matius, de C. Oppius, et des autres amis du dictateur. Mais C. Oppius crut nécessaire de réfuter ce fait, et publia un livre ayant pour titre : « Preuves que le fils de Cléopâtre n'est pas, comme elle le dit, fils de César. » Helvius Cinna, tribun du peuple, a avoué à beaucoup de personnes qu'il avait eu entre les mains une loi rédigée et prête dont César lui avait ordonné de faire la proposition en son absence, et qui permettait à celui-ci d'épouser, à son choix, autant de femmes qu'il voudrait, pour en avoir des enfants. Enfin, ses mœurs étaient si décriées et l'infamie de ses adultères si notoire, que Curion le père, dans un de ses discours, l'appelle « le mari de toutes les femmes, et la femme de tous les maris ».

LIII. Ses ennemis même conviennent qu'il faisait un usage très modéré du vin ; et l'on connaît ce mot de Caton, « que, de tous ceux qui avaient entrepris de renverser la république, César seul était sobre ». C. Oppius nous apprend qu'il était si indifférent à la qualité des mets, qu'un jour qu'on lui avait servi, chez un de ses hôtes, de l'huile rance au lieu d'huile fraîche, il fut le seul des convives qui ne la refusa point, et que même il affecta d'en redemander, pour épargner à son hôte le reproche, même indirect, de négligence ou de rusticité.

LIV. Il ne montra aucun désintéressement dans ses commandements ni dans ses magistratures. Il est prouvé, par des mémoires contemporains [127], qu'étant proconsul en Espagne, il reçut des alliés de fortes sommes, mendiées par lui comme un secours pour acquitter ses dettes ; et qu'il livra au pillage comme un ennemi plusieurs villes de la Lusitanie, quoiqu'elles se soumissent à ses ordres, et qu'elles eussent ouvert leurs portes à son arrivée. Dans la Gaule, il pilla les chapelles particulières et les temples des dieux, tout remplis de riches offrandes ; et il détruisit certaines villes plutôt dans un intérêt sordide qu'en punition de quelque tort. Ce brigandage lui procura beaucoup d'or, qu'il fit vendre en Italie et dans les provinces, sur le pied de trois mille sesterces [128] la livre [129]. Pendant son premier consulat, il vola dans le Capitole trois mille livres pesant d'or, et il y substitua une pareille quantité de cuivre doré. Il vendit l'alliance des Romains ; il vendit jusqu'à des royaumes : il tira ainsi du seul Ptolémée, en son nom et en celui de Pompée, près de six mille talents [130]. Plus tard encore, ce ne fut qu'à force de sacrilèges et d'audacieuses rapines qu'il put subvenir aux frais énormes de la guerre civile, de ses triomphes et de ses spectacles.

LV. Pour l'éloquence et les talents militaires, il égala, il surpassa même les plus glorieuses renommées. Son accusation contre Dolabella [131] le fit ranger, sans contestation, parmi les premiers orateurs de Rome. Cicéron, dans son traité à Brutus, où il énumère les orateurs, dit « qu'il n'en voit point à qui César doive le céder », et il ajoute « qu'il y a dans sa manière de l'élégance et de l'éclat, de la magnificence et de la grandeur [132] ». Cicéron écrivait aussi à Cornélius Népos [133] : « Quel orateur oseriez-vous lui préférer parmi ceux qui n'ont jamais cultivé que cet art ? qui pourrait l'emporter sur lui pour l'abondance ou la vigueur des pensées ? qui, pour l'élégance ou la beauté des expressions ? » Fort jeune encore, il avait, à ce qu'il semble, adopté le genre d'éloquence de Strabon César [134], et il inséra même textuellement dans sa *Divination* plusieurs passages du discours de cet orateur *Pour les Sardiens*. Il avait, dit-on, la voix éclatante, et il savait unir, dans ses mouvements et ses gestes, la grâce et la chaleur. Il a laissé plusieurs discours, mais il en est qu'on lui a faussement attribués ; et Auguste regardait avec raison le plaidoyer *Pour Q. Métellus* plutôt comme la copie infidèle de sténographes qui n'avaient pu suivre la rapidité de son débit, que comme un ouvrage publié par lui-même. Je trouve aussi que plusieurs exemplaires ne sont pas intitulés *Discours pour Métellus*, mais *Discours écrit pour Métellus*. Toutefois, c'est César qui y parle, pour se justifier, en même temps que Métellus, des accusations de leurs ennemis communs. Auguste hésite même à lui attribuer la harangue *Aux soldats en Espagne* ; on en possède néanmoins deux sous ce même titre : l'une, qu'il aurait prononcée avant le premier combat, et l'autre avant le dernier ; mais Asinius Pollion [135] dit qu'à la dernière bataille, la brusque attaque des ennemis ne lui laissa pas le temps de haranguer ses troupes.

LVI. César a laissé aussi des mémoires sur ses campagnes dans les Gaules et sur la guerre civile contre Pompée. Pour l'histoire des guerres d'Alexandrie, d'Afrique et d'Espagne, on ne sait pas quel en est l'auteur. Les uns nomment Oppius, et les autres Hirtius, qui a même complété le dernier livre de la guerre des Gaules, encore imparfait. Voici le jugement que Cicéron a porté des Commentaires de César, dans le traité à Brutus : « Ses Commentaires sont un livre excellent ; le style en est simple, pur, élégant, dépouillé de toute pompe de langage : c'est une beauté sans parure. En voulant fournir aux futurs historiens des matériaux tout prêts, il a peut-être fait une chose agréable à des sots, qui ne manqueront pas de charger d'ornements frivoles ces grâces naturelles [136] ; mais il a ôté aux gens de goût jusqu'à l'envie de traiter le même sujet [137]. » Hirtius dit aussi, en parlant du même ouvrage : « La supériorité en est si généralement reconnue, que l'auteur semble avoir plutôt ravi que donné aux historiens la faculté d'écrire après lui. Mais nous avons plus de motifs que personne d'admirer ce livre : les autres savent avec quel talent et quelle pureté il est écrit ; nous savons, de plus, avec quelle vitesse et quelle facilité il le fut [138]. » Asinius Pollion prétend que ces Commentaires ne sont pas toujours exacts ni fidèles, César ayant, pour les actions accomplies par d'autres, ajouté une foi trop entière à leurs récits, et, pour les siennes mêmes, ayant altéré, sciemment ou faute de mémoire, la vérité des faits. Aussi Pollion est-il persuadé qu'il devait les récrire et les corriger. César a laissé encore un traité en deux livres *Sur l'Analogie*, un autre, en autant de livres, appelé *Les Anticatons*, et un poème intitulé *Le Voyage*. Il composa le premier de ces écrits en passant les Alpes, pour aller rejoindre son armée, en revenant de Gaule Citérieure, après avoir tenu ses assises [139]; le second, vers le temps de la bataille de Munda ; le dernier, dans les vingt-quatre jours qu'il mit à se rendre de Rome dans l'Espagne Ultérieure. On a aussi ses lettres au sénat ; et il paraît être le premier qui ait écrit ses rapports en les divisant en pages à la façon d'un cahier aide-mémoire, tandis qu'auparavant les consuls et les généraux écrivaient les leurs dans toute l'étendue des feuilles. On possède enfin de César des lettres à Cicéron, et sa correspondance avec ses amis sur ses affaires domestiques. Il y employait, pour les choses tout à fait secrètes, une espèce de chiffre (les lettres étant disposées de manière à ne pouvoir jamais former un mot), et qui consistait, je le dis pour ceux qui voudront les déchiffrer, à changer le rang des lettres, à écrire la quatrième pour la première, comme le *d* pour l'*a*, et ainsi des autres. On cite même quelques essais de son enfance et de sa jeunesse, les *Louanges d'Hercule*, une tragédie d'*Œdipe*, un *Recueil de bons mots*. Mais Auguste défendit de publier aucun de ces écrits, par une lettre, aussi courte que simple, adressée à Pompéius Macer, à qui il avait confié le soin de ses bibliothèques.

LVII. Il excellait à manier les armes et les chevaux, et il supportait la fatigue au-delà de ce qu'on peut croire. Dans les marches il précédait son armée, quelquefois à cheval, mais le plus souvent à pied, et la tête toujours nue, malgré le soleil ou la pluie. Il franchissait les plus longues distances avec une incroyable célérité, sans bagages, dans une voiture de louage, et il faisait ainsi jusqu'à cent milles par jour [140]. Si des fleuves l'arrêtaient, il les passait à la nage ou sur des outres gonflées, et il lui arrivait souvent de devancer ses courriers.

LVIII. On ne saurait dire s'il montrait, dans ses expéditions, plus de prudence que de hardiesse. Jamais il ne conduisit son armée dans un pays propre à cacher des embuscades, sans avoir fait explorer les routes ; et il ne la fit passer en Bretagne qu'après s'être assuré par lui-même de l'état des ports, du mode de navigation, et des endroits qui pouvaient donner accès dans l'île. Ce même homme, apprenant un jour que son camp est assiégé en Germanie, revêt un costume gaulois, et arrive jusqu'à son armée, à travers celle des assiégeants. Il passa de même, pendant l'hiver, de Brindes à Dyrrachium, au milieu des flottes ennemies. Comme les troupes qui avaient ordre de le suivre n'arrivaient pas, malgré les messages qu'il ne cessait d'envoyer, il finit par monter seul, en secret, la nuit, sur une petite barque, la tête couverte d'un voile ; et il ne se fit connaître au pilote, il ne lui permit de céder à la tempête, que quand les flots allaient l'engloutir.

LIX. Jamais aucun scrupule religieux ne lui fit abandonner ou différer ses entreprises. Quoique la victime du sacrifice eût échappé au couteau, il ne laissa pas de marcher contre Scipion et Juba. Un autre jour, il était tombé en sortant de son vaisseau, et tournant en sa faveur ce sinistre présage, il s'écria : « Je te tiens, Afrique. » Pour éluder les prédictions selon lesquelles le succès et l'invincibilité étaient réputées être attachées, de par le destin, au nom des Scipions [141], il eut sans cesse avec lui dans son camp un obscur descendant de la famille Cornélia [142], homme des plus abjects, et à qui l'infamie de ses mœurs avait fait donner le surnom de *Salutio* [143].

LX. Pour les batailles, ce n'était pas seulement un plan bien arrêté, mais aussi l'occasion, qui le déterminait. Il lui arrivait souvent d'attaquer aussitôt après une marche, et quelquefois par un temps si affreux que personne ne pouvait croire qu'il se fût mis en mouvement. Ce n'est que vers les dernières années de sa vie qu'il hésita davantage à livrer bataille, persuadé que plus il avait vaincu souvent, moins il devait tenter la fortune, et qu'il gagnerait toujours moins à une victoire qu'il ne perdrait à une défaite. Jamais il ne mit un ennemi en déroute qu'il ne s'emparât aussi de son camp, et il ne laissait aucun répit à la terreur des vaincus. Quand le sort des armes était douteux, il renvoyait tous les chevaux, à commencer par le sien, afin d'imposer à ses soldats l'obligation de résister, en leur ôtant les moyens de fuir.

LXI. Il montait un cheval remarquable, dont les pieds rappelaient la forme humaine, et dont le sabot fendu offrait l'apparence de doigts. Ce cheval était né dans sa maison, et les aruspices avaient promis l'empire du monde à son maître : aussi l'éleva-t-il avec grand soin. Il fut le premier à le monter, alors qu'il ne supportait pas d'autre cavalier. Dans la suite, il lui érigea une statue devant le temple de Vénus Génitrix [144].

LXII. On le vit souvent rétablir seul sa ligne de bataille qui pliait, se jeter au-devant des fuyards, les arrêter brusquement, et les forcer, en les prenant par la gorge, de faire face à l'ennemi. Et cependant ils étaient quelquefois si effrayés, qu'un porte-aigle, qu'il arrêta ainsi, le menaça de la pointe de sa hampe, et qu'un autre, dont il avait saisi l'étendard, le lui laissa dans les mains.

LXIII. Je citerai des circonstances où il donna des marques de courage encore plus éclatantes. Après la bataille de Pharsale, il avait d'avance envoyé ses troupes en Asie, et lui-même passait le détroit de l'Hellespont sur un petit bâtiment de transport : il rencontre L. Cassius, un de ses ennemis, à la tête de dix vaisseaux armés en guerre ; loin de fuir, il s'avance, l'exhorte aussitôt à se rendre, et le reçoit suppliant à son bord.

LXIV. Il attaquait un pont dans Alexandrie ; mais une brusque sortie de l'ennemi le força de sauter dans une barque. Comme beaucoup d'hommes s'y précipitaient en même temps, il se jeta à la mer, et nagea l'espace de deux cents pas [145], jusqu'au vaisseau le plus proche, élevant sa main gauche au-dessus des flots, pour ne pas mouiller des écrits qu'il portait, traînant son manteau de général avec ses dents, pour ne pas laisser cette dépouille aux ennemis.

LXV. Il n'estimait point le soldat en raison de ses mœurs ou de sa fortune, mais seulement en proportion de sa force ; et il le traitait tour à tour avec une extrême rigueur et une extrême indulgence. Sévère, il ne l'était pas partout ni toujours ; mais il le devenait quand il était près de l'ennemi. C'est alors surtout qu'il maintenait la plus rigoureuse discipline ; il n'annonçait à son armée ni les jours de marche ni les jours de combat ; il voulait que, dans l'attente continuelle de ses ordres, elle fût toujours prête, au premier signal, à marcher où il la conduirait. Le plus souvent il la mettait en mouvement sans motif, surtout les jours de fête et de pluie. Parfois même il avertissait qu'on ne le perdît pas de vue, et s'éloignant tout à coup, soit de jour, soit de nuit, il forçait sa marche, de manière à lasser ceux qui le suivaient sans l'atteindre.

LXVI. Quand des armées ennemies s'avançaient précédées d'une renommée effrayante, ce n'est pas en niant leurs forces ou en les dépréciant qu'il rassurait la sienne, mais, au contraire, en les grossissant jusqu'au mensonge. Ainsi l'approche de Juba ayant jeté la terreur dans tous les esprits, il assembla ses soldats et leur dit : « Sachez que dans très peu de jours le roi sera devant vous, avec dix légions, trente mille cavaliers, cent mille hommes de troupes légères, et trois cents éléphants. Que l'on s'abstienne [146] donc de toute question, de toute conjecture, et qu'on s'en rapporte à moi, qui sais la vérité. Sinon, je ferai jeter les auteurs de ces propos sur le plus vieux de mes navires, et ils iront aborder où les poussera le vent. »

LXVII. Il ne faisait pas attention à toutes les fautes, et ne proportionnait pas toujours les peines aux délits ; mais il poursuivait avec une rigueur impitoyable le châtiment des déserteurs et des séditieux ; il fermait les yeux sur le reste. Quelquefois, après une grande bataille et une victoire, il dispensait les soldats des devoirs ordinaires, et leur permettait de se livrer à tous les excès d'une licence effrénée. Il avait coutume de dire « que ses soldats, même parfumés, pouvaient se bien battre. » Dans ses harangues, il ne les appelait point *soldats*, mais se servait du terme plus flatteur de *camarades*. Il aimait à les voir bien vêtus, et leur donnait des armes enrichies d'or et d'argent, autant pour la beauté du coup d'œil que pour les y attacher davantage au jour du combat, par la crainte de les perdre. Il avait même pour eux une telle affection, que lorsqu'il apprit la défaite de Titurius[147], il laissa croître sa barbe et ses cheveux, et il ne les coupa qu'après l'avoir vengé. C'est ainsi qu'il leur inspira un entier dévouement à sa personne, et un courage invincible.

LXVIII. Quand il commença la guerre civile, les centurions de chaque légion s'engagèrent à lui fournir chacun un cavalier sur l'argent de son pécule, et tous les soldats à le servir gratuitement, sans ration ni paie, les plus riches devant subvenir aux besoins des plus pauvres. Pendant une guerre aussi longue, aucun d'eux ne l'abandonna ; il y en eut même un grand nombre qui, faits prisonniers par l'ennemi, refusèrent la vie qu'on leur offrait, sous la condition de porter les armes contre lui. Assiégés ou assiégeants, ils supportaient si patiemment la faim et les autres privations, que Pompée, ayant vu au siège de Dyrrachium l'espèce de pain d'herbes dont ils se nourrissaient, dit « qu'il avait affaire à des bêtes sauvages » ; et il le fit disparaître aussitôt, sans le montrer à personne, de peur que ce témoignage de la patience et de l'opiniâtreté de ses ennemis ne décourageât son armée. Une preuve de leur indomptable courage, c'est qu'après le seul revers éprouvé par eux près de Dyrrachium, ils demandèrent eux-mêmes à être châtiés, et leur général dut plutôt les consoler que les punir. Dans les autres batailles, ils défirent aisément, malgré leur infériorité numérique, les innombrables troupes qui leur étaient opposées. Une seule cohorte de la sixième légion, chargée de la défense d'un petit fort, soutint pendant quelques heures le choc de quatre légions de Pompée, et périt presque tout entière sous une multitude de traits : on trouva dans l'enceinte du fort cent trente mille flèches. Tant de bravoure n'étonnera pas, si l'on considère séparément les exploits de quelques-uns d'entre eux : je ne citerai que le centurion Cassius Scéva et le soldat C. Acilius. Scéva, quoiqu'il eût l'œil crevé, la cuisse et l'épaule traversées, son bouclier percé de cent vingt coups, n'en demeura pas moins ferme à la porte d'un fort dont on lui avait confié la garde. Acilius, dans un combat naval près de Marseille, imita le mémorable exemple donné chez les Grecs par Cynégire[148] : il avait saisi de la main droite un vaisseau ennemi ; on la lui coupa ; il n'en sauta pas moins dans le vaisseau, en repoussant avec la bosse de son bouclier tous ceux qui venaient au-devant de lui.

LXIX. Pendant les dix années de la guerre des Gaules, il ne s'éleva aucune sédition dans l'armée de César. Il y en eut quelques-unes pendant la guerre civile ; mais il les apaisa sur-le-champ, et par sa fermeté bien plus que par son indulgence ; car il ne céda jamais aux mutins, et marcha toujours au-devant d'eux. Près de Plaisance, il licencia ignominieusement toute la neuvième légion, quoique Pompée fût encore sous les armes ; et ce ne fut qu'avec beaucoup de peine, ce ne fut qu'après les plus nombreuses et les plus pressantes supplications, qu'après le châtiment des coupables, qu'il consentit à la rétablir.

LXX. A Rome, les soldats de la dixième légion réclamèrent un jour des récompenses et leur congé, en proférant d'effroyables menaces, qui exposaient la ville aux plus grands dangers. Quoique la guerre fût alors allumée en Afrique, César, que ses amis essayèrent en vain de retenir, n'hésita pas à se présenter aux mutins et à les licencier. Mais avec un seul mot, et en les appelant *citoyens* au lieu de *soldats*, il changea entièrement leurs dispositions : « Nous sommes des soldats », s'écrièrent-ils aussitôt ; et ils le suivirent en Afrique malgré lui ; ce qui ne l'empêcha pas d'enlever aux plus séditieux le tiers du butin et des terres qui leur étaient destinés.

LXXI. Son zèle et sa fidélité envers ses clients éclatèrent même dans sa jeunesse. Il défendit Masintha, jeune homme d'une naissance distinguée, contre le roi Hiempsal, et avec tant d'opiniâtreté, que, dans la chaleur de la discussion, il saisit par la barbe Juba, fils de ce roi. Après le jugement qui déclara son client tributaire d'Hiempsal[149], il l'arracha des mains de ceux qui l'entraînaient, et le cacha longtemps dans sa maison ; enfin, lorsqu'il partit pour l'Espagne, à l'issue de sa préture, il l'emmena dans sa litière, sous la protection de ses licteurs avec leurs faisceaux et des nombreux amis qui lui faisaient cortège.

LXXII. Il traita toujours ses amis avec des égards et une bonté sans bornes. C. Oppius, qui l'accompagnait dans un chemin agreste, étant tombé subitement malade, César lui céda la seule cabane qu'ils trouvèrent, et coucha en plein air, sur la dure. Quand il fut parvenu au souverain pouvoir, il éleva aux premiers honneurs quelques hommes de la plus basse naissance ; et comme on le lui reprochait, il répondit publiquement : « Si des brigands et des assassins m'avaient aussi aidé à défendre mon honneur, je leur en témoignerais la même reconnaissance. »

LXXIII. Jamais, d'un autre côté, il ne conçut d'inimitiés si fortes, qu'il ne les abjurât volontiers dans l'occasion. C. Memmius [150] l'avait attaqué, dans ses discours, avec une extrême véhémence, et César lui avait répondu par écrit avec autant d'emportement ; mais il l'aida bientôt de tout son crédit dans la poursuite du consulat. C. Calvus [151], qui l'avait accablé d'épigrammes diffamatoires, cherchant à se réconcilier avec lui par l'entremise de ses amis, César, spontanément, lui écrivit le premier. Il avouait que Valérius Catulle [152], dans ses petits vers sur Mamurra [153], l'avait marqué d'un stigmate éternel ; et quand celui-ci s'en excusa, il l'admit le jour même à sa table. Il n'avait pas même interrompu les relations d'hospitalité qui l'unissaient au père du poète.

LXXIV. Il était naturellement fort doux, même dans ses vengeances. Quand il eut pris, à son tour, les pirates dont il avait été le prisonnier [154], et auxquels il avait alors juré de les mettre en croix, il ne les fit attacher à cet instrument de supplice qu'après les avoir fait étrangler. Il ne voulut jamais se venger de Cornélius Phagita, qui lui avait tendu toutes sortes d'embûches, à l'époque où, pour échapper à Sylla, il était obligé, quoique malade, de changer toutes les nuits de retraite, et qui n'avait cessé de l'inquiéter qu'au prix d'une forte récompense [155]. Il pouvait livrer à d'affreux tourments Philémon, son esclave et son secrétaire, qui avait promis à ses ennemis de l'empoisonner ; il se contenta de le faire mourir [156]. Appelé en témoignage contre P. Clodius, qui était à la fois accusé de sacrilège et convaincu d'adultère avec Pompéia sa femme [157], il affirma ne rien savoir, quoique sa mère Aurélie et Julie sa sœur eussent fidèlement déclaré aux mêmes juges toute la vérité ; et comme on lui demandait pourquoi donc il avait répudié Pompéia : « C'est, dit-il, parce que je veux que les miens soient aussi exempts de soupçon que de crime. »

LXXV. Mais c'est surtout pendant la guerre civile et après ses victoires qu'il fit admirer sa modération et sa clémence. Pompée avait dit qu'il tiendrait pour ennemis ceux qui ne défendraient pas la république ; César déclara qu'il regarderait comme amis ceux qui, entre les deux partis, resteraient neutres. Il fit plus ; il autorisa tous ceux à qui il avait donné des grades à la recommandation de Pompée, à passer dans l'armée de son rival. Au siège d'Ilerda, il s'était établi, entre les deux armées, des relations amicales, à la faveur des négociations entamées par les chefs pour la reddition de cette place. Afranius et Pétréius [158], abandonnant tout à coup ce projet, firent massacrer ceux des soldats de César qui se trouvèrent dans leur camp ; mais cet acte de perfidie ne put le déterminer à user de représailles. A la bataille de Pharsale, il cria « qu'on épargnât les citoyens », et il n'y eut pas un soldat à qui il ne permît de sauver, dans le parti contraire, celui qu'il voudrait. On ne voit pas non plus qu'aucun de ses ennemis ait péri autrement que sur le champ de bataille, excepté Afranius [159], Faustus et le jeune L. César [160] ; encore ne croit-on pas qu'ils aient été tués par ses ordres. Et cependant les deux premiers s'étaient armés contre lui, après en avoir obtenu leur pardon ; et le troisième avait fait cruellement périr, par le fer et par le feu, les esclaves et les affranchis de son bienfaiteur, et avait égorgé jusqu'aux bêtes achetées par César pour les spectacles de Rome. Enfin, dans les derniers temps, César permit à tous ceux dont il n'avait pas encore signé la grâce, de revenir en Italie, et d'y briguer des magistratures et des commandements. Il releva même les statues de L. Sylla et de Pompée, que le peuple avait abattues. Apprenait-il qu'on méditait contre lui quelque projet sinistre ou qu'on en parlait mal, il aimait mieux contenir les coupables que de les punir. Ainsi, ayant découvert des conspirations et des assemblées nocturnes, il se borna, pour toute vengeance, à déclarer, par un édit, qu'il les connaissait. A ceux qui l'outrageaient dans leurs discours, il se contentait de donner publiquement le conseil de ne pas continuer. Il souffrit même, avec douceur, qu'Aulus Cécina déchirât sa réputation dans un libelle des plus injurieux, et Pitholaüs dans un poème des plus diffamatoires.

LXXVI. On lui impute néanmoins des actions et des paroles qui prouvent l'abus de son pouvoir et qui semblent justifier sa mort. Non content d'accepter des honneurs excessifs, comme plusieurs consulats de suite [161], la dictature perpétuelle, la préfecture des mœurs [162], le prénom d'*Imperator*, le surnom de Père de la patrie, une statue parmi celles des rois, une espèce de trône dans l'orchestre, il souffrit encore qu'on lui en décernât qui dépassent la mesure des grandeurs humaines. Il eut un siège d'or au sénat et dans son tribunal ; il eut, dans les pompes du cirque, un char et un brancard [163] ; il eut des temples et des autels, et des statues auprès de celles des dieux ; comme eux, il eut un lit sacré [164] ; il eut un flamine ; il eut des prêtres luperques [165], et enfin le privilège de donner son nom à l'un des mois de l'année [166]. Il n'est pas de distinctions qu'il ne reçût selon son caprice, et qu'il ne donnât de même. Consul pour la troisième fois et pour la quatrième, il n'en prit que le titre, se contenta d'exercer la dictature, qu'on lui avait décernée avec ses consulats, et se substitua deux consuls pour les trois derniers mois de ces deux années, pendant lesquelles il n'assembla les comices que pour l'élection des tribuns et des édiles du peuple. Il établit des préfets, à la place des préteurs, pour administrer, sous ses ordres, les affaires de la ville. Un des consuls étant mort subitement la veille des calendes de janvier, il revêtit de sa dignité vacante, pour le peu d'heures qui restaient, le premier qui la demanda. C'est avec le même mépris des lois et des usages de la patrie qu'il institua des magistratures pour plusieurs années [167], qu'il accorda les insignes consulaires à dix anciens préteurs, qu'il éleva à la dignité de citoyens et même de sénateurs quelques Gaulois à demi barbares ; qu'il donna l'intendance de la monnaie et des revenus publics à des esclaves de sa maison [168] ; qu'il abandonna le soin et le commandement des trois légions laissées par lui dans Alexandrie, à Rufion, fils d'un de ses affranchis, et l'un de ses mignons.

LXXVII. Il lui échappait publiquement, comme l'a écrit T. Ampius [169], des paroles qui ne marquent pas moins d'orgueil que ses actes. Il disait « que la république était un nom sans réalité, sans valeur ; que Sylla ignorait jusqu'aux principes de la science du gouvernement, lui qui avait déposé la dictature ; que les hommes devaient lui parler désormais avec plus de respect, et regarder comme loi ce qu'il dirait ». Il en vint même à ce point d'arrogance, de répondre à un aruspice qui lui annonçait de tristes présages après un sacrifice, parce qu'on n'avait pas trouvé de cœur dans la victime, « qu'il rendrait les présages plus heureux quand il voudrait, et que ce n'était point un prodige si une bête n'avait pas de cœur [170] ».

LXXVIII. Mais voici ce qui attira sur lui la haine la plus violente et la plus implacable. Les sénateurs étant venus en corps lui présenter les décrets les plus flatteurs, il les reçut assis devant le temple de Vénus Génitrix. Quelques écrivains disent que Cornélius Balbus le retint comme il se levait ;

d'autres, qu'il n'en fit même pas le mouvement, et que C. Trébatius l'ayant averti de se lever, il jeta sur lui un regard sévère. Ce dédain parut d'autant plus intolérable, que lui-même, dans un de ses triomphes, avait manifesté une vive indignation de ce qu'au moment où son char passait devant les sièges des tribuns, le seul Pontius Aquila [171], l'un d'eux, fût resté assis. Il s'était même écrié : « Tribun Aquila, redemande-moi donc la république » ; et pendant plusieurs jours, il n'avait rien promis à personne qu'en y mettant cette condition ironique : « Si toutefois Pontius Aquila le permet. »

LXXIX. A ce cruel outrage fait au sénat, il ajouta un trait d'orgueil encore plus odieux. Il rentrait dans Rome, après le sacrifice accoutumé des Féries latines [172], lorsque, au milieu des acclamations extraordinaires et insensées du peuple, un homme, se détachant de la foule, alla poser sur sa statue une couronne de laurier, nouée d'une bandelette blanche [173]. Les tribuns Épidius Marullus et Césétius Flavus firent enlever le diadème et conduire cet homme en prison. Mais César, voyant avec douleur que cette tentative de royauté eût si peu de succès, ou, comme il le prétendait, qu'on lui eût ravi la gloire du refus, apostropha durement les tribuns, et les dépouilla de leur pouvoir. Jamais il ne put se laver du reproche déshonorant d'avoir ambitionné la dignité royale, quoiqu'il eût répondu un jour au peuple, qui le saluait du nom de roi : « Je suis César et non pas roi », et qu'aux fêtes Lupercales [174] il eût repoussé et fait porter au Capitole, sur la statue de Jupiter Très Bon et Très Grand, le diadème que le consul Antoine essaya, à plusieurs reprises, de placer sur sa tête, dans la tribune aux harangues. Il se répandit même, à ce sujet, un bruit qui prit assez de consistance : il devait, disait-on, transporter à Alexandrie ou à Troie le siège et les forces de l'empire, après avoir épuisé l'Italie par des levées extraordinaires, et laissé à ses amis le gouvernement de Rome. On ajoutait qu'à la première assemblée du sénat, le quindécemvir [175] L. Cotta devait proposer, puisqu'il était écrit dans les livres du destin que les Parthes ne pouvaient être vaincus que par un roi, de donner ce nom à César.

LXXX. Les conjurés, craignant d'être obligés de donner leur assentiment à cette proposition, y virent une raison de hâter l'exécution de leur entreprise. Ils se réunirent donc tous, et prirent en commun des résolutions qui n'avaient d'abord été conçues qu'isolément, et dans des réunions de deux ou trois personnes. Le peuple même était alors mécontent de la situation de l'État ; il rejetait, en secret aussi bien qu'ouvertement, la tyrannie et réclamait des libérateurs. Quand César donna aux étrangers le titre de sénateurs, on afficha partout ces mots : « A tous, salut ; il est défendu de montrer aux nouveaux sénateurs le chemin du sénat. » On chanta aussi dans les rues de Rome :

César mène les Gaulois en triomphe, c'est encore lui qui les [mène au sénat ;
Les Gaulois ont quitté leurs braies et ont pris le laticlave.

Au théâtre, le licteur ayant annoncé, selon l'usage, l'entrée du consul Q. Maximus, que César s'était substitué pour trois mois, on lui cria de tous côtés « qu'il n'était pas consul ». Après la destitution des tribuns Césétius et Marullus, on trouva, à la première assemblée des comices, beaucoup de bulletins qui les nommaient consuls. On écrivit sous la statue de L. Brutus [176] : « Plût aux dieux que tu vécusses ! » et sous celle de César :

Brutus, parce qu'il chassa les rois, devint le premier consul ;
cet homme, parce qu'il a chassé les consuls, est finalement devenu [roi.

Le nombre des conjurés s'élevait à plus de soixante ; C. Cassius et les deux Brutus (Marcus et Décimus) étaient les chefs de la conspiration. Ils délibérèrent d'abord si, divisant leurs forces, les uns le précipiteraient du pont [177], pendant les comices du champ de Mars et au moment où il appellerait les tribus aux suffrages, tandis que les autres l'attendraient en bas pour le massacrer, ou bien s'ils l'attaqueraient dans la voie Sacrée ou à l'entrée du théâtre. Mais une réunion du sénat, ayant été indiquée pour les ides de mars [178] dans la salle de Pompée [179], ils s'accordèrent tous à ne point chercher de moment ni de lieu plus favorables.

LXXXI. Cependant des prodiges manifestes annoncèrent à César sa fin prochaine. Quelques mois auparavant, les colons à qui la loi Julia avait donné des terres dans la Campanie [180], voulant bâtir des maisons de campagne, détruisirent des sépultures de l'antiquité la plus reculée, et avec d'autant plus d'empressement qu'ils découvraient de temps en temps, dans leurs fouilles, des vases d'un travail fort ancien. Ils trouvèrent, dans un tombeau où était, dit-on, enseveli Capys, fondateur de Capoue, une table d'airain qui portait, en caractères grecs et dans cette langue, une inscription ainsi conçue : « Quand on aura découvert les cendres de Capys, un descendant d'Iule[181] périra de la main de ses proches, et sera bientôt vengé par les malheurs de l'Italie. » Pour qu'on ne croie pas que c'est là une fable inventée à plaisir, je citerai mon autorité, Cornélius Balbus, le plus intime des amis de César. Quelques jours avant sa mort, il apprit que les troupeaux de chevaux qu'il avait consacrés au fleuve avant de passer le Rubicon, et qu'il avait laissés errer sans maître, refusaient toute espèce de nourriture et versaient d'abondantes larmes. De son côté, l'aruspice Spurinna l'avertit, pendant un sacrifice, de prendre garde à un danger qui le menaçait jusqu'aux ides de mars. La veille de ces mêmes ides, un roitelet qui était venu s'abattre, avec une petite branche de laurier, sur la salle du sénat dite de Pompée, fut poursuivi et mis en pièces par différents oiseaux sortis d'un bois voisin. Enfin, la nuit qui précéda le jour du meurtre, il lui sembla, pendant son sommeil, qu'il volait au-dessus des nuages, et qu'il mettait sa main dans celle de Jupiter. Sa femme Calpurnie rêva aussi que le faîte de sa maison s'écroulait, et qu'on tuait son époux dans ses bras ; et les portes de sa chambre s'ouvrirent brusquement d'elles-mêmes. Tous ces présages, et sa santé, qui se trouva mauvaise, le firent hésiter longtemps s'il ne resterait pas chez lui, et ne remettrait pas à un autre jour ce qu'il avait à proposer au sénat. Mais Décimus Brutus l'ayant exhorté à ne pas faire attendre en vain les sénateurs, qui étaient réunis en grand nombre et depuis longtemps, il sortit vers la cinquième heure[182]. Sur son chemin, un inconnu lui présenta un mémoire où était dévoilée toute la conjuration ; César le prit, et le mêla avec d'autres qu'il tenait dans sa main gauche, comme pour les lire bientôt. Plusieurs victimes, qu'on immola ensuite, ne donnèrent que des signes défavorables ; mais, bravant ces scrupules religieux, il entra dans le sénat, et dit, en raillant, à Spurinna « qu'il s'inscrivait en faux contre ses prédictions, puisque les ides de mars étaient venues sans amener aucun malheur ». — « Oui, répondit l'augure, elles sont venues, mais ne sont pas encore passées. »

LXXXII. Lorsqu'il s'assit, les conjurés l'entourèrent, sous prétexte de lui rendre leurs devoirs. Tout à coup Cimber Tillius, qui s'était chargé de commencer l'entreprise, s'approcha comme pour lui demander une faveur ; et César se refusant à l'entendre et lui faisant signe de remettre sa demande à un autre temps, il le saisit, par la toge, aux deux épaules. « C'est là de la violence », s'écrie César ; et, dans le moment même, l'un des Casca, auquel il tournait le dos, le blesse un peu au-dessous de la gorge. César, saisissant le bras qui l'a frappé, le perce de son poinçon [183], puis il veut s'élancer ; mais une autre blessure l'arrête, et il voit bientôt des poignards levés sur lui de tous côtés. Alors il s'enveloppe la tête de sa toge, et, de la main gauche, il en abaisse en même temps un des pans sur ses jambes, afin de tomber plus décemment, la partie inférieure de son corps étant ainsi couverte. Il fut percé de vingt-trois coups : au premier, il poussa un seul gémissement, sans dire une parole. Toutefois quelques écrivains rapportent que, voyant s'avancer contre lui M. Brutus, il dit en grec : « Et toi aussi, mon fils [184] ! » Quand il fut mort, tout le monde s'enfuit, et il resta quelque temps étendu par terre. Enfin trois esclaves le rapportèrent chez lui sur une litière, d'où pendait un de ses bras. De tant de blessures, il n'y avait de mortelle, au jugement du médecin Antistius, que la seconde, qui lui avait été faite à la poitrine. L'intention des conjurés était de traîner son cadavre dans le Tibre, d'adjuger ses biens à l'État, et d'annuler ses actes ; mais la crainte qu'ils eurent du consul M. Antoine et de Lépide, maître de la cavalerie [185], les fit renoncer à ce dessein.

LXXXIII. Son testament fut donc ouvert, sur la demande de L. Pison son beau-père, et on en fit la lecture dans la maison d'Antoine. César l'avait fait aux dernières ides de septembre [186], à sa terre de Lavicum [187] ; il l'avait ensuite confié à la grande vestale. Q. Tubéron rapporte que, dans tous ceux qu'il écrivit depuis son premier consulat jusqu'au commencement de la guerre civile, il laissait à Cn. Pompée son héritage, et qu'il avait lu devant l'assemblée des soldats cette décision [188]. Mais dans le dernier il nommait trois héritiers ; c'étaient les petits-fils de ses sœurs, savoir : C. Octavius pour les trois quarts, et L. Pinarius avec Q. Pédius pour l'autre quart. Par une dernière clause, il adoptait C. Octavius et lui donnait son nom. Il désignait parmi les tuteurs de son fils, pour le cas où il lui en naîtrait un, la plupart de ceux qui le frappèrent. Décimus Brutus était aussi inscrit dans la seconde classe de ses héritiers. Enfin, il léguait au peuple romain ses jardins près du Tibre, et trois cents sesterces par tête [189].

LXXXIV. Le jour de ses funérailles étant fixé, on lui éleva un bûcher dans le champ de Mars, près du tombeau de Julie [190], et l'on construisit, devant la tribune aux harangues, une chapelle dorée, sur le modèle du temple de Vénus Génitrix. On y plaça un lit d'ivoire couvert de pourpre et d'or, et à la tête de ce lit un trophée, avec le vêtement qu'il portait quand il fut tué. La journée ne paraissant pas devoir suffire à la marche solennelle de tous ceux qui voulaient apporter des présents funèbres, on déclara que chacun irait, sans observer aucun ordre et par le chemin qui lui plairait, déposer ses dons au champ de Mars. Dans les jeux [191], on chanta des vers propres à exciter la pitié pour le mort et l'indignation contre les meurtriers ; vers qui étaient tirés du *Jugement des armes,* de Pacuvius, par exemple :

Les avais-je épargnés, pour tomber sous leurs coups ?

et des passages de l'*Électre* d'Attilius, qui pouvaient offrir les mêmes allusions. Au lieu d'éloge funèbre, le consul Antoine fit lire par un héraut le sénatus-consulte qui décernait à César tous les honneurs divins et humains, puis le serment par lequel tous les citoyens s'étaient liés pour le salut d'un seul. Il ajouta fort peu de mots à cette lecture. Des magistrats en fonction ou sortis de charge portèrent le lit au forum, devant la tribune aux harangues. Les uns voulaient qu'on brûlât le corps dans le sanctuaire de Jupiter Capitolin ; les autres, dans la salle du sénat de Pompée. Tout à coup deux hommes, portant un glaive à la ceinture, et à la main deux javelots, y mirent le feu avec des torches ardentes ; et aussitôt chacun d'y jeter du bois sec, des sièges et jusqu'aux tribunaux des magistrats, enfin tout ce qu'on avait apporté en fait de présents. Bientôt après, des joueurs de flûte et des acteurs, qui avaient revêtu, pour cette cérémonie, les ornements consacrés aux pompes triomphales, s'en dépouillèrent, les mirent en pièces, et les jetèrent dans les flammes ; les vétérans légionnaires y jetèrent de même les armes dont ils s'étaient parés pour les funérailles ; et la plupart des femmes, les bijoux qu'elles portaient, avec les bulles et les prétextes [192] de leurs enfants. Une foule d'étrangers prirent part à ce deuil public, et s'approchèrent tour à tour du bûcher, en manifestant leur douleur, chacun à la manière de son pays. On remarqua surtout les Juifs [193], lesquels veillèrent même, plusieurs nuits de suite, auprès de ses cendres.

LXXXV. Le peuple, aussitôt après les funérailles, courut avec des torches aux maisons de Brutus et de Cassius, et n'en fut repoussé qu'avec peine. Sur sa route, cette foule tumultueuse rencontra Helvius Cinna, et, par suite d'une erreur de nom, le prenant pour Cornélius, à qui elle en voulait pour avoir prononcé, la veille, un discours véhément contre César, elle le tua, et promena sa tête au bout d'une pique. Plus tard on éleva dans le forum une colonne de marbre de Numidie, d'un seul bloc et de près de vingt pieds, avec cette inscription : AU PÈRE DE LA PATRIE ; et ce fut pendant longtemps un usage d'y offrir des sacrifices, d'y former des vœux, et d'y terminer certains différends, en jurant par le nom de César.

LXXXVI. Il laissa quelques-uns des siens persuadés qu'il ne voulait pas vivre plus longtemps, et que cette indifférence, qui lui venait de sa mauvaise santé, lui avait fait mépriser des présages religieux et les conseils de ses amis. Il en est aussi qui pensent que, rassuré par le dernier sénatus-consulte et par le serment prêté à sa personne, il avait renvoyé une garde espagnole qui le suivait partout, l'épée à la main. D'autres, au contraire, lui prêtent cette pensée, qu'il aimait mieux succomber une fois aux complots de ses ennemis, que de les craindre toujours. Selon d'autres encore, il avait coutume de dire « que la république était plus intéressée que lui-même à sa conservation ; qu'il avait acquis, depuis longtemps, assez de gloire et de puissance ; mais que la république, s'il venait à périr, ne jouirait d'aucun repos, et irait s'abîmer dans les effroyables maux des guerres civiles ».

LXXXVII. Mais ce dont on convient plus généralement, c'est que sa mort fut à peu près telle qu'il l'avait désirée. Car lisant un jour, dans Xénophon, que Cyrus avait donné, pendant sa dernière maladie, quelques ordres pour ses funérailles, il témoigna son aversion pour une mort aussi lente, et souhaita que la sienne fût prompte et subite. La veille même du jour où il périt, à un souper chez M. Lépidus, un convive ayant soulevé cette question : Quelle est la fin la plus désirable ? « Une mort brusque et inopinée », répondit César.

LXXXVIII. Il périt dans la cinquante-sixième année de son âge, et fut mis au nombre des dieux, non seulement par le décret qui ordonna son apothéose, mais aussi par la foule, persuadée de sa divinité. Pendant les jeux que célébrait pour la première fois en son honneur son héritier Auguste après son apothéose, une étoile chevelue, qui se levait vers la onzième heure[194], brilla durant sept jours de suite, et l'on crut que c'était l'âme de César reçue dans le ciel. C'est pour cette raison qu'il est toujours représenté avec une étoile au-dessus de la tête. On fit murer la curie[195] où il avait été tué ; les ides de mars furent appelées *jour parricide*, et il fut défendu pour jamais d'assembler les sénateurs ce jour-là.

LXXXIX. Presque pas un de ses meurtriers ne lui

survécut plus de trois ans, et ne mourut de mort naturellle. Condamnés tous [196], ils périrent tous, chacun d'une manière différente ; ceux-ci dans des naufrages, ceux-là dans les combats : il y en eut même qui se percèrent du même glaive dont ils avaient frappé César.

OCTAVE AUGUSTE

SOMMAIRE

I. Origine de la maison Octavienne. — II. Les ancêtres d'Auguste. — III. Services de C. Octavius, son père. — IV. Sa famille. — V. Sa naissance. — VI. Tradition superstitieuse touchant l'appartement où il fut nourri. — VII. Ses surnoms. — VIII. Ses premières campagnes ; ses études. Précis de sa vie. — IX. Ses guerres. — X. Ses menées à Rome. Ses premiers démêlés avec Marc-Antoine. Il embrasse le parti des grands, et lève une armée. Ses actes de lâcheté et de courage. — XI. Il est soupçonné d'avoir fait tuer les deux consuls. — XII. Il abandonne le parti des grands. Ses griefs contre ce parti ; sa vengeance. — XIII. Triumvirat. Cruautés d'Auguste. Partage de l'empire. — XIV. Dangers qu'il court à l'époque de la guerre de Pérouse. — XV. Ses vengeances après la victoire. — XVI. Guerre contre Sextus Pompée. Ses préparatifs. Sa conduite avant et pendant la bataille. Périls auxquels il est exposé. Il exile Lépide. — XVII. Il se brouille avec Antoine. Bataille d'Actium. Mort d'Antoine et de Cléopâtre. — XVIII. Il fait ouvrir le tombeau d'Alexandre. Ses travaux en Égypte. — XIX. Il échappe à plusieurs conspirations. — XX. Guerres qu'il fit en personne. — XXI. Ses conquêtes. Son autorité sur les peuples étrangers. — XXII. Ses triomphes. — XXIII. Ses revers. Son désespoir à la nouvelle de la défaite de Varus. — XXIV. Ses règlements militaires. — XXV. Sa conduite envers ses soldats. Ses adages militaires. — XXVI. Ses consulats. — XXVII. Sa cruauté pendant le triumvirat. Ses terreurs. Son tribunat perpétuel. — XXVIII. Il feint deux fois de vouloir rétablir la république. — XXIX. Il embellit Rome. — XXX. Ses lois de police. Ses dons aux temples. — XXXI. Ses institutions religieuses. Il réforme le calendrier, et donne son nom à un mois de l'année. Son respect pour la mémoire des grands hommes. — XXXII. Il corrige un grand nombre d'abus. — XXXIII. Son assiduité à rendre la justice, et sa modération comme juge. — XXXIV. Il révise toutes les lois. Ses vaines mesures contre le célibat. — XXXV. Il réforme le sénat. Ses précautions contre les sénateurs. Ses rapports avec eux. — XXXVI. Nouveaux règlements dont il est l'auteur. — XXXVII. Il créé de nouveaux offices. — XXXVIII. Il avance les fils des sénateurs. Il rétablit l'usage des revues des chevaliers. — XXXIX. Il leur fait rendre un compte rigoureux de leur conduite. — XL. Ses règlements en faveur de l'ordre équestre. Ses distributions de blé au peuple. Sa conduite à l'égard des comices. Il restreint la faculté des affranchissements et le droit de cité. Il rétablit le costume romain. — XLI. Ses libéralités. — XLII. Sa fermeté vis-à-vis du peuple. Sa conduite pendant une disette. Il projette d'abolir les distributions de blé, et renonce à cette mesure. — XLIII. Ses spectacles. — XLIV. Ordre qu'il introduit parmi les spectateurs. — XLV. Sa conduite pendant les spectacles. Son goût pour le pugilat. Sa sévérité envers les acteurs. — XLVI. Ses colonies. Ses innovations en faveur de l'Italie. Il encourage l'honneur et la propagation. — XLVII. Il administre une partie des provinces romaines. Sa conduite envers quelques villes. Ses voyages dans tout l'empire. — XLVIII. Sa politique à l'égard des rois alliés de Rome. — XLIX. Ses règlements concernant l'armée. Institution des courriers. — L. Ses cachets. — LI. Sa clémence et sa douceur. — LII. Sa modération. — LIII. Sa modestie. Son affabilité. Ses relations d'amitié avec un grand nombre de citoyens. — LIV. Espèce de liberté dont il laisse jouir les sénateurs. — LV. Sa conduite à l'égard des auteurs de libelles. — LVI. Il se soumet, en quelques circonstances, aux lois de l'égalité. Sa conduite envers ses amis et ses clients. — LVII. Témoignages de l'affection qu'il inspire à tous les ordres. — LVIII. Il reçoit le titre de Père de la patrie. — LIX. Autres témoignages de cette affection. — LX. Respect des rois pour sa personne. — LXI. Sa vie privée. Mort de sa mère et de sa sœur. — LXII. Ses mariages. — LXIII. Ses enfants. — LXIV. Ses soins pour leur éducation. — LXV. Ses chagrins de famille. Les Julies. Agrippa. — LXVI. Ses amis. Son chagrin de la mort de Gallus. A quelles conditions il accepte des héritages. — LXVII. Sa conduite envers ses affranchis et ses esclaves. — LXVIII. Débauches de sa jeunesse. — LXIX. Ses adultères. Les complaisances de ses amis. Lettre impudique d'Antoine. — LXX. Le souper des douze divinités. — LXXI. Sa passion pour le jeu. Quelques passages de ses lettres. — LXXII. Ses habitations à Rome. Ses maisons de campagne. — LXXIII. Son économie dans l'ameublement. La simplicité de ses vêtements. — LXXIV. Ses repas. — LXXV. Ses festins, et ses présents à ses amis les jours de fête. — LXXVI. Sa frugalité. — LXXVII. Sa sobriété. — LXXVIII. Son sommeil. — LXXIX. Son portrait. — LXXX. Ses infirmités. — LXXXI. Ses maladies. — LXXXII. Ses précautions pour sa santé. — LXXXIII. Ses exercices et ses distractions. — LXXXIV. Ses études et ses talents. — LXXXV. Ses ouvrages. — LXXXVI. Son style. Son aversion pour la recherche. — LXXXVII. Ses locutions. — LXXXVIII. Son orthographe. — LXXXIX. Ses connaissances en grec. Sa bienveillance pour les écrivains. — XC. Ses superstitions. — XCI. Ses rêves. — XCII. Sa foi dans les présages. — XCIII. Distinction qu'il fait entre les diverses religions. — XCIV. XCV. Présages de sa grandeur future.

— XCVI. Présages de ses victoires. — XCVII. Présages de sa mort et de son apothéose. — XCVIII. Sa dernière maladie. — XCIX. Sa mort. — C. Ses funérailles. — CI. Son testament.

I. La maison Octavienne était anciennement une des premières de Vélitres[1] : plusieurs monuments l'attestent. Par exemple, un des endroits les plus fréquentés de la ville s'appelait depuis longtemps le quartier Octavien, et l'on y montrait un autel consacré par un Octavius, qui, créé général dans une guerre contre un peuple voisin, et averti un jour, au milieu d'un sacrifice au dieu Mars, de l'irruption subite de l'ennemi, enleva aux flammes les entrailles à demi rôties de la victime, les partagea, courut au combat, et revint victorieux. Il y eut même un décret public qui ordonnait d'offrir désormais de la même manière au dieu Mars les entrailles des victimes, et d'en porter les restes aux Octavius.

II. Cette famille, admise [dans le sénat], par le roi Tarquin l'Ancien, au rang des familles mineures[2], puis classée par Ser. Tullius parmi les patriciennes, passa ensuite d'elle-même dans les rangs plébéiens, et ne revint au patriciat qu'après un long intervalle, par la volonté du divin Jules. Le premier de cette maison qui obtint une magistrature par les suffrages du peuple fut C. Rufus. Il fut questeur, et donna le jour à deux fils, Cnéus et Caïus, lesquels devinrent la souche d'une double branche d'Octavius, dont la destinée fut bien différente : Cnéus et tous ses descendants remplirent les plus grandes charges de l'État ; mais Caïus et sa postérité, soit hasard, soit préférence, demeurèrent dans l'ordre des chevaliers jusqu'au père d'Auguste. Le bisaïeul de celui-ci servit en Sicile, pendant la seconde guerre punique, en qualité de tribun des soldats, sous le commandement d'Émilius Papus. Son aïeul borna son ambition aux magistratures municipales, et vieillit dans l'abondance et le repos. Mais d'autres auteurs ont donné ces détails. Auguste lui-même a écrit qu'il n'était issu que d'une famille de chevaliers, ancienne et riche, et que son père avait été le premier sénateur de son nom. M. Antoine lui reproche d'avoir eu pour bisaïeul un affranchi, un cordier du bourg de Thurium, et pour grand-père un changeur. Voilà tout ce que j'ai trouvé concernant les ancêtres paternels d'Auguste.

III. C. Octavius, son père, fut, dès sa première jeunesse, en possession d'une grande fortune et de l'estime publique. Je suis donc étonné que quelques auteurs en aient fait un changeur, et même un de ces agents de corruption employés à l'achat des suffrages dans les assemblées du champ de Mars. Élevé au sein de l'opulence, il parvint aisément aux plus hautes magistratures, et il les remplit avec distinction. Après sa préture, le sort lui assigna la Macédoine ; et sur sa route, il anéantit les restes fugitifs des armées de Spartacus et de Catilina, qui occupaient le territoire de Thurium[3], commission que le sénat lui avait donnée extraordinairement. Il montra dans le gouvernement de sa province autant d'équité que de courage. Il vainquit les Besses et les Thraces dans une grande bataille ; et il traita si bien les alliés, que M. Tullius Cicéron[4], dans plusieurs lettres qui existent encore, exhorte son frère Quintus[5], alors proconsul en Asie, où il se faisait une réputation peu honorable, à imiter son voisin Octavius, et à bien mériter, comme lui, des alliés de la république.

IV. Il mourut subitement, en revenant de la Macédoine, et avant d'avoir pu déclarer sa candidature au consulat. Il laissait d'Ancharia, Octavie l'aînée, et d'Atia, Octavie la cadette et Auguste. Atia était fille de M. Atius Balbus et de Julie, sœur de C. César. Balbus, du côté de son père, était originaire d'Aricie et comptait beaucoup de sénateurs dans sa famille ; du côté de sa mère, il tenait de fort près au grand Pompée. Il fut honoré de la préture, et l'un des vingt commissaires chargés, en vertu de la loi Julia, de partager au peuple les terres de la Campanie[6]. Toutefois Antoine, affectant le même dédain pour les ancêtres maternels d'Auguste, dit que son bisaïeul était de race africaine, et avait tenu boutique à Aricie, tantôt de parfumeur et tantôt de boulanger. Cassius de Parme[7], dans une de ses lettres, ne se contente pas d'appeler Auguste petit-fils d'un boulanger ; il le traite aussi de petit-fils d'un méchant courtier de monnaies, et il l'apostrophe ainsi : « La farine que vendait ta mère sortait du plus grossier des moulins d'Aricie[8], et le changeur de Nérulum[9] la pétrissait de ses mains noircies par l'argent. »

V. Auguste naquit sous le consulat de M. Tullius Cicéron et d'Antoine, le 9 des calendes d'octobre[10], un peu avant le lever du soleil, dans le quartier du Palatium, près des *Têtes de bœuf*, à l'endroit même où il a maintenant un sanctuaire, bâti assez longtemps après sa mort. On voit en effet, dans les actes du sénat, qu'un jeune patricien, C. Létorius, convaincu d'adultère, ayant allégué aux sénateurs, pour éviter la peine rigoureuse attachée à ce crime, son âge, son origine, et surtout l'avantage qu'il avait d'être le possesseur et en quelque sorte le gardien du sol que le divin Auguste avait touché à sa naissance, et ayant demandé sa grâce en considération de ce dieu, qui était comme sa divinité particulière et domestique, un décret consacra la partie de la maison où Auguste était né.

VI. On montre encore, dans une maison de campagne de ses ancêtres, auprès de Vélitres, la chambre où il fut nourri ; elle est fort petite, et ressemble à un cellier. L'opinion du voisinage veut même qu'il y soit né. C'est un devoir en quelque sorte religieux de n'y entrer qu'après s'être purifié et par nécessité ; car, d'après une vieille croyance, quiconque y pénètre sans de bonnes raisons est saisi d'une secrète horreur et d'un effroi subit. Ce qui confirma ce bruit populaire, c'est qu'un nouveau possesseur de cette maison de campagne, étant allé se coucher dans cette chambre, ou par hasard, ou pour voir ce qui en était, se sentit, après quelques heures, emporté par une force soudaine et mystérieuse, et fut trouvé presque demi-mort devant la porte, avec son lit.

VII. On lui donna, dans son enfance, le surnom de THURINUS, à cause de son origine, ou parce que, peu de temps après sa naissance, son père Octavius avait vaincu, sur le territoire de Thurium, les esclaves fugitifs. Je pourrais avancer, avec assez de certitude, qu'il fut nommé Thurinus, ayant possédé une ancienne statuette de bronze qui le représente enfant, et dont l'inscription, en lettres de fer à demi effacées, porte ce surnom. J'ai donné cette statuette à notre prince [11], qui l'a placée, avec un pieux respect, parmi ses dieux domestiques. Une autre preuve encore : M. Antoine, croyant l'outrager, l'avait souvent appelé Thurinus dans ses lettres, et Auguste se contenta de répondre « qu'il s'étonnait qu'on voulût lui faire une injure de son premier nom ». Dans la suite, il prit celui de CAÏUS CÉSAR, et enfin celui d'AUGUSTE ; l'un, en vertu du testament de son grand-oncle ; l'autre, sur la proposition de Munatius Plancus. Quelques sénateurs étaient d'avis qu'on l'appelât Romulus, comme étant, en quelque sorte, le second fondateur de Rome ; mais le surnom d'Auguste prévalut, parce qu'il était nouveau, et surtout parce qu'il était plus respectable, les lieux consacrés par la religion ou par le ministère des augures s'appelant augustes, soit que ce mot dérive d'*auctus* (accroissement), soit qu'il vienne de *gestus* ou de *gustus*, employés tous deux pour les présages que donnent les oiseaux, comme nous l'apprend Ennius lui-même dans ce vers :

Après que sous d'augustes augures l'illustre Rome eut été fondée

VIII. Il avait quatre ans quand il perdit son père ; à douze, il prononça, devant le peuple assemblé, l'éloge funèbre de son aïeule Julie ; à seize, il prit la toge virile ; et quoique son âge l'exemptât encore du service, il reçut des récompenses militaires le jour où César triompha pour la guerre d'Afrique. Son oncle[12] étant parti, peu de temps après, pour l'Espagne, contre les fils de Cn. Pompée, Auguste, à peine rétabli d'une maladie grave, le suivit avec une très faible escorte, à travers des chemins infestés d'ennemis, le rejoignit malgré un naufrage, lui rendit de grands services, et fit admirer, outre l'habileté de sa conduite pendant la route, la précoce fermeté de son caractère. César, qui, après la soumission des Espagnes, méditait une expédition contre les Daces, et, après celle-là, contre les Parthes, l'envoya d'avance à Apollonie[13], où il se livra à l'étude. C'est là qu'il apprit que César avait été tué, et l'avait fait son héritier. Il balança longtemps s'il n'implorerait pas le secours des légions voisines ; mais il rejeta ce parti comme imprudent et précipité. Toutefois il revint à Rome et entra en possession de son héritage, malgré les irrésolutions de sa mère et les remontrances opiniâtres de son beau-père Marcius Philippus, personnage consulaire. Il leva ensuite des armées, et gouverna la république, d'abord avec Antoine et Lépide, puis avec Antoine seul, environ douze années ; et enfin sans partage pendant quarante-quatre ans.

IX. Tel est comme le sommaire de sa vie. Je vais maintenant en exposer séparément les parties diverses, non suivant l'ordre des temps, mais par catégories[14], pour en donner une idée plus nette et plus distincte. Il eut à soutenir cinq guerres civiles, celles de Modène, de Philippes, de Pérouse, de Sicile, d'Actium : la première et la dernière contre M. Antoine ; la seconde, contre Brutus et Cassius ; la troisième, contre Lucius Antoine, frère du triumvir ; la quatrième, contre Sex. Pompée, fils de Cnéius.

X. Toutes ces guerres eurent pour cause et pour principe l'obligation qu'il crut devoir s'imposer de venger la mort de son oncle et de soutenir la validité de ses actes. Aussi, dès qu'il fut arrivé d'Apollonie, il résolut d'attaquer Brutus et Cassius inopinément et à force ouverte ; mais les voyant échapper à ce danger, qu'ils avaient su prévoir, il s'arma contre eux de l'autorité des lois, et les accusa, quoique absents, comme meurtriers. Ceux qui étaient chargés de donner les jeux institués pour les victoires de César[15] n'osant pas s'acquitter de ce devoir, Octave les célébra lui-même. Pour mieux assurer l'exécution de ses desseins, il voulut remplacer un tribun du peuple qui venait de mourir, et il se porta candidat, quoiqu'il fût patricien[16] et ne fût pas encore sénateur. Mais tous ses efforts venant échouer contre l'opposition du consul M. Antoine, dont il avait espéré faire son principal appui, et qui prétendait ne le laisser jouir en rien, même du droit ordinaire et commun, qu'en mettant à sa connivence un prix exorbitant, il se tourna vers le parti des aristocrates. Il y savait Antoine détesté, parce qu'il tenait Décimus Brutus assiégé dans Modène, et s'efforçait de le chasser, à main armée, d'une province où l'avait envoyé César et maintenu le sénat. D'après le conseil de quelques-uns de ses partisans, Octave essaya de le faire assassiner ; mais le complot fut découvert, et craignant à son tour, il leva, pour sa défense et pour celle de la république, une armée de vétérans, qu'il combla de largesses. Il reçut alors, avec le titre de propréteur, le commandement de cette armée, et l'ordre de se réunir aux nouveaux consuls Hirtius et Pansa, pour porter secours à Décimus Brutus. Il termina cette guerre en trois mois et en deux batailles[17]. Dans la première il prit la fuite, s'il en faut croire Antoine, et ne reparut qu'après deux jours, sans cheval et sans son manteau de général. Il est certain que, dans la seconde, il remplit à la fois les devoirs d'un chef et d'un soldat, et qu'au fort de la mêlée, voyant le porte-enseigne de sa légion grièvement blessé, il prit l'aigle sur son épaule et la porta longtemps.

XI. Hirtius et Pansa[18] ayant péri dans cette guerre, le premier sur le champ de bataille, et l'autre, peu de temps après, d'une blessure qu'il y avait reçue, le bruit se répandit qu'Octave les avait fait tuer tous deux, espérant que la défaite d'Antoine et la mort des consuls le laisseraient seul maître des armées victorieuses. La mort de Pansa excita même de tels soupçons, que le médecin Glycon fut retenu en prison, comme coupable d'avoir empoisonné sa blessure. Aquilius Niger[19] ajoute à ces accusations qu'Hirtius, l'autre consul, fut tué par Octave lui-même dans le désordre du combat.

XII. Mais quand il sut qu'Antoine, après sa fuite, avait été reçu dans le camp de M. Lépide, et que les autres généraux[20], d'accord avec leurs armées, s'unissaient à ses adversaires, il abandonna, sans hésiter, la cause des aristocrates. Il prétendit, pour justifier un pareil changement, avoir à se plaindre des discours et de la conduite de plusieurs d'entre eux, les uns l'ayant traité « d'enfant », les autres ayant proclamé qu'il fallait « le combler d'éloges et l'élever au ciel[21] » ; tout cela pour se dispenser de la reconnaissance qui lui était due, ainsi qu'à ses vétérans. Pour faire éclater davantage le regret d'avoir servi ce parti, il frappa d'une amende énorme les habitants de Nursia, qui avaient érigé aux citoyens tués devant Modène un monument funèbre avec cette inscription : « Morts pour la liberté » ; et comme ils ne purent la payer, il les chassa de leur ville.

XIII. Ayant fait alliance avec Antoine et Lépide, il vint aussi à bout, quoique affaibli par la maladie, de terminer en deux batailles la guerre de Philippes[22]. Dans la première, son camp fut pris, et il put à peine s'échapper, en gagnant l'aile commandée par Antoine. Il ne montra point de modération dans la victoire, et il envoya la tête de Brutus à Rome, pour être jetée aux pieds de la statue de César. Aux peines dont il frappa les prisonniers les plus illustres, il ajouta les plus sanglants outrages : on rapporte même que l'un d'eux le suppliant de lui accorder la sépulture, il répondit « que ce serait bientôt l'affaire des vautours ». D'autres, un père et un fils, imploraient de lui la vie ; il leur ordonna de tirer au sort ou de combattre[23], promettant de faire grâce au vainqueur ; et le père, s'étant offert de lui-même, et ayant été tué, et le fils s'étant donné la mort, Octave se plut à les regarder mourir. Aussi, quand les autres captifs et surtout M. Favonius, cet émule de Caton, furent amenés, la chaîne au cou, devant les vainqueurs, ils s'accordèrent tous, après avoir respectueusement salué Antoine du nom d'*Imperator*, à prodiguer à Octave les plus cruelles injures. Dans le partage qui suivit la victoire, Antoine fut chargé de mettre de l'ordre en Orient, et Octave de ramener les vétérans en Italie, pour les établir sur le territoire des villes municipales. Mais il ne réussit qu'à mécontenter à la fois les vétérans et les anciens possesseurs, les uns se plaignant d'être chassés, les autres de n'être pas traités comme leurs services leur donnaient le droit de l'espérer.

XIV. Vers le même temps, L. Antoine, croyant trouver quelque force dans le consulat[24], dont il était investi, et dans le pouvoir de son frère, voulut exciter des troubles. Octave le contraignit de s'enfuir à Pérouse, et le réduisit par la famine[25] ; mais ce ne fut pas sans courir lui-même de grands dangers, avant et pendant cette guerre. Il arriva, en effet, qu'à un spectacle un simple soldat s'étant assis sur un des bancs des chevaliers, et Octave l'ayant fait chasser par l'appariteur, ses ennemis, quelques moments après, répandirent le bruit qu'il venait de le faire mourir dans les tourments. Peu s'en fallut alors qu'Octave ne pérît sous les coups des soldats, qui accouraient indignés : heureusement pour lui, celui qu'on disait mort fut aussitôt ramené sain et sauf. Une autre fois, comme il sacrifiait près des murs de Pérouse, il faillit être tué par une troupe de gladiateurs, sortie brusquement de la ville.

XV. Après la prise de Pérouse, il sévit contre la plupart des habitants : pour quiconque demandait grâce ou tentait de se justifier, il n'avait qu'une réponse : « Il faut mourir. » Quelques auteurs ont écrit que, parmi ceux qui se rendirent, il en choisit trois cents des deux ordres[26], et qu'aux ides de mars[27] il les fit immoler, comme les victimes des sacrifices, devant un autel élevé à Jules César. Il y en a aussi qui prétendent que lui seul avait excité cette guerre[28], pour obliger ses ennemis secrets, et ceux que la crainte retenait plus que leur volonté même, à se faire enfin connaître, en leur donnant l'occasion de prendre pour chef L. Antoine, et afin que leurs biens, confisqués après leur défaite, lui servissent à distribuer aux vétérans les récompenses qu'il leur avait promises.

XVI. La guerre de Sicile fut une de ses premières entreprises ; mais il la traîna en longueur[29] et l'interrompit plusieurs fois, tantôt pour réparer le dommage causé, même pendant l'été, à ses flottes par de continuelles tempêtes et un double naufrage, tantôt pour faire la paix, sur les instances du peuple, qui se voyait couper les vivres et menacer de la famine. Quand il eut fait reconstruire ses vaisseaux et former à la manœuvre vingt mille esclaves qu'il avait affranchis, il créa le port Julien[30], près de Baïes, en ouvrant à la mer le lac Lucrin et l'Averne ; et après y avoir exercé ses troupes durant tout un hiver, il battit Pompée[31] entre Myles et Nauloque[32]. Un peu avant l'heure du combat, il éprouva tout à coup un si invincible besoin de sommeil, qu'il fallut que ses amis le réveillassent pour donner le signal. C'est, je crois, ce fait qui donna matière aux sarcasmes d'Antoine, quand il lui reprocha « de n'avoir pas même pu regarder en face un front de bataille ; de s'être couché, tout tremblant, sur le dos, en levant au ciel un œil stupide, et de n'avoir quitté cette attitude, pour se montrer aux soldats, que lorsque M. Agrippa[33] eut mis en fuite les vaisseaux ennemis ». D'autres lui ont reproché un mot et un acte pleins d'impiété, comme de s'être écrié, en voyant sa flotte détruite par la tempête, « qu'il saurait vaincre en dépit de Neptune », et d'avoir, aux premiers jeux du Cirque, supprimé la statue de ce dieu, un des ornements de cette pompe solennelle. Dans aucune autre guerre il ne fut exposé, sans le vouloir, à de plus nombreux et plus grands dangers. Après avoir fait passer une armée en Sicile, il faisait voile vers le continent, pour y chercher le reste de ses troupes, lorsqu'il fut attaqué à l'improviste par Démocharès et Apollophane, lieutenants de Pompée ; et il eut bien de la peine à leur échapper avec un seul navire. Un autre jour, comme il passait à pied près de Locres, se rendant à Rhégium [34], il vit les galères du parti de Pompée qui côtoyaient la terre ; et les prenant pour les siennes, il descendit sur la plage et fut sur le point d'être pris. Il arriva même que, tandis qu'il s'enfuyait par des sentiers détournés, un esclave d'Émilius Paulus, qui l'accompagnait, se souvenant qu'il avait autrefois proscrit le père de son maître, et cédant à la tentation de la vengeance, essaya de le tuer. Après la fuite de Pompée, M. Lépide, le second de ses collègues, qu'il avait appelé de l'Afrique à son secours, se targuait de l'appui de ses vingt légions, prenait des airs de grandeur, et réclamait, par la terreur et la menace, le premier rang dans l'État. Octave lui ôta son armée, et, lui laissant la vie, qu'il demandait à genoux, le relégua pour toujours à Circéies [35].

XVII. Il rompit enfin son alliance avec M. Antoine ; alliance toujours incertaine et douteuse, mal entretenue par de fréquentes réconciliations ; et, pour montrer combien son rival choquait les mœurs de sa patrie, il fit ouvrir et lire devant le peuple assemblé le testament qu'il avait laissé à Rome, et où il mettait au nombre de ses héritiers les enfants qu'il avait eus de Cléopâtre. Toutefois, après l'avoir fait déclarer ennemi de la république, il lui renvoya tous ses parents et tous ses amis, entre autres C. Sosius et Cn. Domitius [36], alors consuls ; il dispensa même les habitants de Bologne, qui étaient depuis fort longtemps dans la clientèle des Antoines, de prendre contre lui les armes avec toute l'Italie, dans sa propre querelle. Bientôt après, il le vainquit dans une bataille navale auprès d'Actium [37] ; le combat se prolongea jusqu'au soir, et le vainqueur passa la nuit sur son vaisseau. D'Actium, Octave alla prendre ses quartiers d'hiver à Samos ; mais apprenant que des soldats qui, choisis dans tous les corps après la victoire, l'avaient, par ses ordres, précédé à Brindes, venaient de se soulever et exigeaient des récompenses et leur congé, il reprit tout inquiet [38] le chemin de l'Italie. Il fut, dans la traversée, battu deux fois par la tempête : d'abord entre les promontoires du Péloponnèse et de l'Étolie [39], ensuite auprès des monts Cérauniens [40]. Dans ce double désastre, une partie de ses vaisseaux liburniens[41] fut submergée, et le sien même eut tous ses agrès perdus et son gouvernail brisé. Il ne resta que vingt-sept jours à Brindes, pour satisfaire aux exigences des soldats, gagna l'Égypte par l'Asie et par la Syrie, mit le siège devant Alexandrie, où Antoine s'était réfugié avec Cléopâtre, et se rendit bientôt maître de cette ville. Antoine voulut parler de paix ; il n'était plus temps : Octave l'obligea de mourir, et alla le voir mort. Un de ses vœux les plus ardents était de réserver Cléopâtre pour son triomphe ; et comme on croyait qu'elle était morte de la morsure d'un aspic, il fit sucer par des Psylles[42] le venin de sa plaie. Il accorda aux deux époux les honneurs d'une sépulture commune, et il ordonna d'achever le tombeau qu'ils avaient eux-mêmes commencé de construire. Le jeune Antoine, l'aîné des deux fils que le triumvir avait eus de Fulvie[43], était allé, après de continuelles et inutiles prières, se réfugier aux pieds de la statue du divin Jules ; Auguste l'en arracha et le fit tuer. Césarion, que Cléopâtre se vantait d'avoir eu de César, fut atteint dans sa fuite et livré au supplice. Quant aux autres enfants d'Antoine et de la reine, il les traita comme des membres de sa famille, les éleva, et fit à chacun d'eux un sort convenable à sa naissance.

XVIII. Il fit ouvrir, à cette même époque, le tombeau d'Alexandre le Grand ; on en tira le corps, et, après l'avoir considéré, il lui mit une couronne d'or sur la tête et le couvrit de fleurs, en signe d'hommage. On lui demanda s'il voulait aussi visiter le *Ptoléméum*[44] ; il répondit « qu'il était venu voir un roi et non des morts ». Il fit de l'Égypte une province romaine, et afin d'y assurer la fécondité nécessaire aux approvisionnements de Rome, il fit nettoyer par ses soldats tous les canaux ouverts aux débordements du Nil, et que le temps avait remplis d'un épais limon. Voulant perpétuer, dans la mémoire des siècles, la gloire de la journée d'Actium, il fonda près de cette ville celle de Nicopolis[45], et il y institua des jeux quinquennaux. Il agrandit aussi l'ancien temple d'Apollon, orna d'un trophée naval le lieu où il avait eu son camp, et le consacra solennellement à Neptune et à Mars.

XIX. Il étouffa, dès leur naissance, un grand nombre de troubles, de séditions et de complots, dont il eut connaissance après ces événements, mais à des époques différentes : d'abord la conspiration du jeune Lépide, puis celle de Varron Muréna et de Fannius Cépion, de M. Egnatius, de Plautius Rufus, de Lucius Paulus, mari de sa petite-fille[46], de L. Audasius, accusé de faux, et dont l'âge avait affaibli le corps et la raison[47], d'Asinius Épicade, demi-Parthène[48] et demi-Romain ; et enfin de Télèphe, esclave nomenclateur[49] d'une femme ; car il eut à craindre aussi les machinations des hommes de la plus basse condition. Audasius et Épicade voulaient enlever sa fille Julie et son petit-fils Agrippa des îles où ils étaient détenus[50], pour les présenter aux armées ; et Télèphe, qui se croyait destiné à l'empire, avait formé le projet d'attaquer Auguste et le sénat. Il n'y eut pas jusqu'à un valet de l'armée d'Illyrie, que l'on trouva, une nuit, caché près de son lit, où il avait pénétré en trompant la vigilance des gardiens, et qui avait à sa ceinture un couteau de chasse. On ne sait pas si cet homme avait perdu la raison ou s'il feignit la démence, la torture ne lui ayant arraché aucun aveu.

XX. Octave ne fit par lui-même que deux guerres extérieures : celle de Dalmatie[51], dans sa jeunesse, et celle des Cantabres[52], après la défaite d'Antoine. Il fut même blessé deux fois en Dalmatie ; l'une, au genou droit, d'un coup de pierre ; l'autre, à la jambe et aux deux bras, par la chute d'un pont. Il abandonna le soin des autres guerres à ses lieutenants. Toutefois il prit part à quelques expéditions en Pannonie et en Germanie, ou du moins il se tint peu éloigné du théâtre de la guerre, allant de Rome jusqu'à Ravenne, jusqu'à Milan, jusqu'à Aquilée.

XXI. Il soumit, en personne ou par ses généraux, la Cantabrie, l'Aquitaine, la Pannonie et la Dalmatie, avec toute l'Illyrie ; il dompta la Rétie, la Vindélicie et les Salasses, peuples des Alpes ; il arrêta les incursions des Daces, tailla en pièces une grande partie de leurs armées et tua trois de leurs chefs. Il rejeta les Germains au-delà de l'Elbe ; il reçut la soumission des Ubiens et des Sygambres, les transplanta dans la Gaule et leur assigna des terres voisines du Rhin. Il réduisit encore à l'obéissance d'autres nations inquiètes et turbulentes. Mais il ne fit la guerre à aucun peuple sans une juste cause et sans une nécessité impérieuse. Il était si éloigné de l'ambition d'augmenter l'empire ou sa gloire militaire, qu'il obligea quelques rois barbares à lui jurer, dans le temple de Mars Vengeur, de demeurer fidèles à la paix qu'ils lui demandaient. Il exigea aussi de plusieurs d'entre eux un nouveau genre d'otages, c'est-à-dire des femmes, parce qu'il avait remarqué qu'on attachait peu de prix aux hommes qui en servaient. Néanmoins, il laissa toujours à ses alliés le pouvoir de reprendre, quand ils le voulaient, leurs otages ; et il ne punit jamais leurs fréquentes révoltes ou leurs perfidies qu'en vendant leurs prisonniers, à condition qu'ils ne serviraient pas dans les pays voisins, et ne pourraient être libres qu'après trente années. La réputation de force et de modération que lui fit cette conduite détermina les Indiens et les Scythes, dont on ne connaissait encore que le nom, à solliciter, par des ambassadeurs, son amitié et celle du peuple romain. Les Parthes même lui cédèrent sans contestation l'Arménie, qu'il revendiquait ; ils lui rendirent aussi, sur sa demande, les enseignes militaires enlevées à M. Crassus[53] et à M. Antoine[54] ; ils lui offrirent jusqu'à des otages ; enfin, plusieurs princes se disputant chez eux la royauté depuis longtemps, ils ne reconnurent que celui qu'il désigna.

XXII. Le temple de Janus Quirinus[55], qui n'avait été fermé que deux fois depuis la fondation de Rome[56], le fut alors trois fois, dans un espace de temps beaucoup plus court[57], la paix étant assurée sur terre et sur mer. Il entra deux fois dans Rome avec les honneurs de l'ovation[58] : la première, après la bataille de Philippes, et l'autre, après la guerre de Sicile. Il célébra, par trois triomphes curules[59], ses victoires de Dalmatie, d'Actium, d'Alexandrie ; et tous ces triomphes eurent lieu trois jours de suite.

XXIII. Il n'essuya de défaites graves et ignominieuses que celles de Lollius[60] et de Varus[61], toutes deux en Germanie. La première fut plus honteuse qu'irréparable ; mais celle de Varus pensa être fatale à l'empire, trois légions ayant été massacrées avec le général, les lieutenants et tous les auxiliaires. Dès qu'il en reçut la nouvelle, il fit placer dans Rome des postes militaires, pour prévenir tout désordre ; les gouverneurs des provinces furent continués dans leurs commandements, afin que leur expérience et leur habileté retinssent les alliés dans le devoir ; et il voua de grands jeux à Jupiter Très Bon et Très Grand, POUR QU'IL RÉTABLÎT LES AFFAIRES DE LA RÉPUBLIQUE, ainsi qu'on l'avait fait dans la guerre des Cimbres et dans celle des Marses[62]. Enfin, il en éprouva, dit-on, un tel désespoir, qu'il laissa croître sa barbe et ses cheveux pendant plusieurs mois, et qu'il se frappait parfois la tête contre une porte en s'écriant : « Quintilius Varus, rends-moi mes légions. » Les anniversaires de ce désastre furent toujours pour lui des jours de tristesse et de deuil.

XXIV. Il changea beaucoup d'usages dans l'organisation militaire ; il en institua beaucoup d'autres ; il en fit revivre qui étaient oubliés depuis longtemps. Il maintint avec sévérité la discipline, et ne permit à ses lieutenants d'aller voir leurs femmes que dans les mois d'hiver ; encore y apportait-il beaucoup de difficultés. Il ordonna de vendre corps et biens, aux enchères, un chevalier romain qui avait coupé le pouce à ses deux fils, pour les exempter du service : mais voyant que les fermiers publics s'empressaient de l'acheter[63], il le fit adjuger à un de ses affranchis, lequel avait ordre de le reléguer dans les champs et de l'y laisser libre. Il licencia avec ignominie toute la dixième légion, qui n'obéissait qu'en murmurant ; d'autres ayant demandé d'un ton impérieux leur congé, il le leur donna, mais sans les récompenses dues pour leur service. Si des cohortes lâchaient pied, il les décimait, et ne leur donnait plus que de l'orge[64]. Il punissait de mort, comme de simples soldats, les centurions qui abandonnaient leur poste. Quant aux autres délits, il en frappait les auteurs de diverses peines infamantes, comme de rester debout, tout le jour, devant la tente du général, ou bien de se montrer en tunique et sans ceinture[65], une perche de dix pieds[66] ou une motte de gazon à la main.

XXV. Après les guerres civiles, il ne donna plus aux soldats le titre de *camarades,* ni dans ses harangues, ni dans ses édits ; il les appelait *soldats.* Il ne souffrit même pas que ses fils ou ses beaux-fils leur donnassent, quand ils commandaient, un autre nom : il trouvait que celui de camarades était une flatterie qui ne convenait ni au maintien de la discipline, ni à l'état de paix, ni à sa majesté, ni à celle de sa famille. Sauf pour les cas d'incendie, et pour les séditions que pouvait exciter la cherté des vivres, il n'enrôla que deux fois des esclaves affranchis : la première, pour la défense des colonies voisines de l'Illyrie, et la seconde pour protéger la rive[67] du Rhin[68]. C'étaient des esclaves que les hommes et les femmes les plus riches de Rome avaient dû acheter, et affranchir sur-le-champ : on les plaçait à la première ligne, et ils n'étaient point mêlés avec les hommes libres, ni armés de la même manière. Il donnait plus facilement, comme récompenses militaires, des phalères[69], des colliers, des présents dont l'or ou l'argent faisait tout le prix, que des couronnes vallaires ou murales[70], qui étaient bien plus ambitionnées. Extrêmement avare de ces dernières, il ne les accorda jamais à la faveur, et les donna souvent à de simples soldats. Il fit présent à M. Agrippa, après sa victoire navale, en Sicile, d'un étendard couleur de mer. Il ne décerna jamais de pareilles distinctions à ceux qui avaient été honorés du triomphe, quoiqu'ils eussent pris part à ses expéditions et contribué à ses victoires : son motif était qu'ils avaient en eux-mêmes le droit de distribuer, comme ils voulaient, ces récompenses. Rien ne convenait moins, selon lui, à un grand capitaine que la précipitation et la témérité ; aussi répétait-il souvent l'adage grec : « Hâte-toi lentement » ; et cet autre :

Mieux vaut un chef prudent que téméraire [71] ;

ou enfin celui-ci : « On fait assez vite ce qu'on fait assez bien. » Il disait aussi que l'on ne doit entreprendre une guerre, ou livrer une bataille, que lorsqu'il y a plus de profit à espérer d'une victoire que de dommage à craindre d'une défaite ; car, ajoutait-il, « celui qui, à la guerre, hasarde beaucoup pour gagner peu, ressemble à un homme qui pêcherait avec un hameçon d'or, dont aucune prise ne pourrait compenser la perte ».

XXVI. Il fut élevé, avant l'âge, aux magistratures et aux honneurs, dont plusieurs même étaient de création nouvelle et à perpétuité [72]. A vingt ans, il s'empara du consulat [73], en faisant marcher sur Rome ses légions menaçantes, et en envoyant des députés demander pour lui cette dignité, au nom de l'armée. Comme le sénat balançait, le centurion Cornélius, qui était à la tête de la députation, ouvrit son manteau, et, montrant la poignée de son glaive, osa s'écrier : « Voici qui le fera consul, si vous ne le faites pas. » Il s'écoula neuf ans de son premier à son second consulat [74], et une année seulement jusqu'à son troisième [75]. Il alla ensuite jusqu'au onzième sans interruption [76], et, après avoir refusé tous ceux qui lui furent ensuite offerts, il en demanda de lui-même un douzième dix-sept ans plus tard, puis, à deux ans de là, un treizième [77], afin de recevoir au Forum, comme premier magistrat de la république, ses petits-fils Caïus et Lucius, qui devaient y faire leur début. Les cinq consulats qui séparèrent le sixième du onzième furent chacun d'une année ; il ne garda les autres que neuf, ou six, ou quatre, ou trois mois ; et le second, que quelques heures seulement. Car, à peine assis dans la chaise curule, devant le temple de Jupiter Capitolin, le matin des calendes de janvier [78], il se démit de sa charge, en nommant à sa place un autre consul. Ce ne fut pas non plus à Rome qu'il prit possession de tous ses consulats [79] ; il commença le quatrième en Asie, le cinquième à Samos, le huitième et le neuvième à Tarragone.

XXVII. Il fut, pendant dix ans, membre du triumvirat [80], institué pour organiser la république. Il résista quelque temps à ses collègues, ne voulant pas qu'il y eût de proscription ; mais il y apporta ensuite plus de cruauté qu'aucun d'eux. Ceux-ci se laissèrent du moins fléchir quelquefois par les prières de l'amitié ; lui seul employa toute son autorité pour qu'on ne fît grâce à personne. Il n'épargna même pas son tuteur C. Toranius, qui avait aussi été le collègue de son père Octavius dans l'édilité. Julius Saturninus[81] rapporte cet autre fait : après les proscriptions, Lépide, excusant le passé dans le sénat, fit espérer que la clémence allait enfin mettre un terme aux châtiments ; mais Octave déclara, au contraire, qu'il ne cesserait de proscrire qu'à la condition de rester le maître de faire en tout ce qu'il voudrait. C'est néanmoins le tardif repentir de cette dureté qui lui fit élever à la dignité de chevalier T. Vinius Philopémen, qui passait pour avoir caché autrefois son patron proscrit. Plusieurs traits surtout le rendirent odieux pendant son triumvirat. Un jour qu'il haranguait les soldats devant les habitants des campagnes voisines, il aperçut un chevalier romain, nommé Pinarius, qui prenait quelques notes furtives ; et le soupçonnant d'espionnage, il le fit tuer aussitôt. Tédius Afer, consul désigné, avait flétri d'un mot piquant un de ses actes ; Octave lui fit des menaces si effrayantes, que ce malheureux se jeta dans le vide. Le préteur Q. Gallius était venu le saluer, tenant sous sa toge des tablettes doubles ; il crut que c'était un glaive : mais n'osant le fouiller sur-le-champ, de peur de ne pas trouver d'armes, il le fit, peu d'instants après, arracher de son tribunal par des centurions et des soldats, le fit mettre à la question comme un esclave[82], et, n'en obtenant aucun aveu, commanda de l'égorger, après lui avoir, de ses propres mains, crevé les yeux. Toutefois il a écrit[83] que Gallius avait voulu le tuer dans une audience qu'il lui avait demandée ; que, jeté en prison par son ordre et rendu ensuite à la liberté, mais avec défense d'habiter Rome, il avait péri dans un naufrage, ou sous le fer de quelques brigands. Auguste fut revêtu à perpétuité de la puissance tribunitienne[84], et se donna deux fois un collègue[85] dans cette dignité, chaque fois pendant un lustre. Il fut aussi investi de la surveillance perpétuelle des mœurs et des lois. C'est en vertu de ce droit, qui n'était pourtant pas le même que celui de la censure, qu'il fit trois fois le dénombrement du peuple, la première et la troisième avec un collègue, et la seconde, seul[86].

XXVIII. Il eut deux fois le projet de rétablir la république : d'abord, après la défaite d'Antoine, qui lui avait souvent reproché d'être le seul obstacle au rétablissement de la liberté ; la seconde fois, par suite des ennuis d'une longue maladie. Il fit même venir chez lui les magistrats et les sénateurs, et leur remit un tableau de la situation de l'empire[87] ; mais, réfléchissant que c'était exposer sa vie privée à des dangers certains, et livrer imprudemment la république à la tyrannie de quelques ambitieux, il se résolut à garder le pouvoir ; et l'on ne sait ce dont il faut le louer davantage, des suites ou des motifs de cette résolution. Ces motifs, il se plaisait à les rappeler quelquefois, et il les fit même ainsi connaître dans un de ses édits : « Qu'il me soit permis d'affermir la république dans un état permanent de splendeur et de sécurité ; j'aurai obtenu la récompense que j'ambitionne, si son bonheur est réputé mon ouvrage, et si je puis me flatter, en mourant, de l'avoir établi sur d'immuables bases. » Il assura lui-même l'accomplissement de ce vœu, en faisant tous ses efforts pour que personne n'eût à se plaindre du nouvel ordre de choses.

XXIX. Rome n'avait pas un aspect digne de la majesté de l'empire, et était, en outre, sujette aux inondations et aux incendies ; il sut si bien l'embellir, qu'il put se vanter avec raison de la laisser de marbre, après l'avoir reçue de briques. Il l'assura aussi contre les dangers à venir, autant que la prudence humaine pouvait y pourvoir. Parmi un grand nombre de monuments publics dont on lui doit la construction, l'on compte principalement le Forum et le temple de Mars Vengeur, le temple d'Apollon sur le Palatin, et celui de Jupiter Tonnant au Capitole. Le Forum fut construit, parce que le nombre toujours croissant des plaideurs et des affaires, rendant insuffisants les deux premiers[88], semblait en exiger un troisième. Aussi, sans même attendre que le temple de Mars fût achevé, s'empressa-t-on de l'ouvrir au public et eut-on soin de procéder spécialement, dans le nouveau Forum, au jugement des causes criminelles et au tirage au sort des juges. Quant au temple de Mars, il en avait fait le vœu pendant la guerre de Philippes, entreprise pour venger son père[89]. Il décréta, en conséquence, que ce serait là que s'assemblerait le sénat, pour délibérer sur les guerres et sur les triomphes ; de là que partiraient ceux qui se rendraient, avec un commandement, dans les provinces ; là, enfin, que les généraux vainqueurs viendraient déposer les insignes du triomphe. Le temple d'Apollon fut bâti dans la partie de sa maison du Palatin qui avait été frappée par la foudre, et où les aruspices avaient déclaré que ce dieu demandait une demeure. Il y ajouta des portiques, et une bibliothèque latine et grecque. Dans ses dernières années, il y convoquait souvent le sénat, et y allait reconnaître les décuries des juges[90]. Le temple de Jupiter Tonnant fut un monument de sa reconnaissance pour un danger auquel il avait échappé pendant une marche nocturne, dans son expédition chez les Cantabres, la foudre ayant effleuré sa litière et tué l'esclave qui le précédait, un flambeau à la main. Il fit même exécuter quelques travaux sous d'autres noms que le sien, par exemple, sous ceux de ses petits-fils, de sa femme et de sa sœur ; tels sont le portique et la basilique de Caïus et de Lucius, les portiques de Livie et d'Octavie, le théâtre de Marcellus[91]. Souvent aussi il exhorta les principaux citoyens à orner la ville, chacun selon ses moyens, ou par des monuments nouveaux, ou en réparant et en embellissant les anciens ; et ce seul désir en fit élever un grand nombre. C'est ainsi que Marcius Philippe construisit le temple de l'Hercule des Muses ; L. Cornificius, celui de Diane ; Asinius Pollion, le vestibule de celui de la Liberté ; Munatius Plancus, le temple de Saturne ; Cornélius Balbus, un théâtre ; Statilius Taurus, un amphithéâtre ; enfin M. Agrippa, un nombre infini de beaux édifices[92].

XXX. Il divisa Rome en régions et en quartiers. La surveillance des régions fut confiée à des magistrats annuels désignés par le sort, celle des quartiers, à des inspecteurs choisis dans le peuple même qui y demeurait. Il imagina contre les incendies des rondes nocturnes et des vigiles, et, pour prévenir les inondations du Tibre, il en fit élargir et nettoyer le lit, qui était depuis longtemps obstrué par des ruines et rétréci par l'avancée des édifices. Afin de rendre plus aisé de toutes parts l'accès de Rome, il se chargea de réparer la voie Flaminienne jusqu'à Rimini, et il voulut qu'à son exemple, tout citoyen honoré du triomphe employât à faire paver une route l'argent qui lui revenait pour sa part du butin. Il releva les édifices sacrés que le temps ou l'incendie avait détruits, et il les orna, comme les autres, des plus riches présents. Il fit porter en une seule fois, dans le sanctuaire de Jupiter Capitolin, seize mille livres pesant d'or, et pour cinquante millions de sesterces[93], en pierres précieuses et en perles.

XXXI. Lorsqu'après la mort de Lépide il eut enfin revêtu[94] le souverain pontificat, dont il n'avait pas osé le dépouiller de son vivant, il fit réunir et brûler plus de deux mille volumes de prédictions grecques et latines, qui s'étaient répandues dans le public et n'avaient qu'une authenticité suspecte. Il ne conserva que les livres sibyllins[95] ; encore en fit-il un choix, et il les enferma dans deux petits coffres dorés, sous la statue d'Apollon Palatin. Il ramena à la méthode anciennement suivie la marche de l'année, déjà réglée par Jules César, et où la négligence avait encore introduit le désordre et la confusion. Dans cette opération, il donna son nom au mois appelé *sextilis*[96], plutôt qu'au mois de septembre où il était né, parce que c'était dans celui-là qu'il avait obtenu son premier consulat, et remporté ses principales victoires[97]. Il augmenta le nombre des prêtres, leur dignité, même leurs privilèges, surtout ceux des vestales. L'une d'elles étant morte, il s'agissait de la remplacer ; et comme beaucoup de citoyens sollicitaient la faveur de ne pas soumettre leur fille aux chances du sort, il protesta que si l'une de ses petites-filles avait atteint l'âge voulu, il l'aurait de lui-même offerte. Il rétablit aussi plusieurs des antiques cérémonies, tombées en désuétude ; comme l'augure du salut[98], le flaminat de Jupiter, les Lupercales, les jeux séculaires[99] et les fêtes des carrefours. Il défendit que personne courût dans les fêtes Lupercales[100] avant l'âge de puberté ; il défendit aussi aux jeunes gens des deux sexes d'assister, pendant les jeux séculaires, aux spectacles nocturnes, sans un de leurs parents plus âgé qu'eux. Il institua deux fêtes annuelles en l'honneur des dieux des carrefours, qui devaient y être ornés des fleurs du printemps et de l'été. Il honora presque à l'égal des dieux immortels la mémoire des grands hommes qui avaient donné à la puissance romaine, après des commencements si faibles, un si grand développement. Aussi fit-il restaurer, en y laissant leurs glorieuses inscriptions, les monuments qu'ils avaient élevés. Toutes leurs statues, dans le costume triomphal, furent placées, par ses ordres, sous les deux portiques de son Forum ; et il déclara, dans un édit, qu'il voulait « que leur exemple servît à le juger lui-même tant qu'il vivrait, et tous les princes ses successeurs ». Il fit aussi transporter la statue de Pompée, de la salle où César avait été tué, sur une arcade de marbre, en face de la porte principale du théâtre[101] de ce même Pompée.

XXXII. Il corrigea une foule d'abus aussi détestables que pernicieux, qui étaient nés des habitudes et de la licence des guerres civiles, ou qui même s'étaient introduits durant la paix. Ainsi, la plupart des voleurs de grands chemins portaient publiquement des armes, sous prétexte de pourvoir à leur défense ; et les voyageurs, de condition libre ou servile, étaient enlevés dans la campagne et enfermés, sans distinction, dans les ateliers des possesseurs d'esclaves. Il s'était aussi formé, sous le titre de communautés nouvelles, des associations de malfaiteurs, qui commettaient toutes sortes de crimes. Auguste contint les brigands, en plaçant des postes où il en était besoin ; il visita les ateliers d'esclaves ; il dispersa toutes les communautés, excepté celles qui étaient antiques et légales. Il brûla les registres où étaient inscrits les anciens débiteurs du trésor, pour mettre fin aux chicanes dont ces registres étaient devenus la source. Il adjugea aux possesseurs certaines parties de la ville, que le domaine public revendiquait sur des titres incertains. Les accusés dont l'affaire était ancienne, et dont le deuil[102] ne servait qu'à réjouir leurs ennemis, il les mit hors de cause, en soumettant aux chances de la même peine qui aurait pu être prononcée contre eux, quiconque voudrait les poursuivre encore. D'un autre côté, pour qu'aucun méfait ne demeurât impuni, qu'aucune affaire ne traînât en longueur, il rendit à l'activité de la justice plus de trente jours, qui s'y trouvaient dérobés par des jeux honoraires[103]. Aux trois décuries des juges il en ajouta une quatrième, pour laquelle il suffisait d'un cens inférieur à celui des chevaliers ; on la nomma la décurie des *ducénaires*[104], et elle eut à juger les procès d'une médiocre importance. Il y fit entrer des juges à partir de vingt ans[105], c'est-à-dire cinq ans plus tôt qu'on ne le faisait avant lui ; et comme beaucoup de citoyens refusaient l'honneur de ces fonctions, il permit, quoique avec peine, que chaque décurie eût, à son tour, un congé d'un an, et qu'il fût sursis au jugement des causes pendant les mois de novembre et de décembre.

XXXIII. Lui-même rendit assidûment la justice, et quelquefois jusqu'à la nuit. Quand sa santé était mauvaise, il jugeait dans une litière placée devant son tribunal, ou même chez lui, dans son lit. Il n'apportait pas seulement un soin extrême au jugement des causes, il y mettait aussi une extrême douceur. Voulant épargner à un accusé, convaincu de parricide, l'horreur d'être cousu dans un sac de cuir[106], supplice qui n'est infligé qu'à ceux qui s'avouent coupables, il posa, dit-on, la question en ces termes : « N'est-il pas vrai que tu n'as pas tué ton père ? » Dans une accusation de faux testament, où étaient impliqués, en vertu de la loi Cornélia[107], tous ceux qui l'avaient signé, il distribua aux juges, outre les deux tablettes ordinaires de condamnation et d'absolution, un troisième bulletin, qui faisait grâce à ceux dont la signature aurait été donnée par erreur ou obtenue par fraude. Il déférait tous les ans au préteur urbain les appels interjetés par les plaideurs qui résidaient à Rome, et ceux des habitants des provinces à chacun des consulaires qu'il avait chargés spécialement des affaires du dehors.

XXXIV. Il révisa toutes les lois et en rétablit absolument

quelques-unes, comme la loi somptuaire[108] et celles contre l'adultère, contre l'impudicité[109], contre la brigue et sur le mariage des ordres[110]. Quant à celle-ci, qu'il avait rendue encore plus sévère que les autres, la violence des réclamations l'empêcha de la maintenir, et le força de supprimer ou d'adoucir une partie des peines, d'accorder un délai de trois ans et d'augmenter les récompenses. Cette loi ainsi refaite, les chevaliers en demandèrent encore, à grands cris, l'abolition, en plein spectacle. Auguste appela les enfants de Germanicus[111], qui accoururent, les uns dans ses bras, les autres dans ceux de leur père ; et, les montrant au peuple, il l'exhorta, du geste et du regard, à ne pas craindre d'imiter l'exemple de ce jeune prince. Plus tard encore, s'apercevant que l'on éludait les dispositions de la loi, en choisissant des fiancées qui ne pouvaient de longtemps être épouses, et en changeant souvent de femmes, il restreignit la durée des fiançailles et limita la liberté des divorces.

XXXV. Le nombre démesuré des sénateurs avait fait de ce corps un bizarre et confus assemblage ; car il y en avait plus de mille, dont quelques-uns tout à fait indignes de ce rang, où les avaient élevés, apres la mort de César, la faveur et l'argent : aussi le peuple appelait-il ceux-là les *sénateurs de l'enfer*[112]. Auguste, au moyen de deux élections, rendit à ce corps ses proportions et sa splendeur d'autrefois. La première fut laissée à la discrétion des sénateurs eux-mêmes, qui en choisirent chacun un autre ; il fit la seconde avec Agrippa. Lorsqu'il présidait ce nouveau sénat, il portait, dit-on, sous ses vêtements une cuirasse, et un glaive à sa ceinture ; et dix robustes sénateurs de ses amis entouraient son siège. Cordus Crémutius raconte qu'à cette époque aucun sénateur n'était admis devant lui, que seul et après avoir été fouillé. Auguste en détermina quelques-uns à se démettre eux-mêmes : à ceux qui eurent cette modestie, il laissa les insignes de leur dignité[113], ainsi que leur place à l'orchestre et dans le festin solennel offert aux dieux. Quant aux sénateurs nouvellement élus et confirmés, il ordonna, pour que leurs devoirs leur parussent à la fois plus sacrés et moins pénibles, que chacun d'eux, avant de s'asseoir, ferait une libation de vin et d'encens à la divinité du temple où l'on siégerait ; que le sénat n'aurait pas plus de deux assemblées réglées par mois, aux calendes et aux ides ; et que, dans les mois de septembre et d'octobre[114], personne ne serait tenu d'assister aux séances, hormis ceux qui auraient été désignés par le sort pour former le nombre légal. Il créa pour lui-même un conseil, que le sort renouvelait par semestre, et avec lequel il délibérait sur les affaires qui devaient être portées devant le sénat tout entier. Dans les affaires importantes il ne recueillait pas les suffrages d'après l'ordre habituel, mais comme il lui plaisait ; de sorte que chaque sénateur, plus attentif, se tenait prêt à ouvrir un avis, au lieu de se borner à suivre celui d'un autre.

XXXVI. Il fut aussi l'auteur de plusieurs autres changements. Ainsi, il défendit de publier les actes du sénat [115], et d'envoyer dans les provinces des magistrats dont les fonctions venaient à peine de finir. Il voulut qu'une indemnité fixe fût allouée aux proconsuls, pour leurs équipages et leur logement ; la dépense en était mise auparavant en adjudication publique. Il retira aux questeurs de la ville la garde du trésor, et il la confia aux préteurs ou aux citoyens qui l'avaient été. Il chargea les décemvirs de convoquer le tribunal des centumvirs [116], fonction attribuée jusqu'alors à ceux qui avaient été honorés de la questure.

XXXVII. Pour faire participer un plus grand nombre de sénateurs à l'administration de la république, il créa de nouveaux offices, comme la surveillance des travaux publics, des chemins, des aqueducs, du lit du Tibre, des distributions de blé au peuple ; il créa une préfecture de Rome, un triumvirat pour la nomination des sénateurs ; un autre, pour faire la revue des escadrons de chevaliers quand il en serait besoin. Il nomma des censeurs [117], magistrats qu'on avait, depuis longtemps, cessé d'élire ; il augmenta le nombre des préteurs. Il demanda aussi qu'on lui donnât, quand il serait consul, deux collègues au lieu d'un ; mais il ne l'obtint pas, tout le monde se récriant sur ce qu'il souffrait déjà une assez forte atteinte à sa majesté, en partageant avec un autre un honneur dont il pouvait jouir seul.

XXXVIII. Il récompensa généreusement le mérite militaire ; il fit accorder le triomphe régulier à plus de trente généraux, et les ornements triomphaux [118] à un plus grand nombre encore. Pour donner aux fils des sénateurs une plus prompte habitude des affaires publiques, il leur permit de prendre le laticlave en même temps que la toge virile, et d'assister, dès cette époque, au sénat. Dès le début de leur service militaire, il les nommait tribuns de légion, ou même commandants d'un corps de cavalerie ; et pour que personne ne restât étranger à la vie des camps, il partageait le plus souvent entre deux sénateurs le commandement d'une aile [119]. Il fit de fréquentes revues des escadrons de chevaliers, et rétablit l'usage, depuis longtemps aboli, de leur défilé solennel. Mais il défendit qu'un accusateur en fît, comme autrefois, arrêter un seul, au milieu de cette cérémonie. A ceux qui étaient vieux ou mutilés, il permit d'envoyer leur cheval à leur rang, et de venir répondre à pied, si l'on les citait. Enfin il accorda aux chevaliers âgés de plus de trente-cinq ans la faveur de rendre leur cheval, s'ils ne voulaient pas le garder.

XXXIX. Ayant demandé au sénat dix adjoints, il fit rendre à tous les chevaliers un compte rigoureux de leur conduite. Parmi ceux qui se trouvèrent en faute, les uns furent frappés d'une peine, et les autres, notés d'infamie. Plusieurs en furent quittes pour une réprimande plus ou moins sévère : la plus douce consistait à leur remettre, devant les autres, des tablettes qu'ils devaient lire tout bas et sur-le-champ. Il en flétrit aussi quelques-uns, pour avoir prêté à grosse usure de l'argent emprunté, dans ce but, à un mince intérêt.

XL. Si, dans les comices pour l'élection des tribuns, il n'y avait pas assez de candidats sénateurs, il en choisissait parmi les chevaliers romains, lesquels avaient le droit de rester, après l'expiration de leur charge, dans l'ordre qu'ils préféraient. Comme la plupart des chevaliers, ruinés par les guerres civiles, n'osaient pas, dans les jeux publics, s'asseoir sur les quatorze gradins[120], de peur d'encourir la peine établie par la loi, il déclara qu'il suffisait, pour y échapper, d'avoir eu soi-même le cens équestre, ou des parents qui le possédassent. Il fit le recensement du peuple par quartiers[121], et, pour que les distributions de blé ne détournassent pas trop souvent les plébéiens de leurs occupations, il fit délivrer, trois fois l'an, des bons pour quatre mois ; mais voyant qu'on regrettait l'ancien usage des distributions mensuelles, il le rétablit. Il fit revivre aussi les anciens règlements relatifs aux comices, et il frappa la brigue de peines multipliées. Le jour des élections, il faisait distribuer aux tribus Fabia et Scaptia, dont il était membre, mille sesterces[122] par tête, afin qu'elles n'eussent rien à demander à aucun candidat. Attachant une grande importance à conserver le peuple romain pur de tout mélange de sang étranger ou servile, il ne donna le droit de cité qu'avec une extrême réserve, et il restreignit la faculté des affranchissements. Il écrivit à Tibère, qui demandait ce droit pour un Grec de ses clients, « qu'il ne l'accorderait que s'il venait lui-même lui prouver la justice de sa demande ». Livie sollicitait la même faveur pour un Gaulois tributaire[123] ; il la lui refusa, et offrit d'affranchir son protégé du tribut, « aimant mieux, disait-il, ôter quelque chose au fisc, que de prostituer la dignité de citoyen romain ». Non content d'avoir élevé une foule d'obstacles entre l'esclavage et la simple liberté, d'en avoir mis bien plus encore aux affranchissements légitimes[124], dont il eut soin de régler le nombre, les conditions, les différences, il défendit aussi qu'un esclave qui aurait porté des chaînes ou subi la torture pût jamais, et par quelque sorte de liberté que ce fût, obtenir les droits de citoyen. Il s'appliqua aussi à ramener l'ancien costume, l'habillement propre aux Romains : voyant un jour, dans une assemblée du peuple, une foule de manteaux foncés : « Voilà donc, s'écria-t-il, plein d'indignation,

Les Romains, les maîtres du monde, le peuple vêtu de la [toge[125] »

et il chargea les édiles de veiller à ce que personne ne parût désormais dans le Forum ou dans le Cirque avec ce manteau et sans la toge romaine.

XLI. Il témoigna sa libéralité envers tous les ordres, toutes les fois que l'occasion s'en présenta. Le trésor royal d'Alexandrie, transporté à Rome par ses ordres, y répandit une telle abondance de numéraire, que l'intérêt de l'argent fut aussitôt diminué et le prix des terres augmenté. Dans la suite, quand le trésor public se trouvait grossi par la confiscation des biens des condamnés, il prêtait gratuitement, et pour un temps déterminé, à ceux qui pouvaient répondre pour le double. Il éleva le cens exigé pour les sénateurs, et le porta, de huit cent mille sesterces à douze cent mille[126] ; mais il le compléta pour ceux qui ne l'avaient pas. Il donna au peuple de fréquents congiaires[127], mais sans que la somme fût toujours la même : c'étaient tantôt quatre cents sesterces par tête, tantôt trois cents, quelquefois deux cents cinquante. Il n'excluait même pas de ces libéralités les enfants du plus bas âge, quoiqu'on eût coutume de ne les y comprendre que depuis l'âge de onze ans. Dans les temps de disette, on le vit aussi distribuer des rations de blé, souvent à très bas prix, quelquefois pour rien, et doubler la valeur des bons mentionnant une somme d'argent[128].

XLII. Mais ce qui prouve qu'il ne cherchait ainsi que le bien-être du peuple et non sa faveur, c'est que des plaintes s'étant, un jour, élevées sur la rareté et la cherté du vin, il réprima ces clameurs, et dit d'une voix sévère « qu'en établissant plusieurs aqueducs, son gendre Agrippa avait assez pourvu à ce que personne n'eût soif ». Un autre jour, comme le peuple lui rappelait la promesse qu'il avait faite d'un congiaire, il répondit « qu'il était un homme de parole », mais la multitude ayant, une autre fois, réclamé ce qu'il n'avait point promis, il lui reprocha, dans un édit, sa bassesse et son impudence, et il déclara qu'il ne donnerait rien, quoique son intention eût d'abord été de donner. Il ne montra pas moins d'assurance et de fermeté lorsque, s'apercevant, après l'annonce d'un congiaire, qu'on avait affranchi beaucoup d'esclaves et qu'on les avait ajoutés à la liste des citoyens, il refusa de les admettre à sa distribution, qui ne leur avait pas été promise ; et il donna aux autres moins qu'il n'avait dit, pour que la somme destinée à cet usage y pût suffire[129]. L'extrême disette l'avait, à une certaine époque, obligé, à défaut d'autre remède, de chasser de Rome tous les esclaves en vente, les troupes de gladiateurs, tous les étrangers, à l'exception des médecins et des professeurs, et même une partie des esclaves en service. Quand l'abondance fut enfin revenue, il forma, à ce qu'il dit lui-même, le hardi projet d'abolir à jamais les distributions de blé, parce que l'espérance d'en recevoir faisait négliger la culture des terres. Toutefois il y renonça, persuadé qu'on ne manquerait pas, après lui, d'en rétablir l'usage, dans des vues ambitieuses ; mais, depuis ce temps, il en modéra l'excès, tout en conciliant l'intérêt du peuple avec celui des cultivateurs et des négociants.

XLIII. Il surpassa tous ceux qui l'avaient précédé par le nombre, par la variété, par la magnificence de ses spectacles. D'après son propre témoignage, il donna quatre fois des jeux en son nom, et vingt-trois fois pour des magistrats qui étaient absents, ou qui ne pouvaient en faire la dépense. Il n'était pas rare qu'il donnât des spectacles dans plusieurs quartiers à la fois, sur plusieurs théâtres, et qu'il y fît jouer des acteurs parlant toutes les langues[130]. Ses jeux furent célébrés non seulement dans le Forum et dans l'amphithéâtre, mais aussi dans le Cirque et dans les enceintes des élections[131]. Il se bornait parfois à des combats de bêtes. Des athlètes combattirent aussi dans le champ de Mars, où il fit élever les gradins de bois pour ce spectacle. Il y eut même une bataille navale près du Tibre, dans un endroit creusé exprès, et où l'on voit aujourd'hui le bois sacré des Césars[132]. Il avait soin, ces jours-là, de placer des gardes dans la ville ainsi dépeuplée, et que cette solitude exposait aux tentatives des brigands. Il fit voir aussi, dans le Cirque, des conducteurs de chars, des coureurs, des chasseurs de bêtes sauvages, et il choisissait quelquefois, pour ces rôles, les jeunes gens de la plus noble naissance. Mais il aimait surtout à voir célébrer les jeux troyens[133] par des enfants d'âge différent, pensant que c'était un usage noble et antique qu'une race illustre fît ainsi connaître sa valeur. C. Nonius Asprénas s'étant blessé, en tombant, dans une de ces luttes, Auguste lui fit présent d'un collier d'or, et l'autorisa, lui et sa postérité, à porter le nom de Torquatus[134]. Il finit par supprimer ces jeux, sur les plaintes amères et jalouses que fit dans le sénat l'orateur Asinius Pollion, dont le neveu Éserninus s'était cassé la jambe. Parfois même il produisit des chevaliers romains dans les jeux scéniques et dans les combats de gladiateurs ; mais c'était avant la défense qui en fut faite par un sénatus-consulte[135]. A partir de ce jour-là, il ne fit paraître qu'un jeune adolescent, un Lycien de bonne naissance, et ce fut seulement pour le montrer, parce qu'il n'avait pas deux pieds de haut, ne pesait que dix-sept livres, et avait une voix immense. Voulant, un jour de spectacle, montrer au peuple les otages des Parthes, les premiers qu'on eût envoyés à Rome, il leur fit traverser l'arène et les plaça au-dessus de lui, sur le second banc. Lors même que ce n'était point jour de représentation, si l'on avait apporté à Rome quelque chose qu'on n'y eût point encore vu et qui fût digne de l'être, il le faisait aussitôt voir au peuple dans tous les endroits de la ville indifféremment. C'est ainsi qu'il montra un rhinocéros dans le champ de Mars, un tigre sur la scène, et un serpent de cinquante coudées[136] devant le Comitium[137]. Étant tombé malade un jour qu'on célébrait des jeux votifs dans le Cirque, il suivit, couché dans sa litière, les chars qui portaient les dieux. Une autre fois, pendant les jeux dont il accompagna la dédicace du théâtre de Marcellus, les liens de sa chaise curule étant venus à se rompre, il tomba sur le dos ; et pendant un spectacle donné par ses petits-fils[138], ne pouvant, par aucun moyen, retenir ni rassurer le peuple, qui craignait que l'amphithéâtre ne s'écroulât, il quitta sa place, et alla s'asseoir dans l'endroit qu'on croyait le plus menacé.

XLIV. La plus grande confusion régnait parmi les spectateurs, lesquels s'asseyaient partout indistinctement. Il corrigea cet abus, touché de l'injure qu'avait essuyée à Pouzzoles, dans des jeux fort courus, un sénateur à qui, le théâtre étant plein, personne n'avait voulu faire place, et il fut ordonné par un décret du sénat que dans tous les spectacles, et où que ce fût, les sièges du premier rang fussent réservés aux sénateurs. Il défendit qu'à Rome les ambassadeurs des nations libres et alliées prissent place à l'orchestre, parce qu'il avait découvert que plusieurs d'entre eux étaient de race d'affranchis. Il sépara le peuple du soldat ; il assigna aux plébéiens mariés des sièges particuliers. A ceux qui étaient encore vêtus de la prétexte, il réserva certains gradins, où ils avaient leurs maîtres à côté d'eux. Il interdit à ceux qui portaient des vêtements sombres[139] les places du milieu. Quant aux femmes, qui étaient confondues auparavant parmi les spectateurs, il voulut qu'elles eussent des places séparées, et qu'elles n'assistassent aux combats de gladiateurs que sur les bancs les plus élevés. Il marqua pour les vestales une place distincte, sur le théâtre, en face du tribunal[140] du préteur. Enfin il défendit à toutes les femmes les spectacles d'athlètes. Aussi, pendant les jeux qu'il donna comme grand pontife[141], le peuple lui ayant demandé un pugilat, il le remit au lendemain matin, et il déclara, en vertu de son autorité, « qu'il ne voulait pas que les femmes vinssent au théâtre avant la cinquième heure[142] ».

XLV. Pour lui, il regardait les jeux du Cirque de l'étage supérieur d'un de ses amis ou de ses affranchis, et quelquefois de la loge impériale[143], où s'asseyaient même avec lui sa femme et ses enfants. Il n'était pas rare qu'il s'absentât du spectacle pendant plusieurs heures ou même durant des jours entiers ; et alors il en demandait la permission, désignant quelqu'un pour présider à sa place. Mais quand il y assistait, il se montrait fort attentif, soit pour éviter les murmures dont il se rappelait que le peuple avait souvent averti César son père, qui s'occupait, au milieu du spectacle, à lire des lettres ou des mémoires, et à y répondre ; soit qu'il prît en effet un très grand plaisir à ces représentations, comme il l'avoua plus d'une fois avec franchise. Aussi le vit-on souvent donner, de son argent, des couronnes et des récompenses d'un grand prix, même dans des jeux et des fêtes dont il ne faisait pas les honneurs ; et il n'assista jamais à un concours grec sans honorer chacun des concurrents d'un don proportionné à son mérite. Il avait une sorte de passion pour les pugilats, surtout entre les Latins ; et parmi ces derniers ce n'était pas seulement les athlètes de profession, ceux qui étaient exercés à se battre avec les Grecs, qu'il aimait à voir ; c'était aussi les premiers venus, ceux qui, sans règle et sans art, luttaient ensemble dans l'étroit espace des carrefours. Tous ceux, sans exception, qui consacraient leur industrie aux spectacles publics, lui paraissaient dignes de son attention. Il maintint les privilèges des athlètes, et il finit par les augmenter. Il défendit de faire combattre les gladiateurs jusqu'à la mort. Il restreignit à l'enceinte des jeux et de la scène l'autorité coercitive qu'une ancienne loi donnait aux magistrats sur les comédiens, en tout temps et en tout lieu : ce qui ne l'empêcha pas d'assujétir à des règles fort sévères les luttes des athlètes et les combats des gladiateurs. Il réprima la licence des histrions, jusqu'à faire battre de verges sur trois théâtres et exiler ensuite l'acteur de pièces romaines [144] Stéphanion, pour s'être fait servir par une femme de condition libre, et dont les cheveux étaient coupés comme ceux des esclaves. Sur les plaintes du préteur, il fit fouetter le pantomime Hylas dans le vestibule de son palais, où tout le monde put le venir voir. Il chassa de Rome et d'Italie le comédien Pylade, pour avoir montré du doigt et fait remarquer au public un spectateur qui le sifflait.

XLVI. Après avoir ainsi tout réglé dans Rome, il peupla l'Italie de vingt-huit colonies nouvelles, et il contribua de plusieurs manières à sa splendeur, par des travaux et par des revenus publics. Il la fit même, en quelque sorte, l'égale de Rome, pour les droits et la dignité ; car il imagina, en sa faveur, un genre de bulletins que les décurions [145] des colonies étaient chargés de recueillir dans chacune d'elles, pour l'élection des magistrats de la capitale, et qu'ils y envoyaient cachetés, pour le jour des comices. Afin de pourvoir au recrutement des classes supérieures et d'encourager la natalité dans le peuple, il admettait aux grades équestres ceux dont la demande était appuyée d'une recommandation de leur ville ; et quand il faisait la revue des régions [146], il donnait à ceux des plébéiens qui avaient plusieurs enfants de l'un ou de l'autre sexe, mille sesterces [147] pour chacun d'eux.

XLVII. Il se chargea personnellement de l'administration des provinces les plus importantes [148], qu'il n'était ni aisé ni sûr de remettre à l'autorité des magistrats annuels. Il laissa les proconsuls se partager les autres par la voie du sort [149] ; néanmoins il fit parfois des échanges, et il visita souvent la plupart de ces provinces, qu'elles fussent ou non de son département. Il priva de leur liberté quelques villes alliées, que la licence conduisait à leur perte ; il en soulagea qui étaient obérées ; il rebâtit celles que des tremblements de terre avaient détruites ; il accorda le droit latin [150] ou le droit de cité à quelques-unes, qui se recommandaient par des services rendus au peuple romain. Je ne crois pas qu'excepté l'Afrique et la Sardaigne, il y ait une partie de l'empire où il ne soit allé. Il se préparait à passer dans ces provinces, après sa victoire sur Sextus Pompée, en Sicile ; mais de violentes et continuelles tempêtes l'en empêchèrent, et il n'eut plus d'occasion ni de motif pour s'y rendre.

XLVIII. A l'égard des royaumes que le droit de la guerre mit en son pouvoir, il les rendit, à peu d'exceptions près, à ceux-là mêmes auxquels il les avait pris, ou il en fit présent à des étrangers. Il unit entre eux, par les liens du sang, les rois alliés de Rome ; ardent négociateur et protecteur assidu de toutes les unions de famille ou d'amitié entre ces rois, qu'il regardait, qu'il traitait comme les membres et les parties intégrantes de l'empire. Il donnait lui-même des tuteurs à leurs fils mineurs ou aliénés, jusqu'à leur majorité ou jusqu'à leur guérison. Il y eut même des rois dont il fit élever et instruire les enfants avec les siens.

XLIX. Quant à l'armée, il distribua par provinces les légions romaines et les troupes auxiliaires. Il établit une flotte à Misène et une autre à Ravenne, pour garder les deux mers [151]. Il affecta le reste des troupes pour une part à la protection de Rome et pour une autre part à la sienne propre, car il avait licencié le corps des Calagurritains [152], dont il avait fait sa garde jusqu'à sa victoire sur Antoine, et celui des Germains, qui lui en avait ensuite servi jusqu'à la défaite de Varus. Toutefois, il ne souffrit pas qu'il y eût jamais dans Rome plus de trois cohortes ; encore n'y campaient-elles pas. Il mettait les autres en quartiers d'hiver ou d'été, dans les environs des villes voisines. Il établit une règle invariable pour la paie et les récompenses de tous les gens de guerre, en quelque lieu qu'ils fussent. Il détermina, pour chaque grade, et le temps du service et les avantages attachés aux congés définitifs, de peur que leur âge ou leur dénuement n'en fît, après leur retraite, des instruments de sédition. Afin de pourvoir sans difficulté aux frais continuels de cet entretien et de ces pensions, il fonda une caisse militaire, avec le produit de nouvelles impositions [153]. Il établit aussi sur toutes les routes militaires, et à de très courtes distances, de jeunes courriers et ensuite des voitures, pour être informé plus tôt de ce qui se passait dans les provinces. Le procédé a paru plus commode, car les mêmes hommes qui apportent des lettres d'un lieu donné peuvent aussi être interrogés en cas de nécessité.

L. Le cachet qu'il apposait sur les actes publics, sur ses instructions et sur ses lettres, fut d'abord un sphinx, ensuite une tête d'Alexandre le Grand, et en dernier lieu son propre portrait, gravé par Dioscoride. Ce cachet fut celui dont se servirent les princes ses successeurs. Il marquait toujours, dans ses lettres, l'heure où il les écrivait, soit de jour soit de nuit.

LI. Il donna des preuves éclatantes et nombreuses de clémence et de douceur. Pour ne pas nommer tous ceux de ses adversaires auxquels il fit grâce de la vie et qu'il laissa même parvenir aux premières dignités de l'État, je ne citerai que les deux plébéiens Junius Novatus et Cassius de Padoue, dont il punit l'un d'une simple amende et l'autre d'un léger exil, quoique le premier eût écrit contre lui et publié, sous le nom du jeune Agrippa[154], une lettre des plus violentes, et que le second se fût écrié en pleine table « qu'il ne manquait, pour le tuer, ni de volonté ni de courage ». Un certain Émilius Élianus de Cordoue comparaissait en justice ; et comme on lui reprochait, entre autres crimes, de mal parler de l'empereur, Auguste se tourna vers l'accusateur, et lui dit avec une sorte d'émotion : « Je voudrais bien que vous pussiez me prouver ce que vous dites de l'accusé ; je lui ferais voir que j'ai aussi une langue, et j'en dirais encore plus contre lui qu'il n'en a dit contre moi » ; et il ne s'en occupa pas davantage, ni dans le moment ni plus tard. Tibère s'étant plaint à lui dans une lettre, et avec assez d'amertume, de cette modération, il lui répondit : « Ne vous laissez pas entraîner, mon cher Tibère, à la vivacité de votre âge, et ne vous indignez pas trop si l'on dit du mal de moi : c'est assez qu'on ne puisse m'en faire. »

LII. Quoiqu'il sût que d'ordinaire on décernait des temples même aux proconsuls, il n'en accepta dans aucune province, à moins que ce ne fût à la fois au nom de Rome et au sien. Il refusa toujours l'honneur d'en avoir dans cette ville ; il fit même fondre toutes les statues d'argent qu'on lui avait érigées autrefois, et, avec le prix qu'il en retira, il dédia des trépieds d'or à Apollon Palatin. Le peuple lui offrit la dictature[155] avec de grandes instances ; il la repoussa, en mettant un genou en terre, en abaissant sa toge et en découvrant sa poitrine.

LIII. Il eut toujours horreur du titre de maître, comme d'une injure et d'un opprobre. Un jour qu'il était au théâtre, un acteur ayant dit dans un mime : « Ô le maître équitable et bon ! » tous les spectateurs, lui faisant l'application de ce passage, battirent des mains avec transport ; mais il réprima aussitôt, de la main et du regard, ces indécentes adulations, et, le lendemain, il les flétrit dans un édit sévère. Il défendit aussi que ses enfants ou ses petits-fils lui donnassent jamais ce nom, ni sérieusement ni en badinant, et il leur interdit même entre eux ce genre de flatterie. Il avait soin de n'entrer dans Rome ou dans toute autre ville, et de n'en sortir, que le soir ou la nuit, afin de ne déranger personne pour de vaines cérémonies. Consul, il allait ordinairement à pied ; quand il ne l'était pas, il se faisait porter dans une litière fermée[156]. Les jours de réception, il admettait jusqu'aux gens du peuple, et recevait avec la plus grande affabilité les demandes qu'on lui adressait. Il fit un jour à un solliciteur, qui lui donnait, en tremblant, son mémoire, le reproche assez plaisant « d'y mettre autant de précaution que pour présenter une pièce de monnaie à un éléphant ». Les jours d'assemblée du sénat, il ne saluait les sénateurs que réunis dans leur salle et même assis, en nommant chacun d'eux par son nom, sans que personne aidât sa mémoire : à son départ, il prenait congé d'eux de la même manière sans qu'ils se missent debout. Il entretenait avec beaucoup de sénateurs un commerce assidu de devoirs ; et il ne cessa d'assister à leurs fêtes de famille que dans sa vieillesse, après s'être trouvé, un jour, fort incommodé par la foule, dans une cérémonie de fiançailles. Le sénateur Gallus Terrinius, qui ne vivait pas dans son intimité, voulait, parce qu'un accident l'avait tout à coup rendu aveugle, se laisser mourir de faim : Auguste alla le voir, le consola, et le réconcilia avec la vie.

LIV. Un jour qu'il parlait dans le sénat, quelqu'un, l'interrompant, lui dit : « Je ne comprends pas ce que vous dites » ; et un autre : « Je vous contredirais, si j'en avais la liberté. » Il lui arriva de sortir brusquement de la salle, irrité des interminables et violentes altercations qui s'y élevaient, et alors quelques voix lui criaient : « Il doit être permis aux sénateurs de parler des affaires publiques. » Antistius Labéon, usant du droit d'élire un sénateur, à l'époque où le sénat fut réformé[157], choisit le triumvir Lépide, autrefois l'ennemi d'Auguste et alors exilé[158]. Celui-ci lui ayant demandé s'il n'en connaissait pas de plus dignes, Labéon répondit « que chacun avait son avis ». Cette liberté hardie ne fit de tort à aucun d'eux.

LV. Il ne craignit même pas les injurieux libelles répandus contre lui dans le sénat, mais il prit grand soin de les réfuter[159]. Il n'en rechercha même pas les auteurs, et il se contenta d'ordonner, pour l'avenir, que l'on poursuivît ceux qui publieraient, sous un nom emprunté, des pamphlets ou des vers diffamatoires contre qui que ce fût. En butte à certaines plaisanteries pleines de fiel et d'insolence, il y répondit dans un édit ; et cependant il s'opposa toujours à ce que l'on prît aucune mesure pour réprimer la licence du langage dans les testaments[160].

LVI. Toutes les fois qu'il assistait aux comices pour l'élection des magistrats, il parcourait les tribus avec les candidats de son choix, et demandait pour eux les suffrages dans la forme ordinaire. Il votait lui-même dans sa tribu, comme un simple citoyen. Témoignait-il en justice, il se laissait interroger et contredire, avec une extrême patience. Il fit son forum beaucoup plus étroit qu'il ne l'aurait voulu, n'osant par forcer les possesseurs des maisons voisines à s'en dessaisir. Jamais il ne recommanda ses fils à l'amitié du peuple sans ajouter : « S'ils la méritent. » Il manifesta, un jour, un vif mécontentement de ce qu'à leur entrée au théâtre, tout le monde s'était levé en les applaudissant, quoiqu'ils portassent encore la prétexte. Il voulut que ses amis fussent puissants dans l'État, mais soumis aux mêmes lois que les autres et justiciables des mêmes tribunaux. Nonius Asprénas, étroitement lié avec lui, était accusé d'empoisonnement par Cassius Sévère ; Auguste consulta le sénat sur ce qu'il devait faire en cette occasion : « Il craignait, disait-il, de paraître, en l'accompagnant au tribunal, vouloir arracher un accusé à la vindicte des lois, et, en ne l'y suivant pas, abandonner son ami et le condamner avant ses juges. » D'après l'avis unanime du sénat, il alla s'asseoir quelques heures sur le banc des défenseurs ; mais il garda le silence, et s'abstint même de ces éloges qu'on appelle judiciaires. Il assista toujours ses clients ; par exemple, un certain Scutarius, ancien rengagé volontaire dans son armée, qui était poursuivi pour injures. Le seul accusé qu'il ait jamais dérobé aux lois, et encore en implorant de l'accusateur, devant les juges, un désistement qui lui fut accordé, c'est Castricius, par qui il avait eu connaissance de la conjuration de Muréna[161].

LVII. Il est aisé d'imaginer combien une telle conduite le fit aimer. Je ne parlerai point des sénatus-consultes rendus en sa faveur, et qu'on pourrait attribuer à la crainte ou à la flatterie. Mais, de leur propre mouvement, tous les chevaliers romains célébrèrent chaque année, pendant deux jours, l'anniversaire de sa naissance. Chaque année, tous les ordres de l'État, d'après un vœu solennel, jetaient dans le gouffre de Curtius[162] des pièces d'argent pour son salut. Lors même qu'il était absent, on lui consacrait, aux calendes de janvier, des étrennes dans le Capitole. Il achetait, de cet argent, les plus précieuses statues des dieux, et il les faisait placer dans les divers quartiers de la ville, comme l'Apollon aux Sandales[163], le Jupiter Tragédien[164], et d'autres. Un incendie ayant détruit sa maison du mont Palatin, les vétérans, les décuries[165], les tribus et une foule de particuliers se cotisèrent volontairement, et chacun selon ses facultés, pour la rebâtir. Mais il voulut à peine toucher à ces monceaux d'argent, et il n'accepta de personne au-delà d'un denier. Revenait-il d'une province, on allait à sa rencontre, en faisant des vœux pour son bonheur et en chantant des vers à sa louange. On prenait garde aussi, quand il entrait dans Rome, à ne point exécuter de criminels.

LVIII. Le surnom de Père de la patrie lui fut conféré d'un consentement unanime et inopinément ; d'abord par le peuple, qui, à cet effet, lui envoya une députation à Antium, et qui, malgré son refus, le lui donna une seconde fois à Rome, en se précipitant au-devant de lui, des branches de laurier à la main, un jour qu'il se rendait au spectacle ; ensuite dans le sénat, non par un décret ni par acclamation, mais par l'organe de Valérius Messala, lequel lui dit, au nom de tous ses collègues : « Nous te souhaitons, César Auguste, ce qui peut contribuer à ton bonheur et à celui de ta maison ; c'est souhaiter en même temps l'éternelle félicité de la république et sa prospérité. Le sénat, de concert avec le peuple romain, te salue PÈRE DE LA PATRIE. » Auguste, les larmes aux yeux, répondit en ces termes (que je rapporte textuellement, comme ceux de Messala) : « Parvenu au comble de mes vœux, pères conscrits, que pourrais-je encore demander aux dieux immortels, sinon de prolonger jusqu'à la fin de ma vie cet accord de vos sentiments pour moi ? »

LIX. On éleva par souscription une statue, près de celle d'Esculape, à son médecin Antonius Musa, qui l'avait guéri d'une maladie dangereuse[166]. Plusieurs pères de famille enjoignirent à leurs héritiers, dans leur testament, d'offrir au Capitole un sacrifice solennel, dont le motif, annoncé publiquement, serait de remercier le ciel, en leur nom, DE CE QU'ILS AVAIENT LAISSÉ AUGUSTE VIVANT. Quelques villes d'Italie commencèrent l'année du jour où il y était venu pour la première fois. La plupart des provinces, outre des temples et des autels, fondèrent en son honneur des jeux quinquennaux[167] dans presque toutes les villes.

LX. Les rois amis et alliés de Rome bâtirent, chacun dans son royaume, des villes appelées *Césarées ;* et ils résolurent tous ensemble de faire achever, à frais communs, le temple de Jupiter Olympien, anciennement commencé à Athènes, pour le dédier au Génie d'Auguste. Ils quittèrent souvent leurs États pour venir le trouver, soit à Rome, soit même dans les provinces qu'il visitait : on les voyait alors lui rendre des devoirs journaliers, sans aucun des insignes de la royauté, et vêtus de la toge romaine, comme de simples clients.

LXI. Maintenant que je l'ai montré tel qu'il était dans le commandement et les magistratures, à la tête des armées, dans le gouvernement de la république et du monde, pendant la guerre et pendant la paix, je ferai connaître sa vie intérieure et privée ; je dirai quels furent, depuis sa jeunesse jusqu'à son dernier jour, ses mœurs, ses habitudes avec les siens, son sort dans sa famille. Il perdit sa mère[168] pendant son premier consulat, et sa sœur Octavie[169], quand il avait cinquante-quatre ans. Il avait eu pour elles les plus grands égards pendant leur vie ; il leur rendit les plus grands honneurs après leur mort.

LXII. Il avait été fiancé, dans son adolescence, à la fille de P. Servilius Isauricus ; mais, après sa première réconciliation avec Antoine, les soldats des deux partis demandant une alliance de famille entre leurs chefs, il épousa la belle-fille d'Antoine, Claudia, que Fulvie avait eue de P. Clodius, et qui était à peine nubile. S'étant brouillé ensuite avec sa belle-mère Fulvie, il répudia Claudia, qu'il avait laissée vierge. Bientôt après il épousa Scribonia, veuve de deux consulaires et qui avait même des enfants de l'un d'eux. Il divorça aussi d'avec elle, indigné, comme il le dit, de la perversité de ses mœurs. Il épousa aussitôt[170] Livia Drusilla, qu'il avait enlevée à Tibérius Néron[171] son mari, dont elle était même enceinte. Il l'aima uniquement, et eut toujours pour elle une profonde estime.

LXIII. Il eut de Scribonia une fille nommée Julie. Livie ne lui donna point d'enfants, malgré l'extrême désir qu'il en avait : enceinte une seule fois, elle accoucha avant terme. Auguste maria d'abord Julie à Marcellus, fils de sa sœur Octavie, et qui sortait à peine de l'enfance ; puis, Marcellus mort, il la donna en mariage à M. Agrippa, ayant obtenu de sa sœur qu'elle lui cédât ce gendre ; car Agrippa était alors marié à l'une des filles de Marcellus et en avait des enfants. Agrippa étant mort aussi, Auguste, après avoir longtemps cherché un époux à sa fille, même dans l'ordre des chevaliers, choisit enfin Tibère son beau-fils ; il le contraignit, dans cette vue, à répudier sa femme alors enceinte, et qui l'avait déjà rendu père. M. Antoine a écrit « qu'Auguste avait d'abord destiné Julie à son fils Antoine, puis à Cotison, roi des Gètes[172], à une époque où lui-même demandait en mariage la fille de ce roi ».

LXIV. Il eut, par Agrippa et Julie, trois petits-fils, Caïus, Lucius et Agrippa[173], et deux petites-filles, Julie et Agrippine. Il maria Julie à L. Paulus, fils du censeur, et Agrippine à Germanicus, petit-fils de sa sœur. Il adopta Caïus et

Lucius, qu'il avait achetés de leur père Agrippa, dans la maison de celui-ci, par l'as et la balance [174]. Il les habitua, dès leur première jeunesse, à la pratique des affaires publiques, et les envoya, consuls désignés, dans les provinces et aux armées. Il éleva sa fille et ses petites-filles dans la plus grande simplicité, leur faisant même apprendre à travailler la laine. Il leur défendait de rien dire ou de rien faire qu'en présence d'autres personnes, et que ce qui pourrait entrer dans les mémoires journaliers de sa maison [175]. Il leur interdit absolument tout rapport avec des étrangers ; au point que L. Vinicius, jeune homme plein de mérite et de distinction, étant allé saluer sa fille aux eaux de Baïes, il lui écrivit qu'il avait choqué la bienséance. Il apprit par lui-même, la plupart du temps, à ses petits-fils à lire, à écrire en langage chiffré, et leur enseigna les autres rudiments du savoir : il s'appliqua surtout à leur faire imiter son écriture. A table, ils avaient leur place au-dessous de lui, sur le même lit ; en voyage, ils allaient devant sa voiture ou l'entouraient à cheval.

LXV. Mais la confiance et la joie que lui inspirait une famille nombreuse et élevée avec soin, furent cruellement troublées par le sort. Il se vit forcé d'exiler les deux Julies, sa fille et sa petite-fille, qui s'étaient souillées de toutes sortes d'infamies. Il perdit Caïus et Lucius dans l'espace de dix-huit mois, le premier en Lycie et le second à Marseille. Alors il adopta dans le Forum, en vertu d'une loi des curies [176], son troisième petit-fils Agrippa et son beau-fils Tibère ; mais, peu de temps après, il rejeta cet Agrippa de sa famille, à cause de la bassesse et de la férocité de son caractère, et il l'envoya en exil à Surrentum. Auguste était plus sensible à l'opprobre des siens qu'à leur mort. Celle de Caïus et de Lucius ne parut pas l'abattre ; mais quand il éloigna sa fille, il fit connaître au sénat ses motifs, dans un mémoire que le questeur fut chargé de lire, en son absence ; et il fut si honteux de ses désordres, qu'il vécut longtemps séparé du commerce des hommes ; il délibéra même s'il ne la ferait pas mourir. Une affranchie, nommée Phébé, complice des débauches de sa fille, s'étant pendue vers le même temps, il dit « qu'il aimerait mieux être son père que celui de Julie ». Il interdit à celle-ci l'usage du vin dans son exil, et toutes les douceurs de la vie. Il défendit qu'aucun homme, libre ou esclave, l'approchât sans sa permission, et sans qu'il connût son âge, sa stature, sa couleur, et jusqu'aux marques ou aux cicatrices qu'il pouvait avoir sur le corps. Au bout de cinq ans, il la laissa enfin revenir, de l'île où elle était [177], sur le continent, et il lui imposa des conditions un peu moins dures. Mais il ne voulut jamais consentir à la rappeler près de lui ; et comme le peuple romain lui demandait souvent son retour avec instance, il lui souhaita, en pleine assemblée, des filles et des femmes semblables à elle. Quant à l'autre Julie, sa petite-fille, il défendit de reconnaître et d'élever l'enfant qu'elle avait mis au jour quelque temps après sa condamnation. Il transféra dans une île [178] Agrippa, qui, loin de s'adoucir, devenait de jour en jour plus intraitable, et il le fit garder par des soldats. Il fit même rendre un sénatus-consulte qui le confinait à perpétuité dans cette île. Toutes les fois qu'on parlait devant lui d'Agrippa ou de l'une des Julies, il s'écriait, en soupirant :

Plût au ciel que je n'eusse pas eu de femme et que je fusse [mort sans enfants [179] !

et il n'appelait jamais les siens que ses trois abcès ou ses trois chancres.

LXVI. Son amitié ne se gagnait pas facilement ; mais, une fois acquise, elle l'était pour toujours. Il savait apprécier, dans chacun de ses amis, le mérite et la vertu ; il savait aussi supporter les petits défauts et les fautes légères. On ne pourrait guère citer plus de deux hommes qui aient été malheureux, après avoir été aimés de lui : Salvidiénus Rufus [180] et Cornélius Gallus [181], qu'il avait élevés, de la plus basse condition, l'un jusqu'au consulat, l'autre jusqu'à la préfecture d'Égypte. Il interdit au premier, en punition de son ingratitude et de sa méchanceté, l'entrée de sa maison et des provinces où il commandait. Pour le second, qui voulait exciter des troubles, il le livra à la justice du sénat ; et quand les charges de ses accusateurs et les décrets de ses juges l'eurent déterminé à se donner la mort, Auguste loua le zèle qu'on avait déployé pour le venger ; mais il pleura, et dit, en se plaignant de son sort : « qu'il était donc le seul qui ne fût pas le maître de borner sa colère contre ses amis ». Riches et puissants, les autres amis d'Auguste furent, jusqu'à la fin de leur vie, les premiers de leur ordre, malgré quelques nuages qui s'élevèrent dans leur liaison avec lui. Ainsi, pour ne citer que ces exemples, M. Agrippa manqua une fois de patience et Mécène de discrétion. Le premier, sur le plus léger soupçon de froideur et sous prétexte qu'on lui préférait Marcellus, abandonna tout et se retira à Mytilène [182], l'autre révéla à sa femme Térentia un secret d'État, la découverte qu'on venait de faire de la conjuration de Muréna. En retour de son affection, Auguste exigeait un attachement qui ne s'arrêtât même pas au tombeau. En effet, quoiqu'il fût fort peu avide d'héritages, et qu'il n'en acceptât jamais de quiconque n'avait pas été lié avec lui, il pesait avec un soin extrême les dernières dispositions de ses amis ; et il ne dissimulait ni son chagrin lorsqu'il était traité avec peu d'honneur et de libéralité, ni sa joie quand les témoignages de reconnaissance et d'affection répondaient à son attente. Quant aux legs ou aux parties de succession que lui laissaient des pères de famille, il avait coutume de les abandonner aussitôt à leurs enfants, et, s'ils étaient mineurs, de les leur rendre, en y ajoutant un présent, le jour qu'ils prenaient la toge virile ou qu'ils se mariaient.

LXVII. Comme maître et comme patron, il sut allier à propos la sévérité à la douceur et à la clémence. Il honora de sa confiance plusieurs de ses affranchis, tels que Licinus, Celadus[183] et d'autres. Il se contenta de mettre aux fers Cosmus, un de ses esclaves, qui avait fort mal parlé de lui. Son intendant Diomède, en se promenant un jour avec lui, l'avait jeté, par un mouvement de frayeur, au-devant d'un sanglier qui se précipitait sur eux ; Auguste aima mieux voir dans sa conduite un trait de poltronnerie que de méchanceté ; et comme il n'y avait pas trahison, il fut le premier à plaisanter du danger réel qu'il avait couru. Ce même prince fit mourir Polus[184], l'un de ses affranchis qu'il aimait le plus, quand il se fut assuré de ses adultères avec des femmes d'une naissance distinguée ; il fit casser les jambes à Thallus, son secrétaire, qui avait reçu cinq cents deniers[185] pour communiquer une lettre ; il fit jeter dans un fleuve, avec une pierre au cou, le précepteur et les esclaves de son fils Caïus, lesquels avaient profité de sa maladie et de sa mort pour commettre, dans la province[186], des actes d'avarice et de tyrannie.

LXVIII. Sa réputation fut flétrie, dès sa jeunesse, par plus d'un opprobre. Sex. Pompée le traita d'efféminé. M. Antoine lui reprocha d'avoir acheté au prix de son déshonneur l'adoption de son oncle ; Lucius, le frère de Marc-Antoine, prétendit qu'après avoir livré à César la fleur de sa jeunesse, il la vendit encore, en Espagne, à A. Hirtius, pour trois cent mille sesterces, ajoutant qu'il avait coutume de se brûler le poil des jambes avec de l'écorce de noix ardente, afin de le faire revenir plus doux. Tout le peuple, un jour de jeux, tint pour une injure à son adresse et approuva d'un accord unanime, ce vers qui désignait un prêtre de Cybèle jouant du tambourin :

Vois-tu comme un giton gouverne de son doigt l'univers[187] ?

LXIX. Ses amis même ne nient point qu'il n'ait commis beaucoup d'adultères ; ils cherchent seulement à l'excuser, en disant que c'était moins par passion que par politique, et afin de connaître, par leurs femmes, les secrets de ses adversaires. M. Antoine, non content de lui reprocher l'indécente précipitation de son mariage avec Livie, prétend que, dans un festin, il fit passer de la salle à manger dans une chambre voisine la femme d'un consulaire, le mari présent ; et qu'elle avait, quand il la ramena, les oreilles rouges et les cheveux en désordre. Il ajoute qu'il ne répudia Scribonie que parce qu'elle s'était plainte avec trop de franchise qu'une concubine eût un pouvoir excessif ; que les amis d'Auguste lui cherchaient des femmes mariées et des vierges nubiles ; qu'ils les faisaient mettre nues devant eux, et les examinaient comme des esclaves en vente au marché de Toranius. A une époque où il n'était pas encore son ennemi déclaré, Antoine lui écrivait familièrement : « Qui vous a donc changé ? est-ce l'idée que je couche avec une reine [188] ? mais elle est ma femme ; et ce n'est pas d'hier, car il y a neuf ans. Et vous, ne couchez-vous qu'avec Drusilla [189] ? Je parie qu'au moment où vous lirez cette lettre, vous aurez joui déjà de Tertulla, ou de Térentilla, ou de Rufilla, ou de Salvia Titisenia, et peut-être de toutes. Qu'importe, en quel lieu et avec quelle femme vous prenez votre plaisir ? »

LXX. On s'est aussi beaucoup entretenu d'un souper mystérieux, qu'on appelait vulgairement le *Repas des douze divinités ;* souper où les convives étaient habillés en dieux et en déesses, et où Auguste lui-même représentait Apollon. Antoine a nommé, dans ses lettres, et amèrement critiqué tous ceux qui étaient de ce festin sur lequel un anonyme a fait ces vers si connus :

> *Dès que cette infâme tablée eut désigné le maître du chœur et que Mallia vit six dieux et six déesses, tandis que César, dans son impiété, jouait le rôle mensonger d'Apollon, et qu'il se régalait d'inouïs adultères divins, alors toutes les divinités se détournèrent de la terre et Jupiter lui-même s'enfuit de son trône doré* [190].

La disette à laquelle Rome était alors en proie rendit cette débauche encore plus scandaleuse : on disait tout haut, le lendemain, « que les dieux avaient mangé tout le blé », et « que César était effectivement Apollon, mais Apollon Bourreau [191] », nom sous lequel on révérait ce dieu dans un quartier de la ville. On blâma aussi le goût d'Auguste pour les meubles précieux et pour les vases de Corinthe, et sa passion pour le jeu. Ainsi l'on écrivit sous sa statue, dans le temps des proscriptions :

Mon père était changeur, et moi, j'aime les vases de [Corinthe ;

car on le soupçonnait d'avoir proscrit plusieurs citoyens, pour s'approprier leurs vases de Corinthe ; et pendant la guerre de Sicile on fit courir cette épigramme :

Après avoir été vaincu deux fois sur mer et avoir perdu ses navires, il joue sans cesse aux dés pour remporter quelque jour une victoire.

LXXI. De ces accusations ou de ces calomnies, le reproche de s'être lui-même prostitué est celui dont il se justifia le plus aisément, par la pureté de sa vie à cet égard dès cette époque et dans la suite. Il paraît aussi avoir eu moins qu'on ne le disait la passion du luxe, puisque, après la prise d'Alexandrie, il ne se réserva, de toutes les richesses des rois, qu'un vase d'agathe, et fondit tous les vases d'or d'un usage journalier. Mais il fut toujours fort adonné aux femmes, et, avec l'âge, dit-on, il aima surtout déflorer les vierges : aussi lui en cherchait-on de tous côtés, même sa femme. Quant à sa réputation de joueur, il ne s'en inquiéta nullement, et joua toujours sans en faire mystère. C'était un délassement qu'il affectionnait, surtout dans sa vieillesse, et qu'il prenait tous les jours indifféremment, que l'on fût en décembre [192] ou dans un autre mois, que ce fût ou non jour de fête. Aucun doute à cet égard : on a, de sa main, une lettre où il dit : « J'ai soupé, mon cher Tibère, avec ceux que vous connaissez. Vinicius et Silius le père sont venus augmenter le nombre des convives. Nous avons joué aux dés comme des vieillards [193], pendant le repas, hier et aujourd'hui. Une fois les dés lancés, chaque fois que l'un d'entre nous obtenait le chien ou le six, il mettait dans la masse commune un denier par dé. Celui qui avait obtenu le coup de Vénus raflait le tout [194]. » Il dit, dans une autre lettre : « Mon cher Tibère, nous avons assez agréablement passé les Quinquatries [195], ayant joué tous les jours et chauffé la table du jeu. Votre frère [196] jetait les hauts cris ; mais, somme toute, il n'a pas perdu beaucoup ; la chance a fini par tourner, et il a pu se refaire de ses désastres contre toute attente. Quant à moi, j'en suis pour vingt mille sesterces, grâce à mes libéralités ordinaires ; car si j'avais exigé de chacun les mises dont j'ai fait grâce ou si j'avais gardé ce que j'ai donné à chacun, j'en aurais gagné plus de cinquante mille. Mais j'aime mieux cela ; car ma bonté me vaudra une gloire éternelle. » Il écrit à sa fille : « Je vous ai envoyé deux cent cinquante deniers ; j'en ai donné autant à chacun de mes convives, pour jouer entre eux aux dés ou à pair ou non[197], pendant le souper. » Auguste fut très modéré dans ses autres habitudes, et à l'abri de tout reproche.

LXXII. Il demeura d'abord près du forum romain[198], au-dessus de l'escalier des fabricants d'anneaux, dans une maison qui avait appartenu à l'orateur Calvus. Il occupa ensuite, au mont Palatin, la maison, non moins modeste, d'Hortensius. Elle n'était ni spacieuse ni ornée ; les colonnes de ses étroits portiques étaient en pierre d'Albe : ni marbre ni marqueterie dans les appartements. Il coucha pendant plus de quarante ans, hiver et été, dans la même chambre, et il passa toujours l'hiver à Rome, quoiqu'il eût éprouvé que l'air de la ville était contraire à sa santé, dans cette saison. Lorsqu'il avait quelque affaire secrète à traiter, ou qu'il voulait travailler sans être interrompu, il allait s'enfermer, tout en haut de sa maison, dans un cabinet qu'il appelait *Syracuse*[199] ou son petit atelier ; ou bien il se retirait dans une maison de campagne chez quelqu'un de ses affranchis. Malade, il allait se mettre au lit chez Mécène. Les retraites qu'il aimait le mieux étaient celles qui avoisinent la mer, comme les îles de la Campanie, ou bien les petites villes situées autour de Rome, comme Lanuvium, Préneste, Tibur, où il rendit souvent la justice sous les portiques du temple d'Hercule. Il n'aimait pas les maisons de campagne trop vastes et trop dispendieuses, et il fit raser jusqu'au sol les villas dont la construction avait coûté des sommes énormes à sa petite-fille Julie. Dans les siennes, qui étaient fort simples, il était moins curieux de statues et de tableaux que de galeries, de bosquets, et de choses dont la rareté ou l'antiquité fait tout le prix ; comme ces os de bêtes sauvages d'une grandeur colossale, que l'on voit à Caprée et qu'on appelle les *os des géants,* et les *armes des héros*.

LXXIII. On peut juger de son économie dans l'ameublement par des lits et des tables qui subsistent encore, et qui sont à peine dignes d'un particulier aisé. Il ne couchait que sur un lit très bas et recouvert fort simplement. Il ne mit guère d'autres vêtements que ceux que lui faisaient, chez lui, sa sœur, sa femme, sa fille ou ses petites-filles. Sa toge n'était ni serrée ni lâche autour de lui ; son laticlave n'était non plus ni large ni étroit. Il se servait de chaussures un peu hautes, pour paraître plus grand. Il avait toujours dans sa chambre à coucher les vêtements et les chaussures qu'il portait au

Forum, afin d'être prêt, en cas d'événement subit, à s'y montrer aussitôt.

LXXIV. Il donnait de fréquents repas ; mais il distinguait soigneusement dans ses repas, toujours réguliers[200], les rangs et les personnes. Valérius Messala rapporte qu'aucun affranchi ne fut admis à sa table, excepté Ménas[201], à qui il avait donné tous les droits attachés à une naissance libre[202], pour lui avoir livré la flotte de Sex. Pompée. Auguste lui-même nous apprend aussi qu'un jour il fit manger avec lui un ancien soldat de sa garde, chez qui il était à la campagne. Quelquefois il se mettait à table plus tard que les autres, et il en sortait plus tôt, ses convives commençant à souper avant son arrivée, et continuant après son départ. Ses repas étaient ordinairement de trois services ; de six, dans les grandes occasions ; et plus le repas était modeste, plus il y montrait de gaieté. Il engageait lui-même la conversation avec ceux qui se taisaient, ou qui ne s'entretenaient qu'à voix basse ; et il faisait venir des musiciens, des histrions, ou même de vulgaires danseurs du Cirque, et le plus souvent de pauvres déclamateurs.

LXXV. Il célébrait avec magnificence les fêtes et les solennités ; mais il n'y cherchait parfois qu'une occasion de plaisanteries. Ainsi, aux Saturnales et dans d'autres temps, suivant son choix, il envoyait à ses amis des présents : c'étaient des vêtements, de l'or, de l'argent ; c'étaient de la monnaie de tous les coins, de vieilles pièces du temps des rois ou de fabrication étrangère ; c'étaient aussi des étoffes grossières, des éponges, des pinces, des ciseaux et d'autres objets de ce genre, avec des inscriptions obscures et à double sens. Dans ses repas, il faisait vendre des lots constitués d'objets de valeur très différente, et des tableaux tournés à l'envers, et il dépendait alors du hasard que l'espérance des acheteurs fût remplie ou frustrée. Il se faisait à chaque lit une licitation[203], et les convives se communiquaient, de l'une à l'autre, la nouvelle de leur bonne ou de leur mauvaise fortune.

LXXVI. Auguste mangeait fort peu (car je n'omettrai pas même ces détails), et des choses communes. Il aimait surtout le pain de ménage, les petits poissons, les fromages faits à la main, et les figues nouvelles, de l'espèce qui vient deux fois l'an. Il mangeait souvent avant l'heure du repas, à quelque moment et en quelque lieu que ce fût, n'obéissant qu'aux besoins de son estomac. Il dit dans une de ses lettres : « J'ai mangé en voiture du pain et des dattes » ; et dans une autre : « En revenant du portique chez moi, j'ai mangé dans ma litière une once de pain, avec quelques grains de raisins secs. » Il écrivait à Tibère : « Il n'y a pas de Juif qui observe plus rigoureusement le jeûne, un jour de sabbat, que je ne l'ai fait aujourd'hui ; ce n'est qu'après la première heure de la nuit que j'ai mangé deux bouchées dans le bain, avant de me faire parfumer. » Ne suivant pour toute règle que son appétit, il lui arrivait quelquefois de souper seul, avant ou après le repas de ses convives, pendant lequel il ne touchait à rien.

LXXVII. Il faisait aussi un usage très modéré du vin. Cornélius Népos rapporte que, dans son camp devant Modène, il ne buvait pas plus de trois fois à son repas. Dans la suite, et dans ses plus grands excès, il ne dépassait pas six coupes[204] ; ou s'il allait au-delà, il vomissait. Il préférait à tous les autres le vin de Rétie ; mais il était rare qu'il en bût dans la journée. Au lieu de boisson, il prenait alors du pain trempé dans de l'eau fraîche, ou un morceau de concombre, ou bien un pied de laitue, ou encore un fruit frais ou sec, dont le goût rappelait celui du vin.

LXXVIII. Après son repas de midi, il reposait un moment tout habillé et tout chaussé, sans se couvrir les pieds et la main sur les yeux. Après son souper, il se rendait à son lit de travail, où il veillait une partie de la nuit, jusqu'à ce qu'il eût achevé entièrement ou du moins fort avancé ce qui lui restait des affaires de la journée. Il allait ensuite se coucher, et ne dormait jamais plus de sept heures, qui n'étaient même pas continues ; car, dans cet espace de temps, il s'éveillait trois ou quatre fois. Si, ce qui arrive quelquefois, il ne pouvait retrouver le sommeil ainsi interrompu, il se faisait lire ou réciter des contes, se rendormait, et restait d'ordinaire au lit jusqu'après le jour levé. Jamais il ne veilla dans les ténèbres, sans avoir quelqu'un auprès de lui. Il n'aimait pas à être éveillé matin ; et quand un sacrifice ou quelque devoir public l'obligeait de se lever de bonne heure, il avait soin, pour n'en pas trop sentir l'incommodité, de coucher dans la maison de quelqu'un de ses serviteurs, à proximité du lieu où il avait affaire. Souvent encore, malgré cette précaution, le sommeil s'emparait de lui pendant qu'on le portait dans les rues, et, s'il survenait quelque retard dans la marche, qui fît arrêter sa litière, il en profitait pour dormir.

LXXIX. Il avait un très bel extérieur, que l'âge ne changea point ; mais aucun goût pour la recherche ; nul souci de sa chevelure, qu'il faisait coiffer à la hâte par plusieurs barbiers à la fois : sa barbe, il la faisait couper tantôt légèrement, tantôt de fort près, et, pendant ce temps-là, il lisait ou écrivait. Il avait tant de douceur et de sérénité dans le visage, soit qu'il parlât ou qu'il se tût, qu'un Gaulois, des premières familles de son pays, avoua un jour à ses concitoyens qu'en passant avec lui les Alpes, il s'en était approché sous prétexte de l'entretenir, mais pour le pousser dans un précipice, et que son seul aspect avait triomphé de cette résolution. Il avait les yeux vifs et brillants ; il voulait même qu'on les crût doués d'une force en quelque sorte divine. Aussi, quand il regardait fixement quelqu'un, était-il flatté de voir qu'on baissait les yeux, comme devant le soleil ; mais, dans sa vieillesse, sa vue s'affaiblit de l'œil gauche. Il avait les dents petites, clairsemées et ternes ; les cheveux légèrement bouclés et un peu blonds ; les sourcils rapprochés, les oreilles de moyenne grandeur, le nez aquilin et recourbé au bas, le teint entre le brun et le blanc, la taille petite, quoique l'affranchi Julius Marathus lui ait, de mémoire, donné[205] cinq pieds neuf pouces. Mais ses membres étaient si bien proportionnés, qu'il fallait, pour remarquer sa petite taille, le voir à côté de quelqu'un plus grand que lui.

LXXX. Son corps était, dit-on, parsemé de taches, et il avait, sur la poitrine et sur le ventre, des marques naturelles disposées comme les étoiles de la constellation de l'Ourse. De vives démangeaisons et l'usage fréquent d'une brosse rude[206] l'avaient aussi couvert de callosités, qui avaient dégénéré en dartres. Il avait la hanche, la cuisse et la jambe gauches un peu faibles ; il boitait même souvent de ce côté ; mais il remédiait à cette faiblesse au moyen de bandages et d'attelles. De temps en temps il sentait tant d'inertie dans l'index de la main droite, que, quand le froid venait encore à l'engourdir, il était obligé, pour écrire, de l'entourer d'un cercle en corne. Il se plaignait aussi de douleurs de vessie, qui ne s'apaisaient que lorsqu'il avait rendu de petits cailloux en urinant.

LXXXI. Il fit, dans le cours de sa vie, plusieurs maladies graves et dangereuses ; il eut notamment, après la soumission des Cantabres[207], des obstructions au foie, et il perdit tout espoir de guérison. Il suivit alors, par le conseil d'Antonius Musa[208], la méthode hasardeuse des contraires : les fomentations chaudes n'avaient rien produit ; il eut recours aux fomentations froides, et guérit. Il avait aussi des infirmités qui revenaient tous les ans, comme à jour fixe : il se portait presque toujours mal aux environs de son anniversaire ; il avait le diaphragme gonflé au commencement du printemps, et des fluxions quand le vent soufflait du midi. Aussi, toujours languissant, ne supportait-il aisément ni le froid ni le chaud.

LXXXII. L'hiver, il mettait quatre tuniques par-dessous une toge épaisse : il y ajoutait une chemise et un gilet de laine ; il se garnissait aussi de bandes les cuisses et les jambes. L'été, il couchait les portes de sa chambre ouvertes, et souvent sous le péristyle de son palais, où des jets d'eau rafraîchissaient l'air, et où un esclave était, en outre, chargé de l'éventer. Il ne pouvait souffrir le soleil, pas même celui d'hiver ; et jamais il ne se promenait à l'air, même chez lui, sans une large coiffure. Il voyageait en litière et le plus souvent la nuit, avançant lentement et ne faisant que de courts trajets ; par exemple, il mettait deux jours pour aller à Préneste ou à Tibur[209]. Au reste, il préférait de voyager par mer, quand il le pouvait. Il soutenait cette santé fragile par beaucoup de soins, surtout en se baignant rarement. Il aimait mieux se faire masser et transpirer au feu ; ensuite il faisait jeter sur lui de l'eau tiède ou chauffée à l'ardeur du soleil. Lorsque, pour ses nerfs, il avait besoin des bains de mer ou des eaux thermales d'Albula[210], il se contentait de s'asseoir sur une pièce de bois que, d'un mot espagnol, il appelait *dureta ;* et alors il plongeait dans l'eau ses pieds et ses mains alternativement.

LXXXIII. Il renonça, aussitôt après les guerres civiles, aux exercices du cheval et des armes dans le champ de Mars. Il les remplaça d'abord par la paume et le ballon ; mais bientôt il ne fit plus que se promener en litière ou à pied : au terme de sa promenade, il courait en sautant, couvert, suivant la saison, d'une toile légère ou d'une grosse couverture. Quand il voulait donner quelque relâche à son esprit, il pêchait à la ligne, ou bien il jouait aux dés, aux billes ou aux noix avec de petits enfants dont la figure et le babil lui plaisaient, et qu'on lui cherchait de tous côtés : c'étaient surtout des Maures et des Syriens. Car pour les nains, les enfants contrefaits et toutes les créatures difformes, il les détestait, comme des caprices de la nature et comme des objets de mauvais présage.

LXXXIV. Il s'appliqua dès son enfance, passionnément et avec le plus grand zèle, à l'étude de l'éloquence et des belles-lettres[211]. Pendant la guerre de Modène et malgré l'énorme poids des affaires, tous les jours, dit-on, il lisait, composait, et s'exerçait au talent de la parole. Jamais, dans la suite, il ne parla au sénat, au peuple ou aux soldats, sans avoir longtemps médité et travaillé son discours, quoiqu'il ne fût pas dépourvu du talent d'improviser. Pour ne pas s'exposer à manquer de mémoire et ne point passer son temps à apprendre par cœur, il prit l'habitude de lire tout ce qu'il disait. Il rédigeait d'avance jusqu'à ses conversations particulières, même celles qu'il voulait avoir avec Livie, quand elles devaient rouler sur un sujet grave ; et il parlait alors d'après ses notes, de peur que l'improvisation ne lui en fît dire trop ou trop peu. Il avait dans la voix quelque chose de doux qui n'appartenait qu'à lui, et il prenait assidûment des leçons d'un maître d'euphonie[212], mais quelquefois des maux de gorge l'obligèrent de recourir à la voix d'un héraut pour parler au peuple.

LXXXV. Il composa en prose beaucoup d'ouvrages de différents genres, et il en lut quelques-uns dans le cercle de ses amis, qui lui tenaient lieu de public. Telles sont les *Réponses à Brutus, concernant Caton*[213], qu'il lut lui-même en grande partie, quoique déjà vieux, mais dont il fut obligé de faire achever la lecture par Tibère ; tels sont encore les *Exhortations à la philosophie*, et des *Mémoires sur sa vie*, en treize livres, qui vont jusqu'à la guerre des Cantabres et qu'il ne poussa pas plus loin. Il essaya aussi de la poésie : on a de lui un petit ouvrage en vers hexamètres, qui a pour titre et pour sujet *La Sicile*, et un autre petit recueil d'*Épigrammes*, auquel il travaillait ordinairement dans le bain. Il avait commencé, avec beaucoup d'ardeur, une tragédie d'Ajax[214], mais n'étant pas content du style, il la détruisit ; et ses amis lui demandant un jour « ce qu'Ajax était devenu », — « Mon Ajax, répondit-il, s'est précipité sur une éponge[215]. »

LXXXVI. Il adopta un genre d'écrire à la fois simple et élégant, aussi éloigné d'une vaine pompe que d'une rudesse affectée[216], ou, pour parler comme lui, « de ces vieux mots qui ont comme une odeur de renfermé ». Son premier soin était toujours d'exprimer clairement sa pensée ; et, pour y mieux parvenir, pour ne jamais embarrasser ni arrêter l'esprit de ses lecteurs ou de ses auditeurs, il n'épargnait ni les prépositions, qui déterminent le sens des mots[217], ni la répétition fréquente des conjonctions, dont la suppression n'ajoute à la grâce du style qu'aux dépens de la clarté. Il avait un égal mépris pour les écrivains qui créent fastueusement de nouveaux mots, et pour ceux qui en vont déterrer d'anciens[218] ; et il faisait une rude guerre à ces deux défauts. S'attaquant surtout à son ami Mécène, et le parodiant pour plaisanter, il ne cessait de lui reprocher « ses boucles parfumées ». Il ne fit pas grâce non plus à Tibère, qui ambitionnait les expressions surannées et énigmatiques. Il blâme, dans ses lettres, M. Antoine de la manie qu'il a d'écrire des choses qu'il est plus aisé d'admirer que de comprendre ; et le plaisantant sur son goût détestable et inconstant dans le choix d'un style, il ajoute : « Vous voilà dans un grand embarras : vous ne savez qui imiter de Cimber Annius, ou de Véranius Flaccus[219] ; ni si vous emploierez les mots que Crispus Salluste a tirés des *Origines de Caton*[220] ; ni si vous ferez passer dans notre langue l'ambitieuse emphase et la stérile abondance des orateurs d'Asie. » Dans une autre lettre, il dit à sa petite-fille Agrippine, en louant son esprit : « Gardez-vous surtout d'écrire ou de parler avec recherche. »

LXXXVII. Ses lettres autographes montrent que, dans le discours familier, il se servait de plusieurs locutions remarquables. Ainsi, en parlant de mauvais débiteurs, « Ils paieront, disait-il, aux calendes grecques. » Quand il donnait le conseil de supporter le présent, quel qu'il fût, il disait : « Contentons-nous de ce Caton-là[221]. » Pour exprimer avec quelle vitesse on avait fait une chose, « En moins de temps, disait-il, qu'il n'en faut pour cuire des asperges. » Il écrit presque toujours *baceolus* pour stultus (un sot) ; *pulleiaceus* pour pullus (le petit d'un animal[222]), *vacerrosus* pour cerritus (un fou). Il n'écrit point « je me porte mal », mais « *je me porte vaporeusement* ». Au lieu du mot *lachanizare*, par lequel on exprime communément l'état de langueur, il employait celui de *betizare*. Il disait *simus* pour *sumus* (nous sommes) et *domos*, au génitif singulier, pour *domus* (de la maison) ; et pour montrer que c'était chez lui un principe et non une faute, il n'écrivait jamais autrement ces deux mots. J'ai aussi remarqué, dans ses manuscrits, qu'il ne divisait pas les mots, et qu'au lieu de rejeter au commencement de la ligne suivante les lettres excédantes d'une ligne, il les mettait sous les dernières de cette ligne, en les entourant d'un trait.

LXXXVIII. Il ne suivait pas non plus très exactement les règles tracées par les grammairiens pour l'orthographe, et il paraît avoir été plutôt de l'avis de ceux qui veulent qu'on écrive comme on parle. Quant aux lettres ou aux syllabes qu'il passe ou qu'il intervertit, c'est une faute qui arrive à tout le monde ; et je n'en parlerais pas, si je n'avais lu avec surprise, dans quelques auteurs, qu'il remplaça, comme ignorant et grossier, un lieutenant consulaire qui avait, de sa main, écrit *ixi* pour *ipsi*. Quand il écrivait en chiffres[223], il mettait *b* pour *a*, *c* pour *b*, et ainsi des autres lettres ; pour *x*, il mettait deux *a*.

LXXXIX. Il avait aussi beaucoup de goût pour les lettres grecques, et il y acquit une grande supériorité. Il eut pour maître Apollodore de Pergame, qui était déjà fort âgé quand son jeune élève l'emmena avec lui de Rome à Apollonie. Il amassa ensuite un fonds très varié de connaissances, dans la fréquentation journalière du philosophe Aréus[224] et de ses fils Denys et Nicanor. Toutefois il n'alla pas jusqu'à parler couramment le grec, et il ne hasarda dans cette langue aucune composition. Quand la circonstance l'exigeait, il écrivait en latin, et faisait traduire par un autre ce qu'il avait écrit. Il était, en outre, bon connaisseur en poésie[225], et il aimait surtout la comédie ancienne[226], dont il faisait souvent représenter les pièces dans les spectacles publics. Ce qu'il recherchait le plus curieusement dans les auteurs des deux langues, c'étaient les préceptes et les exemples utiles pour la vie publique ou privée. Il les transcrivait mot pour mot, et les envoyait d'ordinaire aux gens de sa maison, aux généraux, aux gouverneurs des provinces ou aux magistrats de Rome, quand ils avaient besoin d'être avertis ou conseillés. Il y a même des livres qu'il lut en entier au sénat, et qu'il fit connaître au peuple par des édits, comme les discours de Q. Métellus sur la *Propagation*[227], et ceux de Rutilius sur *la hauteur à observer dans les bâtiments*[228]. Il voulait montrer ainsi que l'importance de ces deux objets ne l'avait pas frappé le premier, mais avait occupé les anciens Romains. Il donna toutes sortes d'encouragements aux génies de son siècle. Il écoutait patiemment et avec bienveillance la lecture de tous les ouvrages, vers, histoires, discours, dialogues. Mais il n'aimait pas qu'on prît pour sujet sa personne, à moins que l'ouvrage ne fût d'un style grave et d'un écrivain célèbre ; et il recommandait aux préteurs de ne point souffrir que son nom fût prostitué dans les concours littéraires.

XC. Voici ce que l'on dit de ses pratiques religieuses. Il avait une peur insensée du tonnerre et des éclairs ; et il croyait se garantir du péril, en portant toujours avec lui une peau de veau marin[229]. Aux approches d'un orage, il allait se cacher dans un lieu souterrain et voûté. Cet effroi lui venait d'avoir vu autrefois tomber la foudre auprès de lui, pendant un voyage nocturne, ainsi que nous l'avons dit plus haut[230].

XCI. Ses rêves, et ce qui le regardait dans ceux d'autrui, l'occupaient beaucoup. Le jour de la bataille de Philippes, il avait résolu, étant indisposé, de ne pas sortir de sa tente ; le songe d'un de ses amis le fit changer de résolution, et il s'en trouva bien ; car son camp fut pris, et les ennemis fondirent sur sa litière, qu'ils percèrent de coups et qu'ils mirent en pièces, croyant qu'il y était. Au printemps, il avait des visions effrayantes et en grand nombre, mais vagues et sans effet : elles étaient plus rares le reste de l'année, mais moins chimériques. A une époque où il était fort assidu dans le temple dédié à Jupiter Tonnant au Capitole, il rêva que Jupiter Capitolin s'étant plaint de ce voisinage, qui lui enlevait ses adorateurs, il lui répondait qu'il lui avait donné Jupiter Tonnant comme portier ; et dès le lendemain il fit garnir de sonnettes le sommet du temple de celui-ci, comme on en met aux portes. C'est aussi par suite d'un rêve que tous les ans, à un certain jour, il demandait l'aumône au peuple et tendait la main aux passants, pour en recevoir quelques as.

XCII. Il y avait certains présages qu'il regardait comme sûrs. Si, le matin, l'on mettait à son pied droit la chaussure du pied gauche, le présage était mauvais : si, lorsqu'il partait pour un long voyage, par la voie de terre ou de mer, il tombait de la rosée, le présage était bon, et annonçait un retour prompt et heureux. Les prodiges éveillaient surtout son attention. Il transplanta dans la cour intérieure auprès de ses dieux Pénates et il fit cultiver avec grand soin un palmier né devant sa maison, entre des jointures de pierres. Dans l'île de Caprée, il crut remarquer qu'un vieux chêne, dont les branches languissantes pendaient jusqu'à terre, s'était ranimé à son arrivée ; et il en eut tant de joie, qu'en échange de Caprée, il céda Énarie[231] à la cité de Naples. Il avait aussi, pour certains jours, une attention particulière. Il ne se mettait jamais en route le lendemain des marchés, et il ne commençait aucune affaire sérieuse le jour des nones ; le tout pour éviter, comme il l'écrivait à Tibère, la malignité du présage attachée à ces noms[232].

XCIII. Quant aux dévotions étrangères, autant il avait de respect pour celles qui étaient consacrées par le temps et par les lois, autant il méprisait les autres. Il s'était fait initier aux mystères à Athènes[233] : plus tard, des prêtres de la Cérès Attique ayant porté devant son tribunal, à Rome, une cause qui concernait leurs privilèges, et dans laquelle on devait exposer des choses secrètes, il fit retirer ses assesseurs et tous les assistants, et il jugea seul cette affaire, en présence des parties intéressées. Mais, en Égypte, il ne daigna même pas se détourner un peu de sa route pour voir le bœuf Apis ; et il loua beaucoup son petit-fils Caïus de ce que, en traversant la Judée, il n'avait fait, dans Jérusalem, aucun acte de piété.

XCIV. Puisque nous en sommes sur ce sujet, je rapporterai ici les présages qui précédèrent sa naissance, qui l'accompagnèrent ou la suivirent, et qui parurent annoncer sa grandeur future et son immuable félicité. La foudre étant tombée anciennement sur les murailles de Vélitres, l'oracle avait dit qu'un citoyen de cette ville parviendrait un jour au souverain pouvoir. Dans cette confiance, les habitants de Vélitres entreprirent aussitôt contre les Romains une guerre acharnée, qu'ils recommencèrent plusieurs fois et qui pensa causer leur perte. On ne s'aperçut que longtemps après, par l'événement, que ce présage était celui de la puissance d'Auguste. Julius Marathus[234] rapporte que, peu de mois avant sa naissance, il arriva dans Rome un prodige dont tous les habitants furent témoins, et qui signifiait que la nature était en travail d'un roi pour le peuple romain. Le sénat effrayé défendit d'élever les enfants qui naîtraient dans l'année ; mais ceux dont les femmes étaient enceintes espérant, chacun en particulier, que cette prédiction les intéressait, réussirent à empêcher que le sénatus-consulte ne fût porté aux archives[235]. Je lis, dans les traités d'Asclépiade Mendès[236] *sur les choses divines*, que la mère d'Auguste, Atia, s'étant rendue, au milieu de la nuit, dans le temple d'Apollon pour un sacrifice solennel, y resta endormie dans sa litière, tandis que les autres femmes s'en allaient ; qu'un serpent s'était glissé auprès d'elle, et retiré quelques instants après ; qu'à son réveil, elle se purifia, comme si elle fût sortie des bras de son mari ; et que, dès ce moment, elle eut sur le corps l'image d'un serpent, qui ne put jamais s'effacer, en sorte qu'elle ne voulut plus paraître aux bains publics ; et Auguste, qui naquit le dixième mois après, passa ainsi pour le fils d'Apollon. Avant de le mettre au monde, Atia rêva que ses entrailles étaient portées vers les astres et embrassaient toute l'étendue de la terre et des cieux. Octavius, père d'Auguste, rêva aussi qu'un rayon du soleil sortait des flancs de sa femme. Le jour où il naquit, on délibérait dans le sénat sur la conjuration de Catilina ; et Octavius y étant venu tard, à cause des couches de sa femme, c'est une chose connue que P. Nigidius[237], en apprenant la cause de ce retard et l'heure de l'accouchement, déclara qu'il était né un maître à l'univers. Dans la suite, Octavius, conduisant une armée dans la partie la plus reculée de la Thrace[238], s'arrêta dans un bois consacré à Liber Pater[239], et y consulta ce dieu sur les destinées de son fils, avec toutes les cérémonies particulières aux Barbares. Les prêtres lui prédirent les mêmes choses, parce que, après les libations de vin faites sur l'autel du dieu, la flamme s'était élevée jusqu'au faîte du temple, et du faîte jusqu'au ciel ; prodige qui n'était arrivé jusque-là que pour Alexandre le Grand, quand il avait sacrifié sur les mêmes autels. Dès la nuit suivante, Octavius crut voir son fils plus grand que ne le sont les mortels, armé de la foudre et d'un sceptre, revêtu des insignes de Jupiter Très Bon et Très Grand, couronné de rayons, et assis, au milieu des lauriers, dans un char que traînaient douze chevaux d'une blancheur éclatante[240]. On lit, dans les mémoires de C. Drusus[241], que la nourrice d'Auguste l'ayant mis, un soir, dans son berceau, qui était dans une pièce du rez-de-chaussée, on ne l'y vit plus le lendemain ; et qu'après l'avoir longtemps cherché, on finit par le trouver au sommet d'une tour, le visage tourné vers le soleil levant. Il commençait à peine à parler, lorsque, importuné du bruit que faisaient des grenouilles dans la maison de campagne de son grand-père, il leur ordonna de se taire ; et depuis ce temps, dit-on, les grenouilles n'y coassent plus. Un jour qu'il mangeait dans un bois, à quatre milles de Rome, sur la *Via Campana*[242], un aigle lui arracha brusquement son pain, s'envola ensuite à perte de vue, et revint tout doucement le lui rapporter. Q. Catulus, après avoir fait la dédicace du Capitole[243], eut, pendant deux nuits de suite, les songes que voici : Dans le premier, il vit une troupe d'enfants jouer autour de l'autel de Jupiter Très Bon et Très Grand, qui en prit un à part et lui mit dans le pli de sa toge une petite statue de la République, qu'il tenait à la main. Dans le second, il aperçut ce même enfant sur les genoux de Jupiter Capitolin, et, comme il voulait l'en faire retirer, le dieu s'y opposa, disant qu'il élevait en lui le soutien de l'État. Le lendemain, Catulus rencontra Auguste, qu'il n'avait jamais vu, et il fut frappé de sa ressemblance avec l'enfant dont il avait rêvé. Quelques-uns racontent autrement le premier songe de Catulus : selon eux, plusieurs enfants demandant un tuteur à Jupiter, le dieu leur en désigna un, auquel ils devaient adresser toutes leurs demandes ; puis il toucha de la main les lèvres de l'enfant, et la porta ensuite à sa bouche. M. Cicéron, accompagnant C. César au Capitole, racontait à ses amis un songe qu'il avait eu la nuit précédente ; il avait vu, disait-il, un enfant d'une figure distinguée descendre du ciel au bout d'une chaîne d'or, et s'arrêter devant les portes du Capitole, où Jupiter lui avait remis un fouet ; puis apercevant tout à coup Auguste, qui était encore inconnu à la plupart d'entre eux, et que César avait emmené avec lui pour ce sacrifice, il s'écria que c'était là l'enfant dont il avait vu l'image dans son sommeil. Le jour où Auguste prit la toge virile, son laticlave, s'étant décousu des deux côtés, tomba à ses pieds. Quelques personnes en conclurent que l'ordre dont ce vêtement était la marque distinctive[244] lui serait un jour soumis. Le divin Jules, choisissant près de Munda l'emplacement de son camp, fit abattre une forêt dans laquelle on trouva un palmier, qu'il ordonna de respecter comme un présage de victoire. Il en naquit aussitôt des rejetons, qui, en peu de jours, non seulement égalèrent la tige, mais la couvrirent même tout entière ; et des colombes, espèce d'oiseaux qui fuit cet arbre au feuillage âpre et dur, vinrent s'y fixer et y faire leurs nids. Ce prodige fut, dit-on, un des principaux motifs qui déterminèrent César à ne vouloir pour successeur que le petit-fils de sa sœur. Pendant son séjour à Apollonie, Auguste était monté avec Agrippa à l'observatoire de l'astrologue Théogène. Ce dernier prédit à Agrippa, qui le consulta le premier, une suite de prospérités si étonnantes, si merveilleuses, qu'Auguste s'obstina à ne faire connaître ni le jour ni les particularités de sa naissance, craignant d'avoir à rougir devant lui de l'annonce d'une destinée moins brillante. Vaincu enfin par les instances de l'astrologue, il les révéla en tremblant. Théogène se leva aussitôt, et l'adora comme un dieu. Auguste prit bientôt une telle confiance en sa destinée, qu'il publia son horoscope, et fit frapper une médaille d'argent portant l'empreinte du Capricorne, constellation sous laquelle il était né.

XCV. Après la mort de César, comme il entrait dans Rome, à son retour d'Apollonie, on vit tout à coup, par un ciel pur et serein, un cercle semblable à l'arc-en-ciel entourer le disque du soleil, et la foudre alla bientôt frapper le monument élevé à Julie, fille de César[245]. Un jour qu'il consultait les augures, pendant son premier consulat, douze vautours s'offrirent à sa vue, comme autrefois à Romulus. Pendant un sacrifice, les foies de toutes les victimes se déplièrent sous ses yeux et découvrirent jusqu'à la moindre fibre ; ce qui, de l'aveu de tous les aruspices, lui présageait de grandes et heureuses destinées.

XCVI. Il eut aussi des pressentiments du succès de toutes ses guerres. Les troupes des triumvirs étant rassemblées près de Bologne[246], un aigle, perché sur sa tente, s'élança sur deux corbeaux qui le harcelaient, et les précipita par terre. Toute l'armée vit dans cette lutte le présage des discordes qui diviseraient un jour les trois chefs, et même l'issue de leur querelle. Avant la bataille de Philippes, un Thessalien lui annonça la victoire de la part du divin César, dont l'image lui avait, disait-il, apparu dans un chemin détourné. Il sacrifiait, un jour, sous les murs de Pérouse ; et le sacrifice n'étant pas heureux, il s'était fait amener de nouvelles victimes ; mais les ennemis, dans une attaque soudaine, enlevèrent tout l'appareil du sacrifice, et les aruspices déclarèrent que les dangers et les revers annoncés au sacrificateur retomberaient sur ceux qui avaient les entrailles des victimes ; prédiction qui fut justifiée par l'événement. La veille du combat naval qu'il livra en Sicile, comme il se promenait sur le rivage, un poisson s'élança du sein de la mer, et vint tomber à ses pieds. Au moment où il descendait vers sa flotte pour aller prendre position avant la bataille d'Actium, il rencontra un petit âne et son conducteur ; l'homme s'appelait Eutychus [247], et l'âne, Nicon [248]. Il leur fit élever une statue d'airain dans le temple qu'il bâtit plus tard sur l'emplacement de son camp.

XCVII. Sa mort, dont je vais parler tout à l'heure, et son apothéose, furent annoncées aussi par des présages d'une grande évidence. Comme il faisait la clôture du lustre [249] dans le champ de Mars, devant un peuple innombrable, un aigle vola plusieurs fois autour de lui, et, se dirigeant ensuite vers le frontispice d'un temple voisin, où était gravé le nom d'Agrippa, se tint perché sur la première lettre [250]. A la vue de ce présage, Auguste chargea Tibère, son collègue, de prononcer les vœux qu'on a coutume de faire pour le lustre suivant, quoiqu'il les eût préparés lui-même et déjà écrits sur ses tablettes : « Je ne veux pas, dit-il, prononcer des vœux dont je ne verrai pas l'accomplissement. » Vers le même temps, la foudre enleva de l'inscription d'une de ses statues la première lettre de son nom [251]. L'oracle, consulté à ce sujet, répondit qu'il ne vivrait plus que cent jours, nombre marqué par la lettre C ; mais qu'il serait mis au rang des dieux, parce que AESAR, c'est-à-dire ce qui restait de son nom, signifie dieu en langue étrusque. Il avait donné à Tibère un commandement en Illyrie, et il voulait l'accompagner jusqu'à Bénévent ; mais, sans cesse retardé par des causes portées à son tribunal, il s'écria (ce mot fut aussi regardé comme un présage) « que, quelque affaire qui pût survenir pour le retarder, il ne resterait plus à Rome ». S'étant donc mis en route, il alla jusqu'à Asture [252], et là, saisissant l'occasion d'un vent favorable, il s'embarqua de nuit, contre sa coutume. Sa dernière maladie commença par un cours de ventre [253].

XCVIII. Il ne laissa pas de parcourir les côtes de la Campanie et les îles voisines. Il passa même quatre jours à Caprée, dans une entière oisiveté et dans la meilleure disposition d'esprit. Comme il naviguait près de la baie de

Pouzzoles, les passagers et les matelots d'un navire d'Alexandrie, qui venait d'aborder, vinrent le saluer, vêtus de blanc et couronnés de fleurs. Ils brûlèrent même devant lui de l'encens, et le comblèrent de louanges et de vœux pour son bonheur, en s'écriant « que c'était par lui qu'ils vivaient, par lui qu'ils naviguaient, par lui qu'ils jouissaient de leur liberté et de leurs biens ». Ces acclamations le rendirent si joyeux, qu'il fit distribuer à tous ceux de sa suite quarante pièces d'or, en leur faisant promettre, sous serment, qu'ils n'emploieraient cet argent qu'à acheter des marchandises d'Alexandrie. Les jours suivants, il distribua aussi, entre autres petits présents, des toges romaines et des manteaux grecs, faisant mettre aux Grecs le costume romain, et aux Romains le costume grec ; échange qu'il appliqua même au langage. Il prit encore un grand plaisir à voir, dans les jeux donnés à Caprée, les exercices d'une troupe d'éphèbes[254], reste d'une ancienne institution. Il leur fit servir, en sa présence, un repas où ils eurent la permission et même l'ordre de se livrer à toutes les folles libertés de leur âge, et de mettre au pillage les fruits, les victuailles, et les objets divers qu'il leur faisait lancer. Enfin il n'est sorte d'amusements qu'il ne se soit alors donnés. Il appelait, d'un mot grec, « séjour de l'oisiveté » l'île voisine de Caprée[255], à cause de la joyeuse vie qu'y menaient ceux de sa suite. Un certain Masgaba, qu'il avait beaucoup aimé et qu'il nommait souvent, par plaisanterie, le fondateur de cette île, était mort un an auparavant, et les habitants du pays venaient en foule autour de sa tombe avec des flambeaux. Auguste, en les voyant, de sa table, improvisa ce vers grec :

Je vois du fondateur *le tombeau tout en feu ;*

et se tournant ensuite vers son voisin Thrasyllus, compagnon de Tibère, et qui ne savait pas de quoi il s'agissait, il lui demanda de quel poète était ce vers. Comme Thrasyllus hésitait à répondre, il y ajouta celui-ci :

Voyez-vous Masgaba de flambeaux entouré ?

et il lui fit la même question. Thrasyllus répondit enfin que, quel qu'en fût l'auteur, ces vers étaient fort bons. Auguste éclata de rire et en plaisanta longtemps. Il passa ensuite à Naples, toujours plus ou moins tourmenté de douleurs d'entrailles. Il assista, dans cette ville, aux jeux gymniques[256] quinquennaux institués en son honneur, et il conduisit Tibère jusqu'au lieu de sa destination[257]. Mais au retour, se sentant plus mal, il fut obligé de s'arrêter à

Nole[258], fit revenir Tibère, eut avec lui un entretien secret, qui dura longtemps, et ne s'occupa plus d'aucune affaire sérieuse.

XCIX. Le jour de sa mort[259], il s'enquit plusieurs fois si son état ne causait aucun tumulte au-dehors ; et ayant demandé un miroir, il fit arranger ses cheveux et relever ses joues pendantes. Quand ses amis entrèrent : « Eh bien ! leur dit-il, trouvez-vous que j'aie assez bien joué cette farce de la vie ? » Et il ajouta en grec la formule qui termine les pièces de théâtre :

« Si vous êtes contents, donnez vos applaudissements à la comédie et, tous, dites-moi adieu joyeusement[260]. »

Ensuite il fit retirer tout le monde ; il questionna encore, sur la maladie de la fille de Drusus[261], quelques personnes qui arrivaient de Rome, et il expira tout à coup entre les bras de Livie, en lui disant : « Adieu, Livie, vivez et souvenez-vous de notre union ; adieu. » Ce furent ses dernières paroles. Sa mort fut douce, et telle qu'il l'avait toujours désirée ; car, lorsqu'il entendait dire que quelqu'un était mort promptement et sans douleur, il souhaitait, se servant d'un mot grec, que lui et les siens mourussent aussi heureusement. Il ne donna qu'une seule marque d'égarement d'esprit, avant de rendre le dernier soupir : il s'écria, comme saisi d'un effroi subit, que quarante jeunes gens l'enlevaient ; et ce fut plutôt un présage qu'une preuve de l'affaiblissement de sa raison, puisque quarante soldats prétoriens portèrent son corps dans le lieu où on l'exposa.

C. Il mourut dans la même chambre que son père Octavius, sous le consulat de Sextus Pompée et de Sextus Appuléius, le 14 des calendes de septembre, à la neuvième heure du jour, âgé de soixante-seize ans, moins trente-cinq jours. Son corps fut porté, de Nole à Bovilles, par les décurions des municipes et des colonies, et pendant la nuit, à cause de la saison. Le jour, on le déposait dans la basilique de chaque ville ou dans le plus grand de ses temples. A Bovilles, les chevaliers vinrent le recevoir, le portèrent à Rome, et le déposèrent dans le vestibule de sa maison. Le sénat voulut célébrer sa mémoire et ses funérailles par des honneurs extraordinaires, et une foule de propositions furent faites à ce sujet. Ceux-ci étaient d'avis que le cortège passât par la porte triomphale[262], précédé de la statue de la Victoire qui est dans le sénat, et des enfants, filles et garçons, des principaux citoyens, chantant des hymnes funèbres ; ceux-là, que, le jour des obsèques, on portât des anneaux de fer[263] au lieu d'anneaux d'or ; quelques-uns, que les prêtres des collèges supérieurs fussent chargés de recueillir ses ossements. Il y en eut aussi un qui demanda qu'on transportât du mois d'août au mois de septembre le nom d'Auguste, parce qu'il était né dans le dernier et mort dans le premier ; un autre, que tout l'espace de temps écoulé depuis sa naissance jusqu'à sa mort fût appelé le siècle Auguste, et désigné, sous ce titre, dans les fastes. Mais on mit des bornes à ces honneurs. Deux éloges funèbres furent prononcés sur ses restes : l'un par Tibère, devant le temple du divin Jules, et l'autre par Drusus, fils de Tibère, près de l'ancienne tribune aux harangues. Il fut ensuite porté sur les épaules des sénateurs jusqu'au champ de Mars, où on le mit sur le bûcher. Il se trouva là un ancien préteur, qui jura avoir vu l'image d'Auguste s'élever, du milieu des flammes, vers le ciel. Les principaux chevaliers recueillirent ses cendres, pieds nus, en simple tunique et sans ceinture, et ils les déposèrent dans le Mausolée, qu'il avait fait élever pendant son sixième consulat, entre le Tibre et la voie Flaminienne ; il l'avait même entouré d'un bois, dont il avait fait, dès cette époque, une promenade publique.

CI. Il avait écrit son testament sous le consulat de L. Plancus et de C. Silius[264], le 3 des nones d'avril, un an et quatre mois avant de mourir. Il était formé de deux cahiers écrits en partie de sa main, en partie de celle de ses affranchis Polybe et Hilarion. Ce testament, déposé chez les vestales, fut apporté par elles, avec trois rouleaux également cachetés. On les ouvrit dans le sénat, et la lecture en fut faite. Il instituait premiers héritiers Tibère et Livie, l'un pour la moitié plus un sixième, l'autre pour un tiers, et il leur enjoignait de porter son nom[265]. A leur défaut, il appelait à sa succession Drusus, fils de Tibère, pour un tiers ; Germanicus et ses trois fils[266], pour le reste. Enfin, au troisième rang, il nommait pour héritiers un grand nombre de ses parents et de ses amis. Il léguait au peuple romain quarante millions de sesterces[267] et aux tribus trois millions cinq cent mille[268] ; à chaque soldat de la garde prétorienne mille sesterces[269], des cohortes urbaines cinq cents[270], et des légions trois cents[271]. Il voulait que ces sommes fussent payées sur-le-champ ; ce qui était facile, puisqu'elles étaient en réserve dans le trésor impérial. Il y avait encore d'autres legs, dont quelques-uns s'élevaient jusqu'à vingt mille sesterces[272]. Ceux-là, il donnait un an pour les payer, s'excusant sur la médiocrité de sa fortune, car il déclarait que ses héritiers ne retireraient pas de sa succession plus de cent cinquante millions de sesterces[273], quoique, dans les vingt dernières années de sa vie, ses amis lui eussent laissé pour quatre milliards[274] de legs testamentaires ; mais il les avait dépensés presque entièrement pour l'État, ainsi que ses deux patrimoines paternels[275] et ses autres héritages de famille. Il ne parlait des deux Julies, sa fille et sa petite-fille, que pour défendre qu'on les mît à leur mort avec lui dans le même tombeau. Des trois rouleaux qu'il avait joints à son testament, l'un contenait des ordres pour ses funérailles ; l'autre, un sommaire de sa vie, destiné à être gravé sur des tables d'airain, devant son mausolée[276] ; le troisième était un exposé de la situation de l'empire, et disait combien il y avait de soldats sous les drapeaux, combien d'argent dans le trésor de l'empereur, combien dans les caisses de l'État ; quels tributs, quels impôts étaient encore dus. Il avait même eu soin d'y ajouter les noms des affranchis et des esclaves à qui l'on pouvait en demander compte.

TIBÈRE NÉRON

SOMMAIRE

I. Branche patricienne des Claudius. — II. Actions méritoires et coupables des membres de cette famille. — III. Origine paternelle et maternelle de Tibère. — IV. Détails sur son père. — V. Naissance de Tibère. — VI. Son enfance et sa jeunesse. — VII. Commencements de sa vie publique. Ses mariages. Ses enfants. — VIII. Ses premiers plaidoyers. — IX. Ses services militaires. Ses dignités. — X. Il prend la soudaine résolution de quitter Rome. — XI. Il se fixe à Rhodes. Ses occupations. Il demande la permission de revenir, qui lui est refusée. — XII. Son séjour forcé dans cette île. Ses terreurs et sa lâcheté. — XIII. Mépris qu'il inspire. Fin de son exil. — XIV. Ses espérances. Prodiges qui avaient annoncé sa grandeur future. — XV. Son retour à Rome. Sa conduite prudente. — XVI. Ses exploits militaires. — XVII. Honneurs qu'on lui décerne. — XVIII. Nouvelle expédition en Germanie. Ses talents pour la guerre. — XIX. Sa sévérité. Ses superstitions. — XX. Son triomphe. Il est adopté par Auguste. — XXI. Il assiste aux derniers moments de ce prince. Lettres de celui-ci à Tibère. — XXII. XXIII. Ouverture du testament d'Auguste. — XXIV. Tibère accepte l'empire, après l'avoir refusé longtemps. — XXV. Troubles qui s'élèvent au commencement de son règne. — XXVI. Sa feinte modestie. — XXVII. Son aversion pour la flatterie. — XXVIII. Sa longanimité. — XXIX. Sa conduite à l'égard des sénateurs. — XXX. Il les consulte sur toutes les affaires. — XXXI. Son respect pour la liberté des opinions et des suffrages. Sa déférence pour les magistrats. — XXXII. Sa modération à l'égard de tout le monde. — XXXIII. Son zèle pour la justice. — XXXIV. Ses règlements contre le luxe et contre d'autres abus. — XXXV. Contre la corruption des mœurs. — XXXVI. Contre les superstitions étrangères. — XXXVII. Ses précautions pour la tranquillité publique. Il emploie la ruse à l'égard des rois suspects. — XXXVIII. Il trompe tout le monde sur ses voyages. — XXXIX. Il se retire en Campanie.

Danger qu'il court près de Terracine. — XL. Il se fixe à Caprée. Désastre de Fidènes. — XLI. Il abandonne le soin de l'empire. — XLII. Sa passion pour le vin. — XLIII. XLIV. XLV. Ses débauches. — XLVI. Son avarice. — XLVII. Il fuit les occasions d'être libéral. — XLVIII. Quelques-unes de ses libéralités. — XLIX. Ses rapines. — L. Sa haine contre son frère, sa femme et sa mère. — LI. Ses discordes avec Livie, dont il persécute tous les amis. — LII. Son indifférence à l'égard de son fils Drusus. Sa jalousie contre Germanicus, qu'il fait périr. — LIII. Ses cruautés envers sa belle-fille Agrippine. — LIV. Il fait périr ses petits-fils Néron et Drusus. — LV. Il donne la mort à presque tous ses amis. — LVI. Sa conduite à l'égard des rhéteurs grecs. — LVII. Son naturel féroce. — LVIII. Il fait de tout un crime de lèse-majesté. — LIX. On fait circuler contre lui des vers satiriques. — LX. Ses fureurs. — LXI. Ses atrocités. — LXII. Il informe contre les prétendus complices de la mort de Drusus. Il invente des supplices. — LXIII. Ses terreurs. — LXIV. Ses précautions contre sa belle-fille et ses petits-fils. — LXV. Il se défait de Séjan. Ses craintes et ses précautions. — LXVI. Il est en butte à toutes sortes d'outrages. — LXVII. Il savait d'avance à quel avilissement il était réservé. — LXVIII. Son portrait. — LXIX. Ses superstitions. — LXX. Son goût pour les lettres et pour l'histoire de la fable. — LXXI. Il interdit l'usage du grec en public. — LXXII. Commencement de sa maladie. — LXXIII. Sa mort. — LXXIV. Présages qui l'avaient annoncée. — LXXV. Joie à Rome. Imprécations contre sa mémoire. — LXXVI. Son testament.

I. La famille patricienne des Claudius (car il y en eut aussi une plébéienne, qui n'était inférieure à l'autre ni en puissance ni en dignité) est originaire de Régilles, dans le pays des Sabins. De là elle vint, avec une suite nombreuse de clients, s'établir à Rome, peu de temps après la fondation de cette ville. Elle y fut reçue par le sénat au nombre des familles patriciennes, sur la proposition de Titus Tatius, collègue de Romulus, ou, ce qui paraît mieux établi, environ six ans après l'expulsion des rois, Atta Claudius étant alors le chef de cette maison [1]. La république lui donna, en outre, des terres au-delà de l'Anio pour ses clients, et un lieu pour sa sépulture, au pied du Capitole. Dans la suite des temps, cette famille obtint vingt-huit consulats, cinq dictatures, sept censures, six triomphes [2], deux ovations [3]. Elle se distingua par des prénoms et des surnoms différents ; mais elle fut unanime pour repousser le prénom de Lucius, parce que deux de ses membres qui l'avaient portés furent convaincus, l'un de brigandage et l'autre d'assassinat. Entre autres surnoms, elle prit souvent celui de

Néron, qui, dans la langue des Sabins, signifie brave et actif.

II. Les Claudius rendirent à la république beaucoup de bons et de mauvais services. Pour ne rappeler que les faits principaux, Appius Cæcus empêcha qu'on ne fît avec le roi Pyrrhus une alliance désavantageuse; Claudius Caudex passa le premier le détroit avec une flotte, et chassa les Carthaginois de la Sicile; Claudius Néron [4] battit Asdrubal, qui venait d'Espagne se joindre à Annibal, son frère, avec des forces considérables [5]. D'un autre côté, Claudius Appius Régillanus [6], nommé décemvir pour la rédaction des lois, osa réclamer comme son esclave une jeune fille de condition libre, et employer la violence pour assouvir sa passion; ce qui causa une nouvelle rupture entre le peuple et le sénat [7]. Claudius Drusus se fit ériger, dans le forum d'Appius [8], une statue couronnée d'un diadème, et voulut avec ses clients occuper l'Italie. Claudius Pulcher, qui commandait en Sicile, voyant que les poulets sacrés refusaient de manger alors qu'il prenait les auspices, osa, par mépris pour la religion, les jeter à la mer, en disant : « Qu'ils boivent donc, puisqu'ils ne veulent pas manger. » Ayant ensuite livré un combat naval, il fut vaincu; et quand le sénat lui enjoignit d'élire un dictateur, il insulta encore à l'infortune publique, en choisissant pour cette dignité son appariteur, nommé Glicias. Les femmes donnèrent aussi dans cette famille de bons et de mauvais exemples. C'est une Claudia qui retira des bas-fonds du Tibre, où il était engravé, le vaisseau dans lequel était la statue de la mère des dieux de l'Ida [9], en priant à haute voix les dieux « de lui donner la force de mouvoir ce navire, comme un témoignage de sa chasteté ». C'est aussi une Claudia qui fut accusée, devant le peuple, du crime de lèse-majesté, jusqu'alors étranger aux femmes, parce que, son char pouvant à peine avancer à travers les rangs pressés de la foule, elle avait exprimé tout haut le souhait « que son frère Pulcher pût revenir à la vie et perdre encore une flotte, pour diminuer la population de Rome ». On sait d'ailleurs que tous les Claudius, à l'exception de P. Clodius, lequel, afin d'exiler Cicéron, se fit adopter par un plébéien qui était même plus jeune que lui, demeurèrent toujours des aristocrates et des défenseurs acharnés de la puissance et de la dignité des patriciens. Ils furent, pour le peuple, des ennemis si implacables et si violents, que, même sous le poids d'une accusation capitale, aucun ne voulut se couvrir d'un vêtement de deuil [10], ni implorer la pitié de la multitude; et que, dans les discordes civiles, plusieurs d'entre eux frappèrent des tribuns de la plèbe [11]. On vit même une Claudia, prêtresse de Vesta, monter sur le char de son frère, qui triomphait malgré le peuple, et l'accompagner ainsi jusqu'au Capitole, afin qu'aucun tribun ne pût l'en empêcher et opposer son veto.

III. C'est de cette famille que descendait Tibère César, par son père et par sa mère. Son origine paternelle remontait à Tibérius Néron ; son origine maternelle, à Appius Pulcher, deux fils d'Appius Cæcus. Il tenait aussi à la famille des Livius par son aïeul maternel, que l'adoption y avait fait entrer. Celle-ci, quoique plébéienne, avait acquis une grande illustration et reçu huit consulats, deux censures, trois triomphes, la dictature, et le commandement de la cavalerie [12]. Elle a produit des hommes célèbres, surtout Salinator et les Drusus. Salinator, étant censeur, nota d'infamie toutes les tribus romaines, comme coupables de légèreté, pour l'avoir fait une seconde fois consul et censeur, après l'avoir condamné à une amende, au sortir de son premier consulat. Drusus reçut ce surnom, qu'il légua à ses descendants, pour avoir tué, dans une lutte corps à corps, un général ennemi nommé Drausus. On dit aussi qu'il rapporta de la Gaule, où il avait été envoyé comme propréteur, l'or qu'on avait autrefois donné aux Sénones lorsqu'ils assiégeaient le Capitole [13], et qui ne leur avait pas été repris, comme on le croit, par Camille. Son arrière-petit-fils, que sa résistance courageuse aux entreprises des Gracques fit surnommer le patron du sénat, laissa un fils, qui, engagé dans de semblables querelles et méditant divers projets [14], finit par tomber dans les embûches et sous les coups de la faction opposée.

IV. Néron, le père de Tibère, questeur de C. César pendant la guerre d'Alexandrie, commandait sa flotte et contribua beaucoup à la victoire. Aussi fut-il fait pontife à la place de P. Scipion, et chargé de fonder dans la Gaule plusieurs colonies, entre autres Narbonne et Arles. Toutefois, après la mort de César et malgré l'avis du sénat tout entier, qui voulait la laisser impunie pour éviter de nouveaux troubles, il alla jusqu'à demander qu'on votât des récompenses aux tyrannicides. L'année de sa préture allait finir, quand la discorde éclata entre les triumvirs. Gardant alors, au-delà du temps prescrit, les insignes de sa dignité [15], il suivit à Pérouse le consul L. Antoine, frère du triumvir, et lui demeura seul fidèle, après la défection de tout son parti. Il se retira d'abord à Préneste, ensuite à Naples ; et n'ayant pu réussir à soulever les esclaves, auxquels il promettait la liberté, il s'enfuit en Sicile. Mais, indigné qu'on lui eût fait attendre une audience de Sex. Pompée, et défendu l'usage des faisceaux, il passa dans l'Achaïe, auprès de M. Antoine. Il revint bientôt avec lui à Rome, quand la paix fut rétablie. C'est alors que, sur la demande d'Auguste, il lui céda sa femme Livia Drusilla[16], qui était enceinte et lui avait déjà donné un fils. Il mourut peu de temps après, laissant deux enfants, Tibère et Drusus, surnommés Nérons.

V. On a cru, sur d'assez légers fondements, que Tibère était né à Fondi[17], parce que son aïeule maternelle y avait vu le jour, et qu'on y éleva plus tard, en vertu d'un sénatus-consulte, une statue à la Félicité. Mais la plupart des auteurs, et les plus dignes de foi, disent qu'il naquit à Rome, sur le mont Palatin, le 16 des calendes de décembre, sous le consulat de M. Émilius Lépidus et de L. Munatius Plancus[18], pendant la guerre de Philippes. C'est du moins ce qui est consigné dans les Fastes et dans les actes publics. Il y a toutefois des écrivains qui le font naître l'année précédente, sous le consulat d'Hirtius et de Pansa ; et d'autres, l'année suivante, sous celui de Servilius Isauricus et de L. Antoine[19].

VI. Il fut exposé, dès l'âge le plus tendre, à beaucoup de fatigues et de dangers, avec ses parents, qu'il accompagna partout dans leur fuite. Comme ils allaient s'embarquer secrètement pour quitter Naples, où leurs ennemis accouraient, il faillit deux fois les trahir par ses cris : d'abord quand on l'arracha du sein de sa nourrice, et ensuite des bras de sa mère, que, dans une circonstance aussi périlleuse, on voulait soulager de ce fardeau. Porté en Sicile et en Achaïe, et commis à la foi des Lacédémoniens, qui étaient sous la protection des Claudius, il courut risque de la vie, une nuit qu'il avait quitté ce nouvel asile ; car un vaste incendie ayant éclaté dans une forêt qu'il traversait, les flammes l'entourèrent si subitement, lui et tous les siens, que le feu prit aux vêtements et aux cheveux de Livie. On montre encore à Baïes les présents qu'il reçut en Sicile de Pompéia, sœur de Sextus Pompée : une chlamyde[20], une agrafe et des bulles d'or[21]. Après son retour à Rome, le sénateur M. Gallius l'adopta par testament. Tibère recueillit son héritage, mais il s'abstint bientôt de porter son nom, parce que Gallius avait été du parti contraire à celui d'Auguste. A neuf ans, il prononça l'éloge funèbre de son père, à la tribune aux harangues. Il entrait dans l'âge de puberté, quand il précéda à cheval le char d'Auguste, le jour de son triomphe d'Actium ; il était à la gauche du triomphateur, et Marcellus, fils d'Octavie, à la droite. Il présida aussi aux jeux urbains[22], et dans ceux du Cirque, appelés troyens[23], il commandait la troupe des enfants les plus grands[24].

VII. Lorsqu'il eut pris la toge virile, voici à peu près comme il passa toute sa jeunesse, et le temps qui s'écoula ensuite jusqu'à son règne. Il donna deux fois des spectacles de gladiateurs, l'un en mémoire de son père, l'autre en l'honneur de son aïeul Drusus, à des époques et dans des lieux différents : le premier, dans le Forum ; le second, dans l'amphithéâtre. Il fit reparaître, à cette occasion, quelques gladiateurs émérites[25], qu'il paya cent mille sesterces[26]. Il donna aussi, quoique absent, des jeux dans lesquels il déploya une grande magnificence, et dont la dépense fut faite par sa mère et par son beau-père[27]. Il épousa d'abord Agrippine, fille de M. Agrippa et petite-fille du chevalier romain Cécilius Atticus, à qui sont adressées les lettres de Cicéron. Quoiqu'elle lui eût donné un fils, nommé Drusus, et qu'il eût pour elle beaucoup d'affection, il se vit contraint de la répudier pendant sa seconde grossesse, pour épouser sur-le-champ Julie, fille d'Auguste. Ce mariage lui causa d'autant plus de chagrin, qu'il était fort attaché à la première et qu'il n'estimait point Julie, laquelle lui avait fait publiquement des avances du vivant même de son premier mari[28], au point qu'il n'était bruit que de cette passion dans Rome. Aussi ne put-il se consoler de son divorce avec Agrippine ; et l'ayant, un jour, rencontrée par hasard, il attacha sur elle des yeux si passionnés et si pleins de larmes, qu'on prit garde dans la suite qu'elle ne parût plus devant lui. Il vécut d'abord en assez bonne intelligence avec Julie, il répondit même à son amour ; mais il ne tarda pas à lui marquer de l'aversion, et il lui fit l'outrage de ne plus partager son lit depuis la mort de leur fils, encore enfant, qui était né à Aquilée, et le seul gage de leur affection. Tibère perdit en Germanie son frère Drusus, et ramena son corps à Rome, le précédant à pied pendant toute la route[29].

VIII. Il défendit, devant le tribunal d'Auguste, le roi Archélaüs[30], les habitants de Tralles[31] et ceux de la Thessalie, tous dans des causes différentes ; et ce fut là son apprentissage des devoirs civils. Il intercéda dans le sénat en faveur des habitants de Laodicée, de Thyatire et de Chio, qui avaient éprouvé un tremblement de terre et imploraient le secours de Rome. Il accusa de lèse-majesté et fit condamner par les juges Fannius Cépion, qui avait conspiré contre Auguste avec Varron Muréna[32]. Il était chargé, dans le même temps, de deux opérations importantes : de l'approvisionnement de Rome, où les vivres commençaient à manquer, et de l'inspection de tous les ateliers d'esclaves contenus dans l'Italie[33], parce que l'on accusait les maîtres de ces ateliers de retenir par violence non seulement les voyageurs qu'ils pouvaient surprendre, mais aussi ceux qui étaient venus s'y cacher pour se dérober au service militaire.

IX. Il fit ses premières armes dans l'expédition des Cantabres[34], comme tribun des soldats. Envoyé ensuite en Orient avec une armée, il rendit à Tigrane le royaume d'Arménie et lui mit le diadème sur la tête, du haut de son tribunal[35]. Il reçut aussi les aigles romaines que les Parthes avaient naguère enlevées à M. Crassus[36]. Ensuite il gouverna, environ un an, la Gaule Chevelue[37], alors troublée par les incursions des barbares et les querelles de ses chefs. Bientôt après il fit les guerres de Rétie et de Vindélicie, puis de Pannonie et de Germanie[38]. Dans celle de Rétie et de Vindélicie, il soumit les peuples des Alpes ; dans celle de Pannonie, les Breuces et les Dalmates ; enfin, dans celle de Germanie, il reçut à composition quarante mille ennemis, qu'il transporta dans la Gaule, et auxquels il assigna des terres sur les bords du Rhin. Ces exploits lui méritèrent l'ovation, et il entra dans Rome sur un char[39], après avoir, selon certains auteurs, été honoré des ornements triomphaux[40], honneur qui n'avait encore été accordé à personne. Il obtint avant l'âge toutes les magistratures, et il exerça presque sans interruption la questure, la préture et le consulat. Il fut créé consul pour la seconde fois, après un intervalle, et revêtu pour cinq ans de la puissance tribunitienne[41].

X. Au milieu de tant de prospérités, dans la force de l'âge et de la santé, il prit tout d'un coup le parti de la retraite et de l'éloignement, soit pour fuir sa femme, qu'il n'osait ni accuser ni répudier, et que pourtant il ne pouvait plus souffrir ; soit qu'il crût que l'absence le ferait plus valoir qu'une assiduité importune, dans le cas où l'État aurait besoin de lui. Quelques auteurs pensent que, voyant grandir les enfants d'Auguste[42], il avait voulu, après avoir été longtemps maître du second rang, paraître le leur abandonner volontairement, à l'exemple de M. Agrippa, qui, lorsque M. Marcellus prit part à l'administration publique, s'en était allé à Mytilène[43], pour ne pas jouer avec lui le rôle d'un concurrent ou d'un censeur. Tibère lui-même avoua, mais plus tard, qu'il avait eu les mêmes motifs. Alors prétextant la satiété des honneurs et le besoin de repos, il demanda la liberté de quitter Rome. Sa mère employa les plus vives instances pour le retenir ; Auguste alla jusqu'à se plaindre, en plein sénat, d'être abandonné. Tibère fut inflexible ; et, comme on s'obstinait à empêcher son départ, il fut quatre jours sans manger. Il obtint enfin la permission de s'éloigner, et, laissant à Rome sa femme et son fils, il prit sur-le-champ la route d'Ostie. Il ne répondit pas un seul mot aux questions de ceux qui l'accompagnèrent, et, en les quittant, il se contenta d'en embrasser quelques-uns.

XI. D'Ostie, il allait côtoyant la Campanie, lorsqu'il apprit le mauvais état de la santé d'Auguste. Il s'arrêta quelques jours ; mais le bruit ayant couru qu'il n'interrompait son voyage que dans l'espoir d'un événement décisif, il s'embarqua, malgré un très mauvais temps, pour l'île de Rhodes, dont le climat salubre et doux l'avait charmé pendant le séjour qu'il y avait fait en revenant d'Arménie. Il y habita une maison fort modeste et une campagne [44] qui ne l'était guère moins ; vivant comme le plus humble des citoyens, visitant parfois les gymnases, sans licteur et sans huissier, entretenant avec les Grecs un commerce journalier de devoirs, presque sur le ton de l'égalité. Un matin, en réglant les occupations de la journée, il lui arriva de dire qu'il voulait voir tous les malades de la ville. Se méprenant sur le sens de ces paroles, ceux qui entouraient Tibère firent porter, le même jour, tous les malades dans une galerie publique, où on les rangea par genre de maladie. Frappé de ce spectacle inattendu, il ne sut d'abord ce qu'il devait faire ; enfin, il s'approcha du lit de chacun d'eux, et il leur fit à tous des excuses de cette méprise, même aux plus pauvres et aux plus ignorés. Il paraît n'avoir usé qu'une seule fois des droits de la puissance tribunitienne, et voici dans quelle circonstance. Il était fort assidu aux écoles et aux leçons des professeurs : un jour qu'il s'était élevé une vive altercation entre des sophistes opposés, l'un d'eux croyant, pour l'avoir vu intervenir, qu'il favorisait son adversaire, s'échappa contre lui en propos injurieux. Tibère s'en alla chez lui sans rien dire, reparut tout à coup avec ses appariteurs, fit citer à son tribunal, par la voix du héraut, l'auteur de ces invectives, et le fit traîner en prison. Il apprit à Rhodes que Julie, sa femme, venait d'être condamnée pour ses débauches et ses adultères [45], et qu'Auguste avait, de sa propre autorité, prononcé leur divorce. Quelque joie qu'il eût de cette nouvelle, il crut devoir écrire au père plusieurs lettres en faveur de sa fille, et il le conjura de laisser à Julie tous les dons qu'il lui avait faits, si indigne qu'elle en fût. Lorsque le temps de sa puissance tribunitienne fut expiré [46], il avoua enfin n'avoir eu d'autre but, en s'éloignant, que d'éviter tout soupçon de rivalité avec Caïus et Lucius[47] ; et il demanda, ne craignant plus un tel soupçon, puisque ces princes étaient bien affermis dans la possession du second rang, la permission de revoir tout ce qu'il avait laissé à Rome de personnes chères et alors bien regrettées. Mais, loin de l'obtenir, il reçut même le conseil de ne plus s'occuper en aucune façon d'une famille qu'il avait quittée avec tant d'empressement.

XII. Il demeura donc à Rhodes malgré lui, et il obtint à peine, par le crédit de sa mère, qu'Auguste, afin de couvrir cet affront, lui donnât le titre de son lieutenant dans cette île. Depuis ce moment, il ne mena pas seulement la vie d'un particulier, mais aussi celle d'un homme suspect et toujours menacé. Il se cachait dans l'intérieur de l'île, pour éviter désormais les fréquentes visites et les hommages assidus de tous ceux qui allaient, passant près de l'île, prendre possession d'un commandement militaire ou d'une magistrature, et qui ne manquaient pas de s'arrêter exprès à Rhodes. A ces terreurs vinrent s'ajouter de plus graves sujets d'inquiétude. Ayant passé à Samos pour y voir son beau-fils Caïus, qui commandait en Orient[48], il s'aperçut que les insinuations de M. Lollius, compagnon et gouverneur de ce jeune prince, lui avaient aliéné son esprit. On le soupçonna aussi d'avoir donné à des centurions ses créatures[49], lesquels revenaient de permission et retournaient aux armées, des instructions équivoques, et qui paraissaient avoir pour objet de sonder les esprits sur un changement de maître. Informé de ces accusations par Auguste lui-même, il ne cessa de demander un surveillant, quel que fût son rang, qui observât ses actions et ses discours.

XIII. Il renonça même à ses exercices ordinaires du cheval et des armes, quitta le costume romain, et se réduisit à la chaussure et au manteau des Grecs. Il vécut près de deux ans dans cet état, tous les jours plus odieux et plus méprisé ; au point que les habitants de Nîmes détruisirent ses images et ses statues, et que, dans un repas intime, la conversation étant tombée sur lui, un convive proposa à Caïus « de partir à l'instant, s'il l'ordonnait, pour Rhodes, et de lui rapporter la tête de l'exilé » ; car tel est le nom qu'on lui donnait. Ce ne fut plus seulement la crainte, mais un danger réel, qui le força de joindre ses supplications aux instances de sa mère, pour obtenir son retour. Le hasard contribua à le lui faire accorder. Auguste avait déclaré qu'il s'en rapporterait absolument sur cette affaire à la décision de son fils aîné : celui-ci en voulait alors à M. Lollius, et se laissa facilement fléchir en faveur de son beau-père. Tibère fut donc rappelé, du consentement de Caïus, mais à condition qu'il ne prendrait aucune part au gouvernement.

XIV. Il revint à Rome après huit ans d'absence ; il y revint avec de grandes espérances pour l'avenir, fondées sur des prodiges et sur des prédictions qui l'avaient appelé, dès l'âge le plus tendre, à de hautes destinées. Livie, étant enceinte de lui et voulant savoir, par différents présages, si elle mettrait au monde un garçon, alla dérober à une poule couveuse un de ses œufs qu'elle couva dans ses mains et dans celles de ses femmes tout le temps nécessaire ; et il en sortit un poulet orné de la plus belle crête. Le mathématicien [50] Scribonius promit à cet enfant une destinée éclatante, disant « qu'il régnerait même un jour, mais sans les marques de la royauté » ; car l'espèce de puissance exercée par les Césars était encore inconnue. Dans sa première expédition militaire, comme il conduisait son armée par la Macédoine, pour se rendre en Syrie, et qu'il passait près du champ de bataille de Philippes, les autels élevés en cet endroit aux légions victorieuses jetèrent tout à coup des flammes. Plus tard, en gagnant l'Illyrie, il consulta près de Padoue l'oracle de Géryon, qui lui dit de jeter des dés d'or dans la fontaine d'Apone [51], pour apprendre ce qu'il voulait savoir. Il obéit, et amena le nombre le plus élevé ; on voit encore aujourd'hui ces dés au fond de l'eau. Peu de jours avant son rappel, un aigle, d'une espèce qu'on n'avait point encore vue à Rhodes, se percha sur le faîte de sa maison. La veille du jour où il reçut la permission de revenir, comme il changeait de vêtement, sa tunique parut tout en feu. C'est surtout dans ce moment qu'il put se convaincre de la science du mathématicien Thrasyllus, qu'il avait attaché à sa personne comme professeur de philosophie, et qui lui annonça qu'un vaisseau, alors en vue de l'île, lui apportait de bonnes nouvelles. Peu d'instants auparavant, comme ils se promenaient ensemble, Tibère, enfin lassé de ses vaines prédictions, avait eu dessein de le jeter dans la mer, pour punir en lui l'imposteur, et le confident de secrets dangereux.

XV. De retour à Rome, et dès qu'il eut ouvert à son fils Drusus l'entrée du Forum, il quitta le quartier des Carènes [52] et la maison de Pompée, pour se loger aux Esquilies, dans les jardins de Mécène. Là, il se livra entièrement au repos, ne remplissant que les devoirs de la vie privée et s'abstenant de toutes fonctions publiques. Caïus et Lucius étant morts moins de trois ans après, il fut adopté par Auguste en même temps que M. Agrippa, leur frère ; mais il avait d'abord été lui-même obligé d'adopter

Germanicus, son neveu. Depuis ce temps, il ne fit plus rien en qualité de père de famille : il n'exerça aucun des droits que son adoption lui avait fait perdre[53] ; il ne fit aucune donation, aucun affranchissement ; il ne reçut plus de legs, plus d'héritages, qu'à titre de pécule[54]. Toutefois rien ne fut oublié de ce qui pouvait le rendre plus considérable, surtout depuis que l'éloignement d'Agrippa, frappé de déchéance[55] par Auguste, eut fait retomber sur lui seul l'espoir certain de succéder à l'empire.

XVI. On lui donna une seconde fois pour cinq ans la puissance tribunitienne[56], et il fut chargé de pacifier la Germanie. Les ambassadeurs des Parthes, après avoir eu audience d'Auguste à Rome, reçurent l'ordre de se rendre aussi près de Tibère, dans son gouvernement. A la nouvelle de la défection de l'Illyrie, il passa dans ce pays, et entreprit, avec quinze légions et un pareil nombre de troupes auxiliaires, cette guerre nouvelle, la plus terrible de toutes les guerres étrangères, depuis celles des Carthaginois. Il la termina en trois ans, au milieu de difficultés sans nombre et malgré la plus affreuse disette. Quoiqu'on ne cessât de le rappeler, il s'obstina à ne point revenir, craignant que l'ennemi, toujours sur ses traces et très fort, ne prît l'offensive si les Romains se retiraient. Il fut bien récompensé de sa persévérance, puisqu'il soumit et réduisit toute l'Illyrie, c'est-à-dire tout le pays situé entre l'Italie, le royaume de Norique, la Thrace et la Macédoine, depuis le Danube jusqu'au golfe Adriatique.

XVII. L'opportunité de ce succès mit surtout le comble à sa gloire ; car c'est vers le même temps que Quintilius Varus périt en Germanie avec trois légions ; et l'on ne douta pas que les Germains vainqueurs ne se fussent joints aux Pannoniens, si l'Illyrie n'avait été soumise avant ce désastre. On décerna le triomphe à Tibère, et l'on y ajouta d'éclatantes et de nombreuses distinctions. Des sénateurs furent d'avis de le surnommer le *Pannonique ;* d'autres, l'*Invincible ;* quelques-uns, le *Pieux*. Mais Auguste empêcha de lui donner aucun de ces noms, disant que Tibère pourrait se contenter de celui qu'il lui laisserait après sa mort[57]. Tibère différa lui-même son triomphe, à cause de la douleur où la défaite de Varus avait plongé Rome. Il entra néanmoins dans la ville avec la prétexte et la couronne de lauriers, monta sur un tribunal qu'on lui avait élevé dans l'enceinte des élections[58], et s'assit avec Auguste entre les deux consuls, le sénat présent et debout. De là, après avoir salué le peuple, il alla, suivi d'un nombreux cortège, visiter les temples.

XVIII. Il retourna, l'année suivante[59], en Germanie. S'étant convaincu que la défaite de Varus n'avait d'autre cause que la négligence et la témérité de ce général, il ne fit rien sans l'avis d'un conseil ; et ce chef superbe, qui n'avait jamais consulté que lui, communiqua pour la première fois ses plans de campagne à ses lieutenants. Il redoubla aussi d'attention et de vigilance. Prêt à passer le Rhin, il détermina lui-même la nature et le poids des bagages, et, posté sur les bords du fleuve, il n'en permit le passage qu'après s'être assuré, en vérifiant la charge des chariots, qu'on n'emportait que ce qui était nécessaire ou autorisé par ses règlements. Une fois le Rhin traversé, il se fit une habitude constante de prendre ses repas sur le gazon ; il y couchait même souvent, sans vouloir de tente. Il donnait par écrit tous ses ordres pour le jour suivant, même les instructions que de subites conjonctures rendaient nécessaires ; et il avait toujours soin d'ajouter que, dans les moindres difficultés, on s'adressât, pour les résoudre, à lui seul, à quelque heure que ce fût du jour ou de la nuit.

XIX. Il maintint rigoureusement la discipline, et fit revivre plusieurs peines sévères et ignominieuses de l'antiquité. Il nota d'infamie un légat de légion qui avait envoyé quelques soldats chasser, avec un de ses affranchis, de l'autre côté du fleuve. Quoiqu'il donnât fort peu, comme général, à la fortune et au hasard, il livrait bataille avec confiance lorsque, dans ses veilles, sa lumière s'était tout d'un coup éteinte d'elle-même ; présage qui, à la guerre, n'avait jamais, disait-il, trompé ni lui ni ses ancêtres. Il demeura victorieux : peu s'en fallut toutefois qu'il ne fût tué par un Bructère[60] qui s'était glissé, dans ce but, parmi les personnes de sa suite, mais que son trouble y fit remarquer, et à qui la torture arracha l'aveu du crime qu'il méditait.

XX. Revenu de la Germanie, où il était resté deux ans, il célébra le triomphe qu'il avait différé. Derrière lui marchaient ses lieutenants, pour lesquels il avait obtenu les ornements triomphaux. Avant de monter au Capitole, il descendit de son char et s'agenouilla aux pieds de son père, qui présidait à cette solennité. Il établit à Ravenne et combla de magnifiques présents un chef pannonien, du nom de Baton, qui l'avait, un jour, laissé échapper d'un défilé où il était enfermé avec ses légions. Il fit servir au peuple un repas de mille tables, et donner aux convives un congiaire de trois cents sesterces par tête[61]. Il dédia un temple à la Concorde, et un autre à Castor et à Pollux, au nom de son frère et au sien, avec le prix des dépouilles de l'ennemi.

XXI. Quelque temps après, une loi portée par les consuls lui confia l'administration des provinces conjointement avec Auguste, et le soin de faire le cens. Il ferma le lustre[62] et partit pour l'Illyrie. Il fut rappelé sur-le-champ, et trouva Auguste déjà fort malade, mais respirant encore ; et il resta enfermé avec lui pendant un jour entier[63]. Je sais que l'on croit communément que quand Tibère fut sorti, après cette conférence secrète, les esclaves de service entendirent Auguste s'écrier : « Malheur au peuple romain, qui va devenir la proie d'aussi lentes mâchoires ! » Je n'ignore pas non plus ce qu'ont écrit quelques auteurs, à savoir qu'Auguste blâmait tout haut et sans ménagements la rudesse de ses mœurs, au point d'interrompre aussitôt, en le voyant paraître, toute conversation libre et gaie ; mais qu'il céda, en adoptant Tibère, à une sorte de violence exercée par les prières de Livie ; enfin qu'il entra dans cette préférence un calcul d'amour-propre, et qu'il avait voulu se faire regretter en choisissant un tel successeur. Mais on ne me persuadera jamais qu'un prince aussi prudent et aussi réfléchi ait rien fait légèrement dans une affaire de cette importance. Je crois plutôt qu'après avoir mis dans la balance les vices et les vertus de Tibère, il trouva que le bien l'emportait. Je le crois d'autant plus, qu'il jura, en pleine assemblée, avoir adopté Tibère pour le bien de l'État, et que, dans ses lettres, il le loue sans cesse comme un général consommé, comme l'unique appui du peuple romain. J'en citerai, pour preuve, quelques passages : « Adieu, mon très cher Tibère : ayez toutes sortes de succès, vous qui commandez pour moi et pour les Muses[64] : je jure par ma fortune que vous êtes le plus aimé des hommes, le plus brave des guerriers et le plus sage des généraux. Adieu. » Et ailleurs : « Que j'approuve la conduite de votre campagne d'été ! Je suis persuadé, mon cher Tibère, qu'au milieu de circonstances aussi difficiles et avec des troupes aussi molles, il était impossible de se conduire plus sagement que vous. Tous ceux qui vous ont vu à l'œuvre vous appliquent ce vers :

La vigilance d'un seul homme a rétabli pour nous la [situation[65].

Il ne me survient pas une affaire sérieuse, pas une cause de chagrin, par le dieu de la Bonne Foi ! que je ne regrette mon Tibère, et que je ne me rappelle aussitôt ces vers d'Homère[66] :

S'il m'accompagnait, même d'un brasier ardent nous nous échapperions tous deux, car grande est sa sagesse.

J'en atteste les dieux, tout mon corps frissonne, lorsque j'entends dire et que je lis que l'excès du travail affaiblit votre santé. Ménagez-vous, je vous en supplie ; si vous tombiez malade, nous expirerions de douleur, votre mère et moi, et le peuple romain verrait mise en péril la totalité de son empire. Qu'importe ma santé, si la vôtre n'est pas bonne ? Je prie les dieux qu'ils vous conservent, et qu'ils veillent en tout temps sur vous, s'ils ne haïssent pas le peuple romain. »

XXII. Tibère ne fit connaître la mort d'Auguste qu'après s'être assuré de celle du jeune Agrippa. Ce fut un tribun militaire préposé à la garde de ce prince qui le tua, après avoir lu la lettre qui lui en donnait l'ordre. On ne sait si Auguste avait signé cet ordre en mourant, pour prévenir les troubles qui pourraient naître après lui, ou si Livie l'avait donné au nom de son époux, et, dans ce cas, si ce fut de l'aveu ou à l'insu de Tibère. Quoi qu'il en soit, quand le tribun vint annoncer à celui-ci qu'il avait fait ce qu'on lui avait commandé, il répondit « qu'il n'avait rien ordonné, et que le sénat jugerait sa conduite ». Mais il voulait, pour le moment, échapper à l'indignation publique ; car il ne fut plus question de cette affaire.

XXIII. Il convoqua le sénat, en vertu du droit que lui donnait la puissance tribunitienne ; et, ayant commencé un discours, il s'arrêta tout d'un coup, comme étouffé par ses sanglots et vaincu par sa douleur. Il aurait, disait-il, voulu perdre la vie en même temps que la voix ; et il remit son manuscrit à son fils Drusus, pour en achever la lecture. On apporta ensuite le testament d'Auguste. Parmi ceux qui l'avaient signé, on ne laissa approcher que les sénateurs ; les autres ne vérifièrent leur signature qu'en dehors du sénat. Un affranchi lut ce testament, qui commençait ainsi : « La fortune contraire m'ayant enlevé mes fils Caïus et Lucius, je nomme Tibère César mon héritier pour une moitié, plus un sixième[67]. » Un tel préambule confirma l'opinion qu'Auguste avait pris Tibère pour successeur plutôt par nécessité que par goût, puisqu'il n'avait pu s'empêcher d'écrire un tel préambule.

XXIV. Quoique Tibère n'eût pas balancé un instant à s'emparer du pouvoir et à l'exercer ; quoiqu'il eût déjà autour de lui une garde de soldats, c'est-à-dire la puissance et l'aspect extérieur de la souveraineté, il ne laissa pas de le refuser longtemps, par un impudente comédie ; répondant aux instances de ses amis : « Vous ne savez pas quel monstre c'est que l'empire », et tenant en suspens, par des réponses ambiguës et une hésitation artificieuse, le sénat suppliant et prosterné. Quelques-uns perdirent patience, et un sénateur s'écria dans la foule : « Qu'il accepte, ou se désiste. » Un autre lui dit en face « que c'était l'habitude d'être longtemps à faire ce qu'on avait promis ; mais que pour lui, il était bien longtemps à promettre ce qu'il avait déjà fait ». Enfin, il accepta l'empire comme contraint, en déplorant la misérable et onéreuse servitude qu'on lui imposait, et en se réservant, comme condition, l'espoir de s'en démettre un jour. Voici ses propres paroles : « J'attendrai donc le moment où vous jugerez équitable d'accorder un peu de repos à ma vieillesse. »

XXV. Il avait des raisons pour hésiter : plusieurs dangers le menaçaient, et il disait souvent « qu'il tenait un loup par les oreilles ». Un esclave d'Agrippa, nommé Clémens, avait réuni des forces assez considérables pour venger la mort de son maître ; L. Scribonius Libon, citoyen d'une noble origine, travaillait secrètement à une révolution ; les troupes s'étaient soulevées dans deux provinces, en Illyrie et en Germanie. Les deux armées élevaient des prétentions exorbitantes et en grand nombre ; avant tout, elles voulaient avoir la même paie que les prétoriens[68]. Les soldats de Germanie refusaient de reconnaître un prince qu'ils n'avaient point élu, et pressaient avec la plus grande vigueur Germanicus, leur chef, de s'emparer du pouvoir ; ce qu'il refusa avec fermeté. Tibère, dont les craintes venaient surtout de ce côté, demanda aux sénateurs de lui faire, dans le gouvernement, la part qu'il leur plairait ; nul ne pouvant, disait-il, en soutenir seul tout le poids, ni se passer du secours d'un ou de plusieurs collègues. Il feignit aussi d'être malade, pour que Germanicus attendît plus patiemment une succession prochaine, ou le partage certain de la souveraineté. Cependant les séditions furent apaisées, et Clémens, pris par trahison, tomba en son pouvoir. Quant à Libon, Tibère, ne voulant pas commencer son règne par des rigueurs, attendit plus d'un an pour l'accuser devant le sénat. Jusque-là, il se tint en garde contre lui ; et un jour qu'ils sacrifiaient ensemble avec les pontifes, il eut la précaution de lui faire donner un couteau de plomb, au lieu du glaive dont on frappe les victimes. Une autre fois, Libon lui ayant demandé un entretien particulier, il ne le lui accorda qu'en présence de son fils Drusus ; et pendant tout le temps de cette conversation, qu'ils eurent en se promenant, il lui tint la main droite, comme pour s'appuyer sur lui.

XXVI. Délivré de ces alarmes, il se conduisit d'abord avec beaucoup de modération, et vécut presque aussi simplement qu'un particulier. De toutes les distinctions éclatantes qui lui furent offertes, il n'accepta que les moindres, et en petit nombre. L'anniversaire de sa naissance[69] se trouvant coïncider avec les jeux plébéiens du Cirque, il souffrit à peine qu'on ajoutât, en son honneur, aux cérémonies accoutumées un char à deux chevaux. Il défendit qu'on lui consacrât des temples, des prêtres, des flamines, et même qu'on lui élevât des statues et des images sans sa permission expresse ; encore y mit-il toujours la condition qu'elles ne seraient point placées parmi celles des dieux, mais employées comme un simple ornement des temples. Il défendit de jurer obéissance à ses actes, et de donner au mois de septembre le nom de Tibère, au mois d'octobre celui de Livius[70]. Il refusa aussi le prénom d'*imperator* et le surnom de PÈRE DE LA PATRIE, ainsi que la couronne civique[71], dont on voulait orner le vestibule de son palais. Il ne prit même le nom d'AUGUSTE, qui lui appartenait par héritage, que dans ses lettres aux princes et aux souverains. Il n'exerça que trois fois en tout le pouvoir consulaire après son avènement[72] : la première fois, pendant peu de jours seulement ; la seconde, pendant trois mois ; et la troisième, quoique absent, jusqu'aux ides de mai[73].

XXVII. Il montra une telle aversion pour la flatterie, qu'il ne souffrit jamais qu'un sénateur s'approchât de sa litière, ou pour lui rendre ses devoirs, ou pour lui parler d'affaires. Un consulaire, qui lui demandait pardon, voulut embrasser ses genoux ; Tibère se recula si brusquement qu'il tomba à la renverse. Si, dans la conversation ou dans un discours public, on disait de lui des choses trop flatteuses, il interrompait aussitôt celui qui parlait, lui adressait une réprimande, et lui faisait changer ses expressions. Un citoyen l'avait appelé son *maître ;* il l'avertit de ne plus lui faire cet affront. Un autre, en parlant de ses occupations, les avait appelées « sacrées » ; il le força d'y substituer le mot *laborieuses*. Un troisième avait dit qu'il s'était présenté au sénat « par son ordre » : il l'obligea de dire, *par son conseil*.

XXVIII. Insensible aux propos malveillants, aux bruits injurieux, et aux vers diffamatoires répandus contre lui et les siens, il disait souvent « que, dans un État libre, la langue et la pensée doivent rester libres ». Le sénat ayant demandé à connaître de ces sortes de crimes, et à poursuivre les coupables : « Nous avons, répondit-il, assez d'affaires importantes, sans nous charger d'un plus grand nombre d'affaires. Si vous ouvrez cette voie, vous ne ferez plus autre chose ; et, sous ce prétexte, on fera de vous les juges de toutes les inimitiés. » On a aussi retenu de lui ces paroles pleines de modération qu'il prononça dans le sénat : « Si quelqu'un dit du mal de moi, je ferai en sorte de rendre compte de mes actes et de mes paroles ; s'il continue de me haïr, je le haïrai à mon tour. »

XXIX. Cette modération était d'autant plus remarquable, qu'il montrait lui-même plus que de la politesse dans les louanges et les témoignages de respect dont il comblait tous les citoyens, en général et en particulier. Ayant, un jour, contredit Q. Hatérius dans le sénat : « Veuillez me pardonner, lui dit-il, si j'ai parlé contre vous librement, comme il convient à un sénateur » ; puis s'adressant à l'assemblée, il ajouta : « Je l'ai dit souvent et je le dis encore, pères conscrits ; un prince qui veut le bonheur de la patrie, qui tient de vous un pouvoir aussi grand, aussi étendu, doit toujours être au service du sénat, souvent même de tous les citoyens, et quelquefois de chacun d'eux individuellement. Je l'ai dit et ne m'en repens pas, puisque j'ai toujours trouvé en vous des maîtres pleins de bienveillance et d'équité. »

XXX. Il rétablit même une apparence de liberté, en rendant au sénat et aux magistratures les privilèges et la majesté qui en faisaient autrefois la grandeur. Il n'y eut point d'affaire, grande ou petite, publique ou particulière, dont il ne rendît compte au sénat. Il le consultait sur l'établissement des impôts, sur la concession des monopoles[74], sur la construction ou la réparation des édifices publics, sur la levée des troupes, sur les congés des soldats, sur la répartition des légions et des corps auxiliaires[75] ; enfin sur la prolongation des commandements, sur la conduite des guerres étrangères[76], sur les réponses qu'il convenait de faire aux lettres des rois, et même sur la forme qu'il fallait donner à ces réponses. Il obligea un commandant de cavalerie, accusé de violence et de rapine, à se justifier devant cette assemblée. Il n'y entra jamais que seul ; et un jour qu'on l'y avait porté malade, dans sa litière, il renvoya aussitôt sa suite.

XXXI. Quelques décrets ayant été rendus contre son avis, il ne s'en plaignit même pas. Un préteur désigné sollicita et obtint une mission libre[77], alors que Tibère avait dit que ceux qui étaient désignés magistrats devaient pour satisfaire, en étant présents, aux obligations de leur charge, rester dans Rome. Il avait été d'avis qu'une somme léguée aux habitants de Trébie[78], pour la construction d'un nouveau théâtre, fût au contraire employée, sur leur demande, à la réparation d'une route : on exécuta, malgré son intervention, la volonté du testateur. Un jour que l'on votait dans le sénat sur une proposition, en passant dans l'une ou l'autre partie de la salle, Tibère alla se ranger du côté du plus petit nombre, et personne n'y passa après lui. Les autres affaires se faisaient de même par la volonté des magistrats, et selon le droit ordinaire. L'autorité des consuls était si bien établie, que des ambassadeurs d'Afrique[79] allèrent se plaindre à eux de ce que César, vers qui on les avait envoyés, traînait leur demande en longueur. Il faut dire aussi que lui-même se levait toujours devant les consuls, et se rangeait sur leur passage.

XXXII. Il réprimanda des consulaires qui étaient à la tête des armées, de ce qu'ils ne rendaient point compte de leur conduite aux sénateurs, et de ce qu'ils demandaient son aveu pour accorder des récompenses militaires, comme s'ils n'avaient pas, à cet égard, tout pouvoir. Il félicita un préteur d'avoir, à son entrée en charge, rappelé dans un discours, selon l'antique usage, les vertus de ses ancêtres. Il suivit jusqu'au bûcher les funérailles de plusieurs citoyens illustres. Enfin il montra la même modération envers des personnes et dans des circonstances bien moins importantes. Il avait mandé à Rome les magistrats de Rhodes, qui lui avaient écrit des lettres au nom de cette ville, sans les terminer par les formules ordinaires de politesse : et, loin de leur adresser des reproches, il se contenta, avant de les renvoyer, de leur faire ajouter ces formules à leurs lettres. Pendant son séjour à Rhodes, le grammairien Diogène, qui n'y tenait ses conférences que les jours de sabbat, lui avait refusé une leçon un autre jour, en lui envoyant dire par un esclave de revenir le septième jour (de la semaine). Diogène étant venu à Rome, et s'étant présenté chez lui pour le saluer, Tibère lui fit dire de revenir dans sept ans. Des gouverneurs de provinces lui conseillaient d'y augmenter les tributs ; il leur écrivit « qu'un bon pasteur tondait ses brebis et ne les écorchait pas ».

XXXIII. Il entra peu à peu dans l'exercice de la souveraineté, quoique avec un esprit de conduite fort variable, mais, en général, par des actes qui contentaient tout le monde, et avec de grandes dispositions au bien public. Il s'appliqua d'abord à empêcher les abus, et il cassa plusieurs arrêtés du sénat. De temps en temps il s'offrait pour conseil aux magistrats, assemblés dans leur tribunal ; et il s'asseyait à côté d'eux, ou vis-à-vis, au premier rang. Ou bien, s'il apprenait que la faveur devait sauver un accusé, il paraissait tout d'un coup, et, de sa place ou du haut du tribunal réservé au président, il rappelait aux juges les lois, leurs engagements, et la faute qu'ils avaient à examiner. Et même, lorsque les mœurs publiques avaient à souffrir de la négligence ou de mauvaises habitudes, il entreprit de les réformer.

XXXIV. Il restreignit la dépense des jeux et des spectacles, en réduisant le salaire des acteurs, et en limitant le nombre de paires de gladiateurs. Il se plaignit amèrement que les vases de Corinthe se fussent élevés à un prix exorbitant, et que trois surmulets eussent été vendus trente mille sesterces[80]. Il jugea convenable de mettre des bornes au luxe des meubles, et de faire régler tous les ans, par le sénat, le prix des denrées. Les édiles eurent ordre de se montrer fort sévères dans la police des cabarets et des tavernes, et de ne pas même permettre qu'on y vendît de la pâtisserie. Tibère, pour donner l'exemple de l'économie, faisait servir chez lui, dans les repas les plus solennels, des viandes de la veille, déjà entamées, comme la moitié d'un sanglier, disant que cette moitié était aussi bonne que le tout. Il abolit aussi l'usage de s'embrasser tous les jours[81], et défendit de prolonger au-delà des calendes de janvier l'échange des étrennes. Il avait coutume de rendre aussitôt, et de sa main, le quadruple de celles qu'on lui donnait. Mais, ennuyé de se voir dérangé à chaque instant, pendant tout le mois, par ceux qui n'avaient pu le visiter le premier jour, il ne le supporta plus au-delà de cette date.

XXXV. Il rétablit l'ancien usage de faire prononcer par une assemblée de parents, à l'unanimité des voix, le châtiment des dames de bonne famille qui se prostituaient, et qui n'avaient point d'accusateurs publics. Il releva de son serment un chevalier romain qui avait juré de ne jamais répudier sa femme, et qui ne pouvait conséquemment la renvoyer, quoiqu'il l'eût surprise en adultère avec son gendre. Des femmes perdues de réputation, pour se mettre à l'abri des peines que la loi prononçait contre elles, avaient renoncé aux privilèges et au rang de matrones[82], et avaient pris le parti de se faire inscrire parmi les courtisanes. On avait vu aussi de jeunes libertins des deux premiers ordres se faire volontairement noter d'infamie par un tribunal, pour avoir ensuite, en dépit des défenses du sénat, le droit de paraître sur le théâtre ou dans l'arène[83]. Tibère les exila tous, afin qu'on ne crût pas trouver un refuge dans de pareils artifices. Il dépouilla du laticlave un sénateur qui était allé demeurer à la campagne vers les calendes de juillet, afin de louer ensuite à Rome une maison à meilleur compte, cette date étant passée[84]. Il ôta la questure à un autre, pour avoir épousé une femme la veille du tirage au sort de sa province et l'avoir répudiée le lendemain[85].

XXXVI. Il défendit les cérémonies étrangères, comme les rites égyptiens et judaïques, et il obligea ceux qui étaient attachés à ces superstitions à brûler les vêtements et tous les objets qui servaient à leur culte. Il répartit la jeunesse juive, sous prétexte de service militaire, dans les provinces les plus insalubres[86]. Il chassa de Rome le reste de cette nation et tous ceux qui faisaient partie de pareilles sectes, sous peine d'un esclavage éternel, s'ils y reparaissaient. Il bannit aussi les astrologues ; mais il leur permit de revenir, sur la promesse qu'ils lui firent de ne point exercer leur art.

XXXVII. Il pourvut surtout à ce que la paix ne fût point troublée par des meurtres, des brigandages et des séditions. Il plaça des postes militaires en Italie, plus nombreux qu'auparavant. Il établit un camp à Rome pour les cohortes prétoriennes, jusque-là dispersées sans campement fixe et dans divers logements. Il réprima sévèrement les tumultes populaires, et s'appliqua par-dessus tout à les prévenir. Un meurtre ayant été commis dans une querelle élevée au théâtre, il exila les chefs des factions rivales, et les acteurs pour lesquels on s'était disputé ; et il ne voulut jamais les rappeler, quelques instances que le peuple pût lui faire. Les habitants de Pollence[87] avaient, un jour, arrêté sur une place publique le convoi d'un centurion primipilaire, et ils ne l'avaient laissé partir qu'après avoir arraché de force aux héritiers une somme d'argent, pour un spectacle de gladiateurs. Tibère y envoya de Rome une cohorte, et du royaume de Cottius[88] une autre, en cachant le motif de leur marche. Elles entrèrent tout à coup dans la ville par toutes les portes, le glaive nu, au son des trompettes, et elles mirent dans les fers la plus grande partie des habitants et même des sénateurs[89], qui n'en sortirent jamais. Il abolit le droit d'asile partout où l'usage l'avait maintenu. Les habitants de Cyzique[90] s'étant livrés à des actes de violence contre des citoyens romains, il leur ôta la liberté[91], qu'ils avaient méritée dans la guerre contre Mithridate. Il ne fit, pendant tout son règne, aucune expédition militaire ; et c'est par ses lieutenants qu'il arrêta les mouvements des ennemis, mais seulement avec hésitation et par nécessité. Quant aux rois manifestement ennemis ou suspects, il employa les plaintes et les menaces, plus souvent que la force, pour les contenir.

Il en attira quelques-uns à Rome par des promesses et des flatteries, et il ne les laissa plus repartir. De ce nombre furent Maroboduus[92] le Germain, Rhascupolis[93] le Thrace et Archélaüs le Cappadocien, dont il réduisit même le royaume en province romaine[94].

XXXVIII. Pendant les deux premières années de son avènement à l'empire, il ne mit pas le pied hors de Rome; dans la suite, il n'alla que dans les villes voisines, jamais plus loin qu'Antium. Encore ne s'absentait-il ainsi que très rarement, et pour peu de jours. Il annonça souvent qu'il visiterait les provinces et les armées. Presque tous les ans il faisait ses préparatifs de départ : les voitures étaient retenues; on apprêtait toutes les provisions dans les municipes et dans les colonies : il souffrait même que l'on fît des vœux solennels pour son voyage et pour son retour. Aussi l'appelait-on par moquerie *Callippides;* personnage d'un proverbe grec, qui courait sans avancer jamais au-delà d'une coudée.

XXXIX. Mais quand il eut perdu ses deux fils Germanicus et Drusus, dont l'un mourut en Syrie et l'autre à Rome, il se retira dans la Campanie[95]. Tout le monde était alors persuadé, tout le monde répétait qu'il ne reviendrait jamais à Rome, et qu'il mourrait bientôt lui-même. Ces prédictions faillirent se vérifier toutes deux. En effet, il ne rentra plus dans Rome; et peu de jours après son départ, comme il soupait près de Terracine, dans une maison de campagne qu'on appelait la Grotte, d'énormes pierres, venant à se détacher de la voûte, écrasèrent un grand nombre de convives et d'esclaves occupés à les servir, et Tibère échappa contre toute espérance.

XL. Après avoir parcouru la Campanie et fait la dédicace du Capitole à Capoue, ainsi que celle du temple d'Auguste à Nole[96], prétexte de son voyage, il se renferma dans Caprée. Il aimait surtout cette île, parce qu'on n'y pouvait aborder que d'un côté, par une entrée fort étroite : partout ailleurs, des rochers escarpés, d'une hauteur immense, et l'abîme des mers, la rendaient inaccessible. Mais il fut bientôt rappelé par les prières assidues de la multitude, effrayée du désastre qui venait d'arriver à Fidènes[97], où la chute d'un amphithéâtre avait fait périr plus de vingt mille personnes qui assistaient à un combat de gladiateurs. Il repassa donc sur le continent; et il se rendit d'autant plus accessible à tout le monde, qu'en sortant de Rome il avait défendu par un édit que personne l'approchât, et qu'il avait écarté sur toute sa route ceux qui se présentaient pour le voir.

XLI. De retour dans son île, Tibère abandonna le soin du gouvernement ; et, à partir de cette époque, il ne compléta plus les décuries des chevaliers[98], il ne fit plus aucune mutation parmi les tribuns militaires, ni parmi les commandants de cavalerie, ni parmi les gouverneurs des provinces. Il laissa l'Espagne et la Syrie sans lieutenants consulaires pendant plusieurs années ; il laissa les Parthes occuper l'Arménie, les Daces et les Sarmates ravager la Mésie, et les Germains la Gaule, sans s'inquiéter aucunement du déshonneur ni des dangers de l'empire.

XLII. A la faveur de la solitude et loin des regards de Rome, il se livra enfin sans contrainte à tous les vices qu'il avait jusque-là mal dissimulés. Je les rapporterai tous, et en dirai l'origine. Il était connu dans les camps, dès l'époque où il faisait ses premières armes, par sa passion effrénée pour le vin ; et au lieu de Tibérius, les soldats l'appelaient *Bibérius ;* au lieu de Claudius, *Caldius ;* au lieu de Néro, *Méro*[99]. Étant empereur, il passa deux jours et une nuit à manger et à boire avec Pomponius Flaccus et L. Pison, dans le temps même qu'il travaillait à la réformation des mœurs publiques. A l'issue de cette débauche, il donna au premier le gouvernement de la Syrie, au second la préfecture de Rome[100], en les appelant, dans ses lettres patentes, « ses plus aimables compagnons et ses amis de toutes les heures ». Peu de jours après avoir apostrophé rudement en plein sénat Sestius Gallus, vieillard prodigue et luxurieux, autrefois noté d'infamie par Auguste, il lui demanda à souper, à condition que, ce jour-là, rien ne serait changé à ses habitudes, et que le repas serait servi par de jeunes filles nues. A plusieurs candidats illustres qui demandaient la questure, il préféra le plus obscur, parce que celui-ci avait vidé à table une amphore[101] de vin, qu'il lui avait versée lui-même. Il donna deux cent mille sesterces[102] à Asellius Sabinus, pour un dialogue où le bolet[103], le bec figue, l'huître et la grive se disputaient la prééminence. Enfin il créa une nouvelle charge, l'intendance des plaisirs, dont il revêtit T. Césonius Priscus, chevalier romain.

XLIII. Il avait, dans sa retraite de Caprée, une chambre consacrée à ses plus secrètes débauches, et garnie de lits tout à l'entour. Là, une troupe choisie de jeunes filles et de mignons, et de débauchés qui avaient inventé des plaisirs monstrueux, et qu'il appelait « ses maîtres de volupté[104] », formaient entre eux une triple chaîne, et, ainsi entrelacés, se prostituaient devant lui, pour ranimer, par ce spectacle, ses désirs languissants. Il avait aussi plusieurs chambres diversement arrangées pour ces plaisirs, ornées des tableaux et des bas-reliefs les plus lascifs, et remplies des livres d'Éléphantis[105], afin qu'on eût, dans l'action, des modèles toujours présents pour les postures qu'il ordonnait de prendre. Les bois et les forêts n'étaient plus, grâce à lui, que des asiles consacrés à Vénus ; et l'on y voyait, à l'entrée des grottes et dans le creux des rochers, la jeunesse des deux sexes s'offrir dans des attitudes voluptueuses, sous le costume des Nymphes et des Sylvains. Aussi le peuple, jouant sur le nom de Caprée, donnait-il ouvertement à Tibère le surnom de *Caprinée*[106].

XLIV. Il poussa la turpitude encore plus loin, et jusqu'à des excès qu'il est aussi difficile de croire que de rapporter. Il avait, dit-on, instruit des enfants de l'âge le plus tendre, et qu'il appelait ses *petits poissons,* à se jouer entre ses jambes lorsqu'il nageait, à le stimuler peu à peu de la langue et des dents, et même, en les assimilant à des nourrissons déjà forts, mais encore à la mamelle, à lui téter les parties et le bout des seins ; genre de plaisir auquel son inclination et son âge le portaient le plus. Ainsi quelqu'un lui ayant légué ce tableau de Parrhasius, où Atalante prostitue sa bouche à Méléagre, et le testament lui donnant la faculté, si le sujet lui déplaisait, de recevoir, à la place, un million de sesterces[107], il préféra le tableau, et le fit mettre, comme un objet sacré, dans sa chambre à coucher. On dit aussi qu'un jour, pendant un sacrifice, épris de la beauté de celui qui portait l'encens, il attendit à peine que la cérémonie fût achevée, pour assouvir, à l'écart, son ignoble passion, à laquelle dut se prêter aussi le frère, qui jouait de la flûte ; et qu'ensuite il leur fit casser les jambes, parce qu'ils se reprochaient mutuellement leur infamie.

XLV. On vit également jusqu'à quel point il se jouait aussi de la vie des femmes les plus illustres, par la mort de Mallonia, qui, amenée chez lui, s'était constamment refusée à de sales désirs. Il la fit accuser par des délateurs, et il ne cessa, pendant le procès, de lui demander si elle ne se repentait pas. Mais ayant pu quitter l'audience, elle se sauva chez elle et se perça d'une épée, après l'avoir traité tout haut « de vieillard à la bouche impudique, et qui, velu comme un bouc, en avait la puanteur ». Aussi, aux premiers jeux qui furent célébrés, tous les spectateurs applaudirent, en l'appliquant à Tibère, ce passage d'une atellane[108] : « Tel on voit un vieux bouc lécher les parties sexuelles d'une chèvre. »

XLVI. Il était attaché à l'argent, et on lui en arrachait difficilement. Il voulait bien nourrir ceux qui l'accompagnaient à la guerre ou dans ses voyages ; mais il ne leur donnait aucun salaire. On ne cite de lui qu'une seule libéralité, dont Auguste fit les frais. Ayant partagé, ce jour-là, toute sa suite en trois classes, selon la dignité de chacun, il fit distribuer à la première six cent mille sesterces, à la seconde quatre cent mille, et deux cent mille à la troisième, composée de ceux qu'il appelait non des amis, mais des Grecs[109].

XLVII. Tibère ne signala son règne par aucun grand monument ; il n'acheva même pas les seuls qu'il eût entrepris, la construction du temple d'Auguste et la restauration du théâtre de Pompée[110], commencés depuis un grand nombre d'années. Il ne donna non plus aucun spectacle, et il assista rarement à ceux qui étaient donnés par des particuliers : il craignait qu'on ne prît ce moment pour lui faire quelque demande, depuis qu'il avait été forcé, par les instances du peuple, d'affranchir le comédien Actius. Il soulagea la misère de quelques sénateurs ; mais, pour que cet exemple ne tirât pas à conséquence, il déclara qu'il n'accorderait désormais de secours qu'à ceux qui auraient justifié devant le sénat des causes de leur gêne. Aussi la plupart gardèrent-ils le silence par pudeur et par modestie, entre autres Hortalus, petit-fils de l'orateur Q. Hortensius, lequel, avec une fortune très médiocre, avait, sur les conseils d'Auguste, élevé quatre enfants.

XLVIII. Il ne fit de largesses, comme empereur, que deux fois : l'une, quand il prêta au peuple, pour trois ans et sans intérêt, une somme de cent millions de sesterces[111] ; l'autre, après l'incendie de quelques immeubles de rapport situés sur le mont Célius, lorsqu'il en rendit la valeur aux propriétaires. De ces deux libéralités, la première lui fut comme arrachée par les cris du peuple, à une époque où l'argent était devenu très rare, le prince ayant fait ordonner, par un sénatus-consulte, que les prêteurs plaçassent en fonds de terre les deux tiers de leur fortune, et que les débiteurs payassent sur-le-champ les deux tiers de leurs dettes ; ce qui ne put être réalisé[112]. La seconde fut accordée aux malheurs du temps ; et il s'en fit un tel mérite, qu'il voulut que le mont Célius changeât de nom et fût appelé le mont Auguste. Il doubla le montant des legs qu'Auguste avait faits aux soldats par son testament ; mais il ne leur donna plus rien, excepté mille deniers[113] par tête aux prétoriens, parce qu'ils n'avaient pas favorisé les vues de Séjan ; et quelques gratifications aux légions de Syrie, parce qu'elles étaient les seules qui n'eussent pas placé le portrait de ce favori, comme une image vénérée, parmi leurs enseignes militaires. Il accorda rarement des congés aux vétérans [114], dans l'espoir qu'ils mourraient de vieillesse au service, et que leur mort lui profiterait. Il ne fit non plus aucune libéralité aux provinces, excepté à celle d'Asie, dont plusieurs villes avaient été détruites par un tremblement de terre [115].

XLIX. L'avarice le conduisit à la rapine. Il est constant qu'il poursuivit de ses importunités et de ses menaces, jusqu'à le dégoûter de la vie, Cn. Lentulus Augur [116], qui avait une immense fortune, afin d'en arracher la promesse de le faire son unique héritier ; que, pour plaire à Quirinus, personnage consulaire, fort riche et sans enfants, il condamna Lépida, la plus vertueuse des femmes, répudiée depuis vingt ans par ce Quirinus, et accusée par lui d'avoir autrefois voulu l'empoisonner ; qu'il confisqua les biens des premiers citoyens des Gaules, des Espagnes, de la Syrie et de la Grèce, sur les plus légers prétextes et les accusations les plus absurdes, comme d'avoir en argent une partie de leur fortune [117] ; que plusieurs particuliers et certaines villes furent privés par lui de leurs anciennes immunités, notamment du droit d'exploiter les mines et de lever des impôts ; enfin, que Vonon, roi des Parthes, chassé par les siens, et réfugié, avec tous ses trésors, à Antioche, comme sous la sauvegarde de l'empire, y fut lâchement dépouillé et tué.

L. Son aversion pour ses proches éclata d'abord contre son frère Drusus, dont il montra une lettre où il était question d'obliger Auguste à rétablir la liberté : sa haine s'étendit ensuite sur tous les autres. Il fut si éloigné d'avoir pour sa femme Julie, toujours exilée, ces simples égards dont l'humanité fait un devoir, qu'il lui défendit de sortir de sa maison et de voir qui que ce fût, quoiqu'Auguste lui eût donné toute une ville pour prison. Le pécule [118] même dont son père lui laissait la jouissance, et la pension annuelle qu'il y ajoutait, Tibère les lui retira, par une fraude mal colorée du respect des lois communes, et parce que, disait-il, le testament d'Auguste n'avait rien statué à cet égard. Livie, sa mère, lui devint odieuse, et lui sembla une rivale qui aspirait à partager son pouvoir. Il évita de la voir souvent, et n'eut plus avec elle de longues et secrètes conversations, de peur qu'on ne supposât qu'il se conduisait par ses conseils, auxquels il avait pourtant recours quelquefois, et dont il usait dans l'occasion. Il trouva fort mauvais qu'on eût proposé, dans le sénat, d'ajouter à ses titres et à son nom de fils d'Auguste, celui de fils de Livie. Il ne permit jamais qu'elle fût appelée *mère de la patrie*, ni qu'elle reçût en public aucun honneur extraordinaire. Il l'avertit même souvent « de ne point se mêler des affaires importantes, qui, disait-il, ne convenaient pas aux femmes », surtout depuis qu'il l'eut vue, dans un incendie près du temple de Vesta, se mêler au milieu du peuple et des soldats, et presser les secours, comme elle faisait du vivant de son mari.

LI. Il ne tarda pas à s'en séparer tout à fait, et voici, dit-on, à quelle occasion. Livie ne cessait de le prier d'inscrire dans les décuries [119] un particulier déjà honoré du droit de cité [120] ; il lui dit enfin qu'il y consentait, à condition qu'il ajouterait sur le tableau de l'ordre « que cette faveur lui avait été arrachée par sa mère ». Livie, offensée, alla chercher dans le sanctuaire consacré à Auguste et fit une lecture publique d'anciennes lettres de ce prince, où il s'expliquait sans ménagement sur l'humeur dure et tyrannique de Tibère. Celui-ci fut si indigné qu'on eût conservé ces lettres, et de se les voir opposer par le courroux de sa mère, que ce fut, suivant quelques auteurs, une des principales causes de sa retraite à Caprée. Durant les trois années que vécut encore Livie, après son départ de Rome, il ne la vit qu'une fois, et pendant quelques heures seulement. Depuis, il ne daigna même pas aller la voir quand elle fut malade, et, après sa mort, il se fit attendre plusieurs jours pour les funérailles, auxquelles il avait promis d'assister ; de sorte que le corps était déjà corrompu et infect quand on le mit sur le bûcher. Il ne voulut pas qu'on lui décernât les honneurs divins [121], sous prétexte qu'elle l'avait elle-même défendu. Il déclara nul son testament, et il acheva en peu de temps la ruine de tous ses familiers et de tous ses amis, principalement de ceux qu'elle avait chargés, en mourant, du soin de ses funérailles. L'un de ces derniers fut même condamné, quoique membre de l'ordre équestre, au travail infamant des pompes [122].

LII. Il n'eut jamais la tendresse d'un père ni pour son propre fils Drusus, ni pour Germanicus, son fils par adoption. Il haïssait dans Drusus un caractère faible et une vie molle ; aussi ne fut-il guère sensible à sa mort, et, les funérailles à peine achevées, il s'en retourna à ses affaires habituelles et interdit que se poursuivît le deuil public. Des envoyés de Troie étant venus un peu tard lui adresser leurs condoléances, il leur dit en se moquant, et comme un homme qui n'en avait plus qu'un vague souvenir, « qu'il leur faisait aussi ses compliments de condoléances sur le trépas d'un aussi bon citoyen qu'Hector ». Jaloux de Germanicus, il affectait de rabaisser, comme inutiles, ses plus belles actions, et de déplorer, comme funestes à l'empire, ses plus glorieuses victoires. Il se plaignit dans le sénat que Germanicus se fût transporté sans son ordre à Alexandrie [123], où s'était tout à coup déclarée une épouvantable famine. On croit même qu'il se servit de Cn. Pison, son légat de Syrie, pour le faire périr, et que Pison, bientôt accusé de ce crime, aurait montré des ordres de Tibère, si on ne les lui avait secrètement dérobés [124]. Aussi écrivit-on sur tous les murs de Rome et s'écria-t-on toutes les nuits, autour du palais de l'empereur : « Rendez-nous Germanicus. » Tibère lui-même confirma ces soupçons, en persécutant sans pitié la veuve et les enfants de ce héros.

LIII. Sa belle-fille Agrippine lui ayant fait, après la mort de son mari, quelques plaintes un peu libres, il lui saisit le bras, et, citant un vers grec, il lui dit : « Si vous ne dominez pas, ma fille, vous vous croyez opprimée. » Depuis ce temps, il ne daigna plus lui parler ; et, plus tard, s'autorisant de ce qu'elle avait, un jour à table, refusé de goûter à des fruits qu'il lui offrait, il cessa de l'inviter à ses repas, sous prétexte qu'elle le croyait capable de l'empoisonner. Mais tout cela était arrangé d'avance : il devait lui offrir ces fruits pour l'éprouver, et elle devait les refuser, y voyant sa mort assurée [125]. Enfin il l'accusa de vouloir se réfugier au pied de la statue d'Auguste, ou au sein des armées, et il la relégua dans l'île de Pandatéria [126]. Sur ses reproches mêlés d'injures, il lui fit appliquer des coups de fouet par un centurion, qui lui creva même un œil. Elle résolut de se laisser mourir de faim ; Tibère ordonna qu'on lui ouvrît de force la bouche, pour y introduire de la nourriture ; mais elle persévéra dans son dessein et finit par succomber. Il chargea sa mémoire des plus odieuses imputations, et voulut qu'on mît au rang des jours néfastes celui de sa naissance. Il prétendit même l'avoir favorisée, en ne la faisant point étrangler et jeter ensuite aux Gémonies [127] ; et il souffrit qu'on le louât d'une telle clémence, dans un décret d'actions de grâces qui consacrait, en même temps, un don en or à Jupiter Capitolin.

LIV. Il avait, par Germanicus, trois petits-fils, Néron, Drusus et Caïus ; par Drusus, un seul, nommé Tibère. Après la mort de ses enfants, il recommanda aux sénateurs les deux aînés de Germanicus, Néron et Drusus, et il célébra par le don d'un congiaire au peuple leurs débuts dans la vie publique [128]. Mais quand il sut qu'au renouvellement de l'année on avait fait aussi pour leur salut des vœux solennels, il dit au sénat, d'un ton de reproche, « que de pareils honneurs ne devaient s'accorder qu'à de longs services et à la maturité de l'âge ». Tibère, en laissant ainsi entrevoir le fond de son âme, livra ces jeunes gens aux accusations de tous les délateurs ; et il n'est sorte de pièges qu'on ne leur tendît pour les pousser à l'outrage, et, par l'outrage, à s'exposer à être dénoncés. Lui-même les accusa dans des lettres où étaient accumulés les reproches les plus amers ; il les fit déclarer ennemis publics, et ensuite mourir de faim : Néron, dans l'île de Pontia [129] ; et Drusus, dans les souterrains du palais. Le premier s'y résolut, dit-on, en voyant le bourreau, qui se présentait comme par ordre du sénat, étaler devant lui la corde et les crochets [130], instruments de son supplice. Quant à Drusus, il fut si rigoureusement privé de nourriture, qu'il essaya de manger la bourre de son matelas. Les restes de ces deux infortunés furent dispersés de manière à pouvoir à peine être recueillis [131].

LV. Tibère s'était associé, outre ses anciens amis et ses familiers, une vingtaine des principaux citoyens de Rome, à titre de conseillers pour les affaires d'État. Excepté deux ou trois, il les fit tous périr, sous différents prétextes, entre autres Élius Séjan, qui entraîna dans sa ruine un grand nombre de personnes, et qu'il avait élevé au plus haut degré de puissance, non pas tant par amitié que pour s'en faire un complice, dont la politique artificieuse le délivrât des enfants de Germanicus et assurât l'empire à celui de Drusus, à son petit-fils selon la nature.

LVI. Il n'épargna pas davantage ses compagnons grecs, dont l'entretien lui plaisait le plus. Il demanda, un jour, à un certain Xénon [132]qui affectait un langage plein de recherche, « quel était le déplaisant dialecte dont il se servait » ; et celui-ci ayant répondu que c'était le dorien, il le relégua dans l'île de Cinaria [133], parce qu'il crut voir dans cette réponse une allusion blessante à son ancien séjour à Rhodes, où le dorien est parlé. Il avait coutume de soulever à table des questions puisées dans ses lectures de la journée : apprenant que le grammairien Séleucus s'informait chaque jour à ses esclaves du livre qu'il avait lu, et venait ainsi tout préparé, il commença par l'éloigner de sa personne, et il le fit ensuite mourir.

LVII. Son naturel féroce et dissimulé se révéla dès son enfance. Théodore de Gadarée [134], son maître de rhétorique, paraît l'avoir deviné le premier, et le caractérisa parfaitement en disant de lui, dans un langage énergique, « que c'était de la boue détrempée dans du sang ». Mais ce caractère éclata surtout dans l'empereur, et même au commencement de son règne, quand il cherchait encore à se concilier la faveur du peuple par des apparences de modération. Un plaisant, voyant passer un convoi funèbre, dit à haute voix au mort d'annoncer à Auguste « qu'on n'avait pas encore payé les legs faits par lui au peuple romain ». Tibère se le fit amener, lui paya ce qui lui était dû, et l'envoya au supplice, en lui recommandant de dire la vérité à Auguste. Peu de temps après, un chevalier romain, nommé Pompée, ayant combattu, dans le sénat, l'avis de Tibère, celui-ci le menaça de la prison, et « de lui faire changer son nom de Pompée en celui de Pompéien »; atroce allusion au sort cruel des partisans vaincus de cette famille.

LVIII. Vers le même temps, un préteur lui ayant demandé s'il voulait qu'on poursuivît les crimes de lèse-majesté, il répondit qu'il fallait exécuter les lois ; et il les exécuta, en effet, avec barbarie. Quelqu'un avait enlevé la tête d'une statue d'Auguste, pour en mettre une autre à la place. L'affaire fut portée devant le sénat ; et comme le fait n'était pas prouvé, l'accusé fut mis à la question et condamné. On en vint insensiblement, dans ce genre d'accusation, au point de faire un crime capital d'avoir battu un esclave ou changé de vêtement devant la statue d'Auguste, d'avoir été aux latrines ou dans un lieu de débauche avec le portrait d'Auguste gravé sur un anneau ou sur une pièce de monnaie, d'avoir osé blâmer une seule des paroles ou des actions d'Auguste. Enfin un citoyen fut mis à mort pour avoir souffert qu'on lui rendît des honneurs dans sa colonie, le même jour qu'on en avait rendu jadis à Auguste.

LIX. Outre ces actes de cruauté gratuite, Tibère en commit tous les jours d'épouvantables, sous le prétexte d'exercer la justice et de corriger les mœurs ; mais, en effet, pour obéir à sa nature. Aussi fit-on bientôt courir des vers où on lui reprochait les maux présents, où on le dénonçait comme l'auteur de maux futurs :

Homme cruel et impitoyable, veux-tu que je te dise tout en un mot ? Que je périsse, si ta mère peut t'aimer.

Tu n'es pas chevalier ; pourquoi ? Tu ne possèdes pas cent mille sesterces. Veux-tu tout savoir ? Tu n'es de surcroît que l'exilé de Rhodes [135].

Tu as changé l'âge d'or de Saturne, César ; car tant que tu seras en vie, ce sera toujours l'âge de fer.

Le vin le dégoûte, car ce misérable n'a plus soif que de sang ; il en boit avec la même avidité qu'il mettait autrefois à boire du vin pur.

Contemple, ô Romulus, Sylla heureux pour lui-même, non pour toi, et contemple, si tu le veux, Marius, mais à son retour, et contemple aussi les mains d'Antoine souillées plus d'une fois de sang, et dis : Rome a péri ! ils ont régné en répandant des flots de sang, tous ceux qui ont régné au sortir de l'exil[136].

Tibère voulut d'abord que ces vers fussent regardés comme l'œuvre de quelques personnes qui ne supportaient point ses réformes, et comme l'expression d'une haine aveugle plutôt que d'une opinion raisonnée ; et il disait souvent : « Qu'on me haïsse, pourvu qu'on m'estime » ; mais il fit bientôt voir lui-même combien ces reproches étaient vrais et fondés.

LX. Peu de jours après son arrivée à Caprée, un pêcheur l'aborda tout à coup dans un moment où il était seul, et lui présenta un surmulet d'une grandeur extraordinaire. Tibère, effrayé à la vue de cet homme, qui s'était glissé jusqu'à lui en gravissant des rochers écartés et d'accès difficile par l'arrière de l'île, lui fit frotter le visage avec son poisson. Le pêcheur s'étant félicité, au milieu même de ce supplice, de ne lui avoir pas offert aussi une grosse langouste qu'il avait prise, Tibère se la fit apporter, et ordonna qu'on lui en déchirât la figure. Il punit de mort un soldat prétorien qui avait dérobé un paon dans un verger. Pendant un de ses voyages, la litière dans laquelle on le portait s'étant embarrassée dans des buissons, il se jeta sur un centurion des premières cohortes[137], chargé de reconnaître le chemin, le terrassa, et pensa le faire mourir sous les coups.

LXI. Cessant enfin de se contenir, il épuisa tous les genres de cruauté. Les victimes ne lui manquèrent jamais : il poursuivit tour à tour les amis de sa mère, de ses petits-fils, de sa belle-fille, de Séjan, et même leurs simples connaissances. Mais c'est après la mort de Séjan qu'il se montra le plus cruel ; ce qui fit bien voir que le rôle de ce ministre était moins encore de l'exciter au crime, que de lui en fournir les occasions et les prétextes. Toutefois, dans les mémoires abrégés qu'il a écrits sur sa vie, il a osé dire « qu'il ne punit dans Séjan que le persécuteur des enfants de son fils Germanicus » ; mais Séjan lui était déjà suspect quand il fit périr l'un, et était déjà mort quand il tua l'autre. Il serait trop long de raconter en détail toutes ses barbaries : je me contenterai d'en donner une idée générale et quelques exemples. Il ne se passa pas un seul jour qui ne fût marqué par des exécutions, sans en excepter même ceux que la religion a consacrés, ni le premier jour de l'année. Beaucoup furent accusés et condamnés avec leurs enfants, et même par leurs enfants[138]. On interdit aux parents des condamnés à mort de les pleurer. Les plus grandes récompenses étaient décernées aux accusateurs, quelquefois même aux témoins. Tout délateur était cru sur parole. Toute accusation entraînait la mort ; un simple mot était un crime. On accusa un poète d'avoir injurié Agamemnon, dans une tragédie ; on accusa un historien d'avoir appelé Brutus et Cassius « les derniers des Romains ». Ces auteurs furent punis et leurs écrits supprimés, quoiqu'ils les eussent publiés plusieurs années auparavant, avec l'approbation d'Auguste, qui en avait entendu la lecture. Parmi les prisonniers, il y en eut à qui l'on refusa non seulement la consolation de l'étude, mais aussi la douceur de s'entretenir ensemble. Sûrs d'être condamnés, plusieurs de ceux qui étaient cités en justice se frappèrent eux-mêmes chez eux, pour éviter les tourments et l'ignominie ; d'autres avalèrent du poison en plein sénat ; mais on bandait les plaies des blessés, et on les emportait, demi-morts et palpitants, dans les prisons publiques. Pas un supplicié qui ne fût aussi traîné avec un croc par la ville et jeté aux Gémonies. On en compta jusqu'à vingt dans un jour, et il y avait parmi eux des femmes et des enfants. Quant aux vierges, comme une ancienne coutume défendait de les étrangler, le bourreau les violait d'abord, et les étranglait ensuite[139]. On forçait de vivre ceux qui voulaient mourir ; car il regardait la mort comme une peine si légère, qu'un accusé, du nom de Carnulus, ayant prévenu son exécution, il s'écria, dès qu'il l'apprit : « Ce Carnulus m'a échappé. » Un jour qu'il visitait les prisons, il répondit à un condamné, qui le conjurait de hâter son supplice : « Je ne sache pas que nous soyons réconciliés. » Un consulaire rapporte, dans ses annales, qu'à un grand repas auquel il assistait lui-même, un nain qui se tenait près de la table, avec d'autres bouffons, demanda tout haut à Tibère, après maintes facéties, pourquoi Paconius, accusé de lèse-majesté, vivait si longtemps ; que le prince réprima aussitôt la liberté de sa langue, mais que, peu de jours après, il écrivit au sénat de statuer sans délai sur la peine due à Paconius.

LXII. Sa cruauté ne connut plus ni frein ni bornes, lorsqu'il eut enfin appris que son fils Drusus, qu'il croyait lui avoir été enlevé par une maladie, suite de son intempérance, était mort empoisonné par Livilla, sa femme, et par Séjan. Alors il multiplia sans pitié, contre tout le monde indifféremment, les tortures et les supplices ; et, durant des jours entiers, l'instruction de cette seule affaire absorba tellement toute son attention, qu'un Rhodien, son hôte, étant, dans l'entrefaite, arrivé à Rome, où l'avaient appelé des lettres amicales de Tibère, celui-ci, quand on vint lui annoncer sa présence, ordonna de l'appliquer tout de suite à la question, persuadé qu'on venait de lui amener quelqu'un d'indispensable pour l'enquête. Quand l'erreur fut découverte, il le fit tuer, pour en étouffer le bruit. On montre encore à Caprée le lieu des exécutions : c'est un rocher d'où les condamnés, après des tortures aussi longues qu'inouïes, étaient, devant lui et sur un signe de sa main, précipités dans la mer. Des matelots les attendaient en bas, et frappaient encore leurs cadavres à coups de rames et d'avirons, de peur que le moindre souffle n'y fût resté. Il avait imaginé, entre autres inventions atroces, de faire boire à quelques convives, à force d'instances perfides, une grande quantité de vin ; et ensuite il leur faisait lier la verge, pour qu'ils souffrissent à la fois de la douleur des ligatures et de l'ardent besoin d'uriner. Si la mort ne l'eût prévenu, et si Thrasyllus, à dessein, dit-on, ne l'eût décidé, par l'espérance d'une plus longue vie, à différer quelques-unes de ses vengeances, il eût fait périr beaucoup plus de monde encore, et n'eût sans doute épargné aucun de ses autres petits-fils ; Caïus [140] lui étant suspect, et le jeune Tibère, comme enfant adultérin, ne lui inspirant que du mépris. Ce qui donne de la vraisemblance à une telle opinion, c'est qu'on l'entendit souvent envier à Priam « le bonheur d'avoir survécu à tous les siens ».

LXIII. Qu'au milieu de tant d'horreurs il ait été haï, exécré universellement, et même poursuivi par les terreurs du crime et par les outrages de quelques hommes, c'est ce dont les preuves abondent. Il défendit de consulter en secret et sans témoin les aruspices. Il tenta de supprimer les oracles voisins de Rome ; mais il y renonça, effrayé d'un prodige qui protégea les sorts de Préneste. Quoiqu'on les eût apportés cachetés à Rome, on ne les trouva pas dans le coffre où ils avaient été mis, et ils n'y reparurent que quand ce coffre eut été replacé dans le temple [141]. Il lui arriva de nommer des consulaires au gouvernement de quelques provinces, et de ne pas oser les y envoyer : il les retenait près de lui, et, au bout de quelques années, il leur donnait, eux présents, des successeurs. Mais comme il leur laissait à Rome le titre de leur charge, il leur transmettait de nombreuses affaires, que ceux-ci faisaient conduire par leurs lieutenants et leurs délégués.

LXIV. Après la condamnation de sa belle-fille et de ses petits-fils, il ne les fit jamais changer de résidence qu'enchaînés et dans une litière bien fermée, avec une garde qui empêchait les voyageurs et les passants de regarder ou de s'arrêter.

LXV. Quand il se résolut à perdre Séjan, qui conspirait contre lui, et dont la puissance était si bien affermie que le jour de sa naissance était célébré publiquement, et qu'on révérait, comme celles des dieux, ses statues dorées, il employa l'astuce et la ruse, plutôt que l'autorité du pouvoir. D'abord, pour l'éloigner de lui sous un prétexte honorable, il le prit pour collègue dans son cinquième consulat [142], qu'il avait même demandé dans ce but, quoique absent, et à un long intervalle du précédent : ensuite il le leurra de l'espoir de son alliance [143] et de la puissance tribunitienne [144], et tout à coup il l'accusa près du sénat. Mais sa lettre était vile et misérable : entre autres prières, il faisait aux sénateurs celle « de lui envoyer l'un des consuls, chargé de conduire en leur présence, avec une escorte militaire, leur vieil empereur, que tout le monde abandonnait ». Ces précautions ne suffirent pas pour le rassurer : craignant des troubles, il ordonna qu'en cas d'alarme on mît en liberté son petit-fils Drusus, toujours détenu en prison à Rome, et qu'on lui confiât le commandement des forces militaires. Il tenait aussi des vaisseaux tout prêts, pour se réfugier auprès de quelqu'une des légions, et il attendait, sur la cime d'un rocher, les signaux qu'il avait commandé de lui faire du plus loin possible, afin d'être averti promptement de tout ce qui se passait, de peur que les messagers ne fussent retardés. Quand la conjuration de Séjan fut étouffée, il ne fut ni plus tranquille ni plus confiant, et, pendant les neuf mois qui suivirent, il resta enfermé dans sa maison de campagne, appelée la villa d'Ion [145].

LXVI. A ses inquiétudes venait s'ajouter la rage d'être sans cesse injurié ; car il n'y avait pas un condamné qui ne l'invectivât en face, ou dans des billets que l'on trouvait dans l'orchestre [146]. Il en paraissait diversement affecté : tantôt la honte lui faisait désirer que tant d'outrages demeurassent ignorés ; tantôt, feignant de les mépriser, il les répétait lui-même, et les rendait publics. Rien ne le piqua plus qu'une lettre d'Artaban, roi des Parthes, qui lui reprochait ses parricides, ses meurtres, sa lâcheté, ses débauches, et qui l'exhortait à satisfaire au plus tôt, par une mort volontaire, la juste et implacable haine des concitoyens.

LXVII. Enfin, devenu odieux à lui-même, il révéla le triste état de son âme jusque dans une lettre adressée au sénat, et qui commençait ainsi : « Que vous écrirai-je, pères conscrits, ou comment dois-je vous écrire, ou que ne vous écrirai-je pas, dans la situation où je me trouve ? En vérité, si je le sais, que les dieux et les déesses me fassent périr plus misérablement que je ne me sens périr tous les jours. » Quelques auteurs ont pensé que la connaissance qu'il possédait de l'avenir lui avait révélé son sort, et qu'il savait, longtemps d'avance, quelle infamie et quelle amertume l'attendaient à cette époque. C'est, disaient-ils, dans cette prévision, qu'en prenant possession de l'empire il avait refusé si obstinément le titre de PÈRE DE LA PATRIE, et le privilège de voir jurer obéissance à ses actes [147]. Il craignait que de si grands honneurs, dont il serait bientôt indigne, ne fissent ressortir davantage son avilissement. C'est du moins ce que l'on peut conclure du discours qu'il prononça dans cette circonstance, quand il dit « qu'il serait toujours semblable à lui-même, et ne changerait point ses mœurs, tant qu'il jouirait de sa saine raison ; mais que le sénat ne devait pas donner le dangereux exemple de jurer obéissance aux actes de qui que ce fût, chacun étant sujet à changer » ; ou quand il ajouta : « Si vous venez jamais à mettre en doute mon caractère et mon dévouement pour vous (et puisse, avant ce malheur, arriver mon dernier jour pour m'éviter de voir changer votre jugement à mon égard !), ce nom de PÈRE DE LA PATRIE n'ajoutera rien à mon honneur ; et vous mériterez le reproche ou de me l'avoir donné légèrement, ou d'avoir ensuite pris de moi, sans raison, une opinion contraire à vos premiers sentiments. »

LXVIII. Il était gros et robuste, d'une taille au-dessus de l'ordinaire, large des épaules et de la poitrine, bien fait et bien proportionné. Il était plus adroit et plus fort de la main gauche que de l'autre : les articulations en étaient si vigoureuses, qu'il perçait du doigt une pomme encore verte, et que, d'une chiquenaude, il blessait à la tête un enfant et même un jeune homme. Il avait le teint blanc, les cheveux un peu longs par-derrière et tombant sur le cou, ce qui était en lui un usage de famille. Son visage était beau, mais sujet à se couvrir subitement de boutons ; ses yeux étaient fort grands, et, chose étonnante, ils voyaient aussi la nuit et dans les ténèbres, mais pendant peu de temps et quand il venait de dormir ; après quoi sa vue s'obscurcissait peu à peu. Il marchait la tête immobile et baissée, d'un air chagrin, et le plus souvent en silence. Il ne disait mot à ceux qui l'entouraient ; ou s'il leur parlait, ce qui était très rare, c'était avec lenteur, et avec une certaine gesticulation des doigts, pleine d'afféterie. Ces habitudes désagréables et arrogantes avaient été remarquées par Auguste, qui essaya plus d'une fois de les excuser auprès du peuple et du sénat, « comme des défauts venant de la nature et non du caractère ». Il jouit d'une santé à peu près inaltérable pendant presque tout le temps de son règne, quoique, depuis l'âge de trente ans, il la gouvernât à sa guise, sans l'aide ni le conseil d'aucun médecin.

LXIX. Il avait d'autant moins de zèle pour les dieux et la religion, qu'il s'était adonné à l'astrologie, et qu'il était persuadé que tout se conduit par le destin. Toutefois, il avait singulièrement peur du tonnerre ; et quand le ciel était orageux, il portait sur sa tête une couronne de laurier, l'opinion commune attribuant à cet arbuste la vertu d'écarter la foudre.

LXX. Il cultiva avec ardeur les lettres grecques et latines, et il choisit pour modèle, parmi les orateurs de Rome, Messala Corvinus, dont il avait admiré, tout jeune encore, la vieillesse laborieuse. Mais il obscurcissait son style à force d'affectation et de formes bizarres [148] : ce qu'il disait d'abondance valait quelquefois mieux que ce qu'il avait médité. Il composa un poème lyrique, intitulé *Plaintes sur la mort de L. César*. Il écrivit aussi des poésies grecques, dans lesquelles il imita Euphorion, Rhianus et Parthénius [149], auteurs qui faisaient ses délices, et dont il fit placer les ouvrages et les portraits dans les bibliothèques publiques, parmi les plus illustres des écrivains anciens. Aussi vit-on la plupart des savants lui adresser à l'envi des commentaires sur ces poètes. Il eut surtout pour l'histoire de la fable un goût qui allait jusqu'au ridicule et à l'absurdité. Ainsi, pour éprouver le savoir des grammairiens, dont il faisait, comme nous l'avons dit [150], sa société habituelle, il leur posait des questions du genre de celles-ci : « Quelle était la mère d'Hécube ? Quel était le nom d'Achille, parmi les jeunes filles ? Que chantaient ordinairement les Sirènes ? » Le jour qu'il entra dans le sénat pour la première fois après la mort d'Auguste, il crut, pour satisfaire à la fois à la piété filiale et à la religion, devoir imiter le sacrifice que Minos avait jadis offert après la mort de son fils, c'est-à-dire sacrifier avec le vin et l'encens, mais sans joueur de flûte.

LXXI. Quoiqu'il parlât avec facilité la langue grecque, il ne s'en servait pas dans toutes les occasions. Il s'en abstenait surtout dans le sénat; et même y ayant un jour employé le mot *monopole*, il demanda pardon pour cette expression, d'origine étrangère. Un autre jour, comme on lisait devant lui un décret des sénateurs où se trouvait le mot grec qui signifie *incrustations en or*, il fut d'avis que l'on changeât ce terme étranger, et qu'on le remplaçât par une expression latine; ou, s'il n'y en avait pas, que l'on eût recours à une périphrase. Il défendit à un soldat, à qui l'on demandait en grec son témoignage, de répondre autrement qu'en latin.

LXXII. Pendant tout le temps de sa retraite, il n'essaya que deux fois de rentrer dans Rome. La première, il vint, sur une trirème, jusqu'aux jardins voisins de la Naumachie[151]; des soldats postés sur les deux rives du Tibre avaient ordre d'écarter tous ceux qui viendraient au-devant de lui. La seconde, il s'avança par la voie Appienne jusqu'à sept milles de Rome; mais il ne fit qu'en regarder les murs, et retourna sur ses pas. Un prodige l'avait effrayé cette fois-là; car, au premier voyage, on ne sait pas bien quelle fut la cause de son retour. Il avait un serpent, de l'espèce des dragons, qu'il élevait pour son plaisir et qu'il nourrissait de sa main : il le trouva mangé par des fourmis; et un augure l'avertit alors de redouter les forces de la multitude. Il revint donc à la hâte en Campanie, et tomba malade à Asture[152]; puis, se sentant un peu mieux, il poursuivit jusqu'à Circéies[153]. Là, pour ne donner aucun soupçon de sa maladie, il assista à des jeux militaires, et même il lança des javelots contre un sanglier lâché dans l'arène. Mais ces efforts lui donnèrent un point de côté; l'air le saisit comme il avait chaud, et il retomba dangereusement malade. Cependant il se soutint encore quelque temps; et s'étant fait porter jusqu'à Misène[154], il ne retrancha rien de son genre de vie ordinaire, pas même les festins ni ses autres plaisirs; soit intempérance, soit dissimulation. Un jour que, sortant de table et au moment de le quitter, le médecin Chariclès lui avait pris la main pour la baiser, Tibère, pensant qu'il cherchait à interroger son pouls, le fit rester, le pria de se rasseoir, et prolongea le souper. Il ne s'abstint même pas, ce jour-là, de l'usage où il était de se tenir debout, après le repas, au milieu de la salle à manger, avec un licteur à côté de lui, pour recevoir les adieux de tous les convives et leur faire les siens.

LXXIII. Cependant ayant lu dans les actes du sénat[155] « que l'on avait renvoyé absous, sans même les entendre », plusieurs accusés contre lesquels il s'était borné à écrire qu'ils étaient nommés par un dénonciateur, il pensa en frémissant qu'on méprisait son autorité ; et il voulut regagner Caprée, de quelque manière que ce fût, n'osant rien entreprendre qu'à l'abri de ses rochers. Mais, retenu par les vents contraires et par les progrès de la maladie, il s'arrêta dans une maison de campagne de Lucullus [156], et il y mourut dans la soixante-dix-huitième année de son âge et la vingt-troisième de son règne, le dix-sept des calendes d'avril, sous le consulat de Cn. Acerronius Proculus et de C. Pontius Nigrinus [157]. Il y en a qui croient que Caligula lui avait donné un poison lent [158] ; d'autres, qu'on lui refusa à manger, dans un moment où la fièvre l'avait quitté ; d'autres enfin, qu'on l'étouffa sous un oreiller, parce que, revenu à lui-même, il réclamait son anneau, qu'on lui avait enlevé pendant sa défaillance. Sénèque a écrit que, sentant sa fin approcher, il avait ôté son anneau, comme pour le donner à quelqu'un ; qu'après l'avoir tenu quelques instants, il l'avait remis à son doigt et était demeuré longtemps immobile, la main gauche fortement serrée ; que tout à coup il avait appelé ses esclaves, et que, personne ne lui ayant répondu, il s'était levé précipitamment ; mais que, les forces venant à lui manquer, il était tombé mort auprès de son lit.

LXXIV. Au dernier anniversaire de sa naissance, il vit en songe Apollon Téménite [159], dont il avait fait venir de Syracuse l'immense et admirable statue, pour la placer dans la bibliothèque d'un nouveau temple [160], et qui lui déclara « que ce ne serait pas lui qui la consacrerait ». Peu de jours avant sa mort, un tremblement de terre fit tomber, à Caprée, la tour du phare. A Misène, des cendres chaudes et des charbons qu'on avait apportés pour échauffer la salle à manger, s'étant éteints et refroidis, se rallumèrent tout à coup sur le soir, et brûlèrent jusque bien avant dans la nuit.

LXXV. A la première nouvelle de sa mort la joie fut telle dans Rome, que tout le monde courait dans les rues, les uns criant : « Tibère dans le Tibre ! » les autres conjurant « la Terre et les dieux Mânes de n'accorder de place à son ombre que parmi les impies » ; d'autres enfin menaçant son cadavre du croc et des Gémonies. Au souvenir de ses anciennes barbaries se joignait le ressentiment d'une atrocité récente. Un sénatus-consulte avait statué que le supplice des condamnés serait toujours différé jusqu'au dixième jour ; or, quelques malheureux devaient être exécutés précisément le jour où l'on apprit la mort de Tibère, et ils imploraient la pitié publique. Mais comme il n'y avait personne à qui l'on pût s'adresser, Caïus [161] étant encore absent, leur gardiens, craignant de rien faire contre la règle, les étranglèrent, et les jetèrent aux Gémonies. La haine s'en accrut contre le tyran, dont la barbarie se faisait encore sentir après sa mort. Quand on enleva son corps de Misène, la plupart des habitants crièrent « qu'il fallait le porter à Atella et le brûler à demi dans l'amphithéâtre d'Atella[162] » ; mais des soldats le portèrent à Rome, et l'y brûlèrent lors de funérailles publiques.

LXXVI. Il avait fait son testament deux ans avant sa mort : il en existait deux exemplaires, l'un de sa main, l'autre de celle d'un affranchi ; mais tous deux parfaitement semblables, et signés des noms les plus obscurs[163]. Il instituait héritiers, par portions égales, ses petits-fils Caïus et Tibère (qui l'étaient, le premier par Germanicus, le second par Drusus), et il les substituait l'un à l'autre. Il laissait aussi des legs à beaucoup de personnes, entre autres aux Vestales, à tous les soldats, au peuple romain, et aux inspecteurs des quartiers[164].

CAIUS CALIGULA

SOMMAIRE

I. Exploits et mort de Germanicus, père de Caligula. — II. Il périt victime de la haine de Tibère et de Pison. — III. Son portrait. Ses vertus, ses talents. Sa modération. — IV. Sa popularité. — V. Douleur universelle causée par sa mort. — VI. Marques de deuil à Rome. — VII. Mariage et enfants de Germanicus. — VIII. Opinions diverses sur le lieu où naquit Caligula. — IX. Il inspire une grande affection aux soldats. — X. Sa jeunesse. Sa dissimulation. — XI. Ses inclinations basses et cruelles. — XII. Il est soupçonné d'avoir fait périr Tibère. — XIII. Tous les vœux l'appellent à l'empire. — XIV. Il est proclamé empereur. — XV. Honneurs qu'il affecte de rendre à sa famille. — XVI. Il augmente par tous les moyens sa popularité. — XVII. Ses consulats. Ses largesses au peuple. — XVIII. Ses spectacles. — XIX. Il jette un pont sur le golfe de Baïes. — XX. Ses spectacles dans les provinces, où il fonde aussi des concours. — XXI. Ses constructions. Ses projets. — XXII. Son orgueil. Il se fait dieu. — XXIII. Ses attentats contre sa famille. — XXIV. Son commerce criminel avec ses sœurs. — XXV. Ses adultères. — XXVI. Ses meurtres. Son mépris pour tous les ordres de l'État. — XXVII. XXXV. Ses cruautés. — XXXVI. Ses débauches. — XXXVII. Ses profusions. — XXXVIII. Ses exactions. — XXXIX. Ses vols dans les ventes publiques. — XL. Il lève de nouveaux impôts. — XLI. Il établit un mauvais lieu dans le palais. Ses profits au jeu. — XLII. Sa passion pour l'argent. — XLIII. Son expédition en Germanie. — XLIV. Ses exploits. — XLV. — Ses supercheries pour faire croire à sa bravoure et à des victoires. — XLVI. Ses immenses préparatifs de guerre, pour ramasser des coquillages. — XLVII. Son triomphe. — XLVIII. Ses desseins contre les légions révoltées après la mort d'Auguste. — XLIX. Ses menaces contre le sénat. Il se contente de l'ovation. Crimes qu'il méditait. — L. Son portrait. Ses infirmités. Ses insomnies. — LI. Ses fanfaronnades et ses lâchetés. — LII. Sa manière de s'habiller. — LIII. Son genre d'éloquence. — LIV. Sa passion pour le chant, la danse, les courses de chars et les combats de gladiateurs. — LV. Ses préférences et ses antipathies dans les jeux du cirque. Ses folies pour le cheval Incitatus. — LVI. Conspirations formées contre lui. — LVII. Présages de sa mort. — LVIII. Il est tué par Chéréa et d'autres conjurés. — LIX. Ses funérailles. Son exhumation. Mort de Césonie et de sa fille. — LX. Incrédulité générale à la nouvelle de sa mort. Le sénat songe à rétablir la liberté.

I. Germanicus, père de C. César [1] et fils de Drusus et de la plus jeune Antonia, fut adopté par Tibère, son oncle paternel. Il exerça la questure cinq ans avant l'âge exigé par les lois, et le consulat immédiatement après [2]. Envoyé en Germanie pour y prendre le commandement de l'armée, il contint, avec autant d'énergie que de fidélité, toutes les légions, qui, à la première nouvelle de la mort d'Auguste, refusaient obstinément de reconnaître Tibère pour empereur, et lui déféraient à lui-même le gouvernement de l'État. Il vainquit ensuite l'ennemi, et revint triompher à Rome. On le créa consul pour la seconde fois [3]; mais, avant que d'entrer en charge, il fut, pour ainsi dire, chassé de Rome par Tibère, qui l'envoya pacifier l'Orient. Après avoir vaincu le roi d'Arménie, et réduit la Cappadoce en province romaine, il mourut à Antioche [4], à l'âge de trente-quatre ans, d'une maladie de langueur, qui donna lieu à des soupçons d'empoisonnement. En effet, outre les taches livides qu'il avait sur tout le corps, et l'écume qui lui sortait de la bouche, on remarqua, lorsqu'il fut brûlé, que son cœur était resté intact ; or, l'on croit communément que le cœur imprégné de poison résiste à l'action du feu.

II. On attribua sa mort à la haine secrète de Tibère, et à l'active complicité de Cn. Pison. Ce Pison, investi, vers le même temps, du gouvernement de la Syrie, se croyait, disait-il, obligé, par une impérieuse nécessité, d'être l'ennemi du père ou du fils. Il ne cessa de faire endurer à Germanicus, même pendant sa maladie, les plus sanglants outrages, par ses discours et par sa conduite. Aussi, à son retour à Rome, pensa-t-il être mis en pièces par le peuple ; et il fut condamné à mort par le sénat [5].

III. Germanicus possédait, on le sait, tous les avantages du corps et toutes les qualités de l'âme, à un degré où personne ne les eut jamais : une valeur et une beauté singulières ; une grande supériorité d'éloquence et de savoir dans les deux langues [6], une admirable bonté d'âme, et, avec une rare envie de plaire et d'être aimé, de merveilleux talents pour y réussir. Le seul défaut qui déparât sa beauté était d'avoir les jambes un peu grêles ; mais il le corrigea par l'habitude de monter à cheval après ses repas. Il attaqua corps à corps et tua de sa main nombre d'ennemis. Il plaida des causes, même après son triomphe. Entre autres monuments de ses études, il nous a laissé des comédies grecques. Il était également affable dans la vie publique et dans la vie privée. Il entrait sans licteurs dans les villes libres et alliées de Rome. Voyait-il quelque part le tombeau d'un grand homme, il y offrait des sacrifices à ses mânes. Voulant réunir dans un même sépulcre les ossements, depuis longtemps dispersés, des soldats égorgés dans la défaite de Varus[7], il les recueillit de sa main et les y porta lui-même. Il n'opposait à ses détracteurs, quelles que fussent la cause et la violence de leur inimitié, que la douceur et la modération. Pison avait cassé ses décrets, et maltraité ses clients ; il ne lui témoigna enfin de ressentiment que quand il le vit employer aussi contre lui des maléfices et des sortilèges. Et alors même il se contenta de renoncer publiquement à son amitié, selon l'ancienne coutume, et de confier aux siens sa vengeance, s'il lui arrivait malheur.

IV. Il recueillit le plus beau fruit de tant de vertus, et inspira une telle estime, un tel amour à ses proches, qu'Auguste (sans parler des autres) balança longtemps s'il ne le choisirait pas pour son successeur, et le fit adopter par Tibère. Il jouissait aussi à un tel point de la faveur populaire, que, selon le témoignage de la plupart des auteurs, la foule immense qui, à son arrivée ou à son départ, se précipitait à sa rencontre ou à sa suite, lui fit courir plus d'une fois risque de la vie. Quand il revint de Germanie, après y avoir apaisé les séditions, toutes les cohortes prétoriennes allèrent au-devant de lui, quoique cet ordre n'eût été donné qu'à deux d'entre elles ; et les habitants, de tout sexe, de tout âge, de toute condition, se répandirent sur sa route jusqu'à vingt milles de Rome.

V. Mais des témoignages d'affection plus grands encore et plus énergiques éclatèrent à sa mort et longtemps après. Le jour où il cessa de vivre, on lança des pierres contre les temples, on renversa les autels des dieux ; quelques citoyens jetèrent dans la rue leurs dieux Lares, ou exposèrent leurs enfants nouvellement nés. On dit même que les barbares, alors en guerre contre nous ou entre eux, consentirent, comme dans un deuil universel, à une suspension d'armes ; que quelques princes, en signe d'une profonde douleur, se coupèrent la barbe, et firent raser la tête de leurs femmes ; enfin que le roi des rois[8] s'abstint de la chasse et n'admit point les grands à sa table ; ce qui, chez les Parthes, équivaut à l'arrêt des affaires[9] parmi nous.

VI. A Rome, la population, consternée, éperdue, à la première nouvelle de sa maladie, attendait avec anxiété d'autres courriers. Tout à coup, vers le soir, le bruit se répandit, on ne sait comment, que Germanicus était rétabli. Alors on court de toutes parts au Capitole avec des flambeaux et des victimes : on brise, ou peu s'en faut, les portes du temple, dans l'impatience d'offrir aux dieux des actions de grâces. Tibère endormi est réveillé par les cris de joie du dehors, et par des voix qui chantaient : « Rome est sauvée, la patrie est sauvée, Germanicus est sauvé ! » Mais lorsque sa mort fut devenue certaine, aucune consolation, aucun édit ne put mettre de bornes à la douleur publique : elle dura même pendant les fêtes du mois de décembre[10]. Les abominations des temps qui suivirent ajoutèrent encore à sa gloire et au regret de sa perte, tout le monde étant persuadé, avec raison, que le respect et la crainte où il tenait Tibère servaient de frein à sa cruauté, qui, en effet, ne tarda pas à éclater.

VII. Germanicus avait épousé Agrippine, fille de M. Agrippa et de Julie, et il en eut neuf enfants, dont deux moururent en bas âge et un troisième au sortir de l'enfance. Ce dernier était déjà plein d'agréments : Livie consacra sa statue, habillée en Cupidon, dans le temple de Vénus, au Capitole ; Auguste avait son portrait dans sa chambre, et le baisait chaque fois qu'il y entrait. Les autres survécurent à leur père, savoir : trois filles, Agrippine, Drusilla et Livilla, nées dans l'espace de trois années consécutives ; et trois garçons, Néron, Drusus et C. César. Néron et Drusus furent déclarés ennemis publics par le sénat, sur l'accusation de Tibère[11].

VIII. C. César naquit la veille des calendes de septembre, sous le consulat de son père et de C. Fontéius Capito[12]. Il existe une grande diversité d'opinions quant au lieu où il est né. Cn. Lentulus Gétulicus prétend que c'est à Tibur ; Plinius Secundus[13], chez les Trévires, dans le village d'Ambitarvius[14], au-dessus de Coblentz ; et il ajoute, pour preuve, que l'on y montre encore des autels avec cette inscription : AUX COUCHES D'AGRIPPINE. Des vers publiés au commencement de son règne le font naître au milieu des légions, pendant les quartiers d'hiver :

Né dans le camp, élevé dans l'armée de son père, il laissait déjà présager qu'il était destiné au pouvoir.

De mon côté, je trouve, dans le Journal du Peuple [15], qu'il vit le jour à Antium. Pline reproche à Gétulicus d'avoir commis par adulation un mensonge qui devait flatter la vanité d'un jeune et glorieux empereur, en lui donnant pour berceau une ville consacrée à Hercule. Il prétend que ce qui l'enhardit à ce mensonge impudent, c'est qu'environ un an avant la naissance de Caligula, Tibur avait vu naître un fils de Germanicus, nommé aussi C. César : celui dont nous avons rappelé l'aimable enfance et la mort prématurée [16]. Mais Pline est, à son tour, réfuté par les dates ; car ceux qui ont écrit l'histoire d'Auguste s'accordent à dire que Germanicus ne fut envoyé en Gaule qu'après son consulat, Caïus étant déjà né. L'inscription dont parle Pline ne prouve rien non plus en faveur de son opinion, puisque Agrippine mit au monde deux filles dans le pays où l'on voit ces autels, et que le mot *puerperium* s'applique à tout accouchement, sans distinction du sexe de l'enfant, nos pères ayant souvent appelé les filles *pueras*, comme les garçons *puellos*. On possède aussi une lettre d'Auguste, écrite peu de mois avant sa mort, à sa petite-fille Agrippine, concernant notre Caïus ; car il n'existait plus alors d'autre enfant de ce nom : « Je suis convenu hier, avec Talarius et Asellius, qu'ils partiront, s'il plaît aux dieux, le quinze des calendes de juin [17], pour vous conduire le petit Caïus. J'envoie aussi avec lui un médecin de ma maison, et j'écris à Germanicus de le garder, s'il veut. Portez-vous bien, ma chère Agrippine, et tâchez d'arriver en bonne santé auprès de votre mari. » Cette lettre indique suffisamment, ce me semble, que Caïus n'a pu naître à l'armée, puisqu'il avait près de deux ans lorsqu'il y fut envoyé de Rome. C'est aussi une raison de n'ajouter aucune foi aux vers que j'ai cités, d'autant plus que l'auteur en est inconnu. Il faut donc s'en tenir à l'autorité des actes publics, qui demeure seule au milieu de ces incertitudes. On sait d'ailleurs que Caïus préféra Antium à toutes ses autres retraites, et qu'il l'aima toujours comme on aime le lieu de sa naissance. On dit même que, dégoûté de Rome, il eut dessein d'y transporter le siège de l'empire.

IX. Le surnom de Caligula était un sobriquet militaire, parce qu'il était élevé au milieu des soldats et portait leur tenue [18]. Les soldats, pour l'avoir vu ainsi grandir et élever parmi eux, lui portaient un attachement incroyable. On en eut surtout une preuve après la mort d'Auguste, lorsque sa seule présence apaisa la fureur des troupes séditieuses. Elles ne s'adoucirent, en effet, que quand elles s'aperçurent qu'on voulait l'éloigner du dangereux théâtre de la sédition, et l'emmener sur le territoire de la cité la plus proche. Cédant au repentir, elles se précipitèrent au-devant de sa voiture, qu'elles arrêtèrent, en demandant avec instance qu'on leur épargnât cette flétrissure.

X. Il accompagna aussi son père dans l'expédition de Syrie. A son retour, il demeura d'abord dans la maison de sa mère ; et quand elle fut exilée, dans celle de Livia Augusta, sa bisaïeule, dont il prononça l'éloge funèbre à la tribune aux harangues, ayant encore la robe prétexte[19]. Il passa ensuite auprès de son aïeule Antonia. A dix-neuf ans[20], il fut appelé à Caprée par Tibère, qui, dans un seul et même jour, lui fit prendre la toge et couper la barbe[21], sans lui accorder aucune des distinctions dont il avait marqué le début de ses frères dans la vie publique[22]. En butte à toutes sortes de pièges, et aux perfides instigations de ceux qui cherchaient à lui arracher des plaintes, il ne donna aucun prétexte à la malignité : on eût dit qu'il ignorait le sort malheureux de sa famille, comme s'il n'était rien arrivé à aucun de ses membres. Ses propres affronts, il les dévorait avec une incroyable force de dissimulation ; et il avait pour Tibère et pour ceux qui l'entouraient des recherches de complaisance qui ont fait dire de lui avec raison « qu'il n'y eut jamais de meilleur esclave ni de plus mauvais maître ».

XI. Toutefois, dès ce temps-là même, il ne pouvait cacher ses inclinations basses et cruelles. Un de ses plus grands plaisirs était d'assister aux tortures et au dernier supplice des condamnés. La nuit, il courait les mauvais lieux et les adultères, enveloppé d'un long manteau, et la tête cachée sous de faux cheveux. Il était surtout passionné pour la danse théâtrale et pour le chant. Tibère ne contrariait pas ces goûts, qui pouvaient, pensait-il, adoucir son naturel féroce. Le pénétrant vieillard avait si bien approfondi ce caractère, qu'il disait souvent : « Je laisse vivre Caïus pour son malheur et pour celui de tous » ; ou bien : « J'élève un serpent pour le peuple romain, et un autre Phaéton[23] pour l'univers. »

XII. Peu de temps après, Caïus épousa Junia Claudilla, fille de M. Silanus, d'une des plus nobles familles de Rome. Il fut ensuite désigné augure à la place de son frère Drusus[24], et avant même d'être investi de ses fonctions, il passa, par une éclatante faveur, au pontificat. Tibère, qui ne voyait dans la maison impériale, déserte et ravagée, d'autre appui que Caïus, et dans Séjan qu'un ministre suspect, qu'un ennemi, dont il ne tarda pas à se défaire, éprouvait ainsi le caractère et l'attachement de son petit-fils, qu'il approchait de l'espoir de sa succession par degrés. Pour le rendre plus sûr, Caïus, qui venait de perdre Junia, morte en couches, rechercha les faveurs d'Ennia Névia, femme de Macron, chef des cohortes prétoriennes, lui promettant de l'épouser quand il serait maître de l'empire ; il s'y engagea même par serment et par écrit. Dès qu'il eut, par elle, gagné Macron, il n'hésita plus, à ce que prétendent quelques auteurs, à empoisonner Tibère. Celui-ci respirait encore lorsque Caïus lui ôta son anneau ; et comme le moribond paraissait vouloir le garder jusqu'à la fin, il fit jeter sur lui un oreiller[25], ou même il l'étrangla de ses mains. Un affranchi, à qui cette atrocité arracha un cri, fut aussitôt mis en croix. Ce récit paraît d'autant plus vraisemblable, que, selon quelques historiens, Caligula lui-même se vanta plus tard, sinon d'avoir commis ce parricide, du moins d'en avoir eu la pensée. Souvent, en effet, on l'entendit se glorifier, quand il exaltait son attachement pour sa famille, « d'être entré, un poignard à la main, dans la chambre de Tibère endormi, pour venger la mort de sa mère et de ses frères ; mais la pitié, ajoutait-il, l'avait retenu ; il avait jeté son arme et s'était retiré, sans que Tibère, qui s'en était aperçu, osât faire aucune enquête ou le punir. »

XIII. Il arriva ainsi à l'empire, où l'appelaient les vœux du peuple romain, je dirai même du monde entier ; cher aux provinces et aux armées, qui l'avaient vu enfant ; cher aux habitants de Rome, qui aimaient en lui le fils de Germanicus et le dernier rejeton d'une famille infortunée. Aussi, après être parti de Misène, et quoiqu'il suivît en costume de deuil le convoi de Tibère, il continua sa marche au milieu d'autels ornés de fleurs, de victimes déjà parées[26], de torches ardentes, et des cris de joie d'une foule immense, qui était venue à sa rencontre et lui prodiguait les plus tendres noms, chacun l'appelant « son astre, son enfant, son nourrisson, son élève ».

XIV. A peine fut-il entré dans Rome, que, du consentement unanime du sénat et du peuple, qui s'était jeté dans l'assemblée, il fut reconnu seul arbitre et seul maître de l'État, au mépris du testament de Tibère, qui lui avait donné pour cohéritier son autre petit-fils, encore enfant[27]. La joie publique fut telle, qu'en moins de trois mois on égorgea, dit-on, plus de cent soixante mille victimes. Peu de jours après, Caïus étant allé visiter les îles proches de la Campanie, on fit des vœux publics pour son retour, tant l'on saisissait avec empressement la moindre occasion de lui témoigner l'intérêt, plein de sollicitude, que l'on prenait à sa conservation. Il tomba malade vers le même temps : tout le monde passa les nuits autour de son palais [28] ; et il se trouva des Romains qui, pour prix de son rétablissement, firent vœu de combattre dans l'arène et de s'immoler aux dieux, comme victimes expiatoires, en le proclamant par une affiche. A cet immense amour des citoyens se joignit l'éclatante faveur des étrangers mêmes. Le roi des Parthes, Artaban, qui n'avait jamais dissimulé sa haine et son mépris pour Tibère, demanda l'amitié de Caïus. Il eut, dans ce but, une entrevue avec un lieutenant consulaire [29], et, traversant l'Euphrate, il rendit un culte volontaire aux aigles romaines et aux images des Césars.

XV. Il excitait cet amour des peuples par tous les moyens de popularité. Après avoir prononcé à la tribune, non sans verser bien des larmes, l'éloge funèbre de Tibère, et lui avoir fait de magnifiques funérailles, il partit aussitôt pour les îles Pandatéria et Pontia, où il allait recueillir les cendres de sa mère et de son frère [30], et par un temps affreux, pour faire mieux éclater ce pieux empressement. Il aborda ces cendres avec de grandes marques de respect ; il les mit lui-même dans des urnes, et les accompagna jusqu'à Ostie, avec la même ostentation de douleur, sur une galère à deux rangs de rames, un grand étendard à la poupe. De là, il les porta par le Tibre, jusqu'à Rome, où elles furent reçues par les plus distingués de l'ordre équestre, placées sur deux civières et déposées, en plein jour, dans le Mausolée [31]. Il institua pour elles des cérémonies funèbres et annuelles, et de plus, pour sa mère, des jeux dans le Cirque, où son image devait être promenée solennellement sur un char, comme celles des dieux [32]. En mémoire de son père, il appela *Germanicus* le mois de septembre. Il fit ensuite décerner à son aïeule Antonia, par un même sénatus-consulte, tous les honneurs accordés en différents temps à Livia Augusta. Il se donna pour collègue, dans le consulat, Claude, son oncle paternel, qui était resté simple chevalier romain. Il adopta Tibère, son cousin, le jour où celui-ci prit la toge virile, et il lui donna le titre de *prince de la jeunesse* [33]. Quant à ses sœurs, il voulut que l'on ajoutât cette formule à tous les serments : JE N'AIMERAI NI MOI NI MES ENFANTS PLUS QUE JE N'AIME CAÏUS ET SES SŒURS ; et celle-ci, dans les rapports des consuls : POUR LE BONHEUR ET LA PROSPÉRITÉ DE C. CÉSAR ET DE SES SŒURS. Toujours avide de popularité, il réhabilita les condamnés et les bannis, et il arrêta toutes les poursuites antérieures à son avènement. Il fit porter dans le Forum tous les mémoires relatifs au procès fait à sa mère et ses frères ; et après avoir attesté publiquement les dieux qu'il n'avait ni lu ni même touché une seule de ces pièces, il les brûla toutes, pour qu'il ne restât de sujets de crainte à aucun délateur, à aucun témoin[34]. Il refusa, un jour, de recevoir un écrit qu'on lui présentait comme intéressant sa vie : il répondit « qu'il n'avait rien fait qui pût lui attirer la haine de qui que ce fût », et il protesta qu'il n'avait point d'oreilles pour les délateurs.

XVI. Il bannit de Rome les inventeurs de débauches monstrueuses[35] et l'on eut même beaucoup de peine à empêcher qu'il ne les fît noyer dans la mer. Il fit rechercher les ouvrages de Titus Labiénus, de Cordus Crémutius et de Cassius Sévère, que le sénat avait supprimés[36] ; et il en permit la copie et la lecture, se disant intéressé lui-même à ce que l'histoire fût fidèlement écrite. Il publia les comptes de l'empire ; usage introduit par Auguste et dédaigné par Tibère. Il donna aux magistrats une juridiction libre, indépendante de tout appel à sa personne. Il fit la revue des chevaliers romains avec beaucoup de soin et une sévérité qui n'excluait pas la modération. Il ôta publiquement leur cheval à ceux qui furent convaincus de quelque bassesse ou de quelque ignominie ; et il se contenta d'omettre, dans l'appel, les noms de ceux qui avaient commis de moindres fautes. Afin de soulager les juges dans leurs travaux, il ajouta une cinquième décurie aux quatre premières[37]. Il essaya aussi de rétablir l'usage des comices, et de rendre au peuple le droit de suffrage. Il acquitta fidèlement et sans remise les legs portés au testament de Tibère, quoiqu'on l'eût cassé ; et même ceux du testament de Julia Augusta[38], que ce prince avait déclaré nul. Il fit remise à l'Italie de l'impôt d'un demi pour cent sur la vente aux enchères. Il indemnisa de leurs pertes beaucoup d'incendiés. En restituant des royaumes à leurs possesseurs, il y joignit le produit intégral des revenus et des impôts perçus pendant le temps de l'usurpation ; comme il rendit à Antiochus, de Commagène, une confiscation de cent millions de sesterces. Afin de paraître encourager toutes les vertus, il fit don de huit cent mille sesterces à une affranchie, à qui les plus cruelles tortures n'avaient pu arracher un seul mot sur un crime imputé à son patron. Cette conduite lui fit décerner, entre autres distinctions, un bouclier d'or, que tous les ans, à un certain jour, les collèges de prêtres devaient porter au Capitole, suivis de tout le sénat, et de la jeune noblesse des deux sexes chantant des vers à sa louange. On décréta aussi que le jour de son avènement à l'empire serait appelé *Palilies*, comme étant la date d'une nouvelle fondation de Rome[39].

XVII. Il exerça quatre fois les fonctions de consul : la première fois, à partir des calendes de juillet, et pendant deux mois ; la seconde, depuis les calendes de janvier, pendant trente jours ; la troisième, jusqu'aux ides de janvier ; la quatrième, jusqu'au sept des ides du même mois[40]. Les deux derniers consulats furent consécutifs. Il commença le troisième à Lyon et sans collègue, non par orgueil ou par indifférence, comme on l'a dit, mais parce que, absent de Rome, il ignorait que son collègue fût mort vers le jour des calendes[41]. Il donna deux fois au peuple un congiaire de trois cents sesterces par tête, et aux sénateurs ainsi qu'aux chevaliers un repas des plus somptueux, auquel furent aussi conviés leurs femmes et leurs enfants. Dans le dernier de ces festins, il fit distribuer aux hommes des vêtements pour le Forum, et des bandelettes de pourpre aux enfants et aux femmes. Pour augmenter à jamais la durée des réjouissances publiques aux fêtes des Saturnales, il y ajouta un jour, et le nomma « le jour de la jeunesse ».

XVIII. Il donna plusieurs fois des combats de gladiateurs, les uns dans l'amphithéâtre de Taurus[42], les autres dans l'enceinte des élections[43] ; et il y fit paraître des troupes de lutteurs d'Afrique et de Campanie, choisis parmi les plus fameux de ces deux pays. Quand il ne présidait pas lui-même à ces spectacles, il chargeait de ce soin les magistrats ou ses amis. Il donna aussi des jeux scéniques, en grand nombre et fort variés et en beaucoup d'endroits, quelquefois même pendant la nuit, à la lueur d'une immense quantité de flambeaux. Il envoyait aux spectateurs des présents de toute sorte, et jusqu'à des corbeilles remplies de pain et de viande pour chaque personne. Voyant un jour, en face de lui, dans un de ces impromptus, un chevalier romain qui mangeait sa part avec beaucoup d'appétit et de gaieté, il lui fit passer la sienne ; et avisant plus loin un sénateur, digne émule du chevalier, il lui fit tenir un billet qui le nommait préteur extraordinaire. Les jeux qu'il donna dans le Cirque durèrent quelquefois depuis le matin jusqu'au soir, ayant pour intermèdes, tantôt une chasse d'animaux africains, tantôt une course troyenne[44]. Quelques-uns de ces spectacles furent surtout remarquables en ce que l'arène était parsemée de vermillon et de chrysocalle[45], et qu'il n'y avait que des sénateurs qui conduisissent les chars. D'autres, enfin, furent donnés subitement, comme le jour où, examinant, à partir de la maison Gélotienne[46], des apprêts commencés dans le Cirque, il accueillit la demande que lui en firent quelques personnes, du haut des balcons voisins.

XIX. Il inventa, en outre, un genre de spectacle qui surpassa tout ce qu'on avait vu. Il fit élever sur la mer, entre Baïes et la digue de Pouzzoles, dans un espace d'environ trois mille six cents pas, un pont formé d'un double rang de bâtiments de transport amenés de toutes les mers, fixés par les ancres, et recouverts d'une chaussée dont la forme rappelait la voie Appienne. Deux jours durant, il ne fit que passer et repasser sur ce pont : le premier jour, sur un cheval magnifiquement harnaché, une couronne de chêne sur la tête, un bouclier d'une main, un glaive de l'autre, et sur les épaules une chlamyde toute brodée d'or ; le lendemain, en costume de cocher, sur un char que traînaient deux chevaux des plus renommés. Il était alors précédé du jeune Darius, l'un des otages des Parthes, et suivi de sa garde prétorienne, et de ses amis montés sur des chariots. Les uns ont pensé qu'il n'avait imaginé ce pont qu'afin d'égaler Xerxès, qui avait été si admiré pour en avoir jeté un sur le détroit de l'Hellespont, beaucoup moins large que celui de Baïes : les autres, qu'il avait voulu effrayer, par la renommée de quelque gigantesque entreprise, la Germanie et la Bretagne, où il menaçait d'aller porter la guerre. Je sais tout cela : mais, étant encore enfant, j'ai ouï-dire à mon aïeul que la seule raison de cet ouvrage, révélée par les serviteurs intimes du palais, était que le mathématicien[47] Thrasyllus, voyant Tibère hésiter sur le choix de son successeur et pencher pour le petit-fils issu de lui[48], avait affirmé « que Caïus ne serait pas plus empereur qu'il ne traverserait à cheval le golfe de Baïes ».

XX. Il donna aussi des spectacles hors de l'Italie, notamment des jeux urbains[49] en Sicile, à Syracuse, et des jeux de toute espèce à Lyon, dans la Gaule. Il y fonda même des concours d'éloquence grecque et latine, où les vaincus étaient, dit-on, obligés de couronner eux-mêmes les vainqueurs et de chanter leurs louanges. Quant à ceux dont les compositions étaient jugées les plus mauvaises, ils devaient les effacer avec une éponge ou même avec la langue, s'ils n'aimaient mieux être battus à coups de férules ou jetés dans le fleuve le plus voisin.

XXI. Il acheva les monuments que Tibère avait laissés imparfaits, le temple d'Auguste et le théâtre de Pompée[50]. Il commença un aqueduc auprès de Tibur, et un amphithéâtre près de l'enceinte des élections; constructions dont la première fut terminée par Claude, son successeur [51], qui négligea l'autre. A Syracuse, les murs de la ville et les temples des dieux, tombés en ruine, furent relevés par ses ordres. Il eut aussi le projet de reconstruire le palais de Polycrate à Samos, d'achever à Milet le temple d'Apollon Didyméen [52], de bâtir une ville au sommet des Alpes, mais, avant tout, de percer l'isthme d'Achaïe [53]; et il avait déjà envoyé un centurion primipilaire en prendre exactement les dimensions.

XXII. J'ai parlé jusqu'ici d'un prince; je vais maintenant parler d'un monstre. Il s'était fait appeler LE PIEUX, L'ENFANT DES CAMPS, LE PÈRE DES ARMÉES, LE TRÈS BON ET TRÈS GRAND CÉSAR. Entendant, un jour, plusieurs rois, qui étaient venus à Rome pour lui rendre leurs devoirs, se disputer entre eux, à sa table, sur la noblesse de leur origine, il s'écria en grec : « Qu'il n'y ait qu'un seul maître, qu'un seul roi [54]. » Peu s'en fallut aussi qu'il ne prît sur-le-champ le diadème, et ne substituât à l'apparence du principat l'image de la royauté [55]. Mais on lui représenta qu'il était lui-même au-dessus de tous les princes et de tous les rois de la terre, et il commença dès lors à s'attribuer la majesté divine. Il fit venir de la Grèce les statues des dieux les plus fameuses par l'excellence du travail ou par le respect des peuples, entre autres celles de Jupiter Olympien [56], et, leur enlevant la tête, il y substitua la sienne. Il fit prolonger jusqu'au Forum une aile de son palais, et transformer le temple de Castor et de Pollux en un vestibule, où il venait souvent s'asseoir entre les deux frères, et s'offrir aux adorations de la foule. Quelques-uns le saluèrent du titre de JUPITER LATIN [57]. Il eut aussi, pour sa divinité, un temple particulier, des prêtres, et les victimes les plus rares. On voyait dans ce temple sa statue en or, qui lui ressemblait beaucoup, et que tous les jours on habillait comme lui. Les plus riches citoyens se disputaient avec acharnement les fonctions de ce sacerdoce, objet de toute leur ambition. Les victimes immolées à ce dieu étaient des phénicoptères [58], des paons, des coqs de bruyère, des poules de Numidie, des pintades, des faisans; et il y avait pour chaque jour une espèce différente. La nuit, il invitait la lune, quand elle était dans son plein et dans tout son éclat, à venir recevoir ses embrassements et partager sa couche. Le jour, il avait des entretiens secrets avec Jupiter Capitolin : il lui parlait tantôt à l'oreille, et ensuite lui présentait la sienne; tantôt à haute voix, et même d'un ton arrogant. On l'entendit, une fois, lui dire avec menace :

Enlève-moi, ou je t'enlèverai[59] !

Mais s'étant, comme il disait, laissé fléchir, et ayant reçu de Jupiter l'invitation pressante d'aller demeurer près de lui, il fit construire un pont, par-dessus le temple du divin Auguste, entre le mont Palatin et le Capitole. Plus tard, afin d'en être encore plus voisin, il fit jeter sur la place même du Capitole les fondements d'un nouveau palais.

XXIII. Il ne voulait pas qu'on le crût ni qu'on l'appelât petit-fils d'Agrippa[60], dont la naissance lui paraissait trop basse ; et il entrait en courroux lorsque, dans un discours ou dans des vers, on le mettait au rang des ancêtres des Césars. Il se vantait que sa mère était née d'un inceste d'Auguste avec sa fille Julie ; et, non content de diffamer ainsi Auguste, il défendit de célébrer par des fêtes solennelles les victoires d'Actium et de Sicile, comme ayant été funestes et désastreuses pour le peuple romain[61]. Il appelait sa bisaïeule Livie un *Ulysse en robe ;* et, dans une lettre au sénat, il osa rabaisser sa naissance, alléguant que son aïeul maternel n'était qu'un décurion de Fondi[62], tandis qu'il est prouvé, par les actes publics, qu'Aufidius Lurcon, cet aïeul, remplit à Rome de hautes fonctions. Il refusa, un jour, une conversation particulière à son aïeule Antonia, et il voulut que le préfet Macron fût présent. C'est par de tels dégoûts et de pareilles indignités qu'il la fit mourir, si même il ne lui donna pas, comme on l'a dit, du poison. Il ne lui rendit, après sa mort, aucun honneur, et il regarda tranquillement, de sa table, les flammes du bûcher. Il envoya un tribun des soldats tuer à l'improviste son cousin Tibère, et il obligea son beau-père Silanus[63] à se couper la gorge avec un rasoir. Il prétendait que le second avait refusé de le suivre sur une mer orageuse, dans l'espoir de s'emparer de Rome, s'il venait à périr dans une tempête ; et que le premier avait respiré un antidote, pour se prémunir contre ses tentatives d'empoisonnement. Mais Silanus avait voulu éviter les ennuis de la navigation et les désagréments de la mer, dont il souffrait beaucoup ; et Tibère n'avait fait qu'user d'un remède connu contre une toux opiniâtre et invétérée. Quant à Claude, son oncle, il ne l'épargna que pour en faire son jouet[64].

XXIV. Il eut un commerce criminel et suivi avec toutes ses sœurs ; et à table, il les faisait placer tour à tour au-dessous de lui sur son lit[65], tandis que sa femme était installée au-dessus de lui. On croit qu'il portait encore la prétexte lorsqu'il ravit la virginité à Drusilla ; et il fut un jour surpris dans ses bras par son aïeule Antonia, chez laquelle ils étaient élevés tous deux. On la maria ensuite au consulaire Lucius Cassius Longinus ; mais Caïus la lui enleva, et la traita publiquement comme son épouse légitime. Dans une maladie qu'il fit, il l'institua héritière de ses biens et de l'empire. Lorsqu'elle mourut, il fit interrompre toutes les affaires ; et ce fut pendant cette période un crime capital que d'avoir ri, de s'être baigné, d'avoir soupé avec ses parents, ou avec sa femme et ses enfants. Comme égaré par la douleur, il s'échappa, une nuit, de Rome, traversa en courant la Campanie, et gagna Syracuse, d'où il revint tout aussi brusquement, la barbe et les cheveux démesurément longs. Dans la suite, il ne jura jamais que par la divinité de Drusilla, même dans les plus grandes circonstances, et en parlant au peuple ou aux soldats. Il n'eut pour ses autres sœurs ni la même passion ni les mêmes égards ; et il les prostitua souvent à ses mignons. Aussi n'hésita-t-il pas, dans le procès d'Émilius Lépidus[66], à les faire condamner comme adultères, et comme complices de ce conspirateur. Non seulement il montra des lettres de leur main, que la fraude et d'infâmes moyens lui avaient procurées ; mais trois glaives, dont il disait qu'elles voulaient le frapper, furent consacrés par lui à Mars Vengeur, avec une inscription attestant ce prétendu crime[67].

XXV. Pour ses mariages, il n'est pas aisé de décider s'il montra plus d'infamie en les contractant, en les rompant, ou en s'y maintenant. Ayant assisté aux noces de C. Pison et de Livia Orestilla, il ordonna de la conduire aussitôt chez lui, la répudia peu de jours après, et, deux ans plus tard, l'exila, sous prétexte que, dans cet intervalle, on croyait qu'elle avait repris ses relations avec son premier mari. D'autres disent qu'étant assis au repas de noce, en face de Pison, il lui dit : « Ne serrez pas ma femme de si près » ; que, le repas fini, il l'emmena, et que, le lendemain, il publia, par un édit, QU'IL S'ÉTAIT MARIÉ COMME ROMULUS ET COMME AUGUSTE[68]. Ayant, un jour, entendu dire que l'aïeule de Lollia Paulina, épouse du consulaire C. Memmius, qui commandait les armées, avait été la plus belle femme de son temps, il fit venir sur-le-champ Lollia de la province où commandait son mari, se la fit livrer par lui, se la donna pour femme, et ne tarda pas à la renvoyer, en lui défendant d'avoir jamais de commerce avec un homme. Il aima avec plus de constance et d'ardeur Césonie, qui n'était ni belle ni jeune, et qui avait déjà eu trois filles avec un autre ; mais qui était un monstre de luxure et de lascivité. Il la montra souvent aux soldats, caracolant à ses côtés, revêtue de la chlamyde, et armée d'un casque et d'un bouclier ; à ses amis, il la fit voir nue. Quand elle fut mère, il voulut l'honorer du nom de sa femme[69], et, le même jour, il se déclara son mari et le père de la fille qu'elle avait mise au monde. Il appela cette fille Julia Drusilla, la porta dans les temples de toutes les déesses, et la plaça sur le sein de Minerve, en la lui recommandant comme nourrisson et comme élève. Le plus sûr indice, à ses yeux, qu'elle était de son sang, c'était sa cruauté, déjà si grande aussi, qu'elle tentait de déchirer avec ses ongles le visage et les yeux des enfants qui jouaient avec elle.

XXVI. Après ces détails, on ne sera pas étonné de la manière dont il traita ses proches et ses amis : Ptolémée, par exemple, fils du roi Juba et son propre cousin (puisque ce Ptolémée était petit-fils d'Antoine par sa fille Séléné[70]), et surtout ce Macron, cette Ennia, qui l'avaient élevé à l'empire[71]. Malgré les droits de la parenté, malgré le souvenir des bienfaits, ils périrent tous d'une mort sanglante. Il n'eut pas plus de respect ni de bonté pour les membres du sénat. Il souffrit que plusieurs d'entre eux, honorés des premières dignités de l'État, courussent à pied et en toge, à côté de son char, l'espace de plusieurs milles, et que, pendant ses repas, ils se tinssent debout derrière son lit ou à ses pieds, une serviette à la ceinture. Il en fit tuer quelques-uns secrètement, et il ne laissait pas de les mander au palais, comme s'ils eussent encore vécu. Au bout de quelque temps, il disait, mensongèrement, qu'ils avaient fini leurs jours volontairement. Il destitua des consuls qui avaient oublié de faire un édit sur l'anniversaire de sa naissance, et l'État resta, pendant trois jours, sans premiers magistrats. Son questeur ayant été nommé dans une conjuration, il le fit battre de verges et lui ôta lui-même ses vêtements, qu'il étendit sous les pieds des soldats, pour qu'ils fussent, en le frappant, plus fermes sur leurs jambes. Il traita tous les ordres avec le même orgueil et la même cruauté. Importuné du bruit de la foule, qui allait, dès le milieu de la nuit, occuper les places gratuites du Cirque, il la fit chasser à coups de bâton. Plus de vingt chevaliers romains furent écrasés dans ce tumulte, et autant de mères de famille, sans compter beaucoup de menu peuple. Les jours de spectacle, il se plaisait à semer la discorde entre les plébéiens et les chevaliers, en faisant commencer les distributions[72] avant l'heure accoutumée, afin que ceux-ci trouvassent leurs bancs[73] envahis par les gens de la plus basse condition. Pendant les jeux, il faisait retirer tout d'un coup, par le soleil le plus ardent, les toiles qui en garantissaient les spectateurs, et il défendait que personne sortît de l'amphithéâtre. Au lieu des combats ordinaires, il opposait parfois à des bêtes épuisées ce qu'il y avait de plus abject et de plus vieux parmi les combattants ; des gladiateurs de tréteaux, des pères de famille[74] respectables, mais bien connus par quelque infirmité. Plus d'une fois même il fit fermer les greniers publics, et notifia au peuple l'état de famine.

XXVII. Voici les principaux traits de sa barbarie. Comme les animaux coûtaient trop cher pour la nourriture des bêtes féroces destinées aux spectacles, il les nourrit de la chair des criminels, qu'on leur donnait à déchirer tout vivants ; et, un jour qu'il visitait les prisons, il ordonna, se tenant au guichet et sans même consulter le registre où chaque peine était marquée, que tous les prisonniers indistinctement[75] fussent, devant lui, conduits aux bêtes. Il contraignit un citoyen, qui avait fait vœu de combattre dans l'arène pour la santé de l'empereur, à remplir sa promesse : il assista même au combat, et ne le renvoya que vainqueur ; encore fallut-il l'en prier longtemps. Un autre avait juré de mourir pour lui, s'il le fallait ; il le prit au mot ; mais le voyant hésiter, il le fit couronner, comme une victime, de verveine et de bandelettes, et le livra ensuite à une troupe d'enfants[76] qui avaient ordre de le poursuivre dans les rues en lui rappelant son vœu, jusqu'à ce qu'il fût précipité du haut de la terrasse[77]. Il condamna aux mines, aux travaux des chemins ou aux bêtes, une foule de citoyens distingués, après les avoir fait marquer d'un fer chaud. Il les enfermait aussi dans des cages, où ils étaient obligés de se tenir dans la posture des quadrupèdes ; ou bien il les faisait scier par le milieu du corps. Et ce n'était pas toujours pour des causes graves : ceux-ci n'avaient pas été contents d'un de ses spectacles ; ceux-là n'avaient jamais juré par son génie. Il forçait les pères d'assister au supplice de leurs enfants. L'un d'eux s'étant excusé sur sa santé, Caligula lui envoya sa litière ; un autre fut traîné, de cet affreux spectacle, à la table de l'empereur, qui l'excita, par toutes sortes de moyens, à rire et à plaisanter. Il fit battre, devant lui, avec des chaînes, pendant plusieurs jours de suite, celui qui avait le soin des jeux et des chasses dans le Cirque ; et il n'ordonna de le tuer que lorsqu'il se sentit incommodé de l'odeur de sa cervelle en putréfaction. L'auteur d'une atellane[78] fut brûlé, par ses ordres, au milieu de l'amphithéâtre, pour un vers équivoque. Un chevalier romain, exposé aux bêtes, s'écria qu'il était innocent ; Caligula le fit revenir, lui fit couper la langue, et le renvoya au supplice.

XXVIII. Il demanda un jour à un citoyen qu'il avait rappelé d'un long exil, ce qu'il avait coutume d'y faire : celui-ci répondit, pour le flatter : « Je demandais tous les jours aux dieux, qui m'ont exaucé, que Tibère pérît et que vous régnassiez. » Persuadé alors que ses exilés priaient aussi les dieux de le faire mourir, il envoya, dans les îles où ils étaient détenus, des soldats qui les tuèrent tous. Voulant faire massacrer par le peuple un sénateur, il aposta des hommes pour l'appeler ennemi public, au moment où il entrerait dans le sénat ; ceux-ci devaient en même temps le percer de leurs stylets, et le donner ensuite à déchirer à la populace ; et il ne fut content qu'après avoir vu ses membres et ses entrailles traînés par les rues et apportés à ses pieds.

XXIX. L'atrocité de ses paroles rendait encore plus odieuse l'atrocité de ses actions. Il ne trouvait rien de plus louable et de plus beau dans son caractère que ce qu'il appelait en grec son insensibilité. Son aïeule Antonia lui ayant fait quelques remontrances, il ne se contenta pas de n'y avoir aucun égard : « Souvenez-vous, lui dit-il, que tout m'est permis, et contre tous. » Quand il donna l'ordre de tuer son cousin[79], qu'il soupçonnait de s'être prémuni contre le poison : « Quoi ! s'écria-t-il, un antidote contre César ! » Lorsqu'il exila ses sœurs, il leur dit d'un ton menaçant « qu'il n'avait pas seulement des îles, mais encore des glaives ». Un ancien préteur, qui s'était retiré à Anticyre[80] pour sa santé, lui demanda une prolongation de congé : il ordonna de le tuer, disant « qu'une saignée lui était nécessaire, puisque l'ellébore, si longtemps employé, ne lui servait de rien ». Tous les dix jours il faisait la liste des prisonniers qu'il voulait qu'on exécutât, et il appelait cela « apurer ses comptes ». Ayant un jour porté sur la même liste des Gaulois et des Grecs, il dit, d'un air de triomphe, « qu'il venait de subjuguer la Gallo-Grèce[81] ».

XXX. Il faisait toujours frapper ses victimes à petits coups redoublés, et il ne manquait jamais d'adresser aux bourreaux, qui la connaissaient bien, cette recommandation : « Frappez de manière à ce qu'il se sente mourir. » Ayant envoyé un homme au supplice pour un autre, par une méprise de nom : « Celui-ci, dit-il, l'a mérité aussi. » Il avait sans cesse à la bouche ce mot d'une tragédie : « Qu'on me haïsse pourvu qu'on me craigne[82]. » Il injuria souvent tous les sénateurs à la fois, les appelant tantôt les créatures de Séjan, tantôt les délateurs de sa mère et de ses frères ; et, produisant les pièces qu'il avait feint de jeter au feu[83], il justifiait la cruauté de Tibère, tant d'accusations lui en ayant fait, disait-il, une nécessité. Il ne cessait d'invectiver contre l'ordre entier des chevaliers, à cause de leur passion pour les jeux et les spectacles. Furieux de voir la foule favoriser, au Cirque, une faction à laquelle il était contraire, il s'écria : « Plût au ciel que le peuple romain n'eût qu'une tête ! » Comme on réclamait pour l'arène un brigand nommé Tétrinius, il dit « que ceux qui le demandaient étaient eux-mêmes des Tétrinius ». Cinq rétiaires[84], de ceux qui portent tunique et qui combattent en troupe, avaient été terrassés, sans faire aucune résistance, par autant de poursuivants[85] ; l'on prononçait déjà leur arrêt de mort, lorsqu'un des vaincus, reprenant son trident, tua les vainqueurs. Caligula, dans un édit, déplora comme affreux ce massacre inattendu, et chargea d'imprécations ceux qui en avaient soutenu le spectacle.

XXXI. On l'entendit aussi, plus d'une fois, se plaindre de ce que son règne n'était marqué par aucune calamité publique, tandis que celui d'Auguste l'avait été par la défaite de Varus[86], et celui de Tibère par la chute de l'amphithéâtre de Fidènes[87]. Le sien, ajoutait-il, était menacé d'oubli, par trop de bonheur ; et il souhaitait souvent des défaites sanglantes, la famine, la peste, des incendies, des tremblements de terre.

XXXII. Sa férocité ne le quittait pas même au milieu de ses plaisirs, de ses jeux et de ses festins. Souvent on procédait à des enquêtes sérieuses, avec usage de la torture, pendant qu'il dînait ou qu'il faisait la débauche. Un soldat, habile à couper des têtes, exerçait devant lui son talent sur tous les prisonniers qu'on lui amenait. Lorsqu'il fit la dédicace de ce pont de Pouzzoles dont nous avons parlé[88], il invita tous ceux qui étaient sur le rivage à venir le trouver, et tout à coup il les fit jeter en bas. Quelques-uns s'accrochèrent aux gouvernails ; il les fit enfoncer dans la mer à coups de crocs et d'avirons. A Rome, dans un repas public, un esclave ayant détaché d'un lit une lame d'argent, il ordonna sur-le-champ au bourreau de lui couper les mains, de les lui pendre au cou, et de le promener ainsi de table en table, avec un écriteau indiquant la cause de son châtiment. Un jour qu'il escrimait contre un mirmillon[89], armé comme lui d'une simple baguette, celui-ci se laissa tomber volontairement ; il le perça d'un poignard, et courut çà et là, une palme à la main, comme les vainqueurs dans l'arène. Pendant un sacrifice, au moment où la victime allait être immolée, il se ceignit à la manière des sacrificateurs, et, levant le maillet, il assomma celui qui présentait le couteau sacré. Au milieu d'un repas splendide, il se mit tout à coup à rire aux éclats : les consuls, assis à côté de lui, lui demandèrent, d'un ton flatteur, ce qu'il avait à rire : « C'est que je songe, répondit-il, que je puis, d'un signe, vous faire étrangler tous les deux. »

XXXIII. Il se plaça, un jour, par moquerie, près d'une statue de Jupiter, et demanda au tragédien Apelle lequel des deux lui paraissait le plus grand. Comme l'acteur hésitait à répondre, il le fit battre de verges, et trouva qu'il avait la voix agréable et belle dans les prières et jusque dans les gémissements. Toutes les fois qu'il baisait le cou de sa femme ou de sa maîtresse, il disait : « Cette jolie tête tombera, dès que je le voudrai. » Il répétait souvent « qu'il ferait donner la question à sa chère Césonie, afin de savoir d'elle-même pourquoi il l'aimait tant ».

XXXIV. Sa méchanceté envieuse, sa cruauté, son orgueil, s'attaquaient presque à tout le genre humain et à tous les siècles. Il abattit les statues des grands hommes qu'Auguste avait transportées du Capitole, où elles étaient à l'étroit, dans la vaste enceinte du champ de Mars ; et il en dispersa si bien les débris, que, lorsqu'on voulut les relever, on ne put retrouver entières les inscriptions dont elles étaient ornées. Il défendit qu'à l'avenir on fît, sans son ordre ou sa permission, la statue ou le portrait d'aucun homme vivant. Il voulut aussi anéantir les poèmes d'Homère, et il demandait « pourquoi il ne lui serait pas permis de faire ce qu'avait fait Platon, qui l'avait banni de sa république ? ». Peu s'en fallut qu'il ne fît enlever de toutes les bibliothèques les ouvrages et les portraits de Virgile et de Tite-Live, disant « que l'un n'avait aucun génie, aucun savoir, et que l'autre était un historien verbeux et inexact ». Enfin, il se vanta souvent de rendre bientôt inutile et méprisable toute la science des jurisconsultes, en proclamant, « par Hercule, qu'il ferait en sorte qu'ils ne pussent donner aucune consultation de droit, car cela lui était réservé ».

XXXV. Il interdit aux plus nobles Romains les antiques distinctions de leur race : à Torquatus[90], le collier ; à Cincinnatus[91], la chevelure bouclée ; à Cn. Pompée, qui était de cette ancienne famille, le surnom de Grand[92]. Il avait mandé à Rome le roi Ptolémée, dont j'ai parlé plus haut[93], et il l'accueillit fort bien ; mais un jour qu'il donnait des jeux, il le fit tuer inopinément, pour le seul crime d'avoir, en entrant au spectacle, attiré sur lui tous les regards, grâce à l'éclat de son manteau de pourpre. Rencontrait-il un homme dont une riche chevelure rehaussait la beauté, il lui faisait aussitôt raser le derrière de la tête. Un certain Ésius Proculus, fils d'un centurion primipilaire, et remarquable par sa taille et par sa beauté, avait été surnommé l'*Amour colosse ;* Caligula, l'apercevant sur un des bancs de l'amphithéâtre, le fit sur-le-champ saisir et descendre dans l'arène, où il lui opposa d'abord un Thrace[94], puis un gladiateur armé de toutes pièces[95]. Proculus les vainquit tous deux ; mais l'empereur ordonna immédiatement de le garrotter, de le couvrir de haillons, de le promener ainsi dans les rues en le montrant aux femmes, et de l'égorger ensuite. Il n'y avait enfin condition si basse, fortune si médiocre qui pût mettre à l'abri de sa haine jalouse. Le roi de Némi[96] était depuis plusieurs années en possession du sacerdoce de Diane d'Aricie : il lui suscita un concurrent plus robuste que lui. Un essédaire[97], nommé Porius, ayant affranchi, en plein théâtre et après une brillante victoire, un de ses esclaves, le peuple le couvrit d'applaudissements : Caligula sortit alors si brusquement du spectacle, que, marchant sur un pan de sa toge, il tomba du haut des degrés ; et il s'écria, plein d'indignation, « que le peuple-roi honorait plus un gladiateur, pour un misérable motif, que la mémoire sacrée des Césars ou la présence même de l'empereur ».

XXXVI. Il n'eut aucun souci de sa pudeur ni de celle d'autrui ; et il passe pour avoir aimé d'un amour infâme M. Lépidus[98], le pantomime Mnester[99] et quelques otages. Valérius Catullus, fils d'un consulaire, lui reprocha tout haut d'avoir abusé de sa jeunesse jusqu'à lui fatiguer les flancs. Sans parler de ses incestes avec ses sœurs, ni de sa passion bien connue pour la courtisane Pyrallis, il ne respecta aucune femme de distinction. Le plus souvent il les invitait à souper avec leurs maris, les faisait passer et repasser devant lui, les examinait avec l'attention minutieuse d'un marchand d'esclaves ; et si quelques-unes baissaient la tête par pudeur, il la leur relevait avec la main. Il emmenait ensuite dans une chambre voisine chacune de celles qui lui plaisaient le plus ; puis, en rentrant dans la salle du festin avec les marques toutes récentes du plaisir, il louait ou critiquait tout haut ce qu'elles avaient de bien ou de mal, et il disait jusqu'au nombre de ses exploits. Il en répudia quelques-unes, au nom de leurs maris absents, et il fit insérer ces divorces dans les actes publics[100].

XXXVII. Il surpassa, dans ses profusions, les extravagances des hommes les plus prodigues. Inventeur d'une nouvelle espèce de bains, de mets extraordinaires et de soupers monstrueux, il se lavait dans des essences, tantôt chaudes et tantôt froides ; il avalait des perles du plus grand prix, dissoutes dans le vinaigre ; il faisait servir à ses convives des pains et des mets d'or, disant « qu'il fallait être économe, ou César ». Pendant plusieurs jours il jeta au peuple, du haut de la basilique Julienne, une somme énorme en petite monnaie. Il fit construire des vaisseaux liburniens[101] à dix rangs de rames, et dont les voiles étaient de diverses couleurs, et la poupe garnie de pierres précieuses. On y voyait une grande quantité de bains, de galeries et de salles à manger ; une grande variété de vignes et d'arbres fruitiers. C'était sur ces navires qu'il côtoyait la Campanie, mollement couché en plein jour, et au milieu des danses et des symphonies. Dans la construction de ses palais et de ses villas, il ne tenait aucun compte des règles, et ne souhaitait rien tant que d'exécuter ce qu'on disait inexécutable. Il jetait des digues dans une mer profonde et orageuse ; il faisait fendre les rochers les plus durs ; il faisait élever les plaines à la hauteur des montagnes, et raser les montagnes au niveau des plaines ; tout cela avec une incroyable célérité ; la lenteur était punie de mort. Pour tout dire en un mot, il dissipa en moins d'un an les immenses trésors de l'empereur Tibère, lesquels montaient à deux milliards sept cents millions de sesterces[102].

XXXVIII. Toutes ses ressources épuisées, il eut recours à la rapine, et se montra on ne peut plus inventif dans les moyens qu'il employa : les fausses accusations, les ventes publiques et les impôts. Il prétendit que ceux dont les ancêtres avaient obtenu pour eux et leur postérité le droit de cité romaine en jouissaient illégalement, s'ils ne le tenaient de leur père, le mot *descendants* ne devant pas, disait-il, s'étendre au-delà de la première génération ; et quand on lui opposait des diplômes[103] émanés du divin Jules ou du divin Auguste, il les annulait, comme de vieux titres sans valeur. Il poursuivit, pour fausse déclaration, ceux dont la fortune s'était augmentée de quelque manière et de si peu que ce fût, depuis qu'ils en avaient donné l'état. Il cassa, pour cause d'ingratitude, les testaments de tous les primipiles qui, depuis le commencement du règne de Tibère, n'avaient rien légué ni à cet empereur ni à lui. Il annulait aussi ceux des autres citoyens, quand quelqu'un déclarait qu'ils avaient manifesté, en mourant, le désir d'avoir César pour héritier. L'alarme ainsi donnée, des inconnus l'appelèrent ouvertement à leur succession avec leurs amis, des pères avec leurs enfants. Alors il disait que c'était se moquer que de vivre encore après l'avoir fait héritier, et il envoyait à beaucoup d'entre eux des gâteaux empoisonnés. Il instruisait des affaires de ce genre : après avoir déterminé la somme qu'il voulait remporter, cette somme une fois faite, il levait la séance. Toujours impatient de s'en aller, il condamna une fois, par une même sentence, plus de quarante citoyens accusés de différents crimes ; et, réveillant Césonie, il se vanta « de tout le travail qu'il avait accompli pendant qu'elle faisait sa méridienne ».

XXXIX. Ayant annoncé une vente aux enchères, il fit exposer et vendre ce qui restait du matériel de tous les spectacles, fixa lui-même les prix et les fit monter si haut, que quelques citoyens, forcés d'acheter certains objets à un prix énorme et se voyant ruinés, s'ouvrirent les veines. C'est une chose connue qu'ayant aperçu Aponius Saturninus qui sommeillait sur un des bancs, il dit au crieur : « Faites attention que voilà un ancien préteur qui me fait signe de la tête qu'il enchérit toujours » ; et il ne cessa de pousser l'enchère jusqu'à ce qu'il lui eût fait adjuger, à son insu, treize gladiateurs, pour neuf millions de sesterces[104]. Il vendit en Gaule les bijoux, les meubles, les esclaves et jusqu'aux affranchis de ses sœurs, qui avaient été condamnées[105] ; et il en retira des sommes immenses. Séduit par l'appât du gain, il se fit apporter de Rome tout le mobilier de l'ancienne cour, et il mit en réquisition, pour le transport de ces objets, toutes les voitures de louage et tous les chevaux de meunier ; de sorte que le pain manqua souvent à Rome, et que la plupart des plaideurs, ne pouvant venir à l'assignation, encoururent, comme absents, la déchéance. Il n'y eut sorte de fraude et d'artifices qu'il n'employât dans la vente de ces meubles, reprochant à ceux-ci leur avarice, demandant à ceux-là « s'ils n'avaient pas honte d'être plus riches que lui » ; feignant parfois de se repentir de prodiguer ainsi à des particuliers ce qui avait appartenu à des princes. Il apprit qu'un riche habitant de cette province avait compté deux cent mille sesterces aux huissiers de sa chambre pour être admis à sa table, sans y avoir été officiellement invité. Il ne fut pas fâché qu'on mît à si haut prix l'honneur de manger avec lui ; et le lendemain, voyant le même homme assis dans la salle des ventes, il lui adjugea, pour deux cent mille sesterces, je ne sais quelle guenille, en lui faisant dire « qu'il souperait chez l'empereur, sur sa propre invitation ».

XL. Il fit percevoir des impôts nouveaux et jusqu'alors inconnus, d'abord par des fermiers publics, et ensuite, le gain devenant immense, par des centurions et des tribuns de la garde prétorienne [106]. Aucune personne, aucune chose qui ne fût frappée d'imposition. Il établit un droit fixe sur tous les comestibles qui se vendaient dans Rome ; il exigea des plaideurs, en quelque lieu que leurs procès fussent jugés, le quarantième de la somme en litige ; et il y eut une peine contre ceux qui furent convaincus de s'être accommodés ou désistés de leurs prétentions. Les portefaix furent taxés au huitième de leur gain journalier ; les prostituées, au prix d'un de leurs actes ; et il fut ajouté à ce chapitre de la loi, qu'un pareil droit serait exigé de celles qui avaient exercé le métier de courtisanes et de ceux qui avaient servi d'entremetteurs. Le mariage même fut soumis à cette taxe.

XLI. Ces impôts avaient été proclamés, mais non affichés ; et comme il se commettait, par ignorance, beaucoup de contraventions, Caligula se décida enfin, sur les instances du peuple, à afficher sa loi. Mais il la fit écrire si menu et exposer dans une rue si étroite, qu'il fut impossible d'en prendre copie. Enfin, pour faire argent de tout, on établit de nombreuses cellules séparées les unes des autres et meublées selon la dignité du lieu ; des femmes mariées et des hommes de naissance libre s'y tenaient assidûment ; et des nomenclateurs [107] allaient dans les places publiques et autour des basiliques inviter au plaisir les jeunes gens et les vieillards. A leur entrée, on leur prêtait, à gros intérêt, une certaine somme, et l'on prenait ostensiblement leurs noms, comme pour leur faire honneur d'augmenter les revenus de César. Il ne dédaignait même pas les profits du jeu ; mais ses plus forts bénéfices étaient dus à la fraude et au parjure. Un jour, il chargea son voisin de jouer pour lui, et, allant se placer sur la porte de son palais, il fit aussitôt saisir deux riches chevaliers romains qui passaient, confisqua leurs biens, et rentra tout joyeux, se glorifiant de n'avoir jamais eu de meilleure chance aux dés.

XLII. Lorsqu'il eut une fille [108], il se plaignit d'être pauvre, et de succomber à la fois sous les charges de l'empire et de la paternité : aussi voulut-il que l'on contribuât pour élever et doter cette jeune fille. Il annonça par un édit qu'il accepterait des étrennes au commencement de l'année [109] ; et, le jour des calendes de janvier, il se tint à l'entrée de son palais, y recevant lui-même l'argent qu'une foule de personnes de toute condition répandirent à pleines mains et à pleines poches [110] devant lui. Dans les derniers temps, la passion des richesses étant devenue chez lui une frénésie, il se promenait souvent, pieds nus, sur d'immenses monceaux d'or, étalés dans une vaste salle ; quelquefois même il se roulait au milieu.

XLIII. Quant aux travaux de la guerre, il ne s'y essaya qu'une seule fois, et encore sans l'avoir voulu. Étant allé voir le fleuve Clitumne [111] et le bois qui l'avoisine, il s'avança jusqu'à Mévanie [112]. Là, on lui conseilla de compléter la garde batave dont il était alors entouré, et il entreprit sur-le-champ l'expédition de Germanie. Il ne perdit pas un moment. Il fit venir de tous côtés des légions et des troupes auxiliaires : il fit des levées avec la plus grande rigueur ; il ordonna en tout genre des approvisionnements tels qu'on n'en avait jamais vu, et il se mit en route. Il marchait parfois avec tant de hâte et de rapidité, que les cohortes prétoriennes étaient obligées, pour le suivre, de charger leurs enseignes sur les bêtes de somme, contrairement à l'usage ; parfois avec tant de nonchalance et de mollesse, qu'il se faisait porter par huit esclaves dans une litière, et que les habitants des villes voisines avaient ordre de balayer les chemins, et de les arroser pour abattre la poussière.

XLIV. Arrivé au camp, il voulut se montrer chef rigide et sévère : il renvoya ignominieusement ceux de ses lieutenants qui étaient arrivés trop tard avec les troupes auxiliaires qu'ils devaient amener. Quand il fit la revue de son armée, il cassa, sous prétexte qu'ils étaient vieux et épuisés, la plupart des centurions primipilaires, alors dans la maturité de l'âge, et dont quelques-uns n'avaient plus que fort peu de jours à servir pour avoir fait leur temps. Pour les autres, il les accusa de cupidité, et il restreignit à six mille sesterces les avantages de la vétérance [113]. Du reste, tous ses exploits se bornèrent à recevoir la soumission d'Adminius, fils de Cynobellinus, roi des Bretons ; ce jeune homme, chassé par son père, étant venu chercher un refuge auprès de lui, avec une suite peu nombreuse. Alors, comme s'il eût subjugué la Bretagne tout entière, il écrivit à Rome une lettre pleine de hâbleries, et il enjoignit aux courriers de se rendre en char au Forum et au sénat, et de ne remettre ces dépêches aux consuls que dans le temple de Mars, en présence de tous les sénateurs.

XLV. Bientôt après, ne sachant qui combattre, il fit passer au-delà du Rhin quelques Germains de sa garde, et leur ordonna de se tenir cachés. On devait ensuite venir lui annoncer, avec le plus grand trouble, après son dîner, que l'ennemi paraissait. Tout cela fut exécuté. Il s'élance aussitôt dans la forêt voisine avec ses amis et une partie des cavaliers prétoriens ; il y fait couper des arbres, les orne comme des trophées, et revient dans son camp à la lueur des flambeaux, reprochant à ceux qui ne l'ont pas suivi leur poltronnerie et leur lâcheté. Ceux, au contraire, qui avaient eu part à sa victoire reçurent de sa main une nouvelle espèce de couronnes, qu'il nomma *exploratoires*[114], et sur lesquelles étaient représentés le soleil, la lune et les astres. Une autre fois, il fit enlever d'une école quelques jeunes otages, les fit partir secrètement, et, quittant tout d'un coup une nombreuse réunion de convives, il les poursuivit avec sa cavalerie comme des fugitifs, les reprit, et les ramena chargés de chaînes ; dans cette farce encore il fit preuve d'une extravagance sans mesure. Il reprit ensuite sa place au festin. Des soldats étant alors venus lui annoncer que la troupe était rassemblée, il les fit asseoir tout armés à sa table, et il les exhorta, en citant un vers célèbre de Virgile, « à vivre et à se conserver pour des temps plus heureux[115] ». De son camp, il reprocha aux sénateurs et au peuple, dans un édit fort sévère, « de se complaire aux banquets sans fin, au cirque, et aux charmantes retraites, pendant que César s'exposait tous les jours aux hasards de la guerre ».

XLVI. Enfin, il s'avança vers les bords de l'Océan, à la tête de l'armée, avec un grand appareil de balistes et de machines de guerre, comme s'il voulait achever la guerre. Personne ne connaissait ni ne soupçonnait son dessein. Tout d'un coup il donna l'ordre à ses soldats de ramasser des coquillages, et d'en remplir leurs casques et leurs vêtements : « C'étaient, disait-il, des dépouilles de l'Océan ; et on les devait au Capitole et au palais des Césars. » Comme témoignage de sa victoire, il fit élever à une hauteur prodigieuse une tour où l'on alluma, pendant la nuit, des fanaux comme sur le Phare[116], pour diriger la marche des navires. Il promit aux soldats une gratification de cent deniers[117] par tête ; et, comme si c'eût été le comble de la libéralité, il leur dit : « Allez-vous-en joyeux et riches. »

XLVII. Désormais occupé du soin de son triomphe, il choisit et réserva pour cette cérémonie, outre les prisonniers et les transfuges barbares, tous ceux des Gaulois qui étaient de la taille la plus haute, et, comme il disait en grec, « les plus dignes d'un triomphe », et, avec eux, quelques-uns de leurs chefs. Il les contraignit à laisser croître leur chevelure, à la teindre comme celle des Germains, et même à apprendre leur langue et à prendre des noms barbares. Il ordonna aussi de transporter à Rome, par voie de terre pour une grande partie, les galères à trois rangs sur lesquelles il était entré dans l'Océan ; et il écrivit à ses intendants « de lui préparer le triomphe le plus magnifique qu'on eût encore vu, mais le moins coûteux possible pour lui, attendu qu'ils pouvaient disposer des biens de tout le monde ».

XLVIII. Avant de quitter la province, il conçut un abominable dessein, celui de massacrer les légions qui s'étaient révoltées après la mort d'Auguste, et qui l'avaient alors assiégé dans son enfance, lui et son père Germanicus, leur chef[118]. On eut beaucoup de peine à le détourner d'un projet aussi odieux ; mais rien ne put l'empêcher de vouloir décimer ces soldats. Il les fit donc assembler sans armes et même sans épées, sous prétexte de les haranguer, et il les fit entourer par sa cavalerie. Mais quand il vit que la plupart d'entre eux, soupçonnant son dessein, s'échappaient de tous côtés pour aller reprendre leurs armes et se préparer à la résistance, il laissa là son discours, et prit aussitôt le chemin de Rome, reportant toute sa fureur contre le sénat, qu'il menaça ouvertement, afin de faire oublier les bruits déshonorants dont il était l'objet. Il se plaignit, entre autres griefs, qu'on ne lui eût pas décerné le triomphe régulier[119], tandis qu'il avait lui-même, peu de temps auparavant, défendu, sous peine de mort, que l'on parlât jamais de lui rendre aucun honneur.

XLIX. Lorsque les envoyés du sénat vinrent au-devant de lui le prier de hâter son retour, « Je viendrai, oui je viendrai, et celle-ci avec moi », répondit-il d'une voix terrible, en frappant à coups redoublés sur la garde de son épée. Il déclara aussi « qu'il ne revenait que pour ceux qui le souhaitaient, pour les chevaliers et pour le peuple ; mais que les sénateurs ne retrouveraient en lui ni un citoyen ni un prince ». Il défendit, en outre, qu'aucun d'eux vînt à sa rencontre ; et, renonçant au triomphe ou l'ajournant, il entra dans Rome avec les seuls honneurs de l'ovation, le jour anniversaire de sa naissance[120]. Il périt quatre mois après, méditant de plus grands forfaits que tous ceux qu'il avait déjà commis. Il voulut d'abord se retirer à Antium[121] et ensuite à Alexandrie, après avoir fait tuer les citoyens les plus distingués des deux premiers ordres de l'État. On n'en saurait douter, puisque l'on trouva dans ses papiers deux écrits intitulés, l'un LE GLAIVE, l'autre LE POIGNARD, et qui étaient la liste annotée de tous ceux qu'il destinait à la mort. On découvrit aussi dans son palais un grand coffre plein de poisons différents ; Claude les fit jeter dans la mer, qui en fut, dit-on, infectée à ce point, que le flux vomit sur le rivage quantité de poissons morts.

L. Il avait la taille haute, le teint pâle, le corps très gros, les jambes extrêmement maigres, ainsi que le cou ; les yeux enfoncés, les tempes creuses, le front large et menaçant, fort peu de cheveux, le sommet de la tête entièrement chauve, et le reste du corps très velu. Aussi était-ce un crime capital que de regarder d'en haut quand il passait, ou de prononcer, sous quelque prétexte que ce fût, le mot *chèvre*. Son visage était naturellement affreux et repoussant, et il s'appliquait à le rendre plus effrayant encore, en étudiant, devant un miroir, tous les moyens possibles de terreur et d'effroi. Il n'était sain ni de corps ni d'esprit. Affligé d'épilepsie dès ses premières années, il n'en apporta pas moins d'ardeur au travail dans son adolescence ; non toutefois sans éprouver des défaillances subites, qui lui ôtaient la faculté de se mouvoir et de se tenir debout, et dont il avait beaucoup de peine à revenir. Il connaissait son dérèglement mental, et avait songé plus d'une fois à faire retraite et à se nettoyer le cerveau. On croit que sa femme Césonie lui avait donné pour breuvage un philtre amoureux, qui n'eut d'autre effet que de le rendre furieux. Il était surtout excité par l'insomnie ; car il ne pouvait jamais dormir plus de trois heures, et encore d'un sommeil inquiet, et troublé par des songes bizarres : il rêva une fois que le fantôme de la mer lui parlait. Aussi, la plus grande partie de la nuit, las de veiller et d'être couché, il restait assis sur son lit ou se promenait dans de vastes galeries, attendant et invoquant le jour.

LI. C'est sans doute à ces égarements d'esprit qu'il faut attribuer la réunion dans cet empereur de deux défauts bien opposés, une assurance excessive et une excessive lâcheté. Ce même homme, qui méprisait tant les dieux, fermait les yeux et s'enveloppait la tête au moindre éclair et au plus petit coup de tonnerre : quand le bruit redoublait, il courait se cacher sous son lit. Dans un voyage en Sicile[122], après s'être beaucoup moqué des miracles du pays, il ne laissa pas de s'enfuir tout tremblant de Messine, une nuit que l'Etna jetait de la fumée et faisait entendre un murmure. Il ne cessait de proférer contre les barbares les plus effroyables menaces ; et un jour qu'il se trouvait engagé, au-delà du Rhin, dans un défilé, au milieu de ses troupes pressées autour de sa voiture, quelqu'un ayant dit que l'alarme ne serait pas médiocre si l'ennemi paraissait tout d'un coup, il monta aussitôt à cheval et courut vers les ponts : les trouvant encombrés par les bagages et par les valets de l'armée, il prit, dans son impatience, le parti de se faire transporter à bras, par-dessus toutes les têtes. Peu de temps après, comme on parlait d'un soulèvement de la Germanie, il ne songea qu'à fuir ; et il fit équiper des vaisseaux, n'ayant plus, disait-il, pour consolation que l'espoir de conserver du moins les provinces d'outre-mer, si les vainqueurs s'emparaient des sommets des Alpes, comme les Cimbres, ou de Rome, comme les Sénonais. C'est, je crois, ce qui donna plus tard à ses meurtriers l'idée de dire aux soldats, qui commençaient à s'ameuter, que Caligula s'était tué lui-même, terrifié à la nouvelle d'une bataille perdue.

LII. Ses vêtements, sa chaussure, et en général sa mise, n'étaient ni d'un Romain, ni d'un citoyen, ni d'un homme véritable, ni même d'un être humain. On le vit souvent en public avec des bracelets et un petit manteau garni de franges, et couvert de broderies et de pierres précieuses ; d'autres fois, avec une robe de soie et une tunique ornée d'une riche bordure. Pour chaussure, il portait tantôt des sandales ou des cothurnes, tantôt la bottine des éclaireurs, tantôt enfin des brodequins de femme. Le plus souvent il se montrait avec une barbe d'or, tenant à la main un foudre, un trident ou un caducée, insignes des dieux ; quelquefois aussi il s'habillait comme Vénus. Même avant son expédition en Germanie, il portait assidûment les ornements triomphaux ; et il n'était pas rare de lui voir la cuirasse d'Alexandre le Grand, qu'il avait fait tirer du tombeau de ce prince.

LIII. Pour ce qui est des études libérales, il s'appliqua fort peu aux connaissances générales, et beaucoup à l'éloquence. Il avait la parole abondante et facile, surtout quand il pérorait contre quelqu'un. La colère lui fournissait amplement les idées et les mots ; sa prononciation et sa voix répondaient à sa passion ; il ne pouvait rester en place, et sa parole arrivait aux auditeurs les plus éloignés. Quand il devait parler en public, il disait, d'un ton menaçant, « qu'il allait lancer les traits de ses veilles ». Il avait d'ailleurs un tel mépris pour l'élégance et les ornements du style, qu'il appelait les ouvrages de Sénèque, l'écrivain alors le plus en vogue, « de pures amplifications d'école », et « du sable sans ciment ». D'ordinaire, il répondait par écrit aux orateurs dont les discours avaient eu le plus de succès. Quand on devait juger, dans le sénat, d'illustres accusés, il méditait pour et contre eux des plaidoyers, et, selon la réussite de sa plume, il les accablait en récitant l'un, ou les sauvait en prononçant l'autre. Ces jours-là, il invitait, par un édit, l'ordre entier des chevaliers à venir l'entendre.

LIV. Il exerça d'autres talents fort différents, et avec une ardeur incroyable ; tour à tour gladiateur thrace [123], cocher, chanteur et danseur. Il escrima dans l'arène avec des armes de combat ; il conduisit des chars dans des cirques qu'on avait construits en divers lieux. Il était si passionné pour le chant et pour la danse, qu'au spectacle même il ne pouvait s'empêcher de chanter devant tout le monde avec l'acteur tragique qui était en scène, et d'imiter tous les gestes de l'histrion, comme pour le louer ou le reprendre. Le jour où il fut tué, il ne paraît pas avoir eu d'autre motif, en indiquant une veille générale [124], que le désir de débuter sur la scène avec plus d'assurance, à la faveur de l'obscurité. C'était aussi le temps qu'il prenait pour danser. Il fit appeler une fois au palais, vers le milieu de la nuit [125], trois consulaires, qui arrivèrent saisis de frayeur. Il les fit placer sur son théâtre, et soudain il s'y élança lui-même avec un grand fracas, au bruit des flûtes et de ses sandales sonores [126], avec la robe flottante et la tunique des acteurs [127], puis il dansa un pas et se retira. Toutefois cet homme, qui avait appris tant de choses, ne savait pas nager.

LV. Son goût pour tous ceux qui lui avaient plu allait jusqu'à la folie. Il embrassait en plein spectacle le pantomime Mnester [128] ; et si, pendant que cet histrion dansait, quelqu'un faisait le moindre bruit, il se faisait amener le perturbateur, et le flagellait de sa main. Il envoya dire un jour, par un centurion, à un chevalier romain qui faisait du tapage, de partir sur-le-champ pour Ostie, et de porter de sa part des dépêches au roi Ptolémée, en Maurétanie. Il y avait, pour toute instruction, dans cette lettre : « Ne faites ni du bien ni du mal à celui que je vous envoie. » Il favorisa les gladiateurs appelés Thraces, jusqu'à en mettre quelques-uns à la tête de sa garde germaine, et il réduisit l'armure des mirmillons [129]. Un de ces derniers, nommé Columbus, était sorti vainqueur d'un combat, mais légèrement blessé ; Caligula introduisit dans sa plaie un poison, que, depuis, il appela *Columbien,* en mémoire de ce fait. C'est du moins sous ce nom-là qu'on le trouva inscrit de sa main, parmi ses autres poisons. Il était si attaché à la faction des Verts [130], qu'il mangeait souvent avec eux dans leur écurie, et qu'il y couchait. Il donna, un jour, au cocher Eutychus, comme présent de table, après une débauche, deux millions de sesterces [131]. Il aimait tant un cheval nommé Incitatus, que, la veille des courses du Cirque, il envoyait des soldats commander le silence dans tout le voisinage, afin que le repos de cette bête ne fût point troublé. Il lui fit faire une écurie de marbre, une auge d'ivoire, des couvertures de pourpre, des colliers ornés de pierres précieuses : il lui donna une maison complète, des esclaves, des meubles, enfin tout ce qu'il fallait pour que ceux qu'on invitait, en son nom, à venir manger chez lui, fussent traités magnifiquement. On dit même qu'il lui destinait le consulat.

LVI. Ces extravagances et ces horreurs firent concevoir à un grand nombre de personnes le projet de le tuer. Deux conspirations furent découvertes ; et, tandis que d'autres conjurés hésitaient, faute d'occasion, deux Romains se communiquèrent leur dessein et l'exécutèrent, favorisés sous main par les plus puissants de ses affranchis et par les préfets du prétoire, qui, déjà nommés, quoique à tort, comme complices d'une conjuration, se savaient, depuis ce temps-là, suspects et haïs. En effet, Caligula leur avait d'abord fait en particulier de grands reproches, puis, tirant son épée, leur avait dit « qu'il était prêt à se donner la mort, s'il leur paraissait la mériter » ; et, depuis ce temps, il n'avait cessé de les accuser les uns auprès des autres, et d'exciter entre eux la jalousie et les soupçons. On convint de l'attaquer à midi, à sa sortie du spectacle des jeux Palatins [132]. Cassius Chéréa, tribun d'une cohorte prétorienne, réclama le premier rôle. Caligula insultait sans cesse à sa vieillesse, n'avait pour lui que des mots outrageants, ne le traitait que de lâche et d'efféminé. Si Chéréa venait lui demander le mot d'ordre, il lui répondait PRIAPE, ou bien VÉNUS ; si Chéréa venait lui faire quelque remerciement, il lui présentait sa main à baiser, en la remuant d'une façon obscène.

LVII. Sa mort fut annoncée par plusieurs prodiges. A Olympie, la statue de Jupiter, qu'il avait ordonné d'enlever et de transporter à Rome [133], fit un tel éclat de rire lorsqu'on y mit la main, que les machines tombèrent, et que les ouvriers s'enfuirent à toutes jambes. Il survint aussitôt un certain Cassius, qui déclara avoir reçu en songe l'ordre d'immoler un taureau à Jupiter. Le Capitole de Capoue fut frappé de la foudre le jour des ides de mars [134], ainsi que la chambre du concierge du palais impérial, à Rome [135], d'où l'on conjectura, d'une part, qu'un maître était menacé d'un grand danger par ses gardes, et, de l'autre, qu'on allait voir un meurtre éclatant, comme celui qui avait eu lieu naguère à pareil jour. L'astrologue Sylla, consulté par Caligula sur son horoscope, lui annonça, comme prochaine et inévitable, une mort violente. Les sorts d'Antium [136] l'avertirent de « se garder de Cassius » ; et, sur cet avis, il avait envoyé tuer

Cassius Longinus, alors proconsul d'Asie, oubliant que Chéréa s'appelait aussi Cassius. La veille de sa mort, il rêva qu'il était dans le ciel, à côté du trône de Jupiter, et que ce dieu, le poussant de l'orteil du pied droit, le lança sur la terre. On regarda aussi comme des prodiges plusieurs choses que le hasard produisit le même jour. Il fut arrosé, pendant un sacrifice, du sang d'un phénicoptère[137] ; le pantomime Mnester dansa dans une tragédie que l'acteur Néoptolème avait jouée jadis, lors des jeux où fut tué Philippe de Macédoine ; dans le mime appelé Lauréolus, où l'acteur principal vomit du sang lorsqu'il sort de dessous les ruines d'un édifice, plusieurs de ceux qui jouaient les seconds rôles, voulant donner une preuve de leur talent, en vomirent aussi, et la scène s'en trouva inondée ; enfin, l'on avait préparé, pour la nuit qui suivit sa mort, un spectacle où des Égyptiens et des Éthiopiens devaient représenter des sujets tirés de l'histoire des enfers.

LVIII. Le neuf des calendes de février, vers la septième heure[138], comme il balançait s'il se lèverait pour prendre son repas, ayant l'estomac encore chargé de celui de la veille, ses amis l'y décidèrent, et il sortit. Il fallait passer sous une voûte, où s'exerçaient alors des enfants qui appartenaient aux plus nobles familles de l'Asie, et qu'il avait fait venir pour jouer quelques rôles sur les théâtres de Rome. Il s'arrêta pour les considérer et les exhorter à bien faire ; et si leur chef ne lui eût pas dit qu'il mourait de froid, il revenait sur ses pas, pour faire commencer le spectacle. On ne s'accorde pas sur ce qui se passa ensuite. Les uns disent que, pendant qu'il parlait à ces enfants, Chéréa, placé derrière lui, l'avait violemment frappé au cou de dos avec son glaive, en s'écriant : « Faites[139] ! » et qu'aussitôt le tribun Cornélius Sabinus, autre conjuré, lui avait traversé la poitrine de face. D'autres prétendent que Sabinus, après avoir fait écarter tout le monde par des centurions qui étaient du complot, avait, selon l'usage, demandé à Caligula le mot d'ordre, et que celui-ci ayant donné *Jupiter*, Chéréa s'était écrié : « Sois exaucé[140] », et lui avait brisé d'un coup la mâchoire, au moment où l'empereur tournait la tête de son côté. Renversé par terre et se repliant sur lui-même, il cria qu'il vivait encore ; mais les autres conjurés le percèrent de trente coups de poignard. Leur mot de ralliement était : « Redouble ! » Il y en eut même qui lui enfoncèrent le fer dans les parties honteuses. Au premier bruit, ses porteurs accoururent à son secours avec leurs bâtons, ainsi que les soldats de sa garde germaine, et ils tuèrent plusieurs de ses meurtriers, et même quelques sénateurs bien innocents de ce meurtre.

LIX. Caligula vécut vingt-neuf ans, et régna trois années, dix mois et huit jours. Son cadavre fut porté secrètement dans les jardins de Lamia [141], brûlé à demi sur un bûcher fait à la hâte, puis enterré, et recouvert d'un peu de gazon. Dans la suite, ses sœurs, revenues de l'exil, le firent exhumer, le brûlèrent, et ensevelirent ses cendres. On assure que jusqu'à cette époque les gardiens de ces jardins furent inquiétés par des fantômes, et que la maison où il périt fut troublée toutes les nuits par un bruit effroyable, jusqu'à ce qu'un incendie l'eût consumée. Césonie, sa femme, périt en même temps que lui, frappée d'une épée par un centurion, et sa fille fut écrasée contre un mur.

LX. Ce qui peut donner une idée de ces temps-là, c'est que l'on refusa d'abord de croire à la nouvelle de ce meurtre : on soupçonnait Caïus d'en avoir semé le bruit, pour surprendre, à la faveur de cet artifice, les sentiments où l'on était à son égard. Les conjurés ne destinaient l'empire à personne ; et le sénat voulait si unanimement rétablir la liberté, que les consuls ne le convoquèrent point d'abord dans la curie [142], parce qu'elle s'appelait Julia [143], mais au Capitole. Quelques-uns furent d'avis d'abolir la mémoire des Césars, et de détruire leurs temples. On a remarqué que tous les Césars qui avaient porté le prénom de Caïus avaient péri par le fer, à commencer par celui qui fut tué du temps de Cinna [144].

CLAUDE

SOMMAIRE

Naissance de Drusus, père de Claude. Ses victoires. Sa mort. Ses projets pour le rétablissement de la liberté. Auguste est accusé de l'avoir fait empoisonner. — II. Naissance de Claude. Ses maladies. Sa faiblesse. — III. Ses études. Mépris qu'il inspire à toute sa famille. — IV. Lettres d'Auguste sur Claude. — V. Claude, privé de dignités, vit dans la retraite. — VI. On lui rend quelques honneurs. — VII. Il est fait consul sous Caligula. — VIII. Il devient le jouet de la cour. — IX. Ses dangers sous Caligula. Le sénat affecte de le mépriser. Ses biens sont mis en vente. — X. Son avènement à l'empire. — XI. Il accorde une amnistie générale. Il rend de grands honneurs à sa famille. — XII. Sa modération dans l'exercice du pouvoir. Sa popularité. — XIII. Il échappe à plusieurs dangers. — XIV. Ses consulats. Son zèle dans l'administration de la justice. — XV. La singularité de ses jugements le fait tomber dans le mépris. — XVI. Sa censure. Il s'y rend ridicule. — XVII. Son expédition en Bretagne. Son triomphe. — XVIII. Sa vigilance pour l'approvisionnement et la sûreté de Rome. — XIX. Il favorise par tous les moyens le commerce des grains. — XX. Ses travaux. — XXI. Ses spectacles. — XXII-XXV. Ses règlements religieux, judiciaires, civils, militaires, etc. — XXVI. Ses fiancées et ses femmes. — XXVII. Ses enfants. — XXVIII. Ses affranchis. — XXIX. Il est entièrement gouverné par eux et par ses femmes. Ses meurtres. — XXX. Son portrait. — XXXI. Sa santé. — XXXII. Ses repas. — XXXIII. Sa voracité. Sa passion pour les femmes et pour le jeu. — XXXIV. Sa cruauté. — XXXV. Sa méfiance et ses terreurs. — XXXVI. Sa lâcheté. — XXXVII. Quelques-uns de ses meurtres. — XXXVIII. Son penchant à la colère. Il cherche une excuse à sa stupidité. — XXXIX-XL. Ses inconséquences et ses étourderies. — XLI. Ses ouvrages. Il invente trois lettres. — XLII. Sa prédilection pour le grec, et ses productions dans cette langue. — XLIII. Son repentir d'avoir épousé Agrippine et adopté Néron. —

XLIV. Il est empoisonné. — XLV. Sa mort. Ses funérailles. Son apothéose. — XLVI. Présages qui annoncèrent sa mort.

I. Livie, déjà enceinte lorsqu'elle épousa Auguste [1], mit au monde, trois mois après, Drusus, qui porta d'abord le surnom de Décimus, puis celui de Néron, et qui fut père du César Claude. Ce Drusus passa pour être le fruit d'un commerce adultère de Livie avec Auguste, avant qu'ils fussent mariés ; et l'on n'entendit plus, à Rome, que ce vers grec :

Il naît aux gens heureux des enfants en trois mois.

Pendant sa questure et sa préture, ce Drusus eut un commandement dans la guerre de Rhétie et dans celle de Germanie, et il fut le premier des généraux romains qui navigua sur l'Océan septentrional. Il fit creuser, au-delà du Rhin, des canaux dont la construction exigea beaucoup de diligence et un travail considérable [2], que l'on appelle encore les *canaux de Drusus*. Il battit souvent l'ennemi, le refoula jusqu'au fond de ses déserts, et ne cessa de le poursuivre qu'après avoir vu apparaître une femme de cette nation, d'une grandeur plus qu'humaine, et qui lui défendit, s'exprimant en latin, de pousser plus avant ses victoires. L'ovation et les ornements triomphaux [3] furent les récompenses de ses exploits. Il fut fait consul au sortir de sa préture ; et ayant repris son expédition, il mourut de maladie dans ses quartiers d'été, nommés depuis le *Camp du malheur*. Son corps fut porté à Rome par les principaux citoyens des municipes et des colonies ; les décuries de scribes [4] allèrent le recevoir, et on l'ensevelit dans le champ de Mars. Quant à l'armée, elle éleva en son honneur un cénotaphe, autour duquel les soldats devaient, chaque année, défiler [5], et les députés des villes de la Gaule faire des sacrifices solennels. Le sénat, entre autres distinctions, lui décerna un arc de triomphe en marbre, avec des trophées, sur la voie Appienne, et le surnom de Germanicus pour lui et sa postérité. Il aimait, dit-on, la gloire autant que la liberté. Ainsi, toujours jaloux de joindre à ses victoires l'honneur des dépouilles opimes [6], il poursuivait dans la mêlée, à travers mille dangers, les chefs germains ; et il ne dissimula jamais le dessein de rétablir un jour, dès qu'il le pourrait, l'ancienne république. Telle est, je crois, la raison qui a fait avancer à quelques auteurs qu'il devint suspect à Auguste, et que celui-ci le rappela de son gouvernement ; mais que le voyant hésiter à revenir, il s'en défit par le poison. Je rapporte cette opinion pour ne rien omettre, et sans la croire ni vraisemblable ni vraie. Auguste aima tellement Drusus tant que vécut celui-ci, qu'il l'institua son héritier au même rang que ses fils, dans tous ses testaments, comme il le déclara un jour dans le sénat. Dans l'éloge public qu'il fit de lui après sa mort, il pria les dieux « de faire en sorte que ses chers Césars [c'est-à-dire Caïus et Lucius Césars] ressemblassent à Drusus, et de lui accorder à lui-même une aussi belle fin que la sienne ». En outre, il composa son épitaphe en vers, qui furent gravés sur son tombeau ; il écrivit même en prose l'histoire de sa vie. Drusus avait eu beaucoup d'enfants de la jeune Antonia[7] ; mais il n'en laissa que trois, Germanicus, Livilla et Claude.

II. Claude naquit à Lyon, aux calendes d'août, sous le consulat de Julius Antonius et de Fabius Africanus, le jour même que l'on y fit[8] la dédicace de l'autel consacré à Auguste. D'abord appelé Tibère Claude Drusus, il prit plus tard le surnom de Germanicus, quand son frère aîné passa par adoption dans la famille Julia[9]. Il était encore au berceau lorsque son père mourut, et il eut à lutter, pendant presque tout le temps de son enfance et de sa jeunesse, contre diverses maladies fort opiniâtres, qui le rendirent si faible de corps et d'esprit, que, même dans un âge plus avancé, on ne le jugea propre à aucune fonction publique, à aucune affaire particulière. Longtemps encore après l'expiration de sa minorité, on le laissa sous l'autorité d'autrui, sous la férule d'un pédagogue ; et il se plaint, dans un de ses écrits, « qu'on ait mis auprès de lui un barbare, autrefois chef des palefreniers, pour lui faire endurer, sous toutes sortes de prétextes, une infinité de mauvais traitements ». Cette même faiblesse de santé et de raison fut aussi cause que, contre l'usage, il présida, vêtu d'un petit manteau grec[10], au spectacle de gladiateurs qu'il donna conjointement avec son frère, en mémoire de son père ; et lorsqu'il prit la toge virile, on le porta en litière au Capitole, vers le milieu de la nuit et sans aucune cérémonie.

III. Il ne laissa pas pourtant de s'appliquer avec ardeur, dès sa jeunesse, aux études libérales[11]. Souvent même il publia ses essais dans tous les genres. Mais il ne put, malgré ces preuves de savoir, acquérir aucune considération, ni donner de lui de meilleures espérances. Sa mère Antonia l'appelait ordinairement « une monstruosité humaine, une ébauche informe de la nature » ; et lorsqu'elle voulait parler d'un imbécile, elle disait : « Il est plus stupide que mon fils Claude. » Son aïeule Augusta[12] eut toujours pour lui le plus grand mépris. Elle ne lui adressait que très rarement la parole ; et si elle avait quelque avis à lui donner, c'était par un billet laconique et dur, ou par un tiers. Sa sœur Livilla ayant entendu dire qu'il régnerait un jour, plaignit tout haut le peuple romain d'être réservé à une si malheureuse et si honteuse destinée. A l'égard de son grand-oncle Auguste, je ne puis mieux faire connaître ce qu'il en pensait en bien et en mal, que par les passages suivants de ses lettres :

IV. « Je me suis entretenu avec Tibère, comme vous me l'avez demandé, ma chère Livie, sur ce qu'il faudra faire de votre petit-fils Tibère[13] aux fêtes de Mars[14]. Notre avis à tous deux est que nous devons prendre une fois notre parti sur ce qui le regarde, pour ne plus nous en écarter. Car s'il a les qualités requises et, pour ainsi dire, universelles[15], il n'y a pas à balancer ; on doit le faire passer graduellement par les mêmes honneurs que son frère[16]. Si, au contraire, nous l'en trouvons incapable et indigne, s'il ne jouit ni de la santé du corps ni de celle de l'esprit, il ne faut pas donner à rire de nous et de lui à ces mauvais plaisants qui tournent tout en jeu et en moquerie. Ce serait chose fort incommode, dans le cas où nous n'aurions rien décidé à l'avance, que d'avoir à délibérer, à chaque période de sa vie, s'il peut ou non exercer les emplois publics. Quoi qu'il en soit, dans la conjoncture présente, je ne m'oppose point à ce qu'il s'occupe de la table des prêtres, pendant les fêtes de Mars, pourvu qu'il ait auprès de lui le fils de Silvanus[17], son parent, qui l'empêche de rien faire d'inconvenant ou de ridicule. Je ne suis point d'avis qu'il assiste aux jeux du Cirque de la loge impériale[18] : il y serait trop en vue, au premier rang des spectateurs. Je ne suis pas non plus d'avis qu'il aille sacrifier sur le mont Albain, ni qu'il soit à Rome pendant les fêtes latines[19] ; car, enfin, pourquoi ne le nomme-t-on pas préfet de la ville, s'il est capable de suivre son frère sur le mont ? Vous connaissez maintenant toutes mes décisions, ma chère Livie ; j'ajouterai encore qu'il faut régler pour toujours notre conduite à son égard, pour ne pas flotter sans cesse entre l'espérance et la crainte. Vous pouvez, si vous le trouvez bon, faire lire à notre chère Antonia[20] cette partie de ma lettre. » Il dit dans une autre : « Pendant votre absence, j'inviterai tous les jours à ma table le jeune Tibère, afin qu'il ne soupe pas seul avec son Sulpicius et son Athénodore[21]. Je voudrais qu'il choisît avec plus de soin et moins de négligence un ami dont il pût imiter le maintien, le geste et la démarche. Le pauvre enfant manque de chance : car, dans les choses sérieuses, quand son esprit n'est pas égaré[22], il fait quelquefois souvenir de sa naissance. » Enfin voici ce que dit Auguste dans une troisième lettre : « J'ai entendu avec plaisir déclamer[23] votre petit-fils Tibère. Que je meure, ma chère Livie, si je reviens de mon étonnement : comment peut-il parler aussi clairement en public, lui qui a d'ordinaire la langue si empâtée ? » Aucun doute sur la résolution que prit ensuite Auguste à son égard. Il ne lui conféra aucune dignité, si ce n'est celle du sacerdoce des augures ; il ne lui assigna qu'un sixième de sa succession, et ne le nomma qu'au troisième rang de ses héritiers[24], presque parmi les étrangers. Le legs qu'il lui fit ne montait pas à plus de huit cent mille sesterces[25].

V. Son oncle Tibère lui accorda, sur sa demande, les ornements consulaires[26] ; mais comme il insistait pour obtenir aussi des magistratures effectives, ce prince lui récrivit pour toute réponse : « Je vous envoie quarante pièces d'or pour les Saturnales et pour les Sigillaires[27]. » Renonçant alors à l'espoir des dignités, il s'abandonna à l'oisiveté. Il vécut caché, tantôt dans ses jardins ou dans une maison de campagne voisine de Rome, tantôt dans sa retraite de Campanie, dans la société des hommes les plus abjects ; et il joignit à son ancienne renommée d'indolence la honteuse réputation de joueur et d'ivrogne.

VI. Malgré cette conduite, on lui rendit toujours pendant cette période quelques devoirs : on lui donna même des marques publiques de respect. Les chevaliers le chargèrent deux fois de porter pour eux la parole, à la tête d'une députation de leur ordre : la première fois, lorsqu'ils demandèrent aux consuls la faveur de transporter jusqu'à Rome, sur leurs épaules, le corps d'Auguste[28] ; la seconde, lorsqu'ils allèrent féliciter ces mêmes magistrats d'avoir fait justice de Séjan. A son entrée au spectacle, les chevaliers se levaient et posaient leur manteau[29]. Le sénat voulut aussi l'adjoindre extraordinairement aux prêtres d'Auguste[30], que le sort avait désignés ; il voulut faire reconstruire, aux frais de l'État, sa maison incendiée ; il voulut enfin lui conférer le droit de donner son avis, au rang des consulaires. Mais Tibère fit révoquer ce décret, alléguant l'incapacité de Claude, et promettant de l'indemniser lui-même de ses pertes. En mourant, il l'inscrivit au troisième rang de ses héritiers, pour un tiers de sa succession ; il lui fit, en outre, un legs de deux millions de sesterces, et le recommanda nommément aux armées, au sénat et au peuple romain, parmi ses autres parents.

VII. Sous Caïus son neveu, qui, au commencement de son règne, cherchait, par toutes sortes de moyens, à acquérir de la considération, Claude parvint enfin aux honneurs, et fut son collègue au consulat pendant deux mois[31]. On remarqua, la première fois qu'il parut au Forum avec les faisceaux, qu'un aigle vint se poser sur son épaule droite. Le sort lui assigna un second consulat pour quatre ans après. Il présida quelquefois aux spectacles, à la place de Caïus, et le peuple le saluait alors en criant : « Prospérité à l'oncle de l'empereur ! prospérité au frère de Germanicus ! »

VIII. Il n'en fut pas moins le jouet de la cour. Arrivait-il trop tard pour souper, on ne le recevait qu'avec peine, après lui avoir laissé faire le tour de la table, à la recherche d'une place. S'endormait-il après le repas, ce qui lui arrivait souvent, on lui lançait des noyaux d'olives et de dattes ; ou bien des bouffons se faisaient un jeu de le réveiller, avec une férule ou avec un fouet. On lui mettait aussi des brodequins dans les mains lorsqu'il ronflait, afin que, réveillé subitement, il s'en frottât le visage.

IX. Il subit aussi à cette époque des épreuves plus sérieuses. Pendant son consulat même il faillit être destitué, pour sa négligence à mettre en adjudication et faire poser dans Rome les statues de Néron et de Drusus, frères de l'empereur. Il était d'ailleurs continuellement en butte aux délations des gens de sa maison et même des étrangers. Envoyé en Germanie avec les députés chargés de complimenter Caligula sur la découverte de la conspiration de Lépide et de Gétulicus[32], il courut risque de la vie, parce que l'empereur s'indigna qu'on eût précisément choisi son oncle, comme s'il se fût agi de régenter un enfant. Aussi quelques auteurs ont-ils prétendu qu'à son arrivée, on le précipita tout habillé dans le fleuve. Depuis ce temps, il fut toujours le dernier des consulaires à dire son avis dans le sénat ; on ne le lui demandait, pour le mortifier, qu'après tous les autres. On reçut même, dans cette assemblée, une accusation de faux contre un testament qu'il avait signé. Enfin son installation dans un sacerdoce nouvellement institué[33] lui ayant coûté jusqu'à huit millions de sesterces, il tomba dans une telle pénurie d'argent, que, ne pouvant acquitter ses obligations envers le trésor[34], il vit mettre ses biens en vente sans condition[35], conformément à la loi des hypothèques, suivant la décision des préfets du trésor.

X. C'est ainsi qu'il passa la plus grande partie de sa vie,

jusqu'à l'âge de cinquante ans, où il fut élevé au trône, par le plus étonnant des hasards. Quand les meurtriers de Caligula écartèrent tout le monde, sous prétexte que l'empereur voulait être seul [36], Claude, éloigné comme les autres, s'était retiré dans un appartement, qu'on appelait Herméum [37]. Saisi d'effroi au premier bruit du meurtre, il se traîna jusqu'à un balcon voisin, où il resta caché derrière les tapisseries qui couvraient la porte. Un simple soldat, que le hasard y conduisit, aperçut ses pieds, voulut savoir qui c'était, le reconnut, et le tira de là. Claude, terrorisé, se jeta à ses genoux en demandant la vie ; le soldat le salua empereur, et le mena vers ses camarades encore indécis, mais frémissants de colère. Ceux-ci le mirent dans une litière ; et, comme ses esclaves s'étaient enfuis, ils le portèrent tour à tour jusqu'au camp, sur leurs épaules. Il était triste et tout tremblant, et les passants en avaient pitié, comme d'un innocent que l'on mènerait au supplice. Reçu à l'intérieur du retranchement, il y passa la nuit au milieu des sentinelles, et plus rassuré sur le présent que sur l'avenir. En effet, les consuls et le sénat occupaient le Forum et le Capitole avec les cohortes urbaines, et voulaient rétablir la liberté publique. Claude lui-même, sommé par les tribuns du peuple de venir donner son avis dans le sénat sur les circonstances présentes, répondit « qu'il était retenu par force ». Mais le lendemain, le sénat, en proie aux divisions et déjà dégoûté de son rôle, ayant molli dans l'exécution de ses desseins, et la foule qui l'entourait demandant à haute voix un seul chef et nommant Claude, celui-ci reçut devant le peuple assemblé les serments de l'armée. Il promit à chaque soldat quinze mille sesterces [38] ; et il est le premier des Césars qui ait acheté à prix d'argent la fidélité des soldats.

XI. Affermi sur le trône, il n'eut rien de plus pressé que d'effacer le souvenir de ce qui s'était passé pendant ces deux jours, où l'on avait essayé de changer la face de l'État [39]. En conséquence, il accorda pour toujours une amnistie générale et complète, qu'il observa religieusement, excepté à l'égard de quelques tribuns et de quelques centurions, qui avaient trempé dans le meurtre de Caïus. Il les fit exécuter, autant pour l'exemple que parce qu'il apprit qu'ils avaient aussi demandé sa mort. Il s'occupa ensuite des devoirs qu'il voulait rendre à sa famille. Il adopta, comme le serment le plus sacré, l'usage de jurer PAR AUGUSTE. Il fit décerner à son aïeule Livie les honneurs divins et, dans la procession du cirque, un char attelé d'éléphants [40], comme celui d'Auguste. A ses parents, il fit voter des cérémonies funèbres, auxquelles il ajouta, pour son père, des jeux annuels dans le Cirque, le jour anniversaire de sa naissance ; pour sa mère, un char où son image devait être promenée dans le Cirque, et le surnom d'Augusta, qu'elle avait refusé de son vivant. Plein de vénération pour la mémoire de son frère[41], il fit représenter à Naples, en son honneur et après un concours, une comédie grecque[42] couronnée par lui comme la meilleure, d'après l'avis des juges. Il donna même des marques de reconnaissance et de respect à la mémoire de Marc Antoine, et il déclara, un jour, dans un édit, « Qu'il souhaitait d'autant plus de voir célébrer la naissance de son père Drusus, que c'était aussi le jour où était né son aïeul Antoine. » Il acheva l'arc de triomphe en marbre que le sénat avait jadis décerné à Tibère, près du théâtre de Pompée, et auquel on n'avait plus pensé. Il cassa, il est vrai, tous les actes de Caïus ; mais il défendit de mettre au nombre des jours de fête celui de sa mort, quoique ce fût le premier de son règne.

XII. Très réservé dans le choix des honneurs et dans l'exercice du pouvoir, il s'abstint de porter le prénom[43] d'*imperator*, et refusa toutes les distinctions excessives. Il célébra chez lui, sans faste et comme une cérémonie domestique, les fiançailles de sa fille et la naissance de son petit-fils. Il ne rappela aucun exilé, que de l'avis des sénateurs. Il demanda, comme une faveur, qu'il lui fût permis d'amener avec lui au sénat le préfet du prétoire et les tribuns militaires, et qu'on y ratifiât les sentences rendues par ses procurateurs[44] dans les affaires judiciaires. Il sollicita des consuls le droit d'avoir des marchés dans ses domaines privés. Il assista souvent, comme un simple conseiller, aux instructions faites par les juges. Quand les magistrats donnaient des spectacles, il se levait avec les autres, à leur entrée, et les saluait de la voix et de la main. Les tribuns du peuple s'étant présentés devant son tribunal, il s'excusa auprès d'eux d'être obligé, faute de place, de les laisser parler debout. Cette conduite lui concilia en peu de temps la faveur et l'amour des Romains, au point que le bruit s'étant répandu, pendant un de ses voyages à Ostie, qu'il avait péri assassiné, le peuple, éperdu de douleur, chargea d'imprécations les soldats comme traîtres et les sénateurs comme parricides. Ces terribles accusations ne cessèrent qu'après que les magistrats eurent produit à la tribune aux harangues un citoyen, puis un second et d'autres encore, qui affirmèrent que Claude vivait et qu'il approchait de Rome.

XIII. Toutefois, il ne fut pas, dans le cours de son règne,

à l'abri de tout danger : sa vie fut menacée par des entreprises particulières, par des séditions, enfin par la guerre civile. Un homme du peuple fut trouvé, la nuit, auprès de son lit, avec un poignard. On se saisit aussi de deux chevaliers, armés d'un stylet et d'un couteau de chasse et qui l'attendaient pour le tuer, l'un à sa sortie du théâtre, l'autre pendant un sacrifice, dans le temple de Mars[45]. Asinius Gallus et Statilius Corvinus, petits-fils des orateurs Pollion et Messala, tentèrent une révolution et firent entrer dans ce complot plusieurs de ses affranchis et de ses esclaves. Furius Camillus Scribonianus, son lieutenant en Dalmatie, parvint à exciter une guerre civile ; mais il fut réduit en moins de cinq jours, les légions qui avaient trahi leur serment s'en étant presque aussitôt repenties, par un scrupule religieux. Soit hasard, soit volonté des dieux, elles n'avaient pu, en effet, ni préparer les aigles ni arracher les enseignes, quand l'ordre leur fut donné de se mettre en marche pour rejoindre le nouvel empereur[46].

XIV. Outre son ancien consulat, il fut revêtu quatre fois de cette dignité : les deux premières deux années successives, et les suivantes à quatre ans d'intervalle. Il garda le dernier durant six mois, et les autres pendant deux seulement. Pour le troisième, il fut substitué à un consul mort ; exemple tout nouveau dans un empereur[47]. Mais qu'il fût ou non consul, il rendait la justice avec beaucoup d'assiduité, même les jours consacrés, chez lui ou dans sa famille, à quelque solennité ; quelquefois aussi pendant les fêtes instituées, dès la plus haute antiquité, par la religion[48]. Sans s'attacher toujours aux termes de la loi, il la rendait plus douce ou plus sévère, selon l'équité naturelle ou suivant ses impressions. Ainsi, il rétablit dans leurs droits de demandeurs ceux qui en étaient légalement déchus devant les juges ordinaires, pour avoir trop demandé ; et, ajoutant à la rigueur des lois, il condamna aux bêtes ceux qui furent convaincus de fraudes plus graves.

XV. Dans ses enquêtes et ses jugements, il montrait un caractère extrêmement variable : tantôt circonspect et plein de sagacité ; tantôt inconsidéré et précipité, quelquefois léger et semblable à un fou. Comme il recensait un jour, en vertu de son pouvoir, les décuries pour le service des tribunaux[49], et qu'un citoyen, à qui le nombre de ses enfants donnait le privilège de ne pas siéger, répondit à l'appel de son nom, sans se prévaloir de cette excuse, il le renvoya comme suspect de la manie de juger. Un autre, interpellé devant lui par ses adversaires, sur une affaire qui lui était personnelle, prétendit qu'elle n'était pas dans les attributions de l'empereur, mais des juges ordinaires; Claude lui enjoignit de la plaider sur-le-champ, pour l'obliger à montrer, dans sa propre cause, ce qu'il aurait d'équité dans celles des autres. Une femme refusait de reconnaître son fils : les preuves de part et d'autre étaient douteuses; Claude lui ordonna d'épouser le jeune homme, et la força ainsi de s'avouer sa mère. Il donnait ordinairement raison aux parties présentes contre les absents, sans avoir aucun égard aux excuses, légitimes ou non, que ceux-ci pouvaient donner de leur absence. Quelqu'un s'étant écrié qu'il fallait couper les mains à un faussaire, il fit venir aussitôt le bourreau avec son couperet et la table du supplice. On contestait à un plaideur la qualité de citoyen, et les avocats discutaient la question de savoir si cet homme devait plaider sa cause en toge romaine[50] ou en manteau grec. L'empereur, croyant faire preuve d'une entière impartialité, lui ordonna de prendre alternativement les deux costumes, l'un pendant l'accusation, et l'autre pendant la défense. On croit que, dans une autre affaire, il rendit par écrit cette sentence : JE SUIS DE L'AVIS DE CEUX QUI ONT RAISON. Ces décisions le déconsidérèrent tellement, qu'on lui donna parfois, même en public, des marques de mépris. Un citoyen, pour excuser l'absence d'un témoin cité par Claude lui-même dans une province de l'empire, se contenta de dire qu'il lui était impossible de comparaître : le motif, il le tint longtemps caché. Après avoir laissé l'empereur lui faire, à ce sujet, une infinité de questions, il finit par répondre : « Il est mort, et je pense que cela lui était bien permis. » Un autre, le remerciant de ce qu'il permettait à un accusé de se défendre, ajouta : « Et cependant c'est assez l'usage. » J'ai ouï dire à des vieillards que les avocats abusaient de sa patience au point de le rappeler quand il descendait de son tribunal, et de le retenir par le pan de sa toge, quelquefois même par un pied; ce qui ne doit point passer pour incroyable, puisqu'un plaideur grec osa lui dire, dans la chaleur de la discussion : « Et toi aussi, tu es vieux et imbécile. » On connaît aussi le trait de ce chevalier romain qui, injustement accusé par d'implacables ennemis d'avoir eu une conduite indécente envers des femmes, et qui, se voyant opposer et confronter des prostituées de profession, ne cessa de reprocher à Claude sa bêtise et sa cruauté, lui lança au visage le poinçon et les tablettes qu'il tenait à la main, et lui fit à la joue une blessure assez profonde.

XVI. Claude exerça aussi la censure, qui n'avait plus été

donnée depuis Plancus et Paulus[51]. Mais il fit voir dans ces fonctions la même inégalité de caractère et de conduite. A la revue des chevaliers, il renvoya, sans le noter d'infamie, un jeune homme couvert d'opprobre, mais que son père déclarait irréprochable : « Il a, dit-il, son censeur. » Il en avertit simplement un autre, bien connu pour ses débauches et ses adultères, « de se livrer aux plaisirs de son âge avec un peu plus de retenue, ou du moins de discrétion » ; et il ajouta : « Pourquoi, en effet, faut-il que je sache le nom de votre maîtresse ? » Il effaça un jour, à la prière de ses amis, la note ignominieuse attachée au nom d'un citoyen : « Je veux cependant, dit-il, que la rature subsiste. » Non content de rayer du tableau des juges un des principaux habitants de la province de Grèce, qui ne savait pas le latin, il le fit aussi descendre au rang des étrangers[52]. Il exigea que tout citoyen qui aurait à rendre compte de sa conduite le fît lui-même, comme il pourrait, et sans avocat. Il nota beaucoup de citoyens qui étaient loin de s'y attendre, et pour des causes assez singulières : celui-ci, pour être sorti de l'Italie à son insu et sans permission[53] ; celui-là, pour avoir accompagné un roi dans une province ; et il cita, dans cette circonstance, l'exemple de Rabirius Postumus, autrefois accusé du crime de haute trahison, parce qu'il avait suivi à Alexandrie le roi Ptolémée[54], son débiteur. Il aurait voulu en noter un plus grand nombre encore ; mais la négligence des commissaires instructeurs lui fit subir l'affront de ne trouver, en grande partie, que des innocents où il croyait trouver des coupables ; ceux à qui il reprochait le célibat, le défaut d'enfants ou le manque de fortune, justifiant aussitôt de leur mariage, de leur paternité ou de leurs richesses. Il y en eut même un qui, accusé de s'être frappé d'une épée pour se donner la mort, prouva[55], en ôtant ses vêtements, qu'il n'avait aucune blessure. On remarqua aussi, entre autres singularités de sa censure, qu'il fit acheter et briser devant tout le monde un char d'argent d'un travail merveilleux, qui avait été mis en vente près des Sigillaires[56] ; et que, dans un seul jour, il publia vingt édits, parmi lesquels il y en avait un qui avertissait « de bien goudronner les tonneaux, attendu qu'il y aurait beaucoup de vin dans l'année » ; et un autre qui indiquait « le suc de l'if comme un remède souverain contre la morsure de la vipère ».

XVII. Il ne fit qu'une seule expédition militaire, et encore de peu d'importance[57]. Le sénat lui avait décerné les ornements triomphaux[58] ; mais ne trouvant pas que ce fût assez pour la majesté de son rang, et aspirant aux honneurs mêmes d'un véritable triomphe, il choisit, pour le théâtre de ses exploits, la Bretagne, qui n'avait pas été attaquée depuis Jules César, et où régnait alors une certaine fermentation, pour des transfuges qu'on n'avait point rendus. Il alla donc s'embarquer à Ostie; mais il faillit être submergé deux fois par un vent impétueux du nord-ouest[59], sur la côte de Ligurie, et près des îles Stéchades[60]. Aussi, de Marseille, il se rendit par terre à Gésoriacum[61], où il passa la mer. Il reçut en peu de jours, sans combat, sans effusion de sang, la soumission d'une partie de l'île, revint à Rome six mois après son départ, et déploya dans son triomphe le plus magnifique appareil. Il permit aux gouverneurs des provinces et même à quelques exilés de venir à Rome, pour jouir de ce spectacle; et il attacha sur le faîte du palais des Césars, parmi les dépouilles de l'ennemi et à côté de la couronne civique, une couronne navale[62], comme un monument de son passage et de sa victoire sur l'Océan. Sa femme Messaline suivit dans un char celui du vainqueur. Ceux qui avaient mérité, dans cette guerre, les ornements triomphaux, le suivirent à pied, revêtus de la prétexte : seul, M. Crassus Frugi montait un cheval caparaçonné et portait une robe ornée de palmes, parce que c'était la seconde fois qu'il obtenait cet honneur.

XVIII. Claude s'occupa toujours avec une extrême sollicitude des approvisionnements et de la sûreté de Rome. Pendant l'incendie du quartier Émilien[63], comme on ne pouvait arrêter les progrès du feu, il passa deux nuits dans le Diribitorium[64]. La foule des soldats et des esclaves ne suffisant pas, il fit appeler, par les magistrats, le peuple de tous les quartiers de Rome. Il se fit alors apporter des paniers remplis d'argent, et il exhorta tout le monde au travail, promettant à chacun une récompense digne de ses services. Plusieurs années de stérilité ayant provoqué la disette, il fut, un jour, arrêté dans le Forum par la multitude, qui l'accabla d'injures et lui lança des morceaux de pain. Il eut même beaucoup de peine à s'échapper, et il ne rentra dans son palais que par une porte de derrière. Il n'y a pas de moyen qu'il n'imaginât ensuite pour assurer l'arrivée des convois, même en hiver. Ainsi, il offrit aux fournisseurs des bénéfices certains, en prenant à sa charge les pertes causées par les mauvais temps; il fit, à ceux qui équipèrent des vaisseaux pour le commerce des grains, des avantages (XIX.) proportionnés à leur condition dans l'État; accordant aux citoyens les dispenses prononcées par la loi Papia Poppéa[65] ; aux Latins, les droits des citoyens romains; aux femmes, les prérogatives des mères de quatre enfants[66]. Ces règlements subsistent encore aujourd'hui.

XX. Il entreprit de grands travaux; mais il s'attacha moins au nombre qu'à l'utilité. Les principaux sont l'aqueduc commencé par Caïus[67], un canal d'écoulement pour le lac Fucin[68], et le port d'Ostie. Il n'ignorait pourtant pas qu'Auguste avait toujours refusé l'une de ces constructions aux pressantes sollicitations des Marses, et que Jules César avait été enfin obligé de renoncer à l'autre, à cause des difficultés de l'exécution[69]. Il fit venir à Rome l'eau Claudienne, fournie par des sources aussi fraîches qu'abondantes, que l'on appelle l'une la source Verte, l'autre la source Curtienne ou Albudine. Il y amena en même temps, dans un bel aqueduc[70], celles du nouvel Anio[71], qui furent distribuées dans de nombreux et magnifiques réservoirs. Quant aux travaux du lac Fucin, il vit autant de profit que de gloire à les entreprendre, plusieurs particuliers s'étant chargés des frais de l'entreprise, à condition qu'on leur donnerait les terres laissées à sec. Enfin ce canal fut achevé à force de peine, et creusé l'espace de trois mille pas au travers d'une montagne, dont il fallut tailler une partie et raser l'autre. L'ouvrage dura onze ans, quoique trente mille hommes y travaillassent sans relâche. Il construisit le port d'Ostie, en l'entourant de deux bras à droite et à gauche, et en élevant un môle en face de l'entrée, en eau profonde. Afin d'asseoir ce môle encore plus sûrement, on commença par enfoncer dans l'eau le navire qui avait apporté d'Egypte le grand obélisque[72]; et sur de solides piliers on bâtit, à une hauteur prodigieuse, une tour, semblable au phare d'Alexandrie, pour guider, la nuit, la course des vaisseaux.

XXI. Il distribua souvent des congiaires au peuple. Il donna des jeux aussi fréquents que magnifiques; et il ne s'en tint pas aux représentations ordinaires, dans les lieux accoutumés : il imagina d'autres spectacles, il en fit revivre d'anciens, et il y consacra de nouveaux emplacements. Quand il eut reconstruit le théâtre incendié de Pompée[73], il donna le signal des jeux de la dédicace, du haut d'un tribunal placé dans l'orchestre, après avoir sacrifié aux dieux dans les temples d'en haut[74], d'où il était descendu prendre sa place, en traversant les gradins, devant toute l'assemblée assise et silencieuse. Il célébra aussi les jeux séculaires[75], dont il prétendit alors qu'Auguste avait avancé l'époque, quoiqu'il dise lui-même, dans son histoire[76], « que cet empereur, après une longue interruption, les avait ramenés à leur époque normale, par un calcul fort exact des années écoulées ». Aussi se moqua-t-on beaucoup de l'annonce du crieur public, lorsqu'il convia le peuple, selon la formule solennelle, « à des jeux que personne n'avait vus et ne reverrait jamais » ; car il existait encore des citoyens qui les avaient déjà vus ; et quelques acteurs, qui avaient paru sur la scène à ces derniers jeux, y reparurent à ceux-ci. Il donna souvent des jeux de cirque même sur le Vatican[77], et quelquefois, entre des séries de cinq courses, il y avait chasse de bêtes fauves. Il orna le grand Cirque de barrières de marbre et de bornes dorées, tandis qu'elles étaient autrefois de bois ou de mauvaise pierre. Il y assigna des places aux sénateurs, qui, avant lui, n'en avaient pas de marquées. Outre les luttes des quadriges, il donna le spectacle des jeux troyens[78] et des chasses africaines, exécutées par un escadron de cavaliers prétoriens, leurs tribuns en tête et le préfet lui-même avec eux. Il fit voir aussi ces cavaliers thessaliens qui poursuivent dans le Cirque des taureaux sauvages, leur sautent sur le dos, après les avoir lassés à la course, et les terrassent en les saisissant par les cornes. Il multiplia les spectacles de gladiateurs, et en donna de plusieurs espèces : un qui fut annuel, dans le camp des prétoriens, mais sans appareil et sans combat de bêtes ; un autre, dans l'enceinte des élections[79], dans la forme et de la longueur accoutumées ; un autre encore, dans le même endroit, mais tout nouveau, de peu de durée, et qu'il appela la *sportule*[80], parce que, en l'annonçant pour la première fois, il avait dit « qu'il invitait le peuple comme à un petit souper impromptu et sans cérémonie ». Il n'y avait point de spectacle où il se montrât plus affable et plus gai : on le voyait compter sur les doigts de sa main gauche et à haute voix, comme le peuple, les pièces d'or offertes aux vainqueurs ; inviter lui-même et exciter tous les spectateurs à la joie, les appelant de temps en temps *Messieurs*, et mêlant parfois à ses propos des plaisanteries faibles et sans naturel, comme le jour où, l'assemblée réclamant le gladiateur Palumbus[81], il répondit : « Je le donnerai, si on peut le prendre. » Le trait suivant avait du moins le mérite d'être un sage conseil donné à propos. Ayant accordé la baguette de congé[82] à un gladiateur de char, dont les quatre fils l'en avaient prié, et voyant toute l'assemblée applaudir, il fit aussitôt circuler des tablettes, où il représentait au peuple « tout l'avantage qu'il y avait à faire des enfants, puisqu'ils étaient une source de faveur et une protection, même pour un gladiateur ». Il fit représenter dans le champ de Mars, comme une image de la guerre, la prise et le sac d'une ville et la soumission des rois de la Bretagne ; et il y présida lui-même en costume de général. Avant d'évacuer les eaux du lac Fucin, il voulut y donner une naumachie ; mais les combattants ayant crié, en passant devant lui, « Empereur, nous te saluons avant de mourir », et Claude leur ayant répondu, « Ou peut-être pas[83] ! » ils ne voulurent plus combattre, disant que cette réponse était leur grâce. Il délibéra quelque temps s'il les ferait tous périr par le fer ou par le feu : enfin, il s'élança de son siège, courut çà et là autour du lac, d'un pas chancelant et d'une façon ridicule, menaçant ceux-ci, priant ceux-là ; et il finit par les décider à combattre. On vit s'aborder, dans ce spectacle, une flotte sicilienne et une flotte rhodienne, de douze trirèmes chacune. Le signal en fut donné par la trompette d'un Triton d'argent, qu'une machine avait fait surgir du milieu du lac.

XXII. Il réforma, rétablit ou institua plusieurs usages relatifs aux cérémonies religieuses, aux mœurs civiles ou militaires, aux droits des divers ordres de l'État, dans la ville et au-dehors. Jamais il n'agrégea un nouveau membre dans les collèges de prêtres, sans avoir lui-même prêté le serment d'usage. Il avait soin, toutes les fois qu'on avait éprouvé à Rome un tremblement de terre, de faire annoncer, par le préteur, à la foule assemblée, des fêtes expiatoires. Si un oiseau de mauvais augure se montrait dans la ville ou au Capitole, il ordonnait des prières publiques, et, en sa qualité de souverain pontife, il en prononçait le premier la formule, du haut des Rostres, devant tout le peuple convoqué, après avoir fait écarter les esclaves et les manœuvres.

XXIII. Il rendit continue l'activité des tribunaux, partagée avant lui entre les mois d'hiver et les mois d'été. La juridiction des fidéicommis, délégués jusque-là aux magistrats de Rome, comme une commission annuelle, leur fut assurée à perpétuité ; il l'attribua même aux magistrats des provinces. Il abrogea l'article ajouté à la loi Papia Poppéa par l'empereur Tibère, et qui supposait les sexagénaires incapables d'engendrer. Il établit que les consuls pourraient donner extraordinairement des tuteurs aux pupilles[84], et que ceux à qui les magistrats auraient interdit l'accès des provinces se verraient interdire aussi le séjour de Rome et de l'Italie. Il imagina une nouvelle sorte de relégation, en défendant à plusieurs citoyens de s'éloigner de Rome au-delà du troisième milliaire. Quand il y avait à traiter dans le sénat une affaire importante, il s'y asseyait entre les sièges des deux consuls ou sur le banc des tribuns. Il fit entrer dans ses attributions les congés[85], que l'on demandait d'ordinaire au sénat.

XXIV. Il accorda les insignes consulaires même à des procurateurs ducénaires[86]. Il ôta la qualité de chevaliers à ceux qui refusaient celle de sénateur[87]. Quoiqu'il eût pris, au commencement de son règne, l'engagement formel de ne créer aucun sénateur qui ne fût au moins l'arrière-petit-fils d'un citoyen romain, il donna le laticlave au fils d'un affranchi, mais à condition qu'il se ferait d'abord adopter par un chevalier. Pour aller au-devant du reproche qu'il craignait, il rappela l'exemple du censeur Appius Cécus, l'auteur de sa race, qui avait fait entrer dans le sénat des fils d'affranchis *(libertinorum) :* mais il ignorait qu'au temps d'Appius, et même encore après lui, on appelait affranchis *(libertinos)* non pas ceux qui avaient obtenu l'affranchissement, mais les hommes libres, nés de ceux-là. Le collège des questeurs fut chargé, au lieu de la réparation des chemins publics, de donner des jeux de gladiateurs. Il leur ôta l'administration d'Ostie et de l'*ager Gallicus*[88], et leur rendit la garde du trésor de Saturne[89], confiée, depuis Auguste, à des préteurs en charge, ou, comme cela se pratique aujourd'hui, à d'anciens préteurs. Il accorda les ornements triomphaux à Silanus[90], le fiancé de sa fille, avant qu'il eût l'âge de puberté ; et, en général, il les donna avec tant de profusion et une telle facilité à des personnes plus âgées, que les légions lui adressèrent en commun une requête, où elles demandaient « que les lieutenants consulaires reçussent les ornements du triomphe en même temps que le commandement d'une armée, pour qu'ils ne cherchassent pas sans cesse des prétextes de guerre ». Il décerna même à A. Plautius[91] les honneurs de l'ovation. Quand celui-ci fit son entrée dans Rome, Claude alla au-devant de lui, et il se tenait à sa gauche[92] lorsqu'il monta au Capitole et qu'il en descendit. Gabinius Secundus ayant vaincu les Chauques, nation germaine, fut autorisé par lui à prendre le surnom de *Chaucius*.

XXV. Il régla l'avancement militaire des chevaliers, en donnant, après la cohorte, l'aile, et, après l'aile, le tribunat de légion[93]. Il créa aussi un service militaire d'un type purement fictif pour les absents, lesquels n'avaient qu'un titre sans fonctions, et s'appelaient *surnuméraires*. Il fit défendre aux soldats, par un sénatus-consulte, d'entrer dans les maisons des sénateurs, pour leur rendre des devoirs. Il fit vendre au profit de l'État les affranchis qui se faisaient passer pour chevaliers romains. Il fit remettre en esclavage tous ceux qui étaient convaincus d'ingratitude, ou qui donnaient à leurs patrons des sujets de plainte ; et il menaça leurs avocats de ne pas leur rendre justice à eux-mêmes, en pareil cas, contre leurs affranchis. Quelques citoyens faisaient exposer dans l'île d'Esculape[94] leurs esclaves malades et infirmes, pour s'épargner l'ennui de les faire soigner : il déclara que tous ceux qui seraient ainsi exposés seraient libres, et, en cas de guérison, n'appartiendraient plus à ces maîtres ; ajoutant que quiconque tuerait son esclave plutôt que de l'exposer serait poursuivi pour meurtre. Il interdit aux voyageurs, par un édit exprès, de traverser les villes d'Italie autrement qu'à pied, en chaise à porteur ou en litière[95]. Il établit à Pouzzoles et à Ostie une cohorte, pour les cas d'incendie. Il défendit aux étrangers de prendre des noms romains, du moins des noms de famille[96]. Il fit frapper de la hache, dans la plaine Esquiline[97], ceux qui avaient usurpé le titre de citoyen romain. Il rendit au sénat les provinces d'Achaïe et de Macédoine, que Tibère avait fait passer sous son administration. Il ôta la liberté aux Lyciens, en punition de leurs querelles intestines ; et il la rendit aux Rhodiens, en récompense du repentir de leurs fautes passées. Il déclara les Troyens exempts pour jamais de tout tribut, comme étant les auteurs de la race romaine ; et, à cette occasion, il donna lecture d'une ancienne lettre grecque du sénat et du peuple au roi Séleucus ; lettre par laquelle les Romains lui promettaient alliance et amitié, à condition qu'il affranchirait de tout impôt les Troyens, leurs frères de race. Il chassa de Rome les Juifs, qui excitaient des troubles, à l'instigation de Chrestus[98]. Il permit aux députés des Germains de s'asseoir dans l'orchestre, charmé qu'il fut de la simplicité pleine de confiance avec laquelle ces étrangers, qu'on avait placés parmi le peuple, étaient allés, d'eux-mêmes, se mettre à côté des ambassadeurs des Parthes et des Arméniens assis parmi les sénateurs, en disant qu'ils ne leur étaient inférieurs ni en qualité ni en courage. Il abolit entièrement, dans les Gaules, la cruelle et atroce religion des druides, qu'Auguste avait seulement interdite aux citoyens. Il tâcha, au contraire, de faire passer de l'Attique à Rome les mystères d'Éleusis ; et il proposa de reconstruire en Sicile, aux frais du trésor public, le temple de Vénus Érycine, qui était tombé de vétusté. Il fit alliance avec des rois dans le Forum, en immolant une truie, et en faisant lire par les féciaux[99] l'antique formule des serments. Mais ces actes, et, en général, tous ceux de son gouvernement, exprimaient plutôt la volonté de ses femmes et de ses affranchis que la sienne : il n'eut guère d'autre règle que leur intérêt ou leur caprice.

XXVI. Il eut, très jeune encore, deux fiancées : Émilia Lépida, arrière-petite-fille d'Auguste, et Livia Médullina, de l'ancienne famille du dictateur Camille, et qui en avait retenu le surnom de Camilla. Il répudia la première encore vierge, parce que ses parents avaient encouru la disgrâce d'Auguste [100] ; l'autre mourut de maladie, le jour même qui était marqué pour ses noces. Il épousa, dans la suite, Plautia Urgulanilla, d'une famille triomphale [101], puis Élia Pétina, fille d'un consulaire. Il se sépara de ces deux femmes par un divorce ; de Pétina pour des fautes assez légères, et d'Urgulanilla pour ses ignobles débauches, auxquelles se joignait un soupçon d'homicide. Il épousa ensuite Valéria Messalina, fille de Barbatus Messala, son cousin. Mais quand il sut qu'outre ses débordements et ses crimes, elle avait osé se marier à C. Silius, et consigner même une dot entre les mains des témoins, il la fit périr, et jura aux prétoriens assemblés « de garder le célibat, puisque le mariage lui réussissait si mal, et de se laisser tuer par eux, s'il violait son serment. » En dépit de cette promesse, il traita bientôt d'une nouvelle union avec cette même Pétina qu'il avait renvoyée, et avec Lollia Paulina, qui avait été mariée à C. César [102]. Mais les séductions de sa nièce Agrippine, fille de Germanicus, lui inspirèrent un amour qui devait naître aisément du droit de l'embrasser et des facilités de leur commerce. Alors il suborna des sénateurs qui, à la première assemblée, proposèrent de le contraindre à en faire sa femme, sous prétexte que cela importait souverainement à l'État, et de donner aux autres citoyens la faculté de contracter de pareils mariages, réputés jusque-là incestueux. Il l'épousa dès le lendemain ; mais il ne trouva personne qui voulût suivre son exemple, excepté un affranchi et un centurion primipilaire, aux noces duquel il assista lui-même avec Agrippine.

XXVII. Il eut des enfants de trois de ses femmes : d'Urgulanilla, Drusus et Claudia ; de Pétina, Antonia ; de Messaline, Octavie, et un fils à qui il donna d'abord le surnom de Germanicus, puis celui de Britannicus. Drusus périt, dans son enfance, à Pompéies, s'étant étranglé avec une poire qu'il jetait en l'air et qu'il recevait dans sa bouche. Il avait été fiancé, peu de jours auparavant, à la fille de Séjan ; aussi m'étonné-je qu'on ait écrit que Séjan fut l'auteur de sa mort. Claude fit jeter et exposer Claudia nue devant la porte de sa mère, comme étant le fruit d'un commerce avec son affranchi Boter, quoiqu'elle ne fût née que cinq mois après le divorce de l'empereur, et qu'il eût commencé à l'élever. Il maria Antonia d'abord à Cn.

Pompée, surnommé le Grand, ensuite à Faustus Sylla, jeunes gens de la plus haute noblesse. Il donna Octavie à son beau-fils Néron, bien qu'il l'eût fiancée à Silanus. Quant à Britannicus, qui était né le vingtième jour de son règne, pendant son second consulat [103], il ne cessait de le recommander publiquement aux soldats, en le leur montrant, tout petit, dans ses deux mains ; au peuple, en le tenant sur ses genoux ou devant lui au spectacle ; et il exprimait, en même temps, des vœux de bon augure pour cet enfant, aux acclamations de la multitude. Il adopta Néron, l'un de ses gendres, et, non content de répudier les deux autres, Silanus et Pompée, il les fit périr [104].

XXVIII. Parmi ses affranchis, ceux qu'il aima le plus furent l'eunuque Posidès, qu'il honora même d'une lance sans fer [105], distinction qu'il accorda aussi à des soldats, dans son triomphe sur la Bretagne ; Félix, à qui il donna le commandement de cohortes et d'ailes de cavalerie, le gouvernement de la Judée, et qui fut le mari de trois reines [106] ; Arpocras, à qui il accorda le droit de se faire porter en litière dans la ville, et de donner des spectacles au peuple ; et, plus que ceux-là encore, Polybe, secrétaire impérial aux études [107], que l'on voyait souvent marcher entre les deux consuls. Mais il aima par-dessus tout Narcisse, son secrétaire, et Pallas, son intendant, à qui le sénat, avec l'agrément de l'empereur, accorda les plus magnifiques récompenses, même les ornements de la questure et de la préture [108], et dont les exactions, les rapines furent telles, que Claude se plaignant, un jour, de ne rien avoir dans son trésor, on lui répondit assez plaisamment « que ses caisses regorgeraient, si ses deux affranchis voulaient l'admettre dans leur société [109] ».

XXIX. Gouverné, comme je l'ai dit, par ses affranchis et par ses femmes, il vécut en esclave plutôt qu'en empereur. Les dignités, les commandements, l'impunité, les supplices, il prodigua tout, suivant leur intérêt, leurs affections, leurs caprices, et le plus souvent à son insu. Je ne veux pas entrer ici dans de minutieux détails ; je ne dirai point ses libéralités révoquées, ses jugements cassés, ses lettres de nomination à des offices falsifiées ou même ouvertement transférées à d'autres personnes. Citons des faits plus graves. Il fit périr Appius Silanus, père de son gendre, et les deux Julies, l'une fille de Drusus, et l'autre de Germanicus, sur une accusation vague et sans vouloir les entendre. Il traita de même Cn. Pompée, marié à l'aînée de ses filles, et L. Silanus, fiancé à la plus jeune. Pompée fut égorgé dans les bras d'un jeune homme qu'il aimait ; Silanus eut ordre de se démettre de la préture quatre jours avant les calendes de janvier [110], et de se tuer au commencement de l'année, le jour même des noces de Claude et d'Agrippine. Claude signa aussi l'arrêt de mort de trente-cinq sénateurs et de plus de trois cents chevaliers romains, avec tant de légèreté qu'un centurion, chargé de tuer un consulaire, étant revenu lui annoncer « que ses ordres étaient exécutés », il répondit qu'il n'en avait donné aucun. Il ne laissa pourtant pas d'approuver ce meurtre, ses affranchis lui ayant assuré que les soldats avaient fait leur devoir, en prenant sur eux le soin de venger leur empereur. Mais ce qui passe toute croyance, c'est qu'on lui fit signer à lui-même le contrat de mariage de Messaline et de Silius, son amant, en lui faisant croire que c'était une feinte, pour détourner sur un autre un danger dont le menaçaient quelques prodiges [111].

XXX. Il y avait dans sa personne un certain air de grandeur et de dignité, qu'il fût debout ou assis, mais principalement lorsqu'il reposait. Il avait la taille haute avec un certain embonpoint ; une belle figure ; de beaux cheveux blancs ; le cou gras. Mais, lorsqu'il marchait, ses jambes mal affermies fléchissaient souvent ; et dans ses jeux, comme dans les actes sérieux de sa vie, il avait plus d'un désagrément naturel : un rire inconvenant, une colère plus ignoble encore, qui le faisait écumer, la bouche béante et les narines humides ; la voix bégayante et un continuel tremblement de tête, qui redoublait encore, pour peu qu'il s'occupât de la moindre affaire.

XXXI. Autant sa santé fut mauvaise jusqu'à son avènement à l'empire, autant elle fut bonne depuis, à l'exception pourtant de quelques douleurs d'estomac, si vives qu'il songea, dit-il, plusieurs fois à se donner la mort.

XXXII. Il donna souvent d'immenses repas dans de vastes emplacements, et il avait d'ordinaire jusqu'à six cents convives. Il fit dresser un jour, près du canal d'écoulement du lac Fucin, les tables d'un de ces festins ; mais il faillit être submergé par les eaux, qui firent tout à coup irruption. Ses enfants assistaient à tous ses repas, et, avec eux, la jeune noblesse des deux sexes, qui, selon l'ancien usage, mangeait assise au pied des lits. Un convive ayant été soupçonné d'avoir dérobé une coupe d'or, Claude l'invita encore le lendemain, et lui fit donner un vase d'argile. Il méditait, assure-t-on, un édit « pour permettre de lâcher des vents et des pets à table », parce qu'il avait appris qu'un de ses convives avait pensé mourir pour s'être retenu par décence devant lui.

XXXIII. Il était toujours prêt à manger et à boire, à quelque heure et dans quelque lieu que ce fût. Un jour qu'il jugeait dans le Forum d'Auguste, il fut frappé de l'odeur d'un festin que l'on apprêtait non loin de là pour les prêtres Saliens [112], dans le temple de Mars. Il quitta aussitôt son tribunal, monta chez ces prêtres, et se mit à table avec eux. Il ne sortait presque jamais d'un repas que gonflé de nourriture et de boisson ; il se couchait ensuite sur le dos, la bouche ouverte, et pendant son sommeil on y introduisait une plume, pour lui dégager l'estomac. Il dormait fort peu de temps, et s'éveillait presque toujours avant minuit. Aussi s'endormait-il très souvent pendant le jour, même sur son tribunal ; et les avocats, tout en grossissant leur voix, avaient encore beaucoup de peine à le réveiller. Il aima passionnément les femmes, mais n'eut aucun commerce avec les hommes. Il avait un goût très vif pour le jeu de dés, et il fit de cet art le sujet d'un livre. Il jouait même en voyage, ses voitures et ses tables étant faites de manière que le mouvement ne troublât pas le jeu.

XXXIV. Il donna, dans les petites choses comme dans les grandes, des marques d'un naturel féroce et sanguinaire. Il faisait procéder sans délai à la question et à l'exécution des parricides [113], et il en était toujours le témoin. Il voulut voir, à Tibur, un supplice à la manière des anciens [114], et déjà les coupables étaient attachés au poteau, mais le bourreau se trouva absent, et Claude eut la patience d'attendre jusqu'au soir qu'on l'eût fait venir de Rome. A tous les spectacles de gladiateurs, donnés par lui ou par d'autres, il faisait égorger ceux qui tombaient même par hasard, surtout les rétiaires, dont il aimait à regarder le visage pendant qu'ils expiraient [115]. Deux champions s'étant mutuellement enferrés, il se fit faire sur-le-champ de petits couteaux avec leurs glaives. Il prenait tant de plaisir aux bestiaires et aux combats de midi [116] qu'il allait s'asseoir à l'amphithéâtre dès le point du jour, et qu'il y restait même à midi, pendant que le peuple allait dîner. Outre les gladiateurs de profession, il faisait descendre dans l'arène, sous le prétexte le plus léger, le plus imprévu, les ouvriers et les gens de service qui se trouvaient là, si une machine, un ressort, quoi que ce soit enfin, venait à manquer. Il força même, un jour, un de ses nomenclateurs à combattre comme il était, c'est-à-dire en toge.

XXXV. Mais le trait le plus marqué de son caractère,

c'était la méfiance et la peur. Dans les premiers jours de son règne, quoiqu'il affectât, comme nous l'avons dit[117], de ne pas abuser de son pouvoir, il n'osait s'asseoir à aucune table de festin sans avoir autour de soi une garde armée de lances, et, au lieu d'esclaves, des soldats pour le servir. Il n'allait voir aucun malade, sans avoir fait d'abord visiter la chambre, tâter les matelas et secouer les couvertures. Dans son palais, il eut toujours auprès de lui des satellites chargés de fouiller ceux qui venaient le saluer ; nul n'était exempté de cette visite, qui se faisait avec la plus grande rigueur. Ce fut seulement vers la fin de son règne, et avec beaucoup de peine, qu'il en dispensa les femmes, les enfants et les jeunes filles, et qu'il cessa de faire ôter aux esclaves et aux scribes les boîtes à plumes ou à poinçons qu'ils portaient à la suite de leurs maîtres. Pendant une sédition, Camille[118], persuadé qu'on pouvait épouvanter Claude sans même recourir à des actes d'hostilité, lui écrivit une lettre injurieuse et menaçante, où il lui ordonnait de renoncer à l'empire, et de mener la vie oisive d'un particulier ; et Claude délibéra, en présence des premiers citoyens de l'État, s'il n'obéirait pas.

XXXVI. Il fut si effrayé de quelques complots qui lui avaient été dénoncés sans fondement, qu'il essaya de déposer l'empire. On avait saisi près de lui, pendant un sacrifice, comme je l'ai dit plus haut[119], un homme armé d'un poignard ; il convoqua sur-le-champ le sénat par la voix des hérauts, pleura, poussa des cris, se lamenta sur sa malheureuse condition, qui l'exposait à des dangers continuels ; et pendant longtemps il ne voulut plus paraître en public. Son amour pour Messaline, si ardent qu'il fût, céda bien moins au ressentiment de ses outrages qu'à la crainte de ses complots ; car il lui supposait le dessein de faire passer l'empire à son amant Silius. C'est dans ce temps-là que, saisi d'une frayeur honteuse, il s'enfuit vers le camp des prétoriens, en demandant à tout le monde, sur la route, s'il était encore empereur.

XXXVII. Il n'y avait soupçon si léger, dénonciation si fausse, qui ne le poussât par la peur à des précautions excessives et à la vengeance. Un plaideur, qui était venu le saluer, lui dit secrètement qu'en songe il l'avait vu tuer par quelqu'un. Peu d'instants après, son adversaire s'étant présenté, à son tour, avec un mémoire, il feignit de reconnaître en lui l'assassin, et le montra à l'empereur, qui le fit sur-le-champ traîner au supplice, comme un criminel. On s'y prit, dit-on, de la même manière pour perdre Appius Silanus. Messaline et Narcisse, qui en avaient fait le complot, se partagèrent les rôles : Narcisse entre, un matin avant le jour, et d'un air effrayé, dans la chambre de l'empereur, et lui dit qu'il vient de voir en songe Appius attenter à sa vie ; Messaline, feignant la surprise, ajoute que, depuis plusieurs nuits, elle a fait aussi le même rêve. Un moment après on annonce Appius, qui, la veille, avait reçu l'ordre formel de venir à cette heure-là ; et Claude, persuadé qu'il venait réaliser le songe, le fait saisir et mettre à mort. Le lendemain, il raconta au sénat comment toute l'affaire s'était passée, et il remercia son affranchi de veiller, même en dormant, sur ses jours.

XXXVIII. Se sentant sujet à la colère et au ressentiment, il s'en excusa dans un édit, et, faisant une distinction entre ces deux affections, il promit « que la première serait toujours courte et inoffensive ; que l'autre ne serait jamais injuste ». Il s'était emporté contre les habitants d'Ostie, parce qu'ils n'étaient pas venus sur des barques au-devant de lui, un jour qu'il remontait le Tibre ; il leur avait même reproché avec aigreur « de le traiter comme un homme du commun ». Mais, touché d'un prompt repentir, il leur adressa presque des excuses, et leur pardonna. On le vit repousser de la main plusieurs citoyens qui avaient mal pris leur temps pour l'aborder en public. Il exila, malgré leur innocence et sans vouloir les entendre, le greffier d'un questeur, et un sénateur qui avait été honoré de la préture : l'un, pour avoir plaidé contre lui avec trop de véhémence, avant qu'il fût empereur ; l'autre, pour avoir mis à l'amende, étant édile, quelques-uns de ses fermiers qui vendaient des viandes cuites, malgré les règlements [120], et pour avoir, en outre, fait battre de verges son régisseur, qui était intervenu dans la cause. C'est aussi pour ce motif qu'il retira aux édiles la surveillance des cabarets. Quant à sa stupidité, il eut même celle d'en vouloir parler ; et il affirma, dans quelques pauvres discours, que ce n'était qu'une ruse imaginée sous Caligula, pour lui échapper et parvenir à ses fins. Mais il ne persuada personne, et peu de temps après il parut en grec un livre intitulé *L'Élévation des imbéciles,* où l'on prouvait que personne ne saurait feindre la bêtise.

XXXIX. Il étonnait surtout par ses inconséquences et ses distractions, ou, pour parler comme les Grecs, par sa *meteôria* et son *ablepsia* [121]. Peu de temps après l'exécution de Messaline, il demanda, en se mettant à table, « pourquoi l'impératrice ne venait pas ». Souvent il faisait inviter à son conseil [122], ou à jouer aux dés avec lui, des citoyens qu'il avait fait mourir la veille ; et, las de les attendre, il envoyait des messagers gourmander leur paresse. Il allait contracter avec Agrippine un mariage réprouvé par les lois, et il ne cessait de l'appeler, dans tous ses discours, « sa fille, son nourrisson né dans ses bras, élevé sur ses genoux ». Il allait adopter Néron, et il répétait à tout propos « que personne n'était jamais entré par adoption dans la famille Claudia » ; comme si ce n'eût pas été commettre une assez grande faute que d'adopter le fils de sa femme, lorsque le sien était déjà adulte.

XL. Il se montrait souvent si inconsidéré dans ses paroles et dans ses actions, qu'il paraissait ne savoir qui il était, ni avec qui, ni dans quel lieu, ni en quel temps. Il s'écria, un jour, dans le sénat, où il était question des bouchers et des marchands de vin : « Qui de nous, je vous prie, peut vivre sans manger un morceau ? » et il se mit à vanter l'abondance qui régnait autrefois dans les tavernes, où il allait lui-même chercher du vin. Il accorda son suffrage à un candidat pour la questure, entre autres raisons, « parce que son père lui avait donné fort à propos de l'eau fraîche dans une maladie ». Une femme était appelée en témoignage devant le sénat : « Cette femme, dit Claude, a été l'affranchie et la coiffeuse de ma mère ; mais elle m'a toujours regardé comme son patron. Je dis cela parce qu'il y a encore, dans ma maison, des gens qui ne me regardent pas comme leur patron. » Sur son tribunal même, il entra en fureur contre les habitants d'Ostie, qui lui faisaient une prière ; et il se mit à crier de toute sa force « qu'il n'avait aucun sujet de les obliger, et qu'il était libre tout comme un autre ». Il répétait tous les jours, à toute heure, à tout moment : « Me prenez-vous donc pour l'athlète Telegenius[123] ? » et il ajoutait en grec : « Parlez, mais ne me touchez pas. » Il disait enfin mille autres choses inconvenantes même dans un particulier, à plus forte raison dans un prince qui n'était pas sans éloquence ni sans culture, et qui montrait beaucoup de goût pour l'étude.

XLI. Dans sa jeunesse, il essaya d'écrire l'histoire, encouragé par Tite-Live, et aidé par Sulpicius Flavus[124]. Il commença, devant un nombreux auditoire, la lecture de son travail ; mais il eut peine à finir car il en refroidit lui-même tout l'intérêt ; voici comment. Dès les premières pages, un auditeur des plus épais avait rompu un banc sous lui, et toute l'assemblée de rire aux éclats. On eut beau ensuite faire silence, Claude ne put s'empêcher à chaque instant de rappeler cet incident ; et les rires de recommencer de plus belle. Il écrivit beaucoup pendant son règne, et fit toujours lire ses ouvrages en public, par un de ses lecteurs. Son histoire commençait après le meurtre du dictateur César; mais il passa ensuite à une époque plus récente, c'est-à-dire à la fin des guerres civiles, quand il vit que les plaintes continuelles de sa mère et de son aïeule[125] l'empêchaient d'écrire librement et avec vérité sur les temps antérieurs. Il laissa deux livres de la première de ces histoires, et quarante et un de la seconde. Il composa aussi huit livres de mémoires sur sa vie, lesquels manquent plutôt d'esprit que d'élégance. Il fit, en outre, une apologie assez savante de Cicéron, en réponse aux livres d'Asinius Gallus. Il inventa trois lettres, qu'il croyait fort nécessaires et qu'il voulut ajouter à l'alphabet[126]. Il avait déjà publié un volume sur ce sujet avant que d'être empereur; et quand il le fut, il n'eut pas de peine à obtenir qu'on adoptât l'usage de ces lettres. On les retrouve dans la plupart des livres, des actes publics et des inscriptions de cette époque.

XLII. Il ne montra pas moins d'ardeur pour l'étude des lettres grecques, et il témoigna en toute occasion le cas qu'il faisait de ce bel idiome. Un barbare parlait devant lui en grec et en latin : « Je vois avec plaisir, lui dit Claude, que vous savez nos deux langues. » Confiant l'Achaïe[127] aux sénateurs, « Je suis, dit-il, attaché à cette province par le lien des mêmes études. » Dans le sénat, il répondit souvent dans un discours suivi en grec aux ambassadeurs[128]; et, sur son tribunal, il cita souvent des vers d'Homère. Quand il s'était défait d'un ennemi ou d'un conjuré, et que le tribun qui était de garde lui demandait le mot d'ordre, il lui donnait en grec celui-ci :

Me venger aussitôt du premier qui m'offense[129].

Enfin il écrivit dans cette langue vingt livres de l'histoire des Tyrrhéniens, et huit de celle des Carthaginois. C'est à l'occasion de ces ouvrages qu'à l'ancien musée d'Alexandrie on en ajouta un autre, appelé du nom même de l'empereur; et l'on statua que tous les ans, à certains jours, il serait fait en entier par différents lecteurs, à tour de rôle, une lecture publique, dans l'un de l'histoire des Carthaginois, dans l'autre de celle des Tyrrhéniens.

XLIII. Vers la fin de sa vie, il donna des marques évidentes du repentir d'avoir épousé Agrippine et adopté Néron. Ses affranchis louant, un jour, devant lui l'équité d'une sentence qu'il avait prononcée la veille contre une femme accusée d'adultère, il répondit « que le sort lui avait aussi donné des femmes impudiques, mais qu'elles n'étaient pas restées impunies » ; et un moment après, rencontrant Britannicus, il l'embrassa tendrement, et lui dit : « Achève de grandir, et je te rendrai compte de toutes mes actions. » Il ajouta même en grec : « Qui a fait la blessure la guérira[130] » ; et bien qu'il fût impubère et encore bien jeune, il voulait, sa taille permettant d'anticiper l'âge, lui faire prendre la toge virile : « Le peuple romain, disait-il, aura donc enfin un vrai César[131] ! »

XLIV. Il fit, peu de temps après, son testament, qui fut signé de tous les magistrats. Il aurait sans doute donné suite à ses projets ; mais il fut prévenu par Agrippine, que tourmentait sa conscience, et que de nombreux délateurs commençaient à accuser. On convient qu'il périt empoisonné ; mais on ne sait précisément ni où, ni par qui. Quelques-uns disent que ce fut au Capitole, dans un festin avec des prêtres, et par l'eunuque Halotus, son dégustateur[132] ; d'autres, dans un repas de famille, et par Agrippine elle-même, qui lui avait présenté un cèpe empoisonné, sorte de mets dont il était fort avide. On ne s'accorde pas non plus sur ce qui suivit. Selon le plus grand nombre, il perdit aussitôt la voix et mourut au point du jour, ayant horriblement souffert toute la nuit. Selon d'autres, après s'être assoupi quelques moments, il vomit tout ce qu'il avait mangé ; et alors on lui fit prendre une seconde dose de poison, ou dans un potage comme pour rendre des forces à son estomac épuisé, ou dans un lavement, comme pour aider, par une évacuation, à une digestion difficile.

XLV. Sa mort fut tenue secrète jusqu'à ce qu'on eût tout disposé pour assurer l'empire à son successeur. On continua donc à faire des vœux pour sa guérison, et, pour donner le change, l'on appela même au palais quelques comédiens, qu'il avait, disait-on, demandés pour se distraire. Il mourut le trois des ides d'octobre, sous le consulat d'Asinius Marcellus et d'Acilius Aviola[133], dans la soixante-quatrième année de son âge et la quatorzième de son règne. Ses funérailles furent faites avec toute la pompe convenable à son rang, et on le mit au nombre des dieux. Cet honneur, que négligea puis supprima Néron, lui fut restitué par Vespasien.

XLVI. Plusieurs présages annoncèrent sa mort ; voici les principaux. Il parut au ciel une de ces étoiles chevelues qu'on appelle *comètes ;* le tombeau de son père Drusus fut frappé de la foudre, et la plupart des magistrats de toute catégorie étaient morts cette année-là. Lui-même parut prévoir sa fin prochaine, et il n'en fit pas mystère. Ayant à désigner les consuls, il n'en nomma aucun pour une époque plus éloignée que le mois où il périt ; la dernière fois qu'il se rendit au sénat, on l'entendit, à plusieurs reprises, exhorter ses enfants à la concorde, et recommander leur jeunesse aux sénateurs, d'une voix suppliante. Enfin, à la dernière audience qu'il donna comme juge, il dit « qu'il était arrivé au terme de la vie d'un mortel », et il le répéta, quoique les assistants eussent repoussé avec horreur un tel présage.

NÉRON

SOMMAIRE

I. Maison Domitia. Les Calvinus et les Énobarbus. — II à V. Les ancêtres de Néron. — VI. Naissance de Néron. Son enfance. — VII. Son adoption par Claude, qui lui donne Sénèque pour précepteur. Ses mauvais penchants. Ses premières dignités. Son mariage. — VIII. Il est salué empereur. — IX. Ses démonstrations de piété filiale. — X. Il affecte quelques vertus. Il déclame et lit des vers en public. — XI. Ses spectacles. — XII. Il fait combattre des sénateurs et des chevaliers dans l'arène. Ses jeux quinquennaux. Il remporte le prix d'éloquence et de poésie. Il consacre au Capitole sa première barbe. — XIII. Tiridate vient à Rome lui rendre hommage. — XIV. Ses consulats. — XV. Sa manière de rendre la justice. Ses réformes et ses innovations. — XVI. Ses projets et ses plans pour la reconstruction et l'agrandissement de Rome. Ses édits contre le luxe et contre d'autres abus. Les chrétiens sont livrés au supplice. — XVII. Précautions prises contre les faussaires. Règlements judiciaires de Néron. — XVIII. Il ne cherche pas à étendre l'empire. — XIX. Ses voyages. Il veut percer l'isthme de Corinthe. La phalange d'Alexandre le Grand. — XX. Son goût pour la musique. Ses études. Il débute sur le théâtre de Naples. Il organise une troupe d'applaudisseurs. — XXI. Il concourt pour le prix du chant à Rome. Il y joue sur tous les théâtres. Ses principaux rôles. — XXII. Sa passion pour les courses du Cirque. Il conduit lui-même des chars. — XXIII. Il dispute aux artistes tous les prix. Mesures d'ordre prescrites quand il chantait. Ruses employées pour sortir du théâtre. Sa jalousie contre ses rivaux ; sa crainte des juges. — XXIV. Sa soumission aux lois du concours. Il fait abattre les statues de tous les vainqueurs. Il conduit un char aux jeux olympiques, et il est couronné, malgré une chute qui l'empêche d'achever la course. — XXV. Son entrée triomphale dans différentes villes et à Rome. Ses précautions pour conserver sa voix. — XXVI. Ses débauches nocturnes. Ses amusements. Sa conduite au théâtre. — XXVII. Il étale ses vices au grand jour. Ses dîners publics. — XXVIII. Ses adultères. Son mariage avec Sporus. Sa passion incestueuse pour Agrippine. — XXIX. Ses prostitutions en public. Son indulgence pour les débauchés. — XXX. Ses profusions et son luxe. — XXXI. Ses constructions gigantesques et ruineuses. — XXXII. Ses exactions, ses confiscations, ses rapines. — XXXIII. Son rôle dans le meurtre de Claude. Il empoisonne Britannicus. — XXXIV. Il fait tuer sa mère et la sœur de son père. — XXXV. Ses mariages et ses divorces. Il fait périr ses femmes Octavie et Poppée ; Sénèque et Burrhus. — XXXVI. XXXVII. Ses autres meurtres. — XXXVIII. Il met le feu à Rome, et chante, pendant cet incendie, la prise de Troie. — XXXIX. Il supporte patiemment les injures et les satires. — XL. Révolte de Vindex, et de l'armée des Gaules. Sécurité de Néron. — XLI. Des nouvelles plus inquiétantes le font revenir à Rome ; il est rassuré, en route, par un présage. — XLII. Révolte de Galba et de l'Espagne. Accablement de Néron. Ses fureurs. Il donne un grand repas, et y chante de ses vers. — XLIII. Projets atroces qu'on lui attribue. Il se nomme seul consul, et se dispose à marcher contre les révoltés. — XLIV. Il veut armer les tribus urbaines et les esclaves. Il lève des contributions énormes. — XLV. Disette à Rome. Outrages faits à Néron. — XLVI. Avertissements sinistres qui lui sont donnés dans ses songes, ou par des présages et des prodiges. — XLVII. Révolte des autres armées. Néron est abandonné de tout le monde. — XLVIII. Il fuit avec quatre personnes. Incidents de cette fuite. — XLIX. Ses derniers moments. Ses hésitations. Sa lâcheté. Sa mort. — L. Ses funérailles. — LI. Son portrait. — LII. Ses études, ses connaissances. — LIII. Son caractère envieux. — LIV. Ses projets, s'il eût triomphé de ses ennemis. — LV. Sa manie de s'immortaliser. — LVI. Son mépris pour tous les cultes. Sa seule superstition. — LVII. Joie universelle à la nouvelle de sa mort. Sa mémoire honorée de quelques-uns.

I. Les deux plus illustres branches de la maison DOMITIA furent celles des CALVINUS et des ÉNOBARBUS. Les Énobarbus reconnaissent pour l'auteur de leur origine et de leur surnom L. Domitius. Comme il revenait un jour de la campagne, il rencontra, dit-on, deux jeunes gens d'une figure céleste [1], qui lui ordonnèrent d'annoncer au sénat et au peuple une victoire encore incertaine [2]. Voulant lui prouver leur divinité, ils lui touchèrent les joues, et donnèrent à sa barbe, qui était noire, une couleur rousse semblable à celle du cuivre [3]. Cette distinction devint propre à ses descendants, qui eurent presque tous la barbe de cette couleur. Honorés de sept consulats, d'un triomphe, de deux censures, et reçus au nombre des patriciens, ils gardèrent tous le même surnom, et ils ne prirent même jamais d'autres prénoms que ceux de Cnéus et de Lucius, qu'ils se transmettaient dans un ordre assez remarquable, ces deux noms étant portés par trois membres de suite de cette famille, et alternativement par chacun des membres suivants : ainsi, les trois premiers Énobarbus furent des Lucius; les trois suivants, des Cnéus; et les autres tour à tour des Lucius et des Cnéus. Il est à propos d'en faire connaître plusieurs, afin que l'on puisse voir combien Néron dégénéra des vertus de ses ancêtres, et, d'un autre côté, quels vices il tint de chacun d'eux, comme héréditaires et innés.

II. Ainsi, remontant un peu plus haut, je citerai Cn. Domitius, le père de son trisaïeul, qui, furieux de ce que les pontifes avaient élu, pendant son tribunat, un autre citoyen que lui à la place de son père, fit passer des collèges au peuple le droit de nommer les prêtres. Ayant vaincu, pendant son consulat, les Allobroges et les Arvernes, il traversa la province où il commandait, monté sur un éléphant et suivi d'une foule de soldats, comme dans la solennité du triomphe[4]. C'est de lui que l'orateur Licinius Crassus a dit « qu'il n'était pas étonnant de lui voir une barbe d'airain, puisqu'il avait un visage de fer et un cœur de plomb ». Son fils, étant préteur[5], somma Jules César, après son consulat, de répondre devant le sénat au reproche d'avoir agi, dans ses fonctions, contre les auspices et les lois. Consul lui-même, il essaya de lui retirer le commandement des armées de la Gaule; et, nommé son successeur par le parti de Pompée, il fut pris dans Corfinium, dès le commencement de la guerre civile[6]. Renvoyé libre, il alla encourager par sa présence les Marseillais assiégés; mais il les abandonna tout à coup, et il périt enfin à la bataille de Pharsale. Il avait de l'arrogance, mais peu de fermeté : quand la situation fut désespérée, il voulut, craignant la mort, se la donner lui-même, et il avala du poison. Il en fut bientôt si épouvanté qu'il le revomit, et il affranchit son médecin, qui, prévoyant ce retour, avait eu soin d'affaiblir la dose. Lorsque Pompée consulta ses lieutenants sur la manière dont il fallait traiter ceux qui resteraient neutres, Domitius fut seul d'avis de les traiter en ennemis[7].

III. Il laissa un fils qui fut, sans contredit, le meilleur de cette famille. Enveloppé, quoique innocent, dans la condamnation prononcée par la loi Pédia contre les meurtriers de César, il se retira auprès de Cassius et de Brutus, auxquels il était allié. Après la mort de ces deux chefs, il sut conserver et même augmenter la flotte qu'ils lui avaient confiée. Il ne la remit à Marc-Antoine qu'après l'entière défaite de son parti et par un accommodement volontaire, dont on lui sut si bon gré, que, seul de tous ceux qu'avait frappés la même loi, il fut réintégré dans sa patrie et élevé aux plus hautes dignités. Lorsque la guerre civile recommença, il fut un des lieutenants d'Antoine. Ceux qui avaient honte d'obéir à Cléopâtre lui offrirent alors le commandement ; mais se trouvant malade, et n'osant ni accepter ni refuser, il finit par passer du côté d'Auguste. Il mourut peu de jours après, n'emportant pas non plus une réputation intacte ; car Antoine prétendit qu'il ne l'avait abandonné que pour revoir sa maîtresse Servilia Naïs.

IV. De ce Domitius naquit celui qui devait être l'exécuteur testamentaire d'Auguste ; aussi connu, dans sa jeunesse, par son habileté à conduire des chars, que célèbre, dans la suite, par les ornements triomphaux qui lui furent décernés après la guerre de Germanie. Arrogant, prodigue et cruel, il força, n'étant qu'édile, le censeur L. Plancus à se ranger sur son passage ; il fit paraître sur la scène, pendant sa préture et son consulat, des chevaliers romains et des femmes de distinction pour y jouer des mimes ; il donna, dans le Cirque et dans tous les quartiers de la ville, des chasses de bêtes sauvages et des combats de gladiateurs ; et il y déploya tant de barbarie, qu'Auguste, qui lui en avait fait en particulier des reproches inutiles, fut obligé de le réprimander dans un édit.

V. Il eut d'Antonia l'aînée[8] un fils qui devint le père de Néron, et dont la vie fut de tout point abominable. Ayant suivi en Orient le jeune C. César[9], il tua un affranchi qui refusait de boire autant qu'il l'ordonnait. Exclu, pour ce meurtre, de la société de ses amis, il ne se conduisit pas avec plus de modération. Il écrasa un enfant, sur la voie Appienne, en faisant prendre exprès le galop à ses chevaux. A Rome, il creva un œil, en plein Forum, à un chevalier romain, qui discutait avec vivacité contre lui. Il était de si mauvaise foi, qu'il ne payait pas aux courtiers le prix de ce qu'il achetait[10], et que, dans sa préture, il frustra de leurs récompenses les cochers vainqueurs. Toutefois les railleries de sa sœur, et les plaintes des chefs des différentes factions[11], le forcèrent de statuer « qu'à l'avenir les prix seraient payés sur-le-champ ». Accusé, vers la fin du règne de Tibère, du crime de lèse-majesté, de plusieurs adultères, et d'inceste avec sa sœur Lépida, il n'échappa à ces dangers qu'à la faveur du changement de règne. Il mourut d'hydropisie à Pyrges[12], laissant d'Agrippine, fille de Germanicus, un fils, qui fut Néron.

VI. Néron naquit à Antium, neuf mois après la mort de Tibère, le dix-huit des calendes de janvier[13], au lever du soleil, dont les rayons le touchèrent presque avant qu'on ne lui eût fait toucher la terre. Parmi beaucoup de conjectures effrayantes qui furent faites à partir de son horoscope, on regarda comme un présage la réponse de son père Domitius aux félicitations de ses amis : « D'Agrippine et de moi, dit-il alors, il ne peut naître qu'un monstre fatal au monde. » On remarqua encore, le jour où il reçut son nom[14], un pronostic aussi malheureux : C. César[15], pressé par sa sœur[16] de donner à cet enfant le nom qu'il voudrait, et voyant passer Claude, son oncle, lequel adopta plus tard Néron durant son principat, répondit : « Je lui donne le nom de celui-ci. » Or, il le disait pour se moquer et pour contrarier Agrippine, qui, en effet, s'y opposa, parce que Claude était alors la risée de la cour. A trois ans il perdit son père, et, nommé héritier de ses biens pour un tiers, il n'eut pas même cette part, Caligula, son cohéritier, s'étant emparé de tout. Sa mère ayant ensuite été exilée, il fut réduit pour ainsi dire à l'indigence et élevé chez sa tante Lépida, où ses maîtres furent un danseur et un barbier. Mais, sous le règne de Claude, il rentra dans la fortune de son père, et s'enrichit même de l'héritage de son beau-père Crispus Passiénus[17]. Le crédit de sa mère, rappelée d'exil et rétablie dans ses biens, le fit monter si haut, que le bruit courut que Messaline, femme de Claude, avait voulu le faire étrangler pendant sa sieste comme un rival dangereux de Britannicus. On ajoutait que les meurtriers s'étaient enfuis plein d'épouvante, à la vue d'un serpent qui sortit de son oreiller. Ce qui donna lieu à cette fable, c'est qu'on trouva un jour, auprès de son oreiller, la dépouille d'un serpent ; et sa mère la lui fit porter quelque temps, dans un bracelet d'or attaché à son bras droit. Dans la suite, il ôta ce bracelet, qui lui rappelait une mémoire importune ; et quand il le demanda dans ses derniers moments, on ne le retrouva pas.

VII. Dès l'âge le plus tendre, il fut, dans les solennités du Cirque, un des acteurs les plus assidus des jeux troyens[18], et il reçut de nombreux témoignages de la faveur du peuple. Il avait onze ans lorsque Claude l'adopta, et lui donna pour maître Annéus Sénèque, qui était déjà sénateur. Sénèque rêva, dit-on, la nuit suivante, qu'il avait Caligula pour élève ; et Néron ne tarda pas à vérifier ce songe, par les marques précoces d'un caractère exécrable. Son frère Britannicus l'ayant appelé, par habitude, ÉNOBARBUS, après son adoption, il s'efforça de persuader à Claude que Britannicus n'était point son fils ; il accabla de son témoignage, devant les tribunaux, sa tante Lépida, pour plaire à Agrippine son accusatrice. Le jour où il alla prendre la toge au Forum, il distribua un congiaire au peuple et des gratifications aux soldats ; puis, ayant commandé aux prétoriens un exercice militaire, il marcha lui-même à leur tête, le bouclier à la main ; enfin, il adressa, dans le sénat, un discours de remerciement à son père adoptif. Il plaida en latin, devant Claude alors consul, pour les habitants de Bologne, et en grec pour les Rhodiens et les Troyens. Investi de la préfecture de Rome pendant les Féries latines [19], et de la juridiction attachée à cette charge, la première qui lui fut confiée, il vit porter, tous les jours, à son tribunal, par les plus célèbres avocats, non les affaires courantes et faciles, comme c'est l'usage durant ces fêtes, mais les plus graves et les plus compliquées, malgré la défense expresse de Claude. Peu de temps après, il épousa Octavie, et donna dans le Cirque, pour le salut de Claude, des jeux et le spectacle d'une chasse.

VIII. Il avait dix-sept ans, quand mourut Claude. Dès que cette nouvelle fut rendue publique, il alla trouver les gardes. C'était entre la sixième et la septième heure [20], le seul moment, dans ce jour malheureux, où il eût été permis de prendre les auspices. Salué EMPEREUR sur les degrés du palais, il se rendit en litière au camp, adressa un bref discours aux soldats, et fut porté au sénat, d'où il ne sortit que le soir, n'ayant refusé aucun des honneurs excessifs dont on le combla, si ce n'est le titre de PÈRE DE LA PATRIE, qui ne pouvait convenir à son âge.

IX. Il commença son règne par des démonstrations de piété filiale : il fit à Claude de magnifiques funérailles, prononça son oraison funèbre et le mit au rang des dieux ; il rendit les plus grands honneurs à la mémoire de son père Domitius ; il abandonna à sa mère une autorité sans bornes dans les affaires privées et publiques. Le premier jour, il donna pour mot d'ordre au tribun qui était de garde : « La meilleure des mères » ; et, dans la suite, on le vit souvent en public avec elle, dans la même litière [21]. Il établit une colonie à Antium, composée de vétérans prétoriens et des plus riches primipilaires, qu'il fit renoncer à leur domicile. Il y construisit aussi un port [22] d'un travail magnifique.

X. Pour faire encore mieux augurer de son caractère, il annonça « qu'il régnerait suivant les principes d'Auguste », et il ne laissa échapper aucune occasion de faire montre de générosité et de clémence, et même d'affabilité. Il abolit ou diminua les impôts trop lourds. Il réduisit au quart les récompenses accordées à ceux qui dénonçaient les manquements à la loi Papia[23]. Il fit distribuer au peuple quatre cents sesterces par tête. Il assura aux sénateurs de grande naissance, mais ruinés, un traitement annuel, qu'il éleva pour quelques-uns jusqu'à cinq cent mille sesterces[24]. Il fonda pour les cohortes prétoriennes des distributions de blé mensuelles et gratuites. Un jour qu'on lui demandait, selon l'usage, de signer l'arrêt de mort d'un condamné, « Je voudrais, dit-il, ne savoir pas écrire. » Il salua souvent par leur nom les gens de tous les ordres, et de mémoire. Il répondit au sénat, qui lui adressait des actions de grâces : « Vous me remercierez quand je l'aurai mérité. » Il admettait jusqu'au bas peuple à ses exercices du champ de Mars. Il déclama souvent en public, et il lut de ses vers non seulement chez lui, mais sur le théâtre ; ce qui causa une joie si universelle, que l'on décréta des remerciements aux dieux, et que ces vers, aussitôt gravés en lettres d'or, furent dédiés à Jupiter Capitolin.

XI. Il donna des spectacles nombreux et variés ; tels que des jeux appelés Juvénaux[25], des fêtes dans le Cirque, des représentations théâtrales, des combats de gladiateurs. Aux jeux de la Jeunesse, il fit paraître aussi des vieillards consulaires et des mères de famille fort âgées. Dans les jeux du Cirque, il assigna aux chevaliers des places distinctes[26], et fit courir des quadriges attelés de chameaux. Dans ceux qu'il célébra pour l'éternité de l'empire, et auxquels il donna le nom de *Grands Jeux,* beaucoup d'hommes et de femmes appartenant aux deux ordres jouèrent des rôles divertissants ; un chevalier romain très connu monté sur un éléphant, descendit le long d'une corde raide ; on représenta une comédie d'Afranius[27], intitulée *L'Incendie,* et l'on abandonna aux acteurs le pillage d'une maison livrée aux flammes. Chaque jour, on distribua au peuple des provisions et des présents de toute espèce : des oiseaux par milliers, des mets à profusion, des bons payables en blé, des vêtements, de l'or, de l'argent, des pierres précieuses, des perles, des tableaux, des esclaves, des bêtes de somme, des bêtes sauvages apprivoisées, et enfin jusqu'à des vaisseaux, des immeubles de rapport, des terres.

XII. Il regarda ces jeux du haut de l'avant-scène. Il fit construire, en moins d'un an, près du champ de Mars, un amphithéâtre en bois, pour un spectacle de gladiateurs, où il ne laissa mettre à mort aucun des combattants, même parmi les criminels. Mais il y fit combattre quatre cents sénateurs et six cents chevaliers, dont quelques-uns jouissaient d'une grande fortune et d'une haute considération. Il choisit aussi, dans les mêmes ordres, des citoyens qu'il opposa aux bêtes féroces, et auxquels il distribua différents emplois dans l'arène. Il donna une naumachie où l'on vit des monstres marins nager dans de l'eau de mer. Des éphèbes [28] dansèrent la pyrrhique [29] ; et, après la danse, il offrit à chacun d'eux des diplômes de citoyens romains. Le sujet d'un de ces ballets était Pasiphaé, dont le rôle fut rempli par une femme enfermée dans une génisse de bois, que saillit un taureau, du moins à ce que crut voir la multitude. Un Icare alla tomber, dès le premier essai, près de la loge de Néron, et le couvrit de son sang. Dans les commencements, il occupait rarement au spectacle la place d'honneur : il avait l'habitude de le regarder couché, d'abord par de petites ouvertures, puis sur le podium entièrement découvert [30]. Il fut le premier qui établit à Rome des jeux quinquennaux, composés, comme chez les Grecs, de trois genres de divertissements, de musique, de courses à cheval et d'exercices gymniques, et il les appela NÉRONIENS. A la dédicace de ses bains et d'un nouveau gymnase, il fit présenter l'huile [31] aux sénateurs et aux chevaliers. Il voulut que le sort désignât, parmi les consulaires, ceux qui présideraient, sur les sièges mêmes des préteurs, pendant toute la durée du concours. Il descendit ensuite dans l'orchestre, au milieu du sénat, et reçut la couronne d'éloquence et de poésie latine, de l'avis unanime de ses concurrents mêmes, qui étaient les plus illustres citoyens de Rome. Quant à celle que lui décernèrent les juges comme le prix de la lyre, il s'agenouilla pour la recevoir et la fit porter devant la statue d'Auguste. Aux jeux gymniques qu'il donna dans l'enceinte des élections [32], et pendant la pompe d'un sacrifice de bœufs, il fit couper sa première barbe, l'enferma dans un coffret d'or orné de perles d'un très grand prix, et la consacra au Capitole. Il invita les vestales à assister aux combats d'athlètes [33], parce que les prêtresses de Cérès, à Olympie, avaient aussi le droit d'assister à ce spectacle.

XIII. Je mettrai aussi au nombre des spectacles qu'il donna l'entrée de Tiridate à Rome [34]. Il avait fait venir ce roi d'Arménie, à force de promesses, et fixé par un édit le jour où il voulait le montrer au peuple ; cérémonie que le mauvais temps fit différer. Mais, à la première occasion favorable, il fit placer des cohortes armées autour des temples qui avoisinent le Forum, et il alla s'asseoir près des Rostres sur une chaise curule, en costume de triomphateur, au milieu des enseignes militaires et des aigles romaines. Tiridate monta le long d'une rampe inclinée, et se mit à genoux devant Néron, qui, l'ayant relevé lui-même de sa main droite et embrassé, accueillit sa demande, lui ôta la tiare et lui mit le diadème sur la tête, tandis qu'un ancien préteur expliquait à la multitude, en les traduisant, les prières du suppliant. On le conduisit de là au théâtre, où l'empereur, après avoir reçu de nouveau son hommage, le fit placer à sa droite. Néron fut alors salué par l'assemblée du titre d'*Imperator ;* il porta une couronne de laurier au Capitole, et ferma le temple de Janus à deux faces[35], comme s'il ne fût resté aucune guerre à terminer.

XIV. Il fut quatre fois consul[36] : la première fois pendant deux mois, la seconde et la dernière pendant six, et la troisième pendant quatre. Ses deuxième et troisième consulats furent consécutifs : le premier et le dernier furent séparés des autres par des intervalles d'un an.

XV. Il ne répondait guère aux demandes des plaideurs que le lendemain, et par écrit. A ses audiences, il supprima les plaidoiries continues, écoutant alternativement les parties sur chaque point de la contestation. Quand il se retirait pour délibérer, il n'opinait ni en commun[37] ni devant tout le monde ; mais, sans rien dire, il lisait à l'écart les opinions écrites par chacun des juges, et il prononçait la sentence qui lui plaisait, comme si elle eût été l'expression de la majorité des avis. Pendant longtemps il n'admit point au sénat les fils d'affranchis, et il n'accorda aucune dignité à ceux que les précédents empereurs y avaient fait entrer. Aux candidats qui excédaient le nombre des magistratures[38], il donnait, pour les consoler de ce retard, le commandement de quelques légions. D'ordinaire il conférait le consulat pour six mois. L'un des consuls étant mort vers les calendes de janvier, il ne le remplaça point, blâmant l'exemple donné autrefois dans la personne de Caninius Rébilus, qui ne fut qu'un seul jour consul[39]. Il décerna les ornements triomphaux à d'anciens questeurs et même à quelques chevaliers, et ce ne fut pas toujours pour des services militaires. Quand il adressait des discours au sénat sur un sujet quelconque, il les faisait lire ordinairement par un consul, quoique ce fût l'office du questeur.

XVI. Il traça un nouveau plan pour la construction des édifices de Rome, et il fit bâtir à ses frais des portiques devant toutes les maisons, isolées ou contiguës, afin que, du haut des plates-formes[40], on pût arrêter les incendies. Il voulait aussi prolonger jusqu'à Ostie les murs de Rome, et faire entrer la mer dans la vieille ville, par un canal. Il y eut, sous son règne, beaucoup d'abus réprimés et punis, beaucoup de règlements sévères. On imposa des bornes au luxe : les repas donnés au peuple furent convertis en distributions appelées sportules[41] ; il fut défendu de vendre rien de cuit dans les cabarets, excepté des légumes frais ou à grains, tandis qu'on y vendait auparavant toutes sortes de mets[42]. Les chrétiens, espèce d'hommes infectés de superstitions nouvelles et dangereuses, furent livrés au supplice. On mit un frein à la licence des conducteurs de chars, qui, dans leur vie vagabonde, se croyaient tout permis, et s'étaient fait une habitude et un jeu de l'escroquerie et du vol. On exila ceux qui cabalaient pour ou contre les pantomimes, et, avec eux, les pantomimes qui étaient l'occasion de ces cabales.

XVII. On imagina, contre les faussaires, la précaution de n'employer que des tablettes percées en plusieurs endroits, et l'on n'y imprimait le sceau qu'après avoir passé trois fois les cordons dans ces trous. Il fut décrété que, dans les testaments, les deux premières pages seraient présentées vides aux témoins, et qu'on n'y inscrirait que le nom du testateur[43] ; que celui qui écrirait le testament d'un autre ne pourrait s'y donner un legs ; que les plaideurs paieraient un salaire fixe et équitable à leurs avocats, et ne donneraient absolument rien pour les bancs, le trésor les fournissant gratuitement[44] ; enfin, que les procès du trésor seraient portés au Forum et devant les récupérateurs[45], et tous les appels déférés au sénat.

XVIII. Il ne céda jamais à l'espérance ou à la tentation d'étendre et d'augmenter l'empire ; il songea même à retirer les légions de la Bretagne, et il n'en fut détourné que par la crainte de paraître attenter à la gloire de son père. Il se contenta de réduire en province romaine le royaume de Pont, que lui céda Polémon, et celui des Alpes, après la mort de Cottius[46].

XIX. Il n'entreprit que deux voyages, l'un à Alexandrie et l'autre en Achaïe. Mais il renonça au premier, le jour même de son départ, effrayé qu'il fut par un scrupule religieux et par la crainte d'un danger. En effet, s'étant assis dans le temple de Vesta, après avoir visité tous les autres, il fut d'abord retenu par un pan de sa toge au moment de se lever, et il sentit sa vue s'obscurcir, au point de ne plus rien distinguer. En Achaïe, il voulut percer l'isthme. Ayant donc harangué les prétoriens pour les exhorter à ce grand ouvrage, il en fit donner le signal par la trompette, porta lui-même le premier coup de pioche, et chargea ses épaules d'un petit panier rempli de terre. Il méditait aussi une expédition vers les portes Caspiennes[47], et il avait levé, dans ce but, une légion de recrues italiennes, composée d'hommes de six pieds[48], et qu'il appelait la phalange d'Alexandre le Grand. J'ai rassemblé ici toutes ces actions, dont les unes sont au-dessus de tout éloge et les autres de tout reproche, afin de les séparer des infamies et des crimes, dont je vais commencer le récit.

XX. La musique est un des arts auxquels on l'avait instruit dans son enfance. A peine empereur, il fit venir au palais Terpnus, le meilleur joueur de lyre de son temps ; et pendant plusieurs jours de suite il s'assit près de lui, après le repas du soir, et l'écouta chanter jusque bien avant dans la nuit. Peu à peu il se mit à méditer sur cet art et à s'y exercer lui-même, ne négligeant aucune des précautions que prennent ordinairement les chanteurs pour conserver leur voix ou pour la fortifier, comme de se coucher sur le dos, la poitrine couverte d'une lame de plomb ; de prendre des lavements et des vomitifs ; de s'abstenir des fruits et des aliments nuisibles à la voix. Enfin, content de ses progrès (quoiqu'il eût la voix faible et sourde), il voulut paraître sur la scène, et ne fit plus que répéter à ses courtisans ce proverbe grec : « Que la musique n'est rien, si on la tient cachée. » C'est à Naples qu'il débuta ; et, malgré un tremblement de terre qui ébranla soudain le théâtre, il ne laissa pas d'achever l'air qu'il avait commencé. Il y chanta souvent et pendant plusieurs jours. Il prit ensuite un peu de temps pour refaire sa voix ; puis, impatient de la faire entendre en public, il parut tout à coup sur le théâtre, au sortir du bain, et mangea dans l'orchestre à la vue d'un peuple nombreux, disant en grec « que quand il aurait un peu bu, il filerait des sons exquis ». Charmé des louanges que lui donnèrent en cadence les habitants d'Alexandrie, dont le commerce des grains avait attiré à Naples un grand nombre, il en fit venir d'autres encore. Ce ne fut pas tout : il choisit de jeunes chevaliers et plus de cinq mille plébéiens, d'une jeunesse vigoureuse, qui, partagés en plusieurs corps, apprirent les différentes manières d'applaudir (telles que les *bourdonnements,* les *tuiles,* les *castagnettes*), et qui devaient le seconder toutes les fois qu'il chanterait. On les distinguait à leur épaisse chevelure, à leur mise élégante, à l'absence d'anneau à leur main gauche[49], et leurs chefs gagnaient quatre cent mille sesterces[50].

XXI. Comme c'était à Rome qu'il tenait surtout à chanter, il y fit célébrer les jeux Néroniens avant l'époque marquée [51] ; et tout le monde ayant demandé avec instance à entendre « sa voix céleste », il répondit « qu'il céderait à ce vœu dans ses jardins ». Mais les soldats qui étaient alors de garde joignant leurs prières à celles de la multitude, il promit (et c'était son désir le plus ardent) de chanter ce jour-là même sur le théâtre. Il ordonna aussitôt d'inscrire son nom sur la liste des joueurs de lyre qui devaient concourir, le fit jeter dans l'urne pour être tiré au sort avec les autres, et entra en scène à son tour : les préfets du prétoire portaient sa lyre ; après eux venaient les tribuns des soldats ; autour de lui étaient ses amis les plus intimes. Quand il eut assuré sa pose et achevé son prélude, il fit annoncer par le consulaire Cluvius Rufus qu'il allait chanter Niobé, et il resta en scène jusqu'à la dixième heure [52]. Il remit à l'année suivante le prix du chant et les autres parties du concours, afin d'avoir plus souvent l'occasion de chanter. Mais ce délai lui parut bien long, et il ne cessa de se montrer sur le théâtre. Il ne fit même aucune difficulté de jouer, avec les acteurs, dans les spectacles donnés par des particuliers ; et un préteur lui offrit, un jour, un million de sesterces. Il fit aussi des personnages de tragédie, en y mettant pour condition que le masque des héros et des dieux ressemblerait à sa figure, et celui des héroïnes et des déesses, à la femme qu'il aimait le plus. Il chanta, entre autres rôles, « Canacé dans l'enfantement, Oreste assassin de sa mère, Œdipe aveugle, Hercule furieux ». On raconte qu'à la représentation de cette dernière pièce, un jeune soldat, qui était de garde à l'entrée du théâtre, le voyant chargé de chaînes, comme l'exigeait le sujet, accourut pour lui prêter main-forte.

XXII. Il se passionna, dès son plus jeune âge, pour les exercices du cheval, et il ne s'entretenait le plus souvent que des courses du Cirque, malgré la défense qui lui en était faite. Un jour qu'il déplorait, avec ses condisciples, le sort d'un cocher vert qui avait été traîné par ses chevaux, son maître l'en ayant repris, il lui dit qu'il parlait d'Hector. Dans les commencements de son règne, il s'amusait à faire rouler sur une table de jeu des quadriges d'ivoire, et, du fond de sa retraite, il accourait aux moindres solennités du Cirque, d'abord en secret, ensuite ouvertement ; en sorte que personne ne doutait de le voir arriver le jour fixé pour les jeux. Il annonça enfin qu'il voulait augmenter le nombre des prix. Grâce à la multiplicité des courses, le spectacle se prolongea jusqu'au soir, et les chefs des diverses factions ne consentirent désormais à amener leur troupe de cochers que pour la journée entière. Néron voulut aussi conduire des chars, et se donna plusieurs fois en spectacle. Après s'être essayé quelque temps dans ses jardins, devant ses esclaves et le bas peuple, il se fit voir dans le grand Cirque, aux yeux de tous les Romains, et ce fut un affranchi qui donna le signal[53], du même lieu d'où le donnent ordinairement les magistrats. Non content d'avoir fait à Rome l'épreuve de ses talents, il alla, comme nous l'avons dit[54], les montrer en Achaïe. Voici surtout ce qui le détermina. Les villes où sont institués des concours de musique avaient coutume de lui envoyer toutes les couronnes des citharèdes. Il était si flatté de cet hommage, que les députés qui venaient les lui offrir étaient non seulement reçus les premiers à ses audiences, mais encore admis à ses repas particuliers ; et quelques-uns d'entre eux l'ayant, un jour, prié de chanter à table et lui ayant prodigué toutes sortes d'éloges, il s'écria « qu'il n'y avait que les Grecs qui sussent écouter, et qui fussent dignes de lui-même et de ses efforts ». Il partit donc sans délai ; et à peine débarqué à Cassiope[55], il chanta devant l'autel de Jupiter Cassius.

XXIII. On le vit désormais prendre part à toutes les luttes des artistes. Il réunit, à cet effet, dans une même année les spectacles ordinairement donnés à de longs intervalles les uns des autres ; il voulut même qu'on en recommençât quelques-uns, et il fit, contre l'usage, ouvrir à Olympie un concours de musique. Rien ne put le détourner ni le distraire de ce genre d'occupation ; et son affranchi Hélius lui ayant écrit que les affaires de Rome y exigeaient sa présence, il lui répondit : « En vain êtes-vous d'avis et souhaitez-vous que je revienne promptement ; vous devez plutôt vouloir et désirer que je revienne digne de Néron. » Il n'était pas permis, lorsqu'il chantait, de sortir du théâtre, même pour les motifs les plus impérieux. Aussi dit-on que plusieurs femmes accouchèrent au spectacle, et que beaucoup de spectateurs, las de l'entendre et de l'applaudir, sautèrent furtivement par-dessus les murs de la ville, dont les portes étaient fermées, ou feignirent d'être morts, pour se faire emporter. On ne saurait croire quelle terreur et quelles anxiétés il montrait dans la lutte, quelle jalousie contre ses rivaux, quelle crainte des juges. Ses rivaux, il les observait, les épiait sans cesse et les décriait en secret, comme s'ils eussent été de la même condition que lui. Quelquefois même il leur disait des injures, quand il les rencontrait ; et s'il s'en trouvait dont le talent fût supérieur au sien, il prenait le parti de les corrompre. Quant aux juges, il leur adressait, avant de commencer, une respectueuse et humble allocution : « Il avait fait, disait-il, tout ce qu'il pouvait faire ; mais l'événement dépendait de la Fortune ; et c'était à eux, hommes sages et instruits, d'écarter les chances du hasard. » Lorsqu'ils l'exhortaient à avoir bon courage, il se retirait un peu plus tranquille ; mais ne pouvant bannir toute inquiétude, il attribuait à la malveillance et à l'envie le silence que quelques-uns d'entre eux gardaient par pudeur, et il disait les tenir pour suspects.

XXIV. Il se soumettait, pendant la lutte, à toutes les lois du théâtre, au point de ne pas oser cracher, et d'essuyer avec son bras la sueur de son front[56]. Ayant, dans une tragédie, laissé tomber son sceptre, il le ramassa aussitôt d'une main inquiète et tremblante, tant il craignait que, pour cette faute, on ne le mît hors du concours. Il fallut, pour le rassurer, que son pantomime[57] lui protestât que ce mouvement n'avait pas été aperçu, au milieu de la joie et des acclamations du peuple. Lui-même se proclamait vainqueur : aussi concourait-il toujours pour l'emploi de héraut. Voulant effacer toute trace et tout souvenir des autres vainqueurs des jeux sacrés que des siennes, il fit renverser, traîner avec un croc et jeter dans les latrines les statues et les bustes de tous les vainqueurs. Il disputa aussi le prix de la course des chars en plusieurs endroits, et, aux jeux Olympiques, il en conduisit un attelé de dix chevaux, quoiqu'il eût blâmé, dans ses vers, cette même prétention du roi Mithridate. Mais, lancé hors de son char et replacé dedans, il n'y put rester, et il en descendit avant la fin de la lutte ; ce qui ne l'empêcha pas d'être couronné. Avant de partir, il fit don de la liberté à toute la province[58], et aux juges, d'une somme considérable, avec le droit de cité romaine. Il annonça lui-même ces bienfaits, du milieu du stade, le jour des jeux Isthmiques[59].

XXV. A son retour de la Grèce, il entra dans Naples, théâtre de ses débuts, sur un char traîné par des chevaux blancs, et, selon le privilège des vainqueurs aux jeux sacrés, par une brèche faite à la muraille. Il entra de la même manière dans Antium, dans le domaine d'Albe[60] et dans Rome. Il fit son entrée à Rome sur le char qui avait servi au triomphe d'Auguste, avec une robe de pourpre, une chlamyde parsemée d'étoiles d'or, la couronne olympique sur la tête, et dans la main droite celle des jeux Pythiens[61]. Les autres étaient pompeusement portées devant lui, avec des inscriptions qui disaient « où il les avait gagnées, contre qui, quel était le sujet de ses chants ou de ses pièces. Derrière le char se pressaient des applaudisseurs à gages, criant, comme dans les ovations, « qu'ils étaient les Augustians[62], et les soldats de son triomphe ». On démolit ensuite une arcade du grand Cirque, et il se dirigea, par le Vélabrum[63] et le Forum, vers le mont Palatin et le temple d'Apollon. Partout sur son passage on immolait des victimes, on parsemait les rues de poudre de safran, on jetait des oiseaux, des rubans, des gâteaux. Il suspendit les couronnes sacrées dans ses chambres à coucher, autour des lits. Il remplit aussi ses appartements de statues qui le représentaient en citharède et il fit frapper une médaille où il portait ce costume. Loin de se refroidir, avec le temps, pour son art, et de le négliger, il avait soin, pour conserver sa voix, de ne faire de proclamation aux soldats que lorsqu'il était absent, ou d'y employer l'organe d'un autre; et quelque chose qu'il fît, affaire sérieuse ou non, il avait toujours auprès de lui son maître de déclamation, qui l'avertissait de ménager sa poitrine et de tenir un linge devant sa bouche. Enfin, il réglait le plus souvent sa haine ou son amitié sur le plus ou moins de louanges que l'on donnait à ses talents.

XXVI. Il ne se livra d'abord que par degrés et en secret à la fougue de ses passions, à la débauche, au goût du luxe, à l'avarice, à la cruauté, que l'on voulut faire passer pour des erreurs de jeunesse; mais personne, même alors, ne douta que ce ne fussent plutôt les vices de son caractère que de son âge. Dès que le jour baissait, il se couvrait la tête du bonnet des affranchis ou d'un chapeau, courait les cabarets de la ville, et errait dans tous les quartiers, faisant çà et là des plaisanteries, qui n'étaient pas toujours inoffensives. Il se jetait sur les passants qui revenaient d'un souper, les blessait quand ils faisaient résistance, et les précipitait dans les égouts. Il brisait et pillait les boutiques, et il avait établi chez lui un comptoir, où il vendait par lots et à l'enchère, pour en dissiper ensuite le produit, les objets qu'il avait ainsi volés. Il manqua souvent de perdre les yeux[64] et même la vie dans ces rixes. Un homme de rang sénatorial[65], sur la femme duquel il avait porté la main, pensa le faire mourir sous les coups : aussi, depuis cette fois-là, il ne sortit plus à la même heure sans se faire suivre de loin dans l'ombre, par des tribuns de sa garde. Le jour, il se faisait porter au théâtre dans une litière fermée, et, du haut de l'avant-scène, il déclenchait, en donnant le signal, et contemplait les émeutes excitées par les pantomimes. Quand on en venait aux mains et qu'on se lançait des pierres et des bancs cassés, il en jetait lui-même au peuple, et, une fois, il blessa un préteur à la tête.

XXVII. Mais bientôt ses vices se fortifiant, il en dédaigna les secrets plaisirs, ne prit plus la peine de dissimuler, et osa davantage. Il prolongeait ses repas depuis le milieu du jour jusqu'au milieu de la nuit, et il prenait de temps en temps des bains chauds, ou, pendant l'été, des bains rafraîchis avec de la neige. Il soupait quelquefois dans un lieu public que l'on fermait, comme la Naumachie[66], le champ de Mars ou le grand Cirque, et il s'y faisait servir par toutes les prostituées de la ville et par des joueuses de flûte. Toutes les fois qu'il se rendait à Ostie par le Tibre, ou qu'il passait, en naviguant, près du golfe de Baïes, on établissait, tout le long du rivage, de petites hôtelleries et des lieux de débauche, où des femmes de distinction, imitant les manières engageantes des aubergistes et des courtisanes, le pressaient, qui çà, qui là, d'aborder. Parfois aussi il s'invitait à souper chez ses familiers : il en coûta à l'un d'eux pour un banquet où l'on portait la mitre[67] quatre millions de sesterces, et à autre encore davantage pour un banquet avec des roses.

XXVIII. Sans parler de son commerce de débauche avec des hommes libres, et de ses adultères avec des femmes mariées, il viola la vestale Rubria. Peu s'en fallut qu'il n'épousât en légitime mariage l'affranchie Acté; il suborna même, à cet effet, des consulaires, qui affirmèrent avec serment qu'elle était d'origine royale. Il fit couper les testicules à un enfant[68] nommé Sporus, essaya même de le métamorphoser en femme, l'orna, un jour, du voile nuptial, lui constitua une dot, et se l'étant fait amener, avec toute la pompe d'un mariage, au milieu d'un nombreux cortège, il le traita comme son épouse; ce qui fit dire assez plaisamment à quelqu'un « qu'il eût été fort heureux pour le genre humain que son père Domitius eût épousé une pareille femme ». Il revêtit ce Sporus du costume des impératrices, le fit porter en litière, et se fit accompagner de lui dans les assises judiciaires[69] et les marchés de la Grèce et aux Sigillaires [70] de Rome, lui donnant de temps en temps des baisers. Il est avéré qu'il voulut jouir de sa mère; les ennemis d'Agrippine l'en détournèrent, dans la crainte que cette femme impérieuse et violente ne prît sur lui, par ce genre de faveur, un empire absolu. Mais il reçut bientôt parmi ses concubines une courtisane qui ressemblait beaucoup à Agrippine. On assure aussi qu'avant ce temps-là, toutes les fois qu'il se promenait en litière avec sa mère, il satisfaisait sa passion incestueuse; ce que prouvaient assez les taches de ses vêtements[71].

XXIX. Après avoir prostitué, dans de monstrueuses débauches, presque toutes les parties de son corps, il imagina pour finir, en guise de jeu, de se couvrir d'une peau de bête, et de s'élancer d'une cage sur les parties sexuelles d'hommes et de femmes attachés à des poteaux. Puis, quand il avait assouvi ses désirs, il se livrait à son affranchi Doryphore ; il se fit même épouser par ce dernier, comme il avait épousé Sporus ; et alors il contrefaisait la voix et les cris des jeunes filles auxquelles on fait violence. Je tiens de plusieurs personnes qu'il était convaincu qu'aucun homme absolument n'est chaste, n'est exempt de quelque souillure corporelle, mais que le plus grand nombre sait dissimuler le vice et le cacher habilement. Aussi pardonnait-il tous les autres défauts à ceux qui avouaient devant lui leur lubricité.

XXX. Il ne croyait pas que la possession des richesses dût avoir d'autre avantage que la prodigalité. Pour être avare et sordide à ses yeux, il suffisait de compter ses dépenses ; pour être splendide et magnifique, il fallait se ruiner. Ce qu'il louait et admirait le plus dans son oncle Caïus, c'était d'avoir dissipé en peu de temps les immenses trésors amassés par Tibère[72]. Aussi ne mettait-il de mesure ni dans ses dépenses ni dans ses largesses. On aura peine à croire qu'il dépensait pour Tiridate huit cent mille sesterces par jour ; à son départ, il lui en donna plus de cent millions. Il fit don au citharède Ménécrate, et au mirmillon[73] Spiculus, des patrimoines et des maisons dignes de personnages triomphaux. Il fit des funérailles presque royales à l'usurier Cercopithécus Panéros, qu'il avait enrichi de belles propriétés à la ville et à la campagne. Jamais il ne mit un habit deux fois. Il jouait aux dés à quatre cent mille sesterces le point. Il pêchait avec filet doré, dont les mailles étaient de pourpre et d'écarlate. Jamais, dit-on, il ne voyageait avec moins de mille voitures ; ses mulets étaient ferrés d'argent ; ses muletiers, vêtus de belle laine de Canuse[74] ; sa foule de Mazaces et de messagers étaient ornés de bracelets et de phalères[75].

XXXI. Rien ne lui coûta plus cher que ses constructions. Il étendit son palais depuis le Palatium jusqu'aux Esquilies, et cette demeure fut appelée la *Maison du passage* ; mais le feu ayant consumé l'édifice, il en fit construire un autre, qu'il nomma le *Palais d'or*[76]. Il suffira de dire, pour en faire connaître et l'étendue et la magnificence, que l'on voyait dans le vestibule une statue colossale de Néron haute de cent vingt pieds ; qu'elle était si vaste qu'elle contenait un triple portique de mille pas de long ; qu'il y avait une pièce d'eau imitant la mer, et bordée d'édifices qui donnaient l'idée d'une grande ville; qu'on y voyait aussi des plaines, des champs de blé, des vignobles, des pâturages et des forêts, peuplés d'une multitude de troupeaux et de bêtes fauves. L'intérieur était doré partout, et orné de pierreries et de nacre de perles. Le plafond des salles à manger était fait de tablettes d'ivoire mobiles, d'où s'échappaient, par quelques ouvertures, des parfums et des fleurs. La plus belle de ces salles était ronde et tournait jour et nuit, pour imiter le mouvement circulaire du monde; les bains étaient alimentés par les eaux de la mer et par celles d'Albula[77]. Ce palais terminé, il dit, le jour où il en fit la dédicace : « Je vais donc être enfin logé comme un homme! » Il avait, en outre, commencé des bains entièrement couverts, depuis Misène jusqu'au lac Averne, qui eussent été entourés de portiques, et où il eût fait venir toutes les eaux thermales de Baïes. Enfin, il voulait creuser, de l'Averne jusqu'à Ostie, un canal qui aurait dispensé de la navigation par mer; canal d'une longueur de cent soixante milles, et d'une largeur telle que deux vaisseaux à cinq rangs de rames auraient pu s'y croiser. Pour achever de pareils ouvrages, il fit amener en Italie les détenus de toutes les parties de l'empire, et il ordonna que les condamnations prononcées désormais contre les criminels n'entraînassent pas d'autre peine que ces travaux. Ce qui le poussait à cette fureur de dépenser, c'était, outre sa confiance en son pouvoir, l'espérance, subitement conçue, d'un trésor immense et caché, qu'un chevalier romain assurait devoir se trouver dans de vastes cavernes, en Afrique, où la reine Didon l'avait jadis apporté en fuyant de Tyr, et d'où l'on pouvait le tirer presque sans peine.

XXXII. Mais, trompé dans cette espérance, appauvri, épuisé, dénué de ressources, au point d'ajourner la paie des soldats et les pensions des vétérans, il eut recours aux rapines et aux fausses accusations. Il statua, avant tout, qu'on lui adjugerait les cinq-sixièmes, au lieu de la moitié, dans les successions des affranchis qui auraient, sans une raison plausible, porté le nom d'une des familles auxquelles il était allié; que les biens de ceux qui, dans leur testament, se seraient montrés ingrats envers le prince[78], appartiendraient au fisc, et que les jurisconsultes qui les auraient écrits ou dictés seraient punis; enfin que l'on poursuivrait pour crime de lèse-majesté tous ceux dont les paroles ou les actions trouveraient un dénonciateur. Il se fit rendre les présents faits par lui aux différentes villes qui lui avaient décerné des couronnes dans les concours[79]. Il avait défendu l'usage des couleurs pourpre et violette, et, un jour de marché, il envoya sous main un marchand en vendre quelques onces, afin de fermer les boutiques de tous les autres[80]. Ayant aperçu au spectacle, pendant qu'il chantait, une femme de distinction parée de cette pourpre défendue, il la montra, dit-on, à ses agents ; et l'ayant fait emmener sur-le-champ, il confisqua et sa robe et ses biens. Il ne conféra plus aucune charge, sans ajouter : « Vous savez ce dont j'ai besoin », ou bien : « Faisons en sorte que personne n'ait rien en propre. » Il finit par dépouiller la plupart des temples, et il en fondit toutes les statues d'or et d'argent, entre autres celles des dieux pénates, que Galba rétablit ensuite.

XXXIII. C'est par Claude qu'il commença ses meurtres et ses parricides : il fut certainement complice de sa mort, s'il n'en fut pas l'auteur. Il s'en cachait même si peu, qu'il affectait de répéter un proverbe grec qui vante comme une nourriture divine les cèpes, sorte de mets qui avait servi à empoisonner Claude. Il n'est sorte d'outrages dont il n'accablât sa mémoire dans ses actes ou dans ses discours, l'accusant tantôt de sottise, tantôt de cruauté. Il disait, par exemple, en jouant sur le mot *morari*, dont il allongeait la première syllabe, que Claude avait cessé de demeurer (ou de faire des extravagances) parmi les hommes[81]. Il annula un grand nombre de ses décrets et de ses décisions, comme des actes de bêtise et de démence ; enfin il n'entoura que d'un mauvais mur la place où l'on avait brûlé son corps. Jaloux de Britannicus, qui avait une plus belle voix que lui, et craignant d'ailleurs que le souvenir de son père ne lui donnât, un jour, un grand crédit auprès du peuple, il résolut de s'en défaire par le poison. Une certaine Locuste, qui avait découvert des poisons variés[82], fournit à Néron une potion dont l'effet trompa son impatience, et qui ne produisit chez Britannicus qu'un cours de ventre. Il fit venir cette femme et la frappa de sa main, lui reprochant d'avoir composé un remède, au lieu d'un poison. Comme elle s'en excusait sur la nécessité de cacher un tel crime : « Sans doute, répondit-il ironiquement, je crains la loi Julia[83] ! » et il la força de préparer, dans sa chambre et devant lui, le poison le plus actif et le plus prompt qu'il lui serait possible. Il l'essaya sur un chevreau, qui vécut encore cinq heures ; aussi le fit-il fortifier et recuire encore ; après quoi il le fit prendre à un marcassin, qui expira sur-le-champ. Alors Néron commanda de porter ce poison dans la salle à manger, et de le donner à Britannicus, qui soupait à sa table. Le jeune prince tomba aussitôt qu'il en eut goûté ; Néron dit aux convives que c'était une attaque d'épilepsie, mal auquel il était sujet ; et dès le lendemain il le fit ensevelir à la hâte et sans aucune cérémonie, par une pluie battante. Quant à Locuste, elle reçut de lui, pour prix de ce service, l'impunité, des domaines considérables, et même des disciples.

XXXIV. Sa mère, en observant ses actions et ses paroles, et en le reprenant parfois avec amertume, ne tarda pas à lui peser. Il feignit d'abord, pour la rendre odieuse, de vouloir abdiquer l'empire et s'en aller à Rhodes. Ensuite il lui ôta tous ses honneurs et toute sa puissance ; il lui retira ses soldats et sa garde germaine ; il la bannit de sa présence, et enfin de son palais. Il n'est pas de vexations qu'il ne lui fît endurer par ses agents, qui, lorsqu'elle était à Rome, lui suscitaient une foule de procès, et, quand elle se retirait à la campagne, passaient devant sa demeure, par terre ou par mer, en l'accablant d'injures et de railleries. Mais, effrayé de ses menaces et de sa violence, il résolut de la perdre. Trois fois il essaya du poison, et il vit qu'elle s'était munie d'antidotes. Alors il fit cacher dans sa chambre, au-dessus de son lit, des poutres que le ressort d'une machine devait faire tomber sur elle pendant son sommeil ; mais l'indiscrétion de ses complices fit avorter ce projet. Il imagina enfin un navire qui pût se disloquer, construit de manière à ce qu'elle pérît noyée ou écrasée dans sa cabine. Il feignit donc une réconciliation, et l'invita, par une lettre des plus tendres, à venir à Baïes célébrer avec lui les fêtes des Quinquatries[84]. Il eut soin de prolonger le festin, pour donner aux commandants des navires le temps de briser, comme par un choc fortuit, ainsi qu'ils en avaient l'ordre, la galère liburnienne[85] qui l'avait amenée ; et quand elle voulut s'en retourner à Baules[86], il lui offrit, au lieu de sa galère avariée, le vaisseau construit pour sa perte. Il l'accompagna gaiement jusqu'au navire, lui baisa même le bout des seins en la quittant, et veilla une partie de la nuit, attendant avec anxiété le résultat de cette machination. Quand il apprit comment tout s'était passé, et qu'Agrippine s'était échappée à la nage, il ne sut plus que faire. Bientôt L. Agermus, affranchi de sa mère, étant accouru, tout joyeux, lui annoncer qu'elle était sauvée, il jeta près de lui un poignard sans qu'il s'en aperçût, et il ordonna de le saisir et de le garrotter, comme un assassin envoyé par elle ; puis il fit tuer sa mère, et dit qu'elle s'était donné la mort, en voyant ce crime découvert. On ajoute des circonstances atroces, et l'on en cite des garants : qu'il courut voir le cadavre ; qu'il le toucha partout ; qu'il loua quelques formes, qu'il en critiqua d'autres, et que, se sentant soif pendant cet examen, il se fit donner à boire. Mais, malgré les félicitations de l'armée, du sénat et du peuple, il ne put échapper à sa conscience ; le supplice, aussitôt commencé, ne finit plus, et il avoua souvent que l'image de sa mère le poursuivait partout, et que les Furies agitaient devant lui leurs fouets vengeurs et leurs torches ardentes. Il essaya d'évoquer et d'apaiser ses Mânes en faisant faire un sacrifice par des mages. Dans son voyage en Grèce, il n'osa pas se faire initier aux mystères d'Éleusis, effrayé par la voix du héraut, qui en défend l'accès aux criminels et aux impies. A ce parricide, Néron joignit le meurtre de sa tante[87]. Elle était alitée en raison d'une constipation ; il alla la voir. Par une familiarité ordinaire aux personnes âgées, elle lui passa sur la barbe une main caressante, en disant : « Quand j'aurai vu tomber cette barbe, j'aurai assez vécu[88]. » Néron dit, comme en plaisantant, à ceux qui étaient là, qu'il allait se la faire abattre sur-le-champ, et il ordonna aux médecins de purger violemment la malade. Elle n'avait pas les yeux fermés, qu'il s'empara de ses biens, et, pour n'en rien perdre, il supprima son testament.

XXXV. Il eut pour femmes, après Octavie, Poppéa Sabina, mariée d'abord à un chevalier romain et dont le père avait été questeur, et Statilia Messalina, arrière-petite-fille de Taurus[89], lequel avait obtenu deux fois le consulat et le triomphe. Pour se l'approprier, il fit tuer son mari, Atticus Vestinus, alors consul[90]. Dégoûté d'Octavie, il dit à ses amis, qui lui reprochaient de s'en être séparé si tôt, « que les ornements matrimoniaux devaient lui suffire[91] ». Il voulut plusieurs fois l'étrangler, et il la répudia comme stérile ; mais le peuple blâmant ce divorce et s'emportant même contre l'empereur en invectives, il la bannit, et enfin la fit périr, comme coupable d'adultère ; accusation si impudente et si fausse, que tous ceux qui furent mis à la torture ayant protesté de son innocence, il suborna son pédagogue Anicétus, qui déclara faussement avoir joui d'elle par ruse. Il épousa Poppée douze jours après avoir répudié Octavie, et il l'aima beaucoup ; ce qui ne l'empêcha pas de la tuer d'un coup de pied[92], parce que, malade et enceinte, elle lui avait fait d'assez vifs reproches de ce qu'il était rentré un peu tard d'une course de chars. Il en eut une fille nommée Claudia Augusta, qui mourut fort jeune. Il n'est sorte de liens qu'il ne rompît par un crime. Il accusa de conspiration et fit mourir Antonia, fille de Claude, qui refusait de l'épouser, après la mort de Poppée. Il traita de même tous ceux à qui l'unissait une alliance de famille ou une parenté, entre autres le jeune Aulus Plautius, qu'il viola avant de l'envoyer au supplice, et qu'il fit frapper en disant : « Que ma mère embrasse maintenant mon successeur » ; car il prétendait qu'elle aimait ce jeune homme et lui faisait espérer l'empire. Poppée avait eu, avant de l'épouser, un fils nommé Rufrius Crispinus : informé que cet enfant, dans ses jeux, se faisait le chef et l'empereur des autres, il donna l'ordre à ses propres esclaves de le jeter à la mer, quand il irait à la pêche. Il exila Tuscus, son frère de lait, pour s'être baigné, étant gouverneur d'Égypte, dans des bains construits pour l'arrivée de l'empereur. Il obligea son précepteur Sénèque à se donner la mort. Celui-ci avait souvent sollicité de lui la permission de se retirer, et lui avait même offert tous ses biens ; mais Néron lui avait juré par tous les dieux « que ses craintes étaient mal fondées, et qu'il aimerait mieux mourir que de lui nuire ». Il avait promis à Burrhus, préfet du prétoire, un remède contre le mal de gorge ; il lui envoya du poison. Quant aux affranchis qui l'avaient fait adopter par Claude, et qui avaient été ses conseillers et les soutiens de sa puissance, il s'en défit, quand ils furent vieux et riches, en leur donnant du poison, soit dans leurs aliments, soit dans leur boisson.

XXXVI. Il ne déploya pas moins de cruauté envers les étrangers. Une étoile chevelue[93], astre qui, dans l'opinion du vulgaire, annonce aux maîtres du monde leur fin prochaine, s'était montrée pendant plusieurs nuits de suite. Troublé par ce phénomène, il apprit de l'astrologue Balbillus que les rois avaient coutume de prévenir l'effet de ces funestes présages par le meurtre expiatoire de quelques victimes illustres, et de détourner ces menaces sur la tête des grands. Il projeta de faire périr les plus nobles citoyens. Il y mit d'autant plus d'acharnement que la découverte de deux conjurations lui en fournit, comme à point nommé, un prétexte légitime. La première et la plus importante, celle de Pison, se tramait à Rome[94] ; la seconde, celle de Vinicianus[95], fut conçue et découverte à Bénévent. Les conjurés se défendirent, chargés de triples chaînes : quelques-uns avouèrent eux-mêmes leurs projet ; d'autres allèrent jusqu'à s'en faire un mérite, disant que la mort était le seul service qu'ils pussent rendre à un homme souillé de tant de crimes. Les enfants des condamnés furent chassés de Rome, et moururent de faim ou empoisonnés. Quelques-uns (c'est une chose connue) périrent avec leurs précepteurs et les esclaves chargés de porter leurs livres, dans un même repas ; d'autres furent privés de toute nourriture.

XXXVII. Sa vie ne fut désormais qu'une suite d'assassinats : personne n'était à l'abri de ses coups ; tout prétexte lui était bon. Parmi un grand nombre d'exemples, je ne citerai que ceux-ci. Il fit un crime à Salvidiénus Orfitus d'avoir loué à certaines villes, pour y avoir un pied-à-terre, trois boutiques de sa maison, près du Forum[96] ; au jurisconsulte Cassius Longinus, qui était aveugle, d'avoir laissé sur un vieil arbre généalogique les images de C. Cassius, l'un des meurtriers de César ; à Pétus Thraséa, d'avoir le front sévère d'un pédagogue. Il ne donnait qu'un délai de quelques heures aux condamnés pour mourir. Afin de prévenir toute cause de retard, il avait des médecins chargés, comme il le disait, « de soigner les traînards », c'est-à-dire de leur couper les veines pour les faire mourir. A un Égyptien qui mangeait de la chair crue et tout ce qu'on lui présentait, il voulut, assure-t-on, donner des hommes à déchirer vivants et à dévorer. Fier et rempli d'orgueil par de si grands succès (selon lui), il soutenait « qu'aucun prince n'avait encore su tout ce que l'on pouvait sur le trône ». Il tint souvent, à ce sujet, des discours bien significatifs, disant qu'il n'épargnerait pas le reste des sénateurs, qu'un jour même il supprimerait cet ordre ; qu'il donnerait aux chevaliers romains et à ses affranchis le commandement des provinces et des armées. Jamais, soit à son entrée dans le sénat, soit à son départ, il ne daigna donner le baiser d'usage ou rendre le salut à aucun sénateur ; et dans la cérémonie par laquelle on inaugura les travaux de l'isthme[97], il demanda aux dieux, devant la multitude et à haute voix, « que l'entreprise tournât à sa gloire et à celle du peuple romain », sans faire aucune mention du sénat.

XXXVIII. Il n'épargna pas même le peuple de Rome ni les murs de sa patrie. Un de ses familiers ayant cité, dans la conversation, ce vers grec :

Que tout s'embrase et périsse après moi[98],

« Non, répondit-il, que ce soit de mon vivant » ; et il accomplit sa menace. Choqué, à ce qu'il disait, du mauvais goût des anciens édifices, du peu de largeur et de l'irrégularité des rues, il fit mettre le feu à la ville, et si ouvertement que plusieurs consulaires, surprenant dans leurs propriétés des esclaves de sa chambre, avec des étoupes et des flambeaux, n'osèrent pas les arrêter. Des greniers voisins du Palais d'or, et dont le terrain lui faisait envie, furent incendiés et battus par des machines de guerre, parce qu'ils étaient construits en pierres de taille. Ces ravages durèrent six jours et sept nuits, et le peuple n'eut d'autre refuge que les monuments et les sépultures. Outre un nombre infini de maisons de rapport[99], le feu consuma les demeures des anciens généraux, encore ornées des dépouilles des ennemis; les temples consacrés aux dieux par les rois de Rome, ou bâtis pendant les guerres puniques et pendant celles de la Gaule; enfin tout ce que l'antiquité avait laissé de curieux et de mémorable. Néron contempla cet incendie du haut de la tour de Mécène[100], « charmé, disait-il, de la beauté de la flamme », et il chanta, en costume de théâtre, « la prise de Troie[101] ». Il ne laissa pas même échapper cette occasion de pillage et de vol : il s'était engagé à faire enlever gratuitement les cadavres et les décombres, et il ne permit à personne d'approcher de ces restes, devenus les siens. Il reçut et même exigea des contributions pour les réparations de Rome, et il faillit ruiner ainsi les particuliers et les provinces.

XXXIX. Aux outrages et aux maux qui venaient du prince, la fortune ajouta d'autres désastres : une peste qui, dans un seul automne, fit inscrire trente mille funérailles sur les registres de Libitine[102]; une défaite sanglante en Bretagne, suivie du pillage de deux importantes forteresses[103] et du massacre d'un grand nombre de citoyens et d'alliés[104]; en Orient, des échecs honteux, des légions qui passèrent sous le joug en Arménie; la Syrie à peine maintenue sous la domination romaine. Ce qui peut surprendre et mérite d'être remarqué, c'est qu'il ne supporta rien plus patiemment que les satires et les injures, et qu'il ne se montra jamais plus doux qu'envers ceux qui l'attaquaient dans leurs discours ou dans leurs vers. On publia contre lui beaucoup d'épigrammes, en grec et en latin, qui furent affichées partout, telles que celles-ci :

Néron, Oreste, Alcméon, matricides.
Nouvel avis : Néron a tué sa propre mère[105].

Qui nierait que Néron ne descende de la grande race d'Énée?
L'un a emporté sa mère; l'autre a porté son père[106].

Tandis que notre homme tend les cordes de sa lyre, tandis que le Parthe tend son arc, notre homme sera Péan, l'autre celui qui lance au loin ses traits[107].

Rome va devenir une seule maison. Émigrez à Véies, Quirites! A moins que cette maison ne s'empare, en plus, de Véies[108].

Il n'en rechercha pas les auteurs, et s'opposa même à ce que l'on punît sévèrement ceux qui furent dénoncés au sénat. Isidore le Cynique, l'apostrophant en public, lui reprocha tout haut « de si bien chanter les maux de Nauplius [109] et de si mal user de ses biens ». Datus, acteur d'Atellanes, commençant un air par ces mots : « Salut à mon père, salut à ma mère », fit tour à tour le geste de boire et de nager, par allusion à la mort de Claude et à celle d'Agrippine ; et comme il disait, à la fin de la pièce :

Orcus guide vos pas [110],

il désigna du doigt le sénat. Néron se contenta d'exiler de Rome et d'Italie le philosophe et le comédien, soit qu'il ne sentît plus aucun opprobre, soit qu'il craignît, en s'y montrant sensible, d'irriter les esprits.

XL. Le monde, après avoir supporté près de quatorze ans un tel prince, le déposa enfin. Julius Vindex, qui commandait alors dans les Gaules en qualité de propréteur [111], donna le signal en soulevant sa province. Des astrologues avaient prédit autrefois à Néron qu'il serait un jour déposé ; ce qui lui avait fait dire ce mot célèbre : « Notre petit art nous fera vivre [112] », pour justifier l'ardeur qu'il apportait à l'étude de l'art lyrique où le prince devait trouver un agrément, et le particulier une ressource. Toutefois quelques devins lui avaient promis qu'après sa déposition il aurait l'empire de l'Orient ; d'autres, le royaume de Jérusalem ; d'autres encore, qu'il recouvrerait toute sa puissance. Cet espoir le flattant davantage, il crut, quand il eut perdu et recouvré la Bretagne et l'Arménie, avoir enfin accompli sa mauvaise destinée. Mais ayant consulté à Delphes l'oracle d'Apollon, il en reçut le conseil de se défier de la soixante-treizième année. Persuadé alors que ce serait là le terme de sa vie, et fort éloigné de penser à l'âge de Galba [113], il se crut assuré d'une longue vieillesse et d'un bonheur sans fin et sans mélange ; au point qu'ayant un jour perdu, dans un naufrage, des choses extrêmement précieuses, il osa dire à sa suite « que les poissons les lui rapporteraient [114] ». C'est à Naples qu'il apprit le soulèvement des Gaules, le jour même où il avait tué sa mère, quelques années auparavant. Il reçut cette nouvelle avec tant d'indifférence et de tranquillité, que l'on soupçonna qu'il était bien aise d'avoir une occasion de dépouiller, par le droit de la guerre, les plus riches provinces de l'empire. Il se rendit sur-le-champ au gymnase, regarda lutter des athlètes, et prit le plus grand intérêt à leurs exercices. On lui apporta, pendant son souper, des dépêches plus inquiétantes, et alors il s'emporta contre les révoltés en imprécations et en menaces. Pendant huit jours il ne répondit à aucune lettre, ne donna aucun ordre, aucune instruction, ne parla point de cet événement, et parut l'avoir oublié.

XLI. Troublé enfin par les fréquentes et injurieuses proclamations de Vindex, il écrivit au sénat pour l'exhorter à venger l'empereur et l'État ; et il s'excusa sur un mal de gorge de n'y être pas venu en personne. Mais, dans ces manifestes, rien ne le blessa tant que de se voir traiter de mauvais citharède et appeler Énobarbus, au lieu de Néron : il déclara qu'il allait renoncer à son nom d'adoption et reprendre son nom de famille, dont on prétendait lui faire un sujet d'outrage. Quant aux autres imputations, rien, selon lui, n'en démontrait mieux la fausseté, que le reproche d'ignorer un art qu'il avait cultivé avec tant d'ardeur et de succès ; et il allait demandant à chacun « si l'on connaissait un plus grand artiste que lui ». Cependant les courriers arrivaient les uns sur les autres : saisi d'effroi, il prit le chemin de Rome. Sur sa route, un présage frivole releva son courage : il vit, en bas-relief, sur un monument, un soldat gaulois qu'un cavalier romain, son vainqueur, traînait par les cheveux. A cette vue, il sauta de joie et rendit au ciel des actions de grâces. Toutefois il n'assembla ni le sénat ni le peuple ; il tint conseil à la hâte avec quelques-uns des principaux citoyens convoqués chez lui, et il passa le reste du jour à essayer devant eux des instruments de musique hydrauliques, d'une nouvelle espèce. Il leur en fit remarquer, pièce à pièce, le mécanisme et le travail, assurant qu'il les ferait porter au théâtre, pourvu que Vindex le lui permît.

XLII. Mais quand il apprit que Galba et les Espagnes[115] s'étaient aussi révoltés, il perdit connaissance, et resta longtemps insensible, étendu sans voix et à demi-mort. Dès qu'il eut repris ses sens, il déchira ses vêtements, se frappa la tête, et s'écria « que c'était fait de lui ». Sa nourrice, pour le consoler, lui citait d'autres princes à qui étaient arrivés de pareils malheurs : il répondit « que les siens étaient inouïs, sans exemple, puisqu'il perdait l'empire avant de perdre la vie ». Il ne changea pourtant rien à ses habitudes de luxe et de mollesse ; loin de là : ayant reçu des provinces quelques nouvelles favorables, il donna un repas splendide, et fit contre les chefs de la révolte des vers satiriques, qu'il se mit à chanter avec les gestes d'un bouffon, et qu'il fit répandre dans le public. Ensuite il se fit porter secrètement au théâtre, et envoya dire à un acteur, dont la voix était fort applaudie, « qu'il était bien heureux que l'empereur eût d'autres occupations[116] ».

XLIII. On prétend qu'au premier bruit de la révolte, il conçut des projets plus atroces les uns que les autres, et qui répondaient bien à son caractère. Il voulait révoquer et faire égorger les gouverneurs des provinces et les commandants des armées, comme s'ils eussent tous été dans la conspiration et dans les mêmes dispositions ; massacrer tous les exilés, en quelque lieu qu'ils fussent, et tous les Gaulois qui étaient à Rome ; les premiers, pour qu'ils ne se joignissent pas aux révoltés ; les seconds, comme complices et fauteurs[117] de leurs concitoyens ; abandonner aux armées le pillage des Gaules ; empoisonner tout le sénat dans un festin ; mettre le feu à Rome et lâcher en même temps les bêtes féroces sur le peuple, pour l'empêcher de se défendre contre les flammes. Il fut détourné de ces projets bien moins par le repentir de les avoir conçus, que par l'impossibilité de les exécuter. Croyant enfin une expédition nécessaire, il destitua les consuls, et il prit seul la place de ces deux magistrats, sous prétexte qu'il était dans la destinée des Gaules de ne pouvoir être soumises que par un consul[118]. S'étant donc fait apporter les faisceaux, il sortit de table, appuyé sur les épaules de ses amis, et en disant « que dès qu'il serait en Gaule, il se montrerait sans armes aux légions rebelles ; qu'il se contenterait de pleurer devant elles ; qu'un prompt repentir lui ramènerait les séditieux ; et que le lendemain, joyeux, au milieu de l'allégresse commune, il entonnerait un chant de victoire, qu'il allait composer sur-le-champ ».

XLIV. Son premier soin, en préparant cette expédition, fut de choisir des voitures pour le transport de ses instruments de musique, et de faire couper les cheveux, comme à des hommes, à toutes ses concubines, qu'il se proposait d'emmener, et auxquelles il donna, pour armes, des haches et de petits boucliers d'amazones. Il appela ensuite sous le drapeau les tribus urbaines ; mais aucun de ceux qui étaient en état de porter les armes ne répondant à l'appel, il exigea de tous les maîtres un certain nombre d'esclaves, et il prit dans chaque maison les meilleurs, sans en excepter même les intendants et les secrétaires. Il obligea tous les ordres de l'État de verser entre ses mains une partie de leur fortune, et les locataires des maisons contiguës ou isolées[119], de porter sur-le-champ au fisc une année de leur loyer. Il tenait avec une rigueur excessive à ce que les espèces fussent neuves, l'argent pur, l'or éprouvé ; en sorte que la plupart des contribuables, rebutés d'une pareille exigence, refusèrent nettement de rien donner, et s'accordèrent à dire « qu'il ferait beaucoup mieux de reprendre aux délateurs les récompenses qu'ils avaient reçues ».

XLV. Les bénéfices qu'il tira de la cherté des grains augmentèrent [120] encore la haine que lui avaient attirée ces rapines ; et il arriva précisément que, dans le temps de la plus grande disette, un navire d'Alexandrie apporta du sable pour les lutteurs de la cour. Tout le monde en fut indigné, et il n'est pas d'outrages qu'on ne prodiguât à l'empereur. On mit sur la tête d'une de ses statues un chignon de femme [121], avec cette inscription en grec : « Voici enfin le moment du combat : qu'il s'y livre donc [122] ! » On attacha un sac au cou d'une autre de ses statues, et l'on y écrivit ces mots : « Moi, qu'aurais-je pu faire [123] ? ; mais toi, tu as mérité le sac [124]. » On écrivit sur des colonnes « que ses chants avaient réveillé les Gaulois [125] » ; et pendant la nuit un grand nombre de citoyens, feignant de se disputer avec des esclaves, demandaient à grands cris un *Vindex* [126].

XLVI. Ses terreurs étaient encore entretenues par des présages manifestes, tirés de ses songes, des auspices et des signes ; les uns anciens, les autres récents. Quoique son sommeil fût ordinairement sans rêve, il rêva, après le meurtre de sa mère, qu'on lui arrachait des mains le gouvernail d'un navire, et que sa femme Octavie l'entraînait dans d'épaisses ténèbres. Une autre fois, il crut, en songe, être couvert d'une multitude de fourmis ailées ; ou bien il voyait les simulacres des diverses nations de la terre, placées à l'entrée du théâtre de Pompée, l'entourer, et lui fermer le passage. Un cheval d'Asturie, qu'il aimait beaucoup, lui parut se changer en singe, à l'exception de la tête, d'où sortaient des hennissements sonores. Du Mausolée, dont les portes s'ouvrirent d'elles-mêmes, sortit une voix qui appelait Néron. Les dieux Lares, solennellement ornés pour les calendes de janvier, tombèrent de leur piédestal, au milieu des préparatifs du sacrifice. Comme il était à prendre les auspices, Sporus [127] lui offrit, pour cadeau d'étrennes, un anneau dont la pierre représentait « l'enlèvement de Proserpine ». Au moment des vœux solennels [128] devant tous les ordres de l'État réunis, on eut beaucoup de peine à trouver les clefs du Capitole ; et lorsqu'on lut, dans le sénat, ce passage du discours qu'il avait composé contre Vindex : « Que les coupables seraient punis, et donneraient l'exemple d'un châtiment digne de leurs crimes », tout le monde s'écria : « Vous le donnerez, César [129] ! » On observa aussi que dans « Œdipe exilé », le dernier rôle qu'il ait joué en public, il quitta la scène en prononçant ce vers grec :

Épouse, mère, père, tout veut que je périsse.

XLVII. Cependant le bruit courut que les autres armées s'étaient aussi révoltées. Il déchira[130] les lettres qu'on lui apporta pendant son dîner, renversa la table, et brisa contre terre deux vases dont il faisait grand cas et qu'il appelait Homériques, parce qu'on y avait sculpté des sujets tirés des poèmes d'Homère ; puis il se fit donner du poison par Locuste[131], le renferma dans une boîte d'or, et passa dans les jardins de Servilius[132]. Là, tandis que les plus fidèles de ses affranchis allaient, par son ordre, à Ostie, faire préparer des vaisseaux, il voulut engager les tribuns et les centurions du prétoire à accompagner sa fuite. Mais les uns s'en excusèrent, les autres refusèrent ouvertement ; l'un d'eux lui dit même tout haut :

Est-ce un si grand malheur que de cesser de vivre[133] *?*

Il conçut alors différents projets, comme de s'enfuir chez les Parthes, ou d'aller se jeter aux pieds de Galba, ou bien de paraître en public et à la tribune aux harangues en habit de deuil, et d'y demander, du ton le plus lamentable qu'il pourrait prendre, qu'on lui pardonnât le passé, ou au moins, si les cœurs restaient insensibles, qu'on lui accordât la préfecture d'Égypte. On trouva en effet, parmi ses papiers, le discours qu'il avait composé sur ce sujet ; et le seul motif qui, dit-on, l'empêcha de le prononcer, ce fut la crainte d'être mis en pièces avant que d'arriver au Forum. Il remit donc au lendemain à prendre un parti ; mais s'étant réveillé vers le milieu de la nuit, il apprit que ses gardes l'avaient quitté. Il sauta de son lit, et envoya chez tous ses amis : n'en recevant aucune réponse, il alla, suivi de peu de monde, demander un refuge à quelques-uns d'eux. Toutes les portes lui furent fermées, et personne ne lui répondit. Alors il revint dans sa chambre : les sentinelles avaient pris la fuite, emportant jusqu'à ses couvertures et la boîte d'or[134] où était le poison. Il demanda aussitôt le mirmillon Spiculus[135] ou tout autre, pour en recevoir la mort. Ne trouvant personne qui voulût la lui donner, « Je n'ai donc, s'écria-t-il, ni amis ni ennemis ? » et il courut pour se précipiter dans le Tibre.

XLVIII. Il s'arrêta pourtant, et parut désirer une retraite pour se recueillir. Phaon, son affranchi, lui offrit sa maison de campagne, située entre la voie Salaria et la voie Nomentane[136], à quatre milles de Rome. Il monta à cheval, en tunique et pieds nus, comme il se trouvait ; il s'enveloppa d'un vieux manteau de couleur passée, il avait la tête couverte, un mouchoir devant la figure, et pour toute suite quatre personnes, parmi lesquelles était Sporus. Il sentit soudain la terre trembler, il vit briller un éclair, et fut saisi d'épouvante. En passant près du camp des prétoriens, il entendit les cris des soldats, qui faisaient des imprécations contre lui et des vœux pour Galba. Un voyageur dit en apercevant cette petite troupe : « Voilà des gens qui poursuivent Néron. » Un autre : « Qu'y a-t-il de nouveau à Rome touchant Néron ? » L'odeur d'un cadavre abandonné sur la route fit reculer son cheval ; et le mouchoir dont il se couvrait le visage étant tombé, un ancien prétorien le reconnut, et le salua par son nom [137]. Arrivé à un chemin de traverse, il renvoya les chevaux ; et s'engageant, au milieu des ronces et des épines, dans un sentier couvert de roseaux, où il ne put marcher qu'en faisant étendre des vêtements sous ses pieds, il parvint, non sans peine, derrière les murs de la maison de campagne. Là, Phaon lui conseilla d'entrer pendant quelque temps dans une carrière, d'où l'on avait tiré du sable ; mais il répondit « qu'il ne voulait pas s'enterrer tout vivant » ; et s'étant arrêté pour attendre qu'on eût pratiqué une entrée secrète dans cette maison, il puisa dans sa main de l'eau d'une mare, et dit, avant de la boire : « Voilà donc les rafraîchissements de Néron [138] ! » Il se mit ensuite à arracher les ronces qui s'étaient attachées à son manteau ; après quoi il se traîna sur les mains, par une ouverture creusée sous le mur, jusque dans la chambre la plus voisine, où il se coucha sur un mauvais matelas garni d'une vieille couverture. La faim et la soif le tourmentaient de temps à autre ; on lui présenta du pain grossier qu'il refusa, et de l'eau tiède dont il but un peu.

XLIX. Tous ceux qui étaient avec lui le pressaient de se dérober le plus tôt possible aux outrages dont il était menacé. Il ordonna de creuser une fosse devant lui, sur la mesure de son corps, de l'entourer de quelques morceaux de marbre, s'il s'en trouvait, et d'apporter près de là de l'eau et du bois, pour rendre les derniers devoirs à son cadavre [139], pleurant à chaque ordre qu'il donnait, et répétant sans cesse : « Quelle mort pour un si grand artiste ! » Pendant ces préparatifs, un courrier vint remettre un billet à Phaon ; Néron s'en saisit, et y lut « que le sénat l'avait déclaré ennemi de la patrie, et le faisait chercher, pour le punir selon les lois anciennes ». Il demanda quel était ce supplice ; on lui apprit qu'il consistait à dépouiller le criminel, à lui serrer le cou dans une fourche et à le battre de verges jusqu'à la mort. Épouvanté, il saisit deux poignards qu'il avait apportés avec lui, en essaya la pointe et les remit dans leur gaine, en disant « que l'heure fatale n'était pas encore venue ». Tantôt il exhortait Sporus à se lamenter et à pleurer, tantôt il demandait que quelqu'un lui donnât, en se tuant, le courage de mourir. Quelquefois aussi il se reprochait sa lâcheté ; il se disait : « Je traîne une vie honteuse et misérable » ; et il ajoutait en grec : « Cela ne convient pas à Néron ; cela ne lui convient pas : il faut prendre son parti dans de pareils moments ; allons, réveille-toi. » Déjà s'approchaient les cavaliers qui avaient ordre de le saisir vivant. Quand il les entendit, il prononça, en tremblant, ce vers grec :

Des coursiers frémissants j'entends le pas rapide[140] ;

et aussitôt il s'enfonça le fer dans la gorge, aidé par son secrétaire Épaphrodite. Il respirait encore lorsque le centurion entra, qui plaça son manteau sur sa blessure, feignant d'être venu pour le secourir. Néron lui dit : « Il est trop tard », et ajouta : « C'est là de la fidélité ! » Il expira en prononçant ces mots, les yeux ouverts et fixes, objet d'épouvante et d'effroi pour ceux qui le regardaient. Il avait recommandé, avec les plus vives instances, aux compagnons de sa fuite, de n'abandonner sa tête au pouvoir de personne, et de le brûler tout entier, de quelque manière que ce fût. Cette permission fut accordée par Icélus, affranchi de Galba[141], qui venait de sortir de la prison où il avait été jeté dès le commencement de l'insurrection.

L. Les funérailles de Néron coûtèrent deux cent mille sesterces ; on y employa des draperies blanches brochées d'or, dont il s'était servi le jour des calendes de janvier. Ses nourrices Éclogé et Alexandrie, avec sa concubine Acté[142], déposèrent ses restes dans le tombeau des Domitius, que l'on aperçoit du champ de Mars, sur la colline des Jardins[143]. Dans ce monument, sa tombe, qui est de porphyre, est surmontée d'un autel en marbre de Luna[144], et entourée d'une balustrade en marbre de Thasos[145].

LI. Sa taille était médiocre. Il avait le corps couvert de taches et infect ; les cheveux presque blonds, la figure plutôt belle qu'agréable, les yeux bleus et la vue faible, le cou épais, le ventre proéminent, les jambes fort grêles, le tempérament robuste. Malgré ses débauches effrénées, il ne fut incommodé que trois fois dans l'espace de quatorze ans[146] ; et encore sans être obligé de s'abstenir de vin, ni de changer quelque chose à ses habitudes. Nulle décence dans sa mise et dans sa tenue : on le vit, pendant son séjour en Achaïe, laisser retomber par-derrière ses cheveux, qui, d'ailleurs, étaient toujours étagés par boucles symétriques ; il parut souvent en public en robe de festin [147], un mouchoir autour du cou, sans ceinture [148], et les pieds nus.

LII. Il s'essaya, dès son enfance, à presque tous les arts libéraux ; mais sa mère le détourna de l'étude de la philosophie, qui, disait-elle, ne pouvait que nuire à un prince destiné à régner ; et son précepteur Sénèque lui interdit la lecture des anciens orateurs, afin de fixer sur lui seul l'admiration de son disciple. Il se tourna vers la poésie, et composa avec plaisir et sans effort quelques pièces de vers. Il n'est pas vrai, comme on l'a dit, qu'il donnât pour siens ceux d'autrui. J'ai eu entre les mains des tablettes et des cahiers où se trouvaient des vers de lui fort connus et entièrement de son écriture. On voyait bien qu'ils n'étaient ni copiés, ni écrits sous la dictée d'un autre ; mais qu'ils étaient le fruit laborieux de sa pensée, tant il y avait de corrections, d'additions et de surcharges. Il eut aussi un goût très vif pour la peinture et pour la sculpture [149].

LIII. Avide de popularité, il se faisait aussitôt le rival de quiconque agissait, par quelque moyen que ce fût, sur la multitude. On pensait généralement que, non content de ses succès de théâtre, il devait descendre, au prochain lustre [150], dans l'arène olympique, avec les athlètes. En effet, il s'exerçait assidûment à la lutte ; et dans toutes les villes de la Grèce où il assista aux jeux gymniques, ce fut à la manière des juges, en s'asseyant par terre dans le stade : voyait-il s'éloigner du centre un couple de lutteurs, il courait le saisir et l'y ramenait. Comme on l'égalait à Apollon pour le chant, et au Soleil pour le talent de conduire un char, il voulut imiter aussi les exploits d'Hercule ; et l'on avait, dit-on, dressé un lion qu'il devait combattre nu dans l'arène, et assommer avec sa massue ou étouffer dans ses bras, sous les yeux du peuple.

LIV. Sur la fin de sa vie, il avait fait le vœu solennel, s'il conservait son pouvoir, de jouer de l'orgue hydraulique, de la flûte et de la cornemuse, pendant les jeux qu'on célébrerait pour sa victoire ; de se faire histrion le dernier jour de ces fêtes, et de danser le Turnus [151] de Virgile. On dit même qu'il fit périr le comédien Pâris, comme un trop redoutable adversaire.

LV. L'envie de perpétuer sa mémoire et de s'éterniser n'était chez lui qu'une déplorable manie. Ainsi, on le vit changer le nom de beaucoup de choses et de lieux, pour y substituer le sien. Il appela Néronien le mois d'avril, et il voulait que Rome se nommât désormais Néropolis.

LVI. Il affectait pour tous les cultes un souverain mépris, excepté pour celui de la déesse de Syrie [152] ; mais il finit par s'en moquer aussi, au point d'uriner sur sa statue, quand il eut pris une autre superstition, la seule où il persista. Elle consistait dans la possession d'une poupée dont un homme du peuple, qu'il ne connaissait pas, lui avait fait présent, comme d'un préservatif contre les embûches de ses ennemis. Une conspiration ayant été aussitôt découverte, il fit de cette poupée sa divinité suprême, l'honora de trois sacrifices par jour, et voulut qu'on pensât qu'elle lui révélait l'avenir. Quelques mois avant sa mort, il se mit à observer les entrailles des victimes, et il n'en put jamais tirer un présage heureux.

LVII. Il périt dans la trente-deuxième année de son âge, le même jour où naguère il avait fait mourir Octavie. La joie publique fut telle, que le peuple courut çà et là par les rues, coiffé du bonnet de la liberté [153]. Toutefois, il y eut des citoyens qui, longtemps encore après sa mort, allèrent orner son tombeau des fleurs du printemps et de l'été ; qui apportèrent à la tribune [154] des portraits de Néron, où il était représenté en robe prétexte ; qui y lurent des édits où il parlait comme s'il eût vécu, et qu'il dût bientôt revenir, pour se venger de ses ennemis. Le roi des Parthes, Vologèse, ayant envoyé des ambassadeurs au sénat pour renouveler son alliance, demanda par-dessus toute chose que la mémoire de Néron fût honorée. Enfin vingt ans après, pendant ma jeunesse, un aventurier, se vantant d'être Néron, se fit chez les Parthes, à la faveur de ce nom qui leur était cher, un parti puissant, et il ne nous fut rendu qu'avec beaucoup de peine.

GALBA

SOMMAIRE

I. Prodiges qui annoncèrent l'extinction de la race des Césars. — II. Origine de Galba. — III. Étymologies diverses de ce surnom. Les ancêtres de cet empereur. — IV. Sa naissance. Des présages lui promettent l'empire. — V. Il refuse la main d'Agrippine. Son crédit auprès de Livie. — VI. Ses dignités. Son commandement en Germanie. — VII. Son crédit auprès de Claude. Son proconsulat en Afrique. — VIII. Ses récompenses. Son commandement en Espagne. Des prodiges l'appellent au trône. — IX. Inégalité de sa conduite dans son gouvernement d'Espagne. Il accepte le rôle de libérateur du monde. De nouveaux prodiges ont lieu en sa faveur.

X. Il est salué empereur. Ses dangers. — XI. Il se met en marche, et se défait de ses ennemis. — XII. Son avarice et sa cruauté. — XIII. Il reçoit à Rome un mauvais accueil. — XIV. Il se laisse entièrement gouverner par trois courtisans. — XV. Il révoque toutes les libéralités de Néron. Ses affranchis disposent de tout. — XVI. Il s'aliène tous les esprits. L'armée de la haute Germanie donne le signal de la révolte. — XVII. Il adopte Pison. Conspiration d'Othon. — XVIII. Des présages lui annoncent sa fin. — XIX. Sa mort. — XX. Son cadavre est laissé dans le Forum. On lui coupe la tête. Sa sépulture. — XXI. Son portrait. — XXII. Ses vices. — XXIII. Le sénat lui décrète une statue; décret révoqué par Vespasien.

I. La race des Césars s'éteignit en Néron [1]; événement qu'avaient annoncé plusieurs présages, mais surtout deux, encore plus évidents que les autres. Livie, peu de temps après son mariage avec Auguste, se rendait à sa maison de Véies [2], lorsqu'un aigle, volant au-dessus d'elle, laissa tomber sur ses genoux une poule blanche qu'il venait de saisir, et qui tenait encore dans son bec une branche de laurier. Livie fit nourrir la poule et planter le rameau. La poule donna tant de poussins, que cette maison en reçut le nom, qui lui est resté, de *maison aux poules ;* et le plant vint si bien, que les Césars y cueillirent, dans la suite, les lauriers de leurs triomphes, mais en ayant toujours soin, la cérémonie terminée, d'en planter d'autres dans le même endroit. On observa qu'un peu avant la mort de chaque empereur, l'arbuste planté par lui dépérissait ; or, pendant la dernière année du règne de Néron, tout le plant se dessécha jusqu'aux racines, et toutes les poules périrent. Bientôt après, le palais des Césars fut frappé de la foudre, les têtes de leurs statues tombèrent toutes à la fois, et le sceptre d'Auguste lui fut arraché des mains.

II. Galba, successeur de Néron, ne tenait par aucun lien de famille à la maison des Césars ; mais il était d'une haute noblesse, et d'une race aussi ancienne qu'illustre. Il prenait, dans les inscriptions de ses statues, le titre D'ARRIÈRE-PETIT-FILS DE Q. CATULUS CAPITOLINUS[3] ; et empereur, il exposa, dans le vestibule du palais, un tableau généalogique où il faisait remonter à Jupiter son origine paternelle, et à Pasiphaé, femme de Minos, son origine du côté de sa mère.

III. Il serait trop long de rappeler en détail les portraits et les épitaphes de toute cette lignée[4] : je me bornerai à dire un mot de ceux de sa famille[5]. On ignore pour quelle raison le premier des *Sulpicii* à porter le nom de Galba en fut revêtu, et à quelle occasion. Ce fut, selon les uns, pour avoir incendié, avec des torches enduites de galbanum[6], une ville d'Espagne qui avait résisté à un long siège ; selon d'autres, parce que, dans une maladie chronique, il fit un usage fréquent de galbéum, topique ordinairement enveloppé dans de la laine ; d'après ceux-ci, parce qu'il était fort gras, ce qui s'exprime en gaulois par le mot *galba ;* enfin, d'après ceux-là, parce que, étant au contraire fort maigre, il fut comparé à ces petits vers qui naissent dans le chêne et qu'on appelle *galbae.* L'illustration de cette famille commence au consulaire Servius Galba, l'homme le plus éloquent de son temps. Envoyé en Espagne après sa préture, il fit, dit-on, massacrer par trahison trente mille Lusitaniens, et fut cause de la guerre de Viriathe[7]. Son petit-fils, irrité de se voir refuser le consulat par Jules César, dont il avait été le lieutenant en Gaule, entra dans la conspiration de Cassius et de Brutus, et fut condamné, pour ce fait, en vertu de la loi Pédia[8]. De celui-là sont nés l'aïeul et le père de l'empereur Galba.

L'aïeul, plus illustre par ses travaux[9] que par ses dignités, ne s'éleva pas au-dessus de la préture, et il publia un ouvrage historique assez volumineux et plein d'intérêt. Le père, après avoir été consul, fut un avocat laborieux, d'ailleurs médiocrement éloquent, petit de taille et bossu. Il eut d'abord pour femme Mummia Achaïca, petite-fille de Catulus[10], et arrière-petite-fille de L. Mummius, qui détruisit Corinthe. Il épousa ensuite Livia Ocellina, aussi riche que belle, qui, dit-on, le rechercha elle-même à cause de sa noblesse, et avec plus d'ardeur encore depuis le jour où, pressé par ses instances, il retira ses vêtements à l'écart et lui fit voir sa difformité, pour éviter le reproche de l'avoir trompée. Il eut d'Achaïca deux fils, Caïus et Servius. Caïus, l'aîné des deux, fut obligé de quitter Rome, où il s'était ruiné ; et Tibère s'étant opposé à ce qu'il tirât au sort, à son tour, un gouvernement proconsulaire, il se donna la mort.

IV. L'empereur Serv. Galba naquit sous le consulat de M. Valérius Messala et de Cn. Lentulus, le neuf des calendes de janvier[11], dans une villa située sur une colline près de Terracine[12], à gauche en allant à Fondi[13]. Adopté par sa belle-mère Livia, il prit son nom et lui emprunta aussi le surnom d'Ocellaris[14]. Il changea aussi de prénom, et se fit alors appeler Lucius, au lieu de Servius, jusqu'à son avènement à l'empire. Un jour, dit-on, qu'il était allé saluer Auguste avec d'autres enfants de son âge, ce prince lui dit en grec, en caressant sa petite joue : « Et toi aussi, mon enfant, tu goûteras de notre pouvoir. » Lorsqu'on apprit à Tibère que Galba devait régner, mais dans un âge fort avancé, « Qu'il vive donc, dit l'empereur ; ce n'est pas moi que cela regarde. » Comme son aïeul faisait un sacrifice pour conjurer la foudre, un aigle lui enleva des mains les entrailles de la victime, et les porta sur un chêne chargé de glands. La réponse des augures fut que ce présage promettait l'empire à sa famille, mais dans un temps éloigné : « Oui, dit-il en riant, lorsque les mules mettront bas. » Aussi, lorsque Galba médita la conquête du trône, rien ne lui donna plus de confiance que de voir une mule mettre bas ; et, tandis que tout le monde repoussait ce présage comme sinistre, lui seul l'accepta comme heureux, se rappelant le sacrifice et la repartie de son aïeul. Il venait de prendre la toge virile, quand il rêva que la Fortune lui disait : « Je suis lasse d'attendre à ta porte ; et si tu ne me reçois au plus tôt, je deviendrai la proie du premier qui se présentera. » A son réveil, il ouvrit son vestibule, et trouva sur le seuil une statue d'airain de plus d'une coudée ; c'était celle de cette déesse. Il l'emporta dans ses bras à Tusculum, où il avait coutume de passer l'été ; il la consacra dans une partie de sa maison, lui voua un sacrifice par mois et une veille par an. Jeune encore, il maintint rigoureusement un usage aboli partout dans Rome, excepté dans sa famille, et qui consistait à recevoir deux fois le jour ses affranchis et ses esclaves, lesquels se présentaient tous ensemble à l'heure de son lever et de son coucher, pour lui souhaiter, chacun à son tour, le bonjour et le bonsoir.

V. La jurisprudence est une des sciences qu'il cultiva le plus assidûment. Il s'était marié ; mais ayant perdu sa femme Lépida et deux fils qu'il avait eus d'elle, il garda le célibat, et ne voulut désormais consentir à aucun mariage. Il refusa même Agrippine, devenue libre par la mort de Domitius, et qui, avant qu'il fût veuf, lui avait fait des avances telles, que la mère de Lépida lui en adressa de vifs reproches dans une réunion de femmes de qualité, et s'emporta jusqu'à la frapper. Il montra une estime particulière pour Livie, femme d'Auguste, dont la faveur, tant qu'elle vécut, lui donna beaucoup de crédit, et dont le testament, quand elle fut morte, faillit l'enrichir. Elle le désigna comme son principal héritier, pour cinquante millions de sesterces ; mais la somme étant écrite en chiffres et non en toutes lettres, Tibère réduisit ce legs à cinq cent mille sesterces [15], que Galba ne toucha même pas.

VI. Il parvint aux honneurs avant l'âge fixé par les lois. Pendant les jeux Floraux [16], qu'il célébra comme préteur, il donna le spectacle, encore nouveau, d'éléphants dansant sur la corde. Il gouverna la province d'Aquitaine pendant près d'un an ; puis il fut, six mois, consul ordinaire [17]. Le hasard voulut qu'il succédât, dans cette dignité, à Cn. Domitius [18], père de Néron, et qu'il eût lui-même pour successeur Salvius Othon, père d'Othon l'empereur ; ce qui était comme un présage de l'avenir, le règne de Galba étant placé entre ceux de leurs fils. Il fut ensuite envoyé en Germanie par Caligula, pour remplacer Gétulicus [19]. Le lendemain de son arrivée, il fit cesser les applaudissements qu'excitait sa présence à un spectacle solennel, et un ordre du jour enjoignit aux soldats « de tenir leurs mains sous leurs manteaux ». Aussi ne fit-on plus que chanter dans le camp :

Soldat, apprends à te conduire en soldat : c'est Galba, et non Gétulicus.

Avec la même sévérité, il leur interdit les demandes de congés ; il exerça par un travail assidu les vétérans et les recrues ; il repoussa les barbares, qui avaient pénétré jusque dans la Gaule ; et Caligula, présent à cette expédition, fut si content de son armée et de lui, que, parmi les innombrables troupes levées dans toutes les provinces, les siennes reçurent le plus de récompenses et de témoignages de satisfaction. Galba se fit particulièrement remarquer en dirigeant, un bouclier à la main, les évolutions militaires, et en suivant, l'espace de vingt mille pas, la voiture de l'empereur[20].

VII. Après le meurtre de Caligula, on le pressa généralement de saisir cette occasion ; mais il préféra le repos. Claude lui en sut si bon gré, qu'il le mit au nombre de ses meilleurs amis ; et il eut pour lui une telle considération, que l'expédition de Bretagne[21] fut retardée à cause d'une légère indisposition qui lui était survenue le jour même du départ[22]. Il fut, deux ans, proconsul d'Afrique : on l'avait choisi, sans consulter le sort, pour pacifier cette province, inquiétée par les barbares et troublée par des divisions intestines. Il y réussit entièrement, grâce à la sévérité, à la justice qu'il montra jusque dans les plus petites choses. Dans une expédition où il y avait disette de vivres, un soldat ayant vendu pour cent deniers[23] un boisseau[24] de froment qui lui restait de sa provision, Galba défendit aux autres de lui fournir aucun aliment, dès qu'il commencerait à manquer de nourriture ; et ce soldat mourut de faim. Deux plaideurs s'étaient présentés à son tribunal, se disputant la propriété d'une bête de somme : les preuves étaient, de part et d'autre, équivoques, les témoignages suspects, la vérité difficile à découvrir. Il décida que l'animal serait conduit, la tête couverte, à un lac où il avait coutume de s'abreuver ; que là on lui ôterait ce voile, et qu'il appartiendrait à celui des deux vers lequel il se dirigerait de lui-même après avoir bu.

VIII. Les services qu'il rendit alors en Afrique, et ceux qu'il avait autrefois rendus en Germanie, furent récompensés par les ornements triomphaux et par un triple sacerdoce, les collèges des quindécemvirs, des prêtres Titiens et des prêtres d'Auguste[25] se l'étant agrégé. Depuis ce temps-là jusque vers la moitié du règne de Néron, il vécut à peu près dans la retraite, ne sortant jamais de chez lui, même pour se promener, sans se faire suivre d'un fourgon où il y avait un million de sesterces[26] en or. Il était à Fondi, quand on lui offrit le gouvernement de l'Espagne Tarragonaise. Il arriva, comme il sacrifiait dans un temple, à son entrée dans cette province, que les cheveux blanchirent tout à coup à un enfant qui tenait la boîte à encens ; et ce prodige fut interprété comme le présage d'un grand changement, dans lequel on verrait un vieillard succéder à un jeune homme, c'est-à-dire Galba à Néron. Peu de temps après, la foudre tomba dans un lac du pays des Cantabres et l'on y trouva douze haches ; signe manifeste de la souveraine puissance.

IX. Sa conduite dans ce gouvernement qui dura huit années, fut pleine d'inégalité. Il montra d'abord beaucoup d'ardeur et de vigilance, et même une sévérité excessive dans la répression des délits. Ainsi, il ordonna de couper les mains à un changeur infidèle, et de les clouer sur son comptoir : il fit mettre en croix un tuteur qui avait empoisonné son pupille, dont les biens lui étaient substitués[27] ; et le coupable invoquant les lois et ses privilèges de citoyen romain, Galba, comme pour adoucir par quelque distinction l'horreur de son supplice, lui fit dresser une croix peinte en blanc et beaucoup plus grande que les autres. Mais il tomba peu à peu dans le relâchement et la mollesse, afin de ne point donner d'ombrage à Néron, « et parce que, disait-il, on ne peut obliger personne à rendre compte de son inaction ». Il tenait ses assises à Carthagène[28] quand il apprit le soulèvement des Gaules, le légat[29] d'Aquitaine lui ayant envoyé demander du secours. Il reçut aussi des lettres de Vindex, qui l'engageait « à se déclarer le libérateur et le chef du genre humain ». Il ne balança pas longtemps, et, poussé par la crainte autant que par l'espérance, il accueillit cette proposition. Il avait, en effet, surpris un ordre envoyé secrètement par Néron à ses agents pour le tuer, et il était encouragé par les plus heureux auspices, par les présages les plus certains, mais surtout par les prédictions d'une vierge appartenant à une noble famille ; prédictions qui lui inspiraient d'autant plus de confiance que le prêtre de Jupiter, à Clunie[30], averti par un songe, venait de retirer du sanctuaire le même oracle, prononcé aussi par une jeune devineresse, deux cents ans auparavant. Le sens de cet oracle était « qu'il viendrait de l'Espagne un homme qui serait le maître du monde ».

X. Il monta donc sur son tribunal, comme pour procéder à un affranchissement. Alors, faisant placer devant lui les portraits de la plupart des citoyens condamnés et tués par Néron, et, ayant à ses côtés un jeune homme d'une noble origine, qu'il avait fait venir exprès de la plus proche des îles Baléares où il était exilé, il déplora les maux de ce règne.

Salué EMPEREUR, il déclara ne vouloir être que « le lieutenant du sénat et du peuple romain ». Il annonça que les affaires étaient interrompues, et il leva, parmi le peuple de sa province, des légions et des troupes auxiliaires, pour renforcer son armée, qui n'était que d'une légion, de deux escadrons et de trois cohortes. Il créa une espèce de sénat composé de vieillards d'une expérience consommée, pour délibérer avec eux, dans l'occasion, sur les affaires importantes ; et il choisit dans l'ordre des chevaliers des jeunes gens qui, sans perdre le droit de porter l'anneau d'or[31], devaient, sous le nom d'*Evocati*[32], monter la garde autour de sa chambre, à la place de soldats. Il fit répandre aussi des proclamations dans les autres provinces, engageant tout le monde à s'unir à son entreprise dans les détails comme dans l'ensemble, et à servir, chacun selon ses moyens, la cause commune. Vers le même temps on trouva, en fortifiant une ville dont il voulait faire sa place d'armes, un anneau d'un travail antique, et dont la pierre représentait une Victoire avec un trophée. On vit aussi un navire d'Alexandrie aborder à Dertosa[33], chargé d'armes, sans pilote, sans matelots, sans passagers ; et personne alors ne douta que son entreprise n'eût la justice pour cause et les dieux pour appui. Mais un événement imprévu faillit tout perdre aussitôt. Comme il s'approchait du camp, un des deux corps de cavalerie, se repentant d'avoir violé ses serments, résolut de l'abandonner et ne fut retenu dans le devoir qu'avec beaucoup de peine. En outre, quelques esclaves, dont un affranchi de Néron lui avait fait présent après les avoir dressés à la trahison, allaient le tuer dans une rue étroite par où il se rendait au bain, si, les entendant s'exhorter à saisir l'occasion, et leur ayant demandé de quelle occasion ils parlaient, il ne leur eût arraché par la torture l'aveu de leur crime.

XI. A tant de périls se joignit la mort de Vindex[34], qui le consterna au point que, se croyant perdu sans ressource, il fut près de renoncer à la vie. Mais rassuré par les nouvelles de Rome, qui lui apprirent que Néron était mort, et que partout on lui avait juré fidélité, il quitta le titre de LIEUTENANT pour celui de CÉSAR. Il se mit alors en marche, vêtu de la cotte d'armes des chefs militaires, avec un poignard suspendu au cou et retombant sur sa poitrine. Il ne reprit la toge qu'après la défaite de ceux qui se révoltaient contre lui, c'est-à-dire du préfet du prétoire Nymphidius Sabinus à Rome, et des lieutenants Fontéius Capito en Germanie, et Clodius Macer en Afrique.

XII. Il arrivait précédé d'une réputation d'avarice et de cruauté qui lui venait de ce qu'il avait imposé de lourds tributs, dans les Espagnes et dans les Gaules, aux villes qui avaient trop tardé à se déclarer pour lui ; de ce qu'il en avait même puni quelques-unes par la destruction de leurs murailles ; de ce qu'il avait fait exécuter par la main du bourreau les officiers mis à leur tête et les fonctionnaires impériaux, avec leurs femmes et leurs enfants ; de ce que les Tarragonais lui ayant offert une couronne d'or du poids de quinze livres, tirée d'un ancien temple de Jupiter, il l'avait fait fondre, et qu'y trouvant trois onces de moins, il en avait exigé le paiement. Cette réputation se fortifia et s'accrut dès les premiers jours de son entrée à Rome. En effet, il voulut réduire à leur première condition de simples rameurs les soldats de marine, à qui Néron avait donné le rang de légionnaires ; et comme ils résistaient à ses ordres et réclamaient avec énergie leur aigle et leurs enseignes, il les fit disperser par un corps de cavalerie, et ensuite il les décima. Il licencia la cohorte germaine que les Césars avaient autrefois formée pour la garde de leur personne [35], et dont la fidélité était demeurée inébranlable au milieu de toutes les épreuves : il renvoya même ces soldats dans leur patrie sans aucune récompense, les accusant d'être dévoués à Cn. Dolabella, dont les jardins étaient voisins de leur camp. On racontait de lui des traits d'avarice, vrais ou faux, qui le rendaient ridicule : qu'il avait poussé un profond soupir en voyant sa table abondamment servie ; que son intendant lui ayant, un jour, présenté ses comptes, il lui avait fait cadeau d'un plat de légumes, pour récompenser son zèle et sa fidélité ; que voulant donner au joueur de flûte Canus une marque de son admiration, il avait été prendre lui-même dans sa cassette particulière cinq deniers [36], dont il le gratifia.

XIII. Son arrivée ne fut donc pas fort agréable aux Romains, et il put s'en apercevoir au premier spectacle qui fut donné. Les acteurs ayant commencé, dans une Atellane, à entonner cette chanson si connue : « Onésimus arrive de sa ferme [37] », tous les spectateurs se mirent à chanter le reste en chœur, et affectèrent de répéter ce vers en le mimant.

XIV. Il ne retrouva sur le trône ni la faveur ni la considération qui l'y avaient porté. Ce n'est pas qu'il ne fît beaucoup de choses qui dénotaient un bon prince ; mais ses bonnes qualités étaient moins aimées que les mauvaises n'étaient haïes. Il était gouverné par trois favoris qui habitaient le palais, qui ne le quittaient pas, et qu'on appelait ses pédagogues. C'étaient T. Vinius, son lieutenant en Espagne, homme d'une cupidité effrénée ; Cornélius Laco, d'assesseur[38] devenu préfet du prétoire, et dont l'arrogance et la sottise étaient intolérables ; enfin l'affranchi Icélus, honoré depuis peu de l'anneau d'or et du surnom de Marcianus[39], et qui briguait déjà la plus haute dignité à laquelle pût prétendre un chevalier[40]. Ces trois hommes, dont les vices étaient différents, gouvernaient despotiquement le vieil empereur, qui s'était abandonné à eux sans réserve, et ne se ressemblait plus à lui-même ; tantôt trop sévère et trop économe pour un prince élu, tantôt trop faible et trop indulgent pour un prince de son âge. Il condamna, sans les entendre et sur les plus légers soupçons, d'illustres citoyens des deux ordres. Il donna rarement les droits de cité romaine, et à une ou à deux personnes seulement le privilège des trois enfants[41] ; encore ne fut-ce que pour un temps limité. Les juges l'ayant prié d'ajouter une sixième décurie aux cinq premières, non seulement il s'y refusa, mais il leur enleva même le droit que Claude leur avait accordé, de n'être convoqués ni pendant l'hiver ni au commencement de l'année[42].

XV. On pensait aussi qu'il voulait réduire à deux années la durée des charges exercées par les sénateurs et les chevaliers, et les donner à ceux qui ne les brigueraient pas ou qui les refuseraient. Il révoqua toutes les libéralités de Néron, à un dixième près, et il chargea cinquante chevaliers romains d'en poursuivre la restitution, avec le droit, si des acteurs ou des athlètes avaient vendu les présents qu'on leur avait faits et n'en pouvaient rendre la valeur, de les reprendre à ceux qui les auraient achetés. D'un autre côté, il laissa ses affranchis et ses conseillers vendre à leur gré tous les offices ou dispenser toutes les faveurs : la perception des impôts, les immunités, la condamnation des innocents, l'impunité des coupables. Il y a plus : le peuple romain lui ayant demandé le supplice d'Halotus et de Tigellinus, les plus cruels de tous les agents de Néron, ce furent les seuls qu'il laissât impunis. Il revêtit même Halotus d'une charge des plus importantes, et il reprocha au peuple, dans un édit, de montrer de la cruauté envers Tigellinus.

XVI. Cette conduite lui aliéna presque tous les ordres[43], et il ne tarda pas à s'attirer surtout la haine des soldats. Ses amis avaient reçu pour lui, en son absence, leur serment de fidélité, et leur avaient promis une gratification plus considérable que d'habitude. Il ne ratifia pas cette promesse, et répéta même plusieurs fois « qu'il avait coutume d'enrôler des soldats et non d'en acheter » ; mot qui exaspéra toute l'armée. Ses craintes injurieuses indisposèrent aussi contre lui les prétoriens, dont la plupart furent éloignés comme suspects, ou comme complices de Nymphidius[44]. Enfin la plus vive indignation animait les légions de la haute Germanie, qui se voyaient frustrées des récompenses qu'elles attendaient pour leurs campagnes contre les Gaulois et contre Vindex. Aussi furent-elles les premières à oser rompre tout lien d'obéissance. Aux calendes de janvier, elles ne prêtèrent serment qu'au sénat, et elles envoyèrent aussitôt une députation aux prétoriens, pour leur déclarer « qu'elles ne voulaient pas de l'empereur élu en Espagne, et qu'ils devaient faire eux-mêmes un choix qui pût être approuvé de toutes les armées ».

XVII. Informé de ce complot, Galba pensa qu'on le méprisait moins à cause de son âge, que parce qu'il n'avait pas d'enfant. Depuis longtemps il estimait profondément Pison Frugi Licinianus, jeune homme aussi considérable par son mérite que par sa naissance, et qu'il avait toujours porté sur son testament, comme l'héritier de ses biens et de son nom. Il le prend tout à coup par la main au milieu de la foule des courtisans, l'appelle son fils, le conduit au camp, et l'adopte en présence des soldats, sans faire, même alors, aucune mention d'une gratification. Ce nouveau trait d'avarice aide M. Salvius Othon dans l'exécution de son entreprise : six jours après cette adoption, tout était consommé.

XVIII. Des prodiges aussi éclatants que nombreux avaient annoncé à Galba, dès le commencement de son règne, la fin tragique qui l'attendait. Comme on immolait des victimes, dans toutes les villes où il passa en revenant à Rome, à sa droite comme à sa gauche, un taureau, frappé d'un coup de hache, rompit ses liens, se précipita sur la voiture de l'empereur, et, se dressant sur ses pieds, le couvrit de sang. Au moment où Galba en descendait, un de ses gardes, poussé par la foule, faillit le blesser de sa lance. A son entrée dans Rome et dans le palais des Césars, il sentit la terre trembler, et il entendit un bruit semblable à un mugissement. Ces avertissements furent bientôt suivis de présages encore plus manifestes et plus sinistres. Il avait choisi, dans le trésor impérial, un collier de perles et de pierres précieuses, dont il voulait orner sa statue de la Fortune, à Tusculum[45] ; mais le croyant digne d'une divinité plus auguste, il alla le dédier à la Vénus du Capitole. La nuit suivante la Fortune lui apparut en songe, se plaignant d'être frustrée du présent qu'il lui avait destiné, et le menaçant de lui retirer aussi ce qu'elle lui avait donné. Effrayé de ce rêve, il envoya dès le point du jour, à Tusculum, faire les apprêts d'un sacrifice expiatoire, et il y courut bientôt lui-même ; mais il ne trouva sur l'autel que des charbons à moitié éteints, et il vit près de là un vieillard vêtu de noir, tenant de l'encens dans un bassin de verre et du vin dans un vase d'argile[46]. On observa aussi, aux calendes de janvier, que sa couronne tomba de sa tête pendant qu'il sacrifiait, et que les poulets sacrés s'envolèrent pendant qu'il prenait les auspices. Le jour où il adopta Pison, comme il se disposait à haranguer les soldats, il ne trouva point devant son tribunal le siège militaire qu'on y plaçait dans ces occasions, et, au sénat, sa chaise curule avait été retournée.

XIX. Le matin du jour où il fut tué, l'aruspice l'avertit plusieurs fois, comme il sacrifiait, de prendre garde à lui ; que les assassins n'étaient pas loin. Un moment après, il fut informé qu'Othon était maître du camp[47]. On lui conseilla d'y marcher au plus tôt, sa présence et son autorité pouvant être décisives ; mais il résolut de se renfermer dans son palais et de s'y faire protéger par des détachements de légionnaires qui étaient campés en de nombreux endroits de la ville éloignés les uns des autres. Il se revêtit pourtant d'une cuirasse de lin, tout en avouant que c'était là une faible défense contre tant de glaives. Des bruits mensongers, semés exprès par les conspirateurs et répétés par quelques hommes crédules, suffirent pour l'attirer hors de son palais : l'affaire était, disait-on, terminée et les rebelles punis ; les autres, ajoutait-on, accouraient en foule pour le féliciter et l'assurer de leur obéissance. Il voulut aller au-devant d'eux, et il sortit si plein de confiance que, rencontrant un soldat qui se vantait à lui d'avoir tué Othon, il lui répondit : « Par quel ordre ? » Il s'avança ensuite jusqu'au Forum. Les cavaliers qui étaient chargés de le tuer poussèrent aussitôt leurs chevaux dans cette direction, en écartant la foule des civils, et l'ayant aperçu de loin, ils s'arrêtèrent un moment ; puis ils reprirent leur course, et, le voyant abandonné des siens, ils le massacrèrent.

XX. Des écrivains rapportent qu'il s'écria, dans le premier moment : « Que faites-vous, camarades ? Je suis à vous, comme vous êtes à moi » ; et même qu'il leur promit une gratification. Mais la plupart prétendent qu'il tendit le cou volontairement, en leur disant « d'exécuter leurs ordres et de le frapper, puisqu'ils le voulaient ». Ce qu'il y a de surprenant, c'est qu'aucun de ceux qui étaient présents n'essaya de secourir l'empereur, et que toutes les troupes auxquelles il avait commandé de venir méprisèrent cet ordre, excepté un détachement de l'armée de Germanie. Les soldats de ce corps lui étaient, en effet, fort attachés, à cause des soins qu'il avait pris d'eux tout récemment, lorsqu'ils étaient malades et épuisés de fatigue. Ils volèrent donc à son secours ; mais, faute de connaître les chemins, ils prirent le plus long et arrivèrent trop tard. Galba fut égorgé près du lac de Curtius[48] et laissé sur la place. Un simple soldat, qui venait de la distribution des grains, l'ayant aperçu, jeta son fardeau à terre et lui coupa la tête. Ne pouvant la prendre par les cheveux, parce qu'elle était chauve[49], il la cacha sous son vêtement et, lui mettant le pouce dans la bouche, il la présenta ainsi à Othon. Celui-ci l'abandonna aux vivandiers et aux valets d'armée, qui la plantèrent au bout d'une lance, et la promenèrent autour du camp avec de grandes risées et en criant de temps en temps : « Galba Cupidon, jouis de ta jeunesse[50]. » Cette plaisanterie irrévérencieuse était fondée sur ce qu'on avait appris, peu de jours auparavant, que, quelqu'un lui faisant compliment de sa bonne mine et de son air de santé, il avait répondu en grec : « Je me sens encore de la vigueur[51]. » Un affranchi de Patrobius Néronianus[52] acheta de ces valets la tête de Galba, pour cent pièces d'or[53], et la jeta dans le même lieu où son maître avait été tué par ordre de cet empereur. Plus tard, enfin, son intendant Argivus ensevelit cette tête et le reste du corps dans les jardins particuliers de Galba, près de la voie Aurélienne[54].

XXI. Il était d'une taille ordinaire ; il avait la tête complètement chauve, les yeux bleus ; le nez aquilin, les pieds et les mains tellement contrefaits par la goutte, qu'il ne pouvait ni souffrir une chaussure ni dérouler[55] ou tenir un livre. Il avait de plus au côté droit une excroissance de chair si considérable, qu'un bandage pouvait à peine la soutenir.

XXII. Il était, dit-on, grand mangeur, et, en hiver, il faisait un repas avant le jour. Il y avait, à son souper, une telle abondance de mets, qu'il en faisait passer les restes, de main en main, jusqu'au bout de la table, pour être distribués à ceux qui servaient[56]. La pédérastie était un de ses vices ; mais il préférait aux jeunes gens les hommes robustes et même déjà vieux. Quand Icélus, l'un de ses anciens compagnons de débauche, vint lui annoncer en Espagne la mort de Néron, l'on dit que, non content de l'embrasser étroitement devant tout le monde, il le fit épiler sur-le-champ et l'emmena seul avec lui.

XXIII. Il périt dans la soixante-treizième année de son

âge[57], après sept mois de règne. Le sénat lui décréta, dès qu'il le put, une statue, qui devait être placée sur une colonne rostrale, dans l'endroit du Forum où il fut massacré. Mais Vespasien révoqua ce décret, persuadé que Galba avait envoyé d'Espagne en Judée des assassins chargés de le tuer.

OTHON

SOMMAIRE

I. Les ancêtres d'Othon. — II. Sa naissance. Sa jeunesse déréglée. — III. Ses basses complaisances pour Néron. Il tombe dans la disgrâce de cet empereur. — IV. Il prend part à la révolte de Galba, dans l'espoir de devenir lui-même empereur. — V. Il médite de détrôner Galba. — VI. Proclamé empereur, il envoie tuer Galba. — VII. Il explique sa conduite au sénat. Il rend des honneurs à la mémoire de Néron. — VIII. Il cherche à traiter avec Vitellius, proclamé à son tour empereur par les armées. Il entre en campagne sous de sinistres auspices. — IX. Il remporte quelques avantages, et est enfin vaincu. — X. Son horreur pour la guerre civile. Il se prépare à la mort. — XI. Il se tue. — XII. Son portrait. Ses habitudes. Les soldats lui donnent, à sa mort, de grands témoignages d'attachement et de fidélité.

I. La famille d'Othon, originaire de Férentium[1], était ancienne et considérée : c'était l'une des premières de l'Étrurie. Son aïeul, M. Salvius Othon, qui avait pour père un chevalier romain, et pour mère une femme d'humble condition, peut-être même servile, fut fait sénateur par le crédit de Livia Augusta, chez laquelle il avait passé son enfance ; mais il ne s'éleva pas au-dessus de la préture. Quant à son père L. Othon, dont la mère était d'une illustre naissance, et qui tenait par de nombreuses alliances aux plus grandes maisons de Rome, il fut si cher à l'empereur Tibère et lui ressemblait tellement, qu'il passa généralement pour son fils. Il déploya une grande sévérité dans les diverses fonctions qui lui furent confiées à Rome, dans son proconsulat d'Afrique, et dans plusieurs gouvernements extraordinaires. Il osa même, en Illyrie, faire décapiter, au milieu de la place d'armes et en sa présence, des soldats qui, se repentant d'avoir pris part à la révolte de Camille contre Claude[2], avaient tué leurs chefs comme auteurs de cette défection, quoiqu'il n'ignorât pas que Claude les avait élevés, pour ce même fait, à des grades supérieurs. Cette conduite, en augmentant sa réputation, diminua son crédit ; mais il ne tarda pas à le recouvrer, en instruisant l'empereur d'une conspiration formée contre sa vie par un chevalier romain, que ses propres esclaves étaient venus lui dénoncer. Le sénat lui vota alors une distinction bien rare, l'érection d'une statue sur le mont Palatin. Claude, après l'avoir agrégé aux patriciens, fit de lui le plus pompeux éloge, et ajouta même : « Tel est son mérite, que je ne puis pas me souhaiter des enfants qui en aient davantage. » Il eut d'Albia Térentia, femme d'une noble origine, deux fils, L. Titianus et Marcus, lequel porta le même surnom que lui. Il eut aussi une fille, qu'il fiança à peine nubile à Drusus, fils de Germanicus.

II. L'empereur Othon naquit le quatre des calendes de mai[3], sous le consulat de Camille Arruntius et de Domitius Énobarbus. Il fut, dès son enfance, si prodigue et si déréglé, que son père eut souvent besoin de le châtier. Il errait, dit-on, la nuit dans les rues, se jetait sur les gens ivres ou infirmes qu'il rencontrait, et les couchait sur un manteau, d'où il les faisait rebondir en l'air. Plus tard, après la mort de son père, il s'attacha, pour se mettre en crédit, à une affranchie de la cour, qui en avait beaucoup ; et il feignit même d'en être amoureux, quoiqu'elle fût vieille et presque décrépite. Par elle, il s'insinua chez Néron, qui le mit bientôt au premier rang de ses amis, grâce à la conformité de leurs mœurs, et, ajoute-t-on, à l'habitude de se prostituer l'un à l'autre. Il devint si puissant, que s'étant chargé, moyennant une forte somme, de faire réhabiliter un consulaire condamné pour concussion, il ne craignit pas, avant même que d'avoir obtenu sa réintégration dans le sénat[4], de l'y mener faire son remerciement.

III. Confident de tous les desseins, de tous les secrets de Néron, il eut soin, le jour même où celui-ci devait faire périr sa mère, de leur donner à tous deux, pour écarter les soupçons, un souper des plus somptueux. Néron lui avait confié provisoirement sa maîtresse Poppéa Sabina, qu'il venait d'enlever à son mari ; et Othon l'avait reçue chez lui comme pour l'épouser. Mais, non content de la séduire, il en devint jaloux au point de ne pas même souffrir Néron pour rival, et de refuser, à ce que l'on croit, l'entrée de sa maison à ceux que l'empereur envoyait pour la reprendre. Il l'aurait laissé lui-même, un jour, devant la porte, mêlant en vain les menaces aux prières, et réclamant son dépôt. Aussi le mariage fut-il cassé et Othon éloigné, sous le semblant d'une charge de gouverneur en Lusitanie. Cette peine parut suffisante à Néron, qui craignait qu'une plus forte punition ne révélât le scandale de cette comédie : mais ces deux vers, qui coururent aussitôt, la firent assez connaître :

Sous un titre honorable Othon est exilé :
C'est qu'il couchait avec sa femme.

Il administra sa province, pendant dix ans, comme ancien questeur, avec autant de modération que de désintéressement.

IV. L'entreprise de Galba lui offrant enfin l'occasion de se venger, il fut le premier à se déclarer pour lui. Il conçut aussi, dès ce moment, l'espérance de régner ; espérance qui était fondée en partie sur l'état présent des choses, mais que fortifiaient surtout les promesses formelles de l'astrologue Séleucus. Cet astrologue, qui lui avait autrefois prédit qu'il survivrait à Néron, était alors venu le trouver à l'improviste, et lui avait affirmé qu'il serait bientôt empereur. Aussi Othon ne négligea-t-il rien pour se faire partout des amis et des partisans. Toutes les fois qu'il recevait le prince à souper, il donnait une pièce d'or à chacun des hommes de la cohorte de garde. Il variait à l'infini ses moyens de séduction envers les soldats. Ainsi l'un d'eux l'ayant choisi pour arbitre dans une contestation qu'il avait avec son voisin pour des limites, il acheta tout le terrain en litige, et le lui donna libre de procès[5], en sorte qu'il n'y avait presque personne qui ne le crût et ne le proclamât seul digne de la succession impériale.

V. Il avait espéré que Galba l'adopterait, et il s'y était attendu tous les jours. Mais quand il se vit déçu de cet espoir par la préférence accordée à Pison[6], il résolut d'en appeler à la force, pressé à la fois par le désir de la vengeance et par l'énormité de ses dettes. Il avouait, en effet, « qu'il n'avait de ressource que l'empire, et qu'il lui était égal de succomber, dans le combat, sous le fer de ses ennemis, ou sous les poursuites de ses créanciers, dans le Forum ». Peu de jours auparavant, il avait tiré d'un esclave de l'empereur un million de sesterces, pour lui avoir fait obtenir une charge d'intendant. Ce fut là le fonds d'une si grande entreprise. Il confia d'abord son projet à cinq gardes du corps, puis à dix autres, chacun des premiers en ayant amené deux. Il leur donna dix mille sesterces par tête, et leur en promit cinquante mille. Ceux-ci lui recrutèrent encore des partisans, mais en petit nombre, ne doutant pas d'en trouver davantage au moment même de l'action.

VI. Sa première pensée fut de s'emparer du camp[7] aussitôt après l'adoption de Pison, et d'attaquer Galba dans le palais, pendant qu'il serait à table. Mais il y renonça par égard pour la cohorte qui était alors de garde : il ne voulait pas la rendre trop odieuse ; car c'était la même qui, étant de service, avait laissé tuer Caligula et abandonné Néron. D'ailleurs des scrupules religieux[8] et les avis de Séleucus le retinrent quelque temps encore. Le jour enfin fixé, il dit à ses complices de l'attendre au Forum, au pied du temple de Saturne, auprès du milliaire d'or ; et il alla le matin même saluer Galba, qui le reçut en l'embrassant, comme de coutume. Il assista aussi au sacrifice offert par l'empereur, et entendit les prédictions de l'aruspice[9]. Un affranchi vint alors le prévenir que les architectes étaient arrivés : c'était le signal convenu. Othon se retira, comme pour voir une maison en vente, et sortit aussitôt du palais par une porte de derrière, pour aller au rendez-vous. D'autres disent qu'il feignit d'avoir un accès de fièvre, et qu'il chargea ceux qui l'entouraient de donner cette excuse à l'empereur, s'il le demandait. Il se jeta dans une litière de femme, qu'il tint fermée, et il prit le chemin du camp ; mais les forces venant à manquer aux porteurs, il descendit et se mit à courir. Sa chaussure s'étant défaite, il s'arrêta ; et presque aussitôt, dans leur impatience, ceux qui l'accompagnaient le prirent sur leurs épaules et le saluèrent EMPEREUR. Il arriva ainsi jusqu'à la place d'armes du camp, au milieu des acclamations et des glaives nus, tous ceux qu'on rencontrait se déclarant pour lui, comme s'ils eussent été du complot. Il commença par envoyer tuer Galba et Pison[10] ; et pour se concilier tout à fait, par des promesses, les esprits des soldats, il insista sur celle-ci dans sa harangue : « qu'il ne garderait que ce qu'ils voudraient bien lui laisser ».

VII. Le jour baissait déjà quand il entra dans le sénat. Il y exposa, en peu de mots, sa conduite : à l'entendre, on l'avait enlevé dans la foule et forcé d'accepter l'empire, où il n'aurait pour règle que la volonté générale. De là, il se rendit au palais. Parmi les félicitations et les louanges dont il était l'objet, on entendit le bas peuple l'appeler NÉRON. Il n'en témoigna aucun mécontentement ; et l'on dit même qu'il ajouta ce nom au sien dans ses brevets[11], et dans ses premières lettres à certains gouverneurs de provinces. Ce qu'il y a de certain, c'est qu'il laissa relever les statues et les images de cet empereur ; qu'il rétablit dans leurs charges ses intendants et ses affranchis, et que le premier usage qu'il fit de sa puissance fut d'affecter cinquante millions de sesterces à l'achèvement de la Maison Dorée. La nuit suivante, il eut, dit-on, un songe affreux, qui lui arracha des cris lamentables, et ceux qui étaient accourus le trouvèrent étendu par terre à côté de son lit : il avait cru voir Galba le renverser du trône et le chasser du palais. Aussi eut-il recours à toutes sortes d'expiations pour apaiser ses mânes. Le lendemain, comme il prenait les auspices, il s'éleva une tempête ; et ayant fait une lourde chute, il murmura plusieurs fois ce proverbe grec :

Qu'ai-je affaire aussi de longues flûtes[12] *?*

VIII. Vers le même temps, les armées de Germanie prêtèrent serment à Vitellius. Dès qu'Othon en fut informé, il proposa au sénat d'envoyer une députation à ces armées, pour leur notifier qu'on avait élu un empereur, et les exhorter à la paix et à la concorde. De son côté, il dépêcha des courriers à Vitellius, et il lui écrivit, lui offrant de partager avec lui l'empire et de devenir son gendre. Mais la guerre n'était plus douteuse : déjà même s'approchaient les généraux et les troupes à qui Vitellius avait fait prendre les devants. Les prétoriens donnèrent alors à Othon une preuve d'attachement et de fidélité, qui faillit amener le massacre du premier ordre de l'État. L'ordre avait été donné d'apporter[13] des armes dans des vaisseaux, et ce soin confié à des matelots. Comme on introduisait ces armes dans le camp vers la nuit, quelques soldats, soupçonnant une trahison, excitent un violent tumulte. Ils courent bientôt tous à la fois sans chef au palais, demandant à grands cris la mort des sénateurs. Ils repoussent ceux des tribuns qui veulent comprimer ce mouvement : ils en tuent même quelques-uns, et, couvert de leur sang, ils cherchent partout l'empereur, pénètrent jusque dans la chambre où il était à table, et ne s'apaisent qu'après l'avoir vu. Othon se prépara à la guerre avec une ardeur et une précipitation incroyables, sans tenir aucun compte des usages religieux, sans prendre le temps de replacer dans le temple de Mars les boucliers sacrés, qu'on avait déplacés[14] ; négligence qui fut regardée, de toute antiquité, comme un mauvais présage. Bien plus, il entra en campagne le jour même où les prêtres de Cybèle commencent leurs chants funèbres[15]. Il brava enfin jusqu'aux augures les plus funestes ; car la victime immolée à Pluton[16] n'offrit que des signes favorables, tandis que, dans un tel sacrifice, les signes, pour être heureux, doivent être contraires. Le débordement du Tibre retarda sa marche dès le premier jour, et, à vingt milles de Rome, il trouva la route interceptée par les ruines de plusieurs édifices.

IX. C'est avec la même témérité qu'au lieu de traîner la guerre en longueur, comme tout le monde le jugeait nécessaire, l'ennemi étant pressé par la disette et par l'étroitesse du terrain, il résolut d'en venir immédiatement aux mains, soit qu'il ne pût supporter une plus longue incertitude, et qu'il espérât pouvoir remporter de plus grands avantages avant l'arrivée de Vitellius, soit qu'il ne fût pas le maître de contenir l'ardeur de ses troupes, qui demandaient à grands cris le combat. Toutefois, il ne se trouva en personne à aucune action et resta à Brixellum[17]. Il remporta trois victoires, de peu d'importance à vrai dire, auprès des Alpes, aux environs de Plaisance, et près du lieu qui s'appelle « le temple de Castor ». Mais, à Bétriacum[18], où se livra le dernier combat et le plus décisif, il fut vaincu par la ruse. On lui avait proposé une entrevue, et les armées étaient sorties de leur camp, comme pour assister aux négociations. Tout à coup l'ennemi chargea, et il fallut combattre au moment même où l'on venait d'échanger les saluts militaires. Othon vaincu résolut de mourir, uniquement, à ce que beaucoup de personnes ont pensé avec raison, afin de ne pas exposer plus longtemps les légions et l'empire pour l'intérêt de sa grandeur. Il n'avait pas lieu, en effet, de désespérer de sa cause ou de suspecter le dévouement de ses troupes. Toutes celles qu'il avait tenues en réserve pour le cas d'une nouvelle attaque étaient alors auprès de lui ; il en arrivait d'autres de la Dalmatie, de la Pannonie et de la Mésie ; celles mêmes qui avaient été battues n'étaient pas si découragées qu'elles ne parussent disposées à affronter seules tous les périls, pour se venger de leur défaite.

X. Mon père, Suétone Laetus, prit part à cette guerre, en qualité de tribun angusticlave[19] dans la treizième légion. Je lui ai souvent entendu dire qu'Othon, encore simple particulier, avait déjà en aversion la guerre civile ; que, quelqu'un ayant un jour parlé à table de la fin de Brutus et de Cassius, il en avait témoigné une profonde horreur ; qu'il ne se serait jamais déclaré contre Galba, s'il n'avait eu l'espoir que tout se terminerait sans combat : et enfin que ce qui lui inspira tout à coup le dégoût de la vie, ce fut la mort d'un simple soldat qui, étant venu annoncer la défaite de l'armée, et ne trouvant que des incrédules, dont les uns l'accusaient de mensonge et les autres de lâcheté, comme de s'être enfui du champ de bataille, s'était percé de son glaive et était allé rouler aux pieds d'Othon. Ce prince, ajoutait mon père, s'était écrié, à cette vue, « qu'il n'exposerait pas davantage la vie de pareils défenseurs et qui avaient tant mérité de lui ». Il exhorta donc son frère, son neveu, et chacun de ses amis en particulier, à pourvoir à leur sûreté, les serra tous dans ses bras, et leur ayant donné le baiser d'adieu, les congédia. Dès qu'il fut seul, il écrivit deux lettres, l'une à sa sœur, pour la consoler; l'autre à Messaline[20], la veuve de Néron, qu'il se proposait d'épouser, pour lui recommander sa mémoire et le soin de ses funérailles. Ensuite il brûla toutes ses lettres, afin qu'elles ne pussent nuire à personne auprès du vainqueur; et il distribua aux gens de sa maison tout ce qu'il avait d'argent comptant.

XI. Il se préparait ainsi à la mort, seul objet de toutes ses pensées, lorsqu'il entendit quelque tumulte et s'aperçut qu'on arrêtait, comme déserteurs, ceux qui, voulant le quitter, s'éloignaient du camp. « Ajoutons encore cette nuit à ma vie », dit-il alors (ce sont ses propres paroles); et il défendit qu'on fît aucune violence à personne. Son appartement resta ouvert jusque dans la nuit, et il reçut tous ceux qui voulurent lui parler. Ensuite, ayant soif, il but de l'eau fraîche, prit deux poignards, dont il essaya la pointe, en glissa un sous son oreiller, fit fermer les portes, et dormit du plus profond sommeil. Il ne s'éveilla qu'au point du jour, et se perça d'un seul coup, au-dessous du sein gauche. On accourut à ses premiers gémissements; mais il expira bientôt, cachant tour à tour et découvrant sa blessure. On fit sur-le-champ ses funérailles; car il l'avait ainsi ordonné. Il était dans la trente-huitième année de son âge[21], et au quatre-vingt-quinzième jour de son règne.

XII. La taille et l'extérieur d'Othon ne répondaient pas à tant de courage. On dit, en effet, qu'il était petit, et qu'il avait les pieds contrefaits et les jambes tortues. Il était curieux de sa toilette presque autant qu'une femme, se faisait épiler tout le corps, et portait sur sa tête, à peu près chauve, de faux cheveux fixés et arrangés avec tant d'art que personne ne s'en apercevait. Il se rasait tous les jours la figure avec beaucoup de soin, et se la frottait avec du pain détrempé; habitude qu'il avait contractée dès l'âge de puberté, afin de ne jamais avoir de barbe. On le vit maintes fois célébrer publiquement, en robe de lin et dans le costume sacerdotal, les cérémonies du culte d'Isis. C'est sans doute pour toutes ces raisons que sa mort, qui ressemblait si peu à sa vie, parut d'autant plus surprenante. Parmi les soldats qui assistèrent à ses derniers moments, on en vit un grand nombre lui baiser les pieds et les mains, en versant d'abondantes larmes, en l'appelant « le plus grand des hommes et le modèle des empereurs », et se tuer près de son bûcher. Parmi ceux qui n'y assistèrent pas, il y en eut aussi beaucoup qui, accablés de douleur à cette nouvelle, se battirent entre eux jusqu'à la mort avec leurs armes. Enfin, ce prince, qui, pendant sa vie, avait été profondément haï de presque tout le monde, fut comblé d'éloges après sa mort ; on disait même communément « que s'il avait fait périr Galba, c'était moins pour régner à sa place, que pour rétablir la république et la liberté ».

VITELLIUS

SOMMAIRE

I. Diversité des opinions sur l'origine des Vitellius. — II. Les ancêtres de l'empereur. Son père se fait remarquer, par ses lâches flatteries, à la cour de Claude. — III. Naissance de Vitellius. Sa jeunesse. Ses sales complaisances pour Tibère. — IV. Il devient le favori de Caligula et de Néron. — V. Ses dignités. Sa conduite. — VI. Ses femmes et ses enfants. — VII. Il reçoit de Galba le commandement d'une armée. Ses créanciers veulent le retenir à Rome. Il est accueilli avec joie par les soldats. — VIII. Son indulgence excessive pour eux. Ils le proclament empereur. — IX. Il marche contre Othon. — X. Mort de cet empereur. Vitellius traverse les provinces en triomphateur. Ses soldats se livrent impunément à toutes les violences. Un de ses mots les plus atroces. — XI. Son entrée dans Rome. Odieux commencements de son règne. Il prend Néron pour modèle. — XII. Ses favoris. — XIII. Sa gourmandise et sa voracité. — XIV. Sa cruauté. — XV. Les armées proclament Vespasien empereur. Vitellius se prépare à la guerre. Sa perfidie. — XVI. Il fait des propositions de paix, qui sont rejetées. Il cherche alors à fuir, et, revenant ensuite au palais, il se barricade dans la loge du portier. — XVII. Il est découvert, traîné par les rues, chargé d'outrages et mis à mort. — XVIII. Sa mort justifie une prédiction qui lui avait été faite.

I. Il y a plusieurs traditions, et de très diverses, sur l'origine des Vitellius. Les uns la prétendent noble et ancienne; les autres, récente et obscure, même abjecte. J'attribuerais cette diversité d'opinions à la flatterie ou à l'inimitié, si elle ne remontait à une époque bien antérieure au règne de Vitellius. Il existe un ouvrage de Q. Elogius[1], adressé à Q. Vitellius, questeur du divin Auguste, où il est dit que les Vitellius sont issus de Faunus, roi des Aborigènes[2], et de Vitellia, qui fut adorée, en plusieurs endroits, comme une divinité; qu'ils régnèrent sur tout le Latium; que leur postérité passa du pays des Sabins à Rome, et y fut agrégée aux patriciens; qu'il subsista longtemps des traces de leur existence, telles que la voie Vitellia, du Janicule à la mer, et une colonie du même nom, dont cette seule famille entreprit jadis la défense contre les Équicules[3]; enfin, qu'à l'époque de la guerre des Samnites, plusieurs Vitellius, envoyés en garnison dans l'Apulie, s'établirent à Nucérie, et que leurs descendants, revenus à Rome longtemps après, y reprirent place dans l'ordre des sénateurs.

II. D'un autre côté, quelques auteurs indiquent un affranchi comme le chef de cette race. Cassius Sévère[4] et plusieurs autres font même de cet affranchi un savetier, dont le fils, après avoir gagné quelque argent dans les ventes aux enchères et les recouvrements de l'État, épousa une femme de mauvaise vie, fille d'un boulanger nommé Antiochus, et dont il eut un fils qui devint chevalier romain. Je ne discuterai pas ces assertions contradictoires. Ce qui est certain, c'est que P. Vitellius de Nucérie, qu'il sortît d'une race antique ou d'une famille méprisable, fut chevalier romain et administrateur des biens d'Auguste. Il laissa quatre fils, qui parvinrent aux plus hautes dignités, et qui, portant le même nom, ne se distinguèrent entre eux que par leur prénom, Aulus, Quintus, Publius et Lucius. AULUS mourut étant consul avec Domitius, père de l'empereur Néron : il était fort prodigue, et se rendit fameux par la magnificence de ses repas. QUINTUS fut éliminé du sénat, lorsque, sur la proposition de Tibère, on eut décidé de rejeter et d'écarter les sénateurs les moins aptes. PUBLIUS, compagnon d'armes de Germanicus, accusa et fit condamner Cn. Pison, ennemi et assassin de ce jeune prince[5]. Après sa préture, on l'arrêta parmi les complices de Séjan, et, confié à la garde de son frère, il s'ouvrit les veines avec un canif de copiste; mais, cédant aux instances de sa famille bien plus qu'à la crainte de la mort, il laissa panser et guérir ses plaies, et il mourut de maladie dans sa prison. LUCIUS, après son consulat, gouverna la Syrie, et, à force d'adresse, décida le roi des Parthes, Artaban, à venir le trouver, et même à rendre hommage aux enseignes des légions[6]. Ensuite il fut deux fois consul ordinaire, puis censeur avec l'empereur Claude. Il fut même chargé du soin de l'empire en son absence, pendant l'expédition de Bretagne. C'était un homme désintéressé, actif, mais tout à fait déshonoré par sa passion pour une affranchie, dont il avalait la salive mêlée avec du miel, comme un remède pour les maux de bronches et de gorge ; et ce n'était pas en secret ni rarement qu'il en usait ainsi, mais tous les jours et devant tout le monde. Il avait, du reste, un talent merveilleux pour la flatterie : c'est lui qui, le premier, imagina d'adorer Caligula comme un dieu. A son retour de Syrie, il n'osa l'aborder qu'en se voilant la tête ; et, après avoir tourné quelque temps sur soi-même, il se prosterna devant lui. Voyant Claude gouverné par ses femmes et par ses affranchis, et ne dédaignant aucun artifice pour s'assurer sa faveur, il demanda un jour à Messaline, comme une grâce insigne, la permission de la déchausser ; et il lui ôta le soulier droit, qu'il porta toujours entre sa toge et sa tunique, et qu'il baisait de temps en temps. Les statues d'or de Narcisse et de Pallas étaient placées parmi celles de ses dieux domestiques ; et lorsque Claude célébra les jeux séculaires, il lui dit : « Célébrez-les souvent. »

III. Une attaque de paralysie l'enleva en deux jours. Il laissa deux fils, nés de Sextilie, femme d'une austère vertu et d'une naissance distinguée, et il les vit tous deux consuls dans la même année, le cadet ayant succédé pour six mois à l'aîné. Le sénat lui décerna des funérailles publiques, et lui fit ériger devant les Rostres une statue, avec cette inscription : AU MODÈLE D'UNE PIÉTÉ INÉBRANLABLE ENVERS LE PRINCE. Son fils Aulus Vitellius, qui fut EMPEREUR, naquit le huit des calendes d'octobre, ou, selon d'autres, le sept des ides de septembre, sous le consulat de Drusus César et de Norbanus Flaccus[7]. L'horoscope tiré à sa naissance par les astrologues effraya tellement sa famille, que son père fit, pendant toute sa vie, d'incroyables efforts pour qu'on ne lui confiât aucune province, et que sa mère, en le voyant à la tête d'une armée et en apprenant qu'il avait été salué empereur, se prit à pleurer comme s'il était déjà perdu. Il passa son enfance et sa première jeunesse à Caprée, au milieu des prostitués de Tibère, et il resta flétri du surnom de Spintria[8]. On attribua même à ses sales complaisances l'origine et la cause de la fortune de son père.

IV. Il continua de se souiller de toutes sortes d'infamies, et il tint le premier rang à la cour, où il devint le favori de Caligula en conduisant comme lui des chars dans le Cirque, et de Claude, en ayant la passion du jeu de dés. Mais il plut encore davantage à Néron par les mêmes complaisances, et surtout par un mérite particulier : c'est que, présidant aux jeux Néroniens[9], et voyant que l'empereur, qui avait grande envie de lutter avec les joueurs de lyre, ne l'osait pas, malgré les instances de l'assemblée, et était même sorti du théâtre, il l'y rappela comme étant chargé de lui exprimer le vœu opiniâtre du peuple, et lui ménagea ainsi le plaisir de se rendre.

V. La faveur de ces trois princes l'éleva au faîte des honneurs, et même aux premières dignités du sacerdoce. Il eut le proconsulat d'Afrique, puis l'intendance des travaux publics. Sa conduite dans ces deux emplois fut bien différente, ainsi que la réputation qu'il s'y fit. Dans son gouvernement, qui dura deux années consécutives, il fit preuve d'un rare désintéressement ; et il servit, comme lieutenant, sous son frère, qui lui succéda. Mais, pendant son administration à Rome, il déroba, disait-on, les offrandes et les ornements des temples, et il mit du cuivre et de l'étain à la place de l'or et de l'argent.

VI. Il épousa Pétronia, fille d'un consulaire, et il en eut un fils Pétronianus, qui était privé d'un œil. La mère de celui-ci l'ayant institué son héritier, à condition qu'il ne resterait pas sous la puissance paternelle[10], Vitellius l'émancipa. Bientôt après il le fit périr, à ce qu'on crut, en l'accusant en plus de parricide, et il prétendit que, pressé par le remords de sa conscience, son fils avait avalé le poison préparé pour ce crime. Il épousa ensuite Galéria Fundana, dont le père avait été préteur. Il en eut un fils et une fille ; mais le premier bégayait à tel point, qu'il en était presque muet.

VII. Galba l'envoya commander dans la Germanie inférieure, au grand étonnement de tout le monde. On pense qu'il dut cet emploi au crédit de T. Vinius, alors tout-puissant, et dont il avait depuis longtemps gagné les bonnes grâces, à cause de leur prédilection commune pour la faction des bleus[11]. Sur ce que dit alors Galba, qu'il n'y a personne de moins dangereux que ceux qui ne songent qu'à manger, et qu'il fallait à Vitellius les richesses d'une province pour assouvir son immense gloutonnerie, on voit évidemment dans ce choix du prince plus de mépris que de considération. C'est un fait connu qu'il n'avait pas même l'argent nécessaire à son voyage. Ses affaires étaient tellement délabrées, que sa femme et ses enfants, qui restèrent à Rome, s'y cachèrent dans un galetas loué, afin de mettre en location sa maison pour le reste de l'année, et que, pour les dépenses de la route, il prit et mit en gage une perle des boucles d'oreilles de sa mère. Une troupe de créanciers le suivait partout et voulait le retenir, entre autres les gens de Sinuesse et de Formies, dont il avait détourné à son profit les revenus publics. Ils ne cédèrent qu'à la crainte de se voir intenter des accusations calomnieuses, comme il l'avait déjà fait à l'égard d'un affranchi qui réclamait une dette avec plus d'acharnement que les autres. Vitellius lui fit un procès pour outrages, sous prétexte qu'il en avait reçu un coup de pied ; et il ne se désista qu'après lui avoir extorqué cinquante mille sesterces. L'armée qu'il allait commander, mal disposée pour le prince et prête à la révolte, le reçut avec joie, les mains ouvertes [12] et comme un présent des dieux. Elle voyait avec plaisir en lui le fils d'un homme qui avait été trois fois consul, un chef dans la force de l'âge, facile et dissipateur. Il venait de donner de nouvelles preuves de ce caractère bien connu, en embrassant, sur sa route, tous ceux qu'il rencontrait, jusqu'aux simples soldats, plein d'amabilité, à tous les relais et dans toutes les auberges, avec les voyageurs et les muletiers ; en demandant à chacun d'eux, dès le matin, s'il avait déjeuné, et en rotant devant eux pour leur prouver qu'il avait déjà pris ce soin.

VIII. Une fois entré dans le camp, il ne refusa rien à personne, et, de lui-même, il fit grâce de l'ignominie aux soldats dégradés ; aux accusés, de la honte du costume [13] ; aux condamnés, du supplice. Aussi s'était-il à peine écoulé un mois que, sans tenir compte ni du jour ni du moment, les soldats l'enlevèrent un soir de sa chambre à coucher, dans le costume d'intérieur où il se trouvait, et le saluèrent empereur. Il fut ensuite porté à travers les quartiers les plus populeux [14], tenant dans sa main l'épée du divin Jules, qu'on avait dérobée dans un temple de Mars, et qu'un soldat lui avait présentée pendant les premières acclamations. Quand il revint au prétoire [15], la salle à manger était en flammes, le feu ayant pris à la cheminée ; présage qui jeta la consternation et l'anxiété dans tous les esprits : « Prenez courage, dit-il alors ; la lumière luit pour nous. » C'est toute la harangue qu'il fit aux soldats. Les légions de la Germanie supérieure, qui avaient déjà abandonné Galba pour le sénat [16], s'étant ensuite déclarées pour Vitellius, il prit avec empressement le surnom de *Germanicus,* qui lui était déféré d'une voix unanime ; mais il n'accepta pas sur-le-champ celui d'*Auguste,* et il refusa pour toujours celui de *César*.

IX. Dès qu'il fut informé du meurtre de Galba, il mit ordre aux affaires de la Germanie, et partagea ses troupes en deux corps : l'un qui prit les devants et marcha contre Othon ; l'autre dont il garda la conduite. Le premier partit sous d'heureux auspices : un aigle parut soudain sur la droite, fit le tour des enseignes et précéda de peu les légions, au-dessus du chemin qu'elles devaient parcourir. Mais quand Vitellius mit son armée en mouvement, les statues équestres qu'on lui avait érigées dans plusieurs endroits tombèrent toutes en même temps et eurent les jambes brisées : la couronne de laurier qu'il avait placée sur sa tête, avec toutes les cérémonies de la religion, tomba dans un fleuve ; enfin, à Vienne, comme il rendait la justice, assis sur son tribunal, un coq vint se percher sur son épaule et ensuite sur sa tête[17]. L'événement répondit à ces présages ; en effet, ses lieutenants lui donnèrent l'empire, et il ne put le garder.

X. Il était encore en Gaule, quand il apprit la victoire de Bétriacum et la mort d'Othon. Il licencia aussitôt, par un édit, les cohortes prétoriennes, comme ayant donné un funeste exemple ; et il leur fut ordonné de remettre leurs armes aux tribuns. Il fit rechercher et punir de mort cent vingt soldats, dont il avait trouvé des mémoires où ils demandaient à Othon des récompenses, pour la part qu'ils avaient prise au meurtre de Galba. Cette action était belle, magnanime, et annonçait un grand prince. Mais la suite répondit plutôt aux habitudes de sa vie passée qu'à la majesté de l'empire. Pendant toute sa route il traversa les villes dans un char de triomphe, et navigua sur les rivières dans les barques les plus élégantes, soigneusement ornées de toutes sortes de couronnes, et chargées de l'appareil des plus splendides festins. Aucune discipline parmi les gens de son service, aucune parmi les soldats : leurs violences et leurs vols n'étaient pour lui qu'un sujet de plaisanterie. Non contents des festins que leur offraient toutes les villes, ils mettaient en liberté qui ils voulaient ; quiconque s'opposait à leurs caprices recevait aussitôt des volées de verges, des coups, des blessures, même la mort. Arrivé dans la plaine où s'était livrée la bataille, et voyant quelques-uns des siens reculer d'horreur devant les cadavres en putréfaction, il osa dire, pour leur rendre courage, ce mot exécrable : « Un ennemi tué sent toujours bon, surtout quand c'est un concitoyen. » Toutefois, pour corriger la mauvaise odeur, il se mit à boire largement du vin pur, à la tête de ses troupes, et il en fit ensuite distribuer à tout le monde. A la vue de la pierre qui portait pour inscription : *A la mémoire d'Othon,* il s'écria, avec non moins d'arrogance et de vanité : « Mausolée digne de lui ! » Il envoya dans la colonie d'Agrippine[18], pour le consacrer à Mars, le poignard avec lequel Othon s'était tué ; et il organisa une fête nocturne sur les sommets de l'Apennin.

XI. Il entra enfin dans Rome au son des trompettes, en manteau de général, l'épée au côté, au milieu des aigles et des étendards. Ceux de sa suite portaient le costume de guerre ; les soldats avaient les armes dégainées. Il ne fit plus que montrer un mépris toujours croissant pour les lois divines et humaines : il prit possession du souverain pontificat le jour anniversaire de la bataille de l'Allia[19] ; il donna les magistratures pour dix ans ; il s'établit consul perpétuel. Afin que l'on sût bien quel modèle il avait choisi pour le gouvernement, il convoqua au champ de Mars la foule des prêtres de l'État, et fit des offrandes funèbres aux mânes de Néron. Au milieu d'un repas solennel, il dit tout haut, à un citharède qui avait du succès, de chanter aussi quelque passage des poèmes du maître[20] ; et à peine celui-ci eut-il commencé des chants de Néron, que Vitellius, le premier, l'applaudit avec transport.

XII. Tels furent les commencements de cet empereur, qui n'eut désormais d'autre règle que les conseils et les caprices des plus vils histrions, des conducteurs de chars, et surtout de l'affranchi Asiaticus. Cet affranchi avait été attaché, dès sa jeunesse, à Vitellius, par un commerce de prostitution mutuelle ; mais bientôt il s'était enfui de dégoût. Son maître l'ayant retrouvé à Pouzzoles, où il vendait de la piquette, le fit jeter dans les fers, l'en retira presque aussitôt, et le fit servir encore à ses plaisirs. Mais, fatigué de son caractère excessivement rebelle et de ses dispositions au vol[21], il le vendit à un chef de gladiateurs ambulants. Il l'enleva de nouveau, comme il allait descendre dans l'arène, à la fin d'un spectacle, et, nommé plus tard au gouvernement d'une province, il l'affranchit. Le premier jour de son règne, il lui donna l'anneau d'or[22] à table, quoique, le matin même, il eût répondu d'un ton sévère, à tous ceux qui lui demandaient cette faveur pour Asiaticus, qu'il ne voulait pas imprimer une pareille tache à l'ordre équestre.

XIII. Ses plus grands vices étaient la gourmandise et la cruauté. Il faisait régulièrement trois repas par jour et souvent quatre, qu'il distinguait en déjeuners, dîners, soupers et collations. Il suffisait à tous ces repas par l'habitude de vomir[23]. Il s'invitait le même jour chez plusieurs personnes, et chacun de ces festins ne coûta jamais moins de quatre cent mille sesterces. Le plus fameux fut le souper que lui donna son frère, le jour de son entrée à Rome. On y servit, dit-on, deux mille poissons des plus recherchés et sept mille oiseaux. Lui-même surpassa ces profusions par l'inauguration d'un plat d'une grandeur énorme, qu'il appelait fastueusement *le bouclier de Minerve protectrice*. On y avait mêlé des foies de carrelets, des cervelles de faisans et de paons, des langues de phénicoptères[24] et des laitances de murènes. Ses capitaines de vaisseaux et ses trirèmes avaient été chercher tout cela depuis le pays des Parthes jusqu'au détroit d'Espagne. Sa voracité n'était pas seulement immense, mais sale et désordonnée. Il ne pouvait se contenir ni pendant les sacrifices, ni dans ses voyages. Il mangeait, sur les autels mêmes, les entrailles et les pains de froment, qu'il arrachait presque au foyer ; et sur sa route il prenait, dans les cabarets, des mets encore fumants, ou qui, servis la veille, étaient à demi rongés.

XIV. Toujours prêt à ordonner des meurtres et des supplices, sans distinction de personnes et sous le premier prétexte venu, il fit périr de différentes manières de nobles Romains, autrefois ses condisciples et ses camarades, qu'il avait attirés auprès de lui par toutes sortes d'avances, et qu'il s'était comme associés dans l'exercice du pouvoir. Il alla jusqu'à donner à l'un d'eux du poison, de sa propre main, dans un peu d'eau fraîche que celui-ci lui avait demandé pendant un accès de fièvre. Il n'épargna presque aucun des usuriers, des créanciers, des fermiers de l'État qui, à Rome, avaient naguère exigé de lui le montant de leurs créances, ou qui, dans ses voyages, lui avaient fait payer la taxe. Il envoya même au supplice l'un d'entre eux, qui venait lui rendre ses devoirs ; mais il le fit aussitôt rappeler, et tout le monde louait déjà sa clémence, lorsqu'il ordonna de le tuer devant lui, « voulant, dit-il, en repaître ses yeux ». Un autre vit exécuter avec lui ses deux fils, qui étaient venus demander la grâce de leur père. Un chevalier romain, qu'on entraînait à la mort, lui ayant crié, « Tu es mon héritier », il voulut voir le testament ; et y lisant qu'un affranchi de ce chevalier devait partager avec lui l'héritage, il fit égorger le chevalier et l'affranchi. Il fit périr quelques hommes du peuple, pour le seul crime d'avoir dit tout haut du mal de la faction des bleus[25] ; audace qui leur venait, pensait-il, du mépris de sa personne et de l'espoir d'un changement de règne. Il en voulait surtout aux auteurs de plaisanteries et aux astrologues, qu'il faisait mettre à mort sans les entendre, sur la dénonciation du premier venu. Sa fureur contre eux fut au comble lorsque, après l'édit par lequel il enjoignait aux astrologues de sortir de Rome et de l'Italie avant les calendes d'octobre, ils en affichèrent aussitôt cette parodie : « A tous salut. De par les Chaldéens[26], défense à Vitellius Germanicus d'être en aucun endroit du monde aux calendes du même mois. » Il fut soupçonné aussi d'avoir fait mourir de faim sa mère malade, parce qu'une femme du pays des Chattes[27], qu'il croyait comme un oracle, lui avait annoncé « un règne paisible et long, s'il survivait à sa mère ». Selon d'autres témoignages, celle-ci, dégoûtée du présent et effrayée de l'avenir, lui avait demandé du poison, qu'il lui donna sans beaucoup de peine.

XV. Le huitième mois de son règne, les armées de Mésie et de Pannonie se tournèrent contre lui, ainsi que celles de Judée et de Syrie, au-delà des mers, et elles prêtèrent serment à Vespasien, les unes en l'absence de ce dernier, les autres en sa présence. Vitellius, pour s'assurer l'attachement du reste des troupes et leur faveur, prodigua sans mesure les largesses, au nom de l'État et en son propre nom. Il fit des levées dans Rome, promettant aux volontaires non seulement le congé après la victoire, mais aussi les récompenses des vétérans et les avantages du service régulier. Pressé par ses ennemis sur terre et sur mer, il leur opposa, d'un côté, son frère, avec une flotte, de nouvelles recrues et une troupe de gladiateurs ; de l'autre, les généraux et les légions qui avaient vaincu à Bétriacum. Mais, partout trahi ou battu, il traita avec Flavius Sabinus, frère de Vespasien, ne se réservant que la vie avec cent millions de sesterces ; et, des degrés du palais, il déclara sur-le-champ aux soldats assemblés, « qu'il renonçait à l'empire, dont il s'était chargé malgré lui ». Des réclamations s'élevant de tous côtés contre cette résolution, il consentit à l'ajourner, laissa passer une nuit, et descendit, dès le point du jour, en habit de deuil vers la tribune aux harangues, où il fit, en pleurant, la même déclaration, mais, cette fois, un écrit à la main. Le peuple et les soldats l'interpellèrent de nouveau, l'exhortant à ne pas se laisser aller au découragement, et lui promettant, à l'envi les uns des autres, de l'aider de tout leur pouvoir. Il reprit courage, attaqua subitement Sabinus et les autres partisans des Flaviens[28], qui étaient sans défiance, les repoussa jusque dans le Capitole, où il les fit périr en mettant le feu au temple de Jupiter Très Bon et Très Grand, et regarda, assis à table dans la maison de Tibère, le combat et l'incendie. Il ne tarda pas à se repentir de cette conduite, dont il rejeta l'odieux sur d'autres ; et ayant convoqué le peuple, il fit jurer à tout le monde et jura le premier « de n'avoir rien de plus sacré que le repos public ». Alors, détachant le poignard qui pendait à son côté, il le présenta d'abord au consul, puis, sur son refus, aux autres magistrats, et enfin à chacun des sénateurs[29]. Mais personne ne voulant l'accepter, il s'en allait le déposer dans le temple de la Concorde, lorsque plusieurs voix lui crièrent « qu'il était lui-même la Concorde ». Il revint alors sur ses pas, déclarant « qu'il gardait son arme, et de plus acceptait le surnom de *la Concorde* ».

XVI. Il engagea les sénateurs à envoyer des députés, avec les Vestales, demander la paix, ou, au moins, le temps nécessaire pour délibérer. Le lendemain, comme il attendait la réponse, un de ses éclaireurs annonça l'approche de l'ennemi ; il se cacha aussitôt dans une chaise à porteur, et, sans autre suite que son boulanger et son cuisinier, il se dirigea secrètement vers l'Aventin et la maison de ses pères, afin de s'enfuir de là en Campanie. Mais bientôt le bruit s'étant répandu, vague et incertain, qu'on avait obtenu la paix, il se laissa reporter au palais. Là, voyant que tout était désert et que ceux même qui étaient avec lui s'esquivaient, il s'entoura d'une ceinture pleine de pièces d'or, se réfugia dans la loge du portier, attacha le chien devant la porte, et la barricada avec un lit et un matelas.

XVII. Déjà s'avançait l'avant-garde de l'armée ennemie : quelques soldats, ne rencontrant personne, se mirent, comme c'est leur habitude, à visiter tout. Ils le tirèrent de sa retraite, et, ne le connaissant pas, lui demandèrent « qui il était, et s'il savait où était Vitellius ». Il répondit par un mensonge ; mais, se voyant reconnu, il ne cessa de supplier qu'on lui laissât la vie, dût-on même le garder en prison, parce qu'il avait des secrets à révéler, qui importaient au salut de Vespasien. Cependant on le traîna demi-nu vers le Forum, les mains liées derrière le dos, la corde au cou, les vêtements déchirés ; et chacun lui prodigua, du geste et de la voix, les plus cruels outrages, tout le long de la voie Sacrée ; les uns lui tirant la tête en arrière par les cheveux, comme on en use avec les criminels ; les autres lui relevant le menton avec la pointe de leur glaive, pour le forcer à montrer son visage ; ceux-là lui jetant de la boue et des excréments ; ceux-ci l'appelant *ivrogne* et *incendiaire*. Une partie du peuple lui reprochait jusqu'à ses défauts corporels ; car il avait une taille démesurée, le visage rouge et bourgeonné par l'abus du vin ; le ventre gros, et une cuisse plus faible que l'autre, car il avait été heurté autrefois par un quadrige alors qu'il se produisait comme serviteur de Caïus, celui-ci conduisant un char. Enfin, près des Gémonies, il fut déchiré jusqu'à la mort à petits coups, et on le traîna dans le Tibre avec un croc.

XVIII. Il périt avec son frère et son fils, dans la cinquante-septième année de son âge. Le prodige que nous avons dit lui être arrivé à Vienne [30] avait été interprété dans ce sens, qu'il tomberait un jour au pouvoir d'un Gaulois, et l'événement justifia cette prédiction ; car il fut vaincu par Antonius Primus, un des généraux de l'armée ennemie, lequel était né à Toulouse, et avait porté, dans son enfance, le surnom de *Becco*, mot qui signifie le bec du coq.

VESPASIEN

SOMMAIRE

I. Les ancêtres de Vespasien. — II. Sa naissance. Il est élevé par son aïeule maternelle. Son mépris pour les dignités est combattu par sa mère. Ses premiers emplois. — III. Son mariage et ses enfants. Sa maîtresse Cénis. — IV. Il se signale, sous le règne de Claude, par plusieurs exploits militaires, et il vit ensuite dans la retraite. Il reçoit de Néron le gouvernement de l'Afrique. Son intégrité. Il tombe dans la disgrâce de Néron, qui l'envoie commander en Judée. — V. Plusieurs prodiges lui promettent l'empire. Il en reçoit l'assurance de l'historien Josèphe. — VI. Il est proclamé empereur par les armées d'Orient. — VII. Il commence la guerre civile, et guérit un aveugle et un boiteux. — VIII. Son retour à Rome. Ses consulats. Son gouvernement. — IX. Ses constructions. Il épure et complète les premiers ordres de l'État. — X. Ses améliorations judiciaires. — XI. Ses règlements contre le luxe et la débauche. — XII. Sa modestie. — XIII à XV. Sa clémence. — XVI. Son amour pour l'argent. — XVII. Ses libéralités. — XVIII. Il se fait le protecteur des arts et de tous les talents. — XIX. Ses récompenses aux artistes. Sa cupidité inspire un bon mot à un pantomime. — XX. Son portrait. Son caractère. — XXI. Sa manière de vivre. — XXII. Ses plaisanteries. — XXIII. Ses citations. Ses bons mots. — XXIV. Sa dernière maladie et sa mort. Son plus beau mot. — XXV. Sa confiance dans la destinée promise à ses fils et à lui.

I. Le pouvoir impérial, longtemps rendu incertain et pour ainsi dire flottant par la rébellion et la mort sanglante de trois princes, fut enfin pris en main et affermi par la maison Flavia. Cette famille était, à la vérité, obscure et sans portraits de famille [1] ; mais cependant l'État n'eut nullement à s'en plaindre, quoiqu'elle eût produit Domitien, dont la barbarie et la cupidité furent justement punies. Un certain Titus Flavius Pétron, du municipe de Réate[2], servit sous Pompée, comme centurion ou comme vétéran rengagé, pendant la guerre civile. Il prit la fuite à la bataille de Pharsale, et se retira dans sa patrie, où, après avoir obtenu son pardon et son congé, il devint receveur des enchères. Son fils, surnommé Sabinus, ne porta point les armes, quoique certains auteurs aient dit qu'il fut centurion primipilaire, et d'autres, qu'étant encore en possession de ce grade, il fut dégagé du serment militaire, à cause de sa mauvaise santé. Il fut receveur du quarantième[3] en Asie, et l'on vit subsister longtemps les statues que plusieurs villes de cette province lui avaient décernées, avec cette inscription en grec : AU RECEVEUR INTÈGRE. Il fut ensuite prêteur en Helvétie, où il mourut, laissant sa veuve, Vespasia Polla, et deux enfants qu'il avait eus d'elle ; l'aîné, appelé Sabinus, s'éleva jusqu'à la préfecture de Rome, et le second, Vespasien, jusqu'à l'empire. Polla était d'une honnête famille de Nursie[4] : son père, Vespasius Pollion, avait été trois fois tribun des soldats et préfet des camps. Elle avait un frère sénateur, qui avait géré la préture. Il subsiste encore aujourd'hui, au sommet d'une montagne, près du sixième milliaire, sur la route de Nursie à Spolète[5], un endroit qui porte le nom de Vespasies[6], et où se voient plusieurs monuments des Vespasius, qui attestent la splendeur et l'ancienneté de cette famille. On a prétendu, il est vrai, que le père de Pétron, né au-delà du Pô, était le chef de ces ouvriers qui passent, tous les ans, de l'Ombrie dans le pays des Sabins, pour cultiver les terres ; qu'il se fixa dans la ville de Réate, et s'y maria. Mais, malgré les plus minutieuses recherches, je n'ai trouvé aucun vestige de ce fait.

II. Vespasien naquit dans le pays des Sabins, au-delà de Réate, dans un petit bourg que l'on appelle Phalacrines, le quinze des calendes de décembre, à la fin du jour, sous le consulat de Q. Sulpicius Camérinus et de C. Poppéus Sabinus[7], cinq ans avant la mort d'Auguste. Il fut élevé chez son aïeule paternelle Tertulla, dans ses domaines de Cosa[8]. Aussi, même empereur, il alla visiter souvent ce séjour de son enfance, et il laissa la maison telle qu'elle était, ne voulant rien changer à des objets que ses yeux avaient accoutumé d'y voir. La mémoire de cette aïeule lui était si chère, qu'il continua pendant toute sa vie, même les jours de fêtes solennelles, à boire dans une petite coupe d'argent qui lui avait appartenu. Revêtu de la toge virile, Vespasien éprouva longtemps de l'aversion pour le laticlave, quoique son frère l'eût déjà reçu. Il n'y eut que sa mère qui put enfin le contraindre à briguer cette distinction ; victoire tardive, qu'elle dut moins encore à ses prières ou à son autorité, qu'à ses railleries et aux reproches humiliants qu'elle ne cessait de lui faire, en l'appelant l'appariteur de son frère. Il servit en Thrace, comme tribun des soldats. Questeur, il reçut du sort la province de Crète et de Cyrène. Candidat pour l'édilité, puis pour la préture, il n'obtint la première qu'avec beaucoup de peine, après un échec et au sixième rang, tandis qu'il parvint de prime abord à la seconde, et des premiers. Pendant sa préture, il chercha par tous les moyens à plaire à Caligula, qui était alors irrité contre le sénat : il demanda des jeux extraordinaires pour célébrer la victoire de cet empereur sur les Germains ; il proposa d'ajouter, au supplice des citoyens condamnés pour conjuration, l'ignominie d'être privés de sépulture ; il le remercia, en plein sénat, de l'honneur qu'il avait daigné lui faire en l'invitant à souper.

III. Il épousa vers ce temps Flavia Domitilla, autrefois la maîtresse de Statilius Capella, chevalier romain, de la ville de Sabrata, en Afrique. Elle n'avait que les droits de bourgeoisie latine ; mais bientôt, par un jugement des récupérateurs, elle fut déclarée de naissance libre et citoyenne romaine [9], sur la réclamation de son père Flavius Libéralis, de Férentium, lequel n'était que le greffier d'un questeur. Il en eut trois enfants, Titus, Domitien et Domitilla. Il survécut à sa femme et à sa fille, qu'il perdit avant d'arriver à l'empire. Après la mort de sa femme, il reprit avec lui son ancienne maîtresse Cénis, affranchie d'Antonia [10], à qui elle servait de secrétaire ; et même quand il fut empereur, elle tint, en quelque façon, auprès de lui le rang d'une épouse légitime.

IV. Sous le règne de Claude, il fut envoyé en Germanie par le crédit de Narcisse, comme lieutenant de légion. Il passa ensuite en Bretagne, où il se battit trente fois contre l'ennemi. Il réduisit à l'obéissance deux peuples très puissants, s'empara de plus de vingt villes, et soumit l'île de Vecte [11], voisine de la Bretagne, tantôt sous le commandement d'Aulus Plautius, lieutenant consulaire, tantôt sous celui de Claude lui-même. Aussi le vit-on recevoir les ornements triomphaux, et, en fort peu de temps, un double sacerdoce ; il fut, en outre, créé consul pour les deux derniers mois de l'année [12]. Depuis cette époque jusqu'à son proconsulat, il vécut dans la retraite et le repos, craignant Agrippine, qui avait encore beaucoup de pouvoir sur son fils, et qui, même après la mort de Narcisse, poursuivait celui qui avait été son ami[13]. Le sort lui ayant assigné le gouvernement de l'Afrique, il administra cette province avec beaucoup d'intégrité, et il s'y acquit le respect des peuples ; ce qui n'empêcha pas que, dans une sédition à Adrumète, on ne lui jetât des raves. Il ne revint pas plus riche qu'il n'était parti : il fut même bientôt obligé, son crédit étant épuisé, d'engager toutes ses terres à son frère, et, pour soutenir son rang, de descendre au métier de maquignon ; ce qui le fit surnommer le muletier. Il fut aussi convaincu, dit-on, d'avoir extorqué à un jeune homme deux cent mille sesterces, pour lui faire obtenir le laticlave, contre la volonté de son père ; exaction qui lui valut un blâme sévère. Il accompagna Néron dans son voyage en Achaïe ; et comme il lui arriva souvent de sortir du théâtre ou de s'y endormir quand l'empereur chantait, il encourut la plus dure des disgrâces : il fut non seulement exclu de son commerce intime, mais encore du droit de présenter ses hommages en public. Il se retira donc dans une petite ville à peu près ignorée, et c'est dans cette retraite qu'au moment même où il craignait le plus pour sa vie, on vint lui offrir un gouvernement et une armée. C'était une antique et ferme croyance répandue dans tout l'Orient, que l'empire du monde appartiendrait vers ce temps à des hommes partis de la Judée. Cet oracle, qui regardait un général romain, comme le prouva l'événement, les Juifs se l'appliquèrent à eux-mêmes : ils se révoltèrent, et, après avoir tué leur gouverneur[14], ils mirent en fuite le lieutenant consulaire de Syrie qui venait à son secours, et auquel ils prirent une aigle. Pour comprimer ce mouvement, il fallait une armée considérable et un chef courageux, à qui pourtant l'on pût confier sans crainte une entreprise de cette importance. Néron choisit, entre tous, Vespasien, qui, avec des talents dont il pouvait tout espérer, avait une origine et un nom dont il pensait n'avoir rien à craindre. L'armée fut donc renforcée de deux légions, de huit escadrons et de dix cohortes ; et Vespasien partit, emmenant avec lui, parmi ses lieutenants, l'aîné de ses fils. Il sut, dès son arrivée dans sa province, se concilier l'estime même des provinces voisines, en rétablissant la discipline militaire, livrant un ou deux combats avec tant de fermeté, qu'au siège d'un fort il fut blessé au genou d'un coup de pierre, et reçut plusieurs flèches dans son bouclier.

V. Après Néron et Galba, Othon et Vitellius se disputant l'empire, il conçut l'espérance d'y parvenir lui-même ;

espérance fondée depuis longtemps sur les prodiges que voici. Il y avait dans une maison de campagne des Flavius, près de Rome, un vieux chêne consacré à Mars, et qui, chaque fois que Vespasia accouchait, poussait aussitôt un rejeton, indice certain des destinées de l'enfant qu'elle avait mis au jour. Le premier était faible et se dessécha bientôt : aussi la fille qui venait de naître ne passa-t-elle pas l'année ; le second, robuste et élancé, promettait une grande prospérité ; le troisième était aussi fort qu'un arbre. Sabinus, père de Vespasien, alla, dit-on, se fondant en outre sur la foi d'un aruspice, annoncer à sa mère « qu'il lui était né un petit-fils qui serait empereur » ; elle ne fit qu'en rire, « étonnée, répondit-elle, de voir que son fils radotait déjà, quand elle-même avait encore toute sa raison ». Dans la suite, lorsque Vespasien fut édile, C. César, furieux de ce qu'il n'avait pas fait balayer les rues, ordonna de lui jeter de la boue ; ce que les soldats exécutèrent ; et comme ils en remplirent le pli de sa toge prétexte, des témoins de ce fait l'interprétèrent en disant qu'un jour la république, foulée aux pieds, réduite à l'abandon à cause d'un bouleversement civil, se réfugierait sous sa protection et comme dans son sein. Une autre fois, pendant qu'il dînait, un chien étranger apporta d'un carrefour une main humaine, qu'il déposa sous sa table[15]. Un soir qu'il était à souper, un bœuf de labourage, ayant rompu son joug, se précipita dans la salle à manger, mit en fuite tous les esclaves, et, se laissant tout à coup tomber, comme de fatigue, aux pieds de Vespasien étendu sur un lit, baissa devant lui la tête. Dans une propriété de son aïeul, un cyprès déraciné, enlevé de terre et jeté à bas, sans que ce fût par la violence d'aucune tempête, se releva, le lendemain, plus vert et plus robuste. En Achaïe, Vespasien rêva qu'une ère de prospérité commencerait pour lui et pour les siens, le jour où l'on aurait enlevé une dent à Néron ; et le lendemain, lorsqu'il entra dans l'antichambre de ce prince, le médecin lui montra une dent qu'il venait de lui arracher. Comme il consultait, en Judée, l'oracle du dieu du Carmel[16], les sorts lui répondirent que, quelque grand dessein qu'il méditât, il pouvait être sûr du succès. Josèphe[17], un des prisonniers les plus distingués, ne cessa d'affirmer, pendant qu'on le chargeait de chaînes, qu'il en serait bientôt délivré par Vespasien lui-même, par Vespasien empereur. On lui annonçait aussi de Rome des présages favorables : que Néron, dans ses derniers jours, avait été averti en songe de tirer du sanctuaire le char sacré de Jupiter Très Bon et Très Grand et de le conduire dans la maison de Vespasien, puis au

Cirque ; que, peu de temps après, comme Galba réunissait les comices pour son second consulat, la statue du divin Jules s'était tournée d'elle-même vers l'Orient ; enfin, qu'avant la bataille de Bétriacum, deux aigles s'étaient battus en présence des deux armées, et que l'un d'eux ayant été vaincu, il en était venu du côté de l'Orient un troisième, qui avait mis en fuite le vainqueur.

VI. Cependant, malgré l'ardeur et les instances de ses partisans, il fallut, pour le déterminer, que le hasard fît déclarer en sa faveur des troupes éloignées, et qui ne le connaissaient même pas. Deux mille hommes tirés des trois légions de l'armée de Mésie, et envoyés au secours d'Othon, apprirent en route sa défaite et son suicide. Ils ne laissèrent pas de s'avancer jusqu'à Aquilée, comme s'ils n'eussent pas cru à cette nouvelle. Là, s'étant livrés, par désœuvrement, à toutes sortes d'excès et de rapines, et craignant d'être forcés, au retour, à rendre compte de leur conduite et d'être punis, ils prirent le parti d'élire et de créer un empereur : « car étaient-ils moins que les légions d'Espagne, qui avaient élu Galba ? que les prétoriens, qui avaient proclamé Othon ? que l'armée de Germanie, qui avait couronné Vitellius ? » Ils passèrent donc en revue les noms de tous les lieutenants consulaires, à quelque armée qu'ils appartinssent alors. Ils les avaient rejetés successivement pour un motif ou pour un autre, lorsque des soldats de la troisième légion, laquelle avait passé de la Syrie dans la Mésie vers le temps de la mort de Néron, leur firent un grand éloge de Vespasien. Tous alors d'applaudir, et le nom de Vespasien fut inscrit sur les enseignes. Toutefois cette élection n'eut pas de suite, ces détachements étant pour quelque temps rentrés dans le devoir. Mais la nouvelle s'en étant répandue, Tibère Alexandre, préfet d'Égypte, fut le premier qui fit prêter serment à Vespasien par ses légions : c'était aux calendes de juillet[18], jour qui, depuis, fut religieusement fêté comme celui de son avènement. L'armée de Judée lui jura fidélité à lui-même le cinq des ides de juillet[19]. Plusieurs circonstances favorisèrent à la fois son entreprise : la copie, répandue avec profusion, d'une lettre, vraie ou supposée, d'Othon à Vespasien, dans laquelle il le chargeait, en mourant, du soin de le venger, et exprimait le vœu qu'il vînt au secours de l'État ; le bruit qui se répandit que Vitellius, vainqueur d'Othon, avait dessein de changer les quartiers d'hiver des légions, et de faire passer en Orient celles de Germanie, pour leur assurer un service plus tranquille et plus doux ; enfin l'appui qu'il trouva dans un gouverneur de province,

Licinius Mucianus, et dans le roi des Parthes Vologèse ; dont l'un abjurant l'ancienne et éclatante inimitié que la jalousie avait fait naître entre eux, lui promit alors l'armée de Syrie, et dont l'autre lui offrit quarante mille archers.

VII. Il se résolut donc à commencer la guerre civile ; et ayant envoyé ses lieutenants en Italie avec des troupes, il se rendit à Alexandrie, pour s'emparer de la clé de l'Égypte. Là, voulant consulter les oracles sur la durée de son règne, il entra seul dans le temple de Sérapis, dont il fit sortir tout le monde. Après avoir fait de nombreux sacrifices au dieu, il se retourna, et crut voir l'affranchi Basilidès qui lui présentait, comme c'est l'usage dans ce temple, des rameaux sacrés, des couronnes et des gâteaux. Personne pourtant n'y avait introduit ce Basilidès, qu'une maladie des ligaments empêchait depuis longtemps de marcher, et que l'on savait être fort loin de là. Il lui arriva aussitôt des lettres annonçant que les troupes de Vitellius avaient été défaites à Crémone, et que ce prince avait été tué dans Rome. Une circonstance singulière vint imprimer à la personne de Vespasien le caractère de grandeur et de majesté qui manquait à ce prince encore nouveau, et en quelque sorte improvisé. Deux hommes du peuple, l'un aveugle, l'autre boiteux, se présentèrent ensemble devant son tribunal, en le suppliant de les guérir ; car, pendant leur sommeil, Sérapis leur avait, disaient-ils, donné l'assurance qu'il rendrait la vue à l'un s'il crachait sur ses yeux, et qu'il redonnerait vigueur à la jambe de l'autre, s'il daignait la toucher de son pied. Ne pouvant croire au succès d'un tel remède, Vespasien n'osait pas même l'essayer ; enfin, sur les instances de ses amis, il tenta cette guérison devant toute l'assemblée, et réussit. Vers le même temps les devins ordonnèrent de faire des fouilles à Tégée, en Arcadie ; on y trouva, enfouis dans un lieu consacré, des vases antiques sur lesquels était gravée une figure qui ressemblait à Vespasien.

VIII. Tel était Vespasien, telle était sa réputation, quand il revint à Rome, où il triompha des Juifs [20]. Il ajouta huit consulats au premier qu'il avait obtenu autrefois [21], et géra aussi la censure. Pendant tout le temps de son règne, il n'eut rien de plus à cœur que de raffermir l'État ébranlé et chancelant, et ensuite de l'embellir. Les soldats étaient parvenus au comble de la licence et de l'audace, les uns par l'entraînement de la victoire, les autres par le ressentiment de leur humiliante défaite. De grandes dissensions régnaient aussi dans les provinces, dans les villes libres et dans quelques royaumes. Vespasien licencia une grande partie des soldats de Vitellius et les tint en bride. Quant à ceux qui avaient vaincu sous lui, il fut si loin de leur accorder aucune grâce extraordinaire, qu'il leur fit même longtemps attendre les récompenses qui leur étaient dues. Il ne laissait échapper aucune occasion de rétablir la discipline. Un jeune homme étant venu, tout parfumé, le remercier de la préfecture qu'il lui avait accordée, il détourna la tête et lui adressa cette parole pleine de sévérité : « J'aimerais mieux que vous sentissiez l'ail », et il révoqua sa nomination. Les matelots qui viennent tour à tour à pied d'Ostie et de Pouzzoles à Rome[22] demandaient « qu'il leur fût alloué désormais une gratification pour indemnité de chaussures ». Il ne crut pas que ce fût assez de les renvoyer sans réponse ; il ordonna qu'à l'avenir ils feraient pieds nus cette course ; et c'est encore ainsi qu'ils vont aujourd'hui. Il priva de la liberté l'Achaïe, la Lycie, Rhodes, Byzance, Samos, qu'il réduisit en provinces romaines, ainsi que la Trachée-Cilicie[23] et la Commagène, qui avaient été gouvernées jusque-là par des rois. Il augmenta le nombre des légions de Cappadoce, à cause des continuelles incursions des barbares, et il y envoya, au lieu d'un chevalier romain, un gouverneur consulaire. Des ruines et des incendies déjà anciens donnaient à Rome un aspect désagréable : il permit à qui voudrait d'occuper les terrains vacants et d'y bâtir, si les propriétaires négligeaient de le faire. Lui-même entreprit la restauration du Capitole[24] ; il mit le premier la main à l'œuvre pour déblayer les décombres, et il en emporta quelques-uns sur son dos. Il entreprit aussi de veiller à la réfection de trois mille tables d'airain détruites dans l'embrasement du Capitole, et où étaient gravés, presque depuis la fondation de Rome, les sénatus-consultes et les plébiscites sur les alliances, les traités et les privilèges accordés à chaque peuple. Il en fit rechercher de tous côtés des copies, pour remettre en état les plus belles et les plus anciennes archives de l'empire.

IX. Il entreprit aussi des constructions nouvelles, telles que le temple de la Paix, voisin du Forum ; celui du divin Claude, sur le mont Célius, commencé, il est vrai, par Agrippine, mais presque entièrement détruit par Néron ; un amphithéâtre au milieu de Rome[25], d'après le plan qu'Auguste en avait laissé. Des meurtres sans nombre avaient épuisé les premiers ordres de l'État, et d'anciens abus en avaient terni la splendeur : Vespasien épura et compléta ces différents ordres, en faisant le recensement des sénateurs et des chevaliers ; il en expulsa les plus indignes ; il y admit les citoyens les plus recommandables de l'Italie et des provinces. Enfin, voulant faire sentir que la différence entre ces deux ordres consistait moins dans les droits[26] que dans la dignité, il jugea, dans la querelle d'un sénateur et d'un chevalier, « qu'il n'était pas permis de dire des injures aux sénateurs, mais qu'il était juste et légal de répondre à des insultes ».

X. Le nombre des procès s'était partout accru d'une manière effrayante, les anciennes contestations étant restées suspendues par suite de l'interruption de la justice, et le trouble des temps en ayant sans cesse amené de nouvelles. Il établit une commission de juges tirés au sort, et chargés de restituer ce qui avait été arraché de force pendant les guerres civiles, d'expédier extraordinairement et de réduire autant que possible le nombre des causes portées devant les centumvirs[27], lesquelles étaient en effet si nombreuses, que la vie des plaideurs paraissait à peine devoir y suffire.

XI. Le luxe et la débauche, ne trouvant de répression nulle part, avaient fait de rapides progrès. Vespasien fit statuer par le sénat que toute femme qui s'unirait à l'esclave d'autrui serait elle-même réputée esclave ; et que les usuriers qui prêteraient aux fils de famille ne pourraient, en aucun cas, exiger le remboursement de leurs créances, pas même après la mort des pères.

XII. Dans tout le reste, il montra, dès le commencement de son règne jusqu'à la fin, de la modération et de la bonté. Il ne dissimula jamais la médiocrité de sa situation d'autrefois ; souvent même il en fit vanité, et il tourna lui-même en ridicule quelques flatteurs, qui voulaient faire remonter l'origine de la maison Flavia aux fondateurs de Réate, et jusqu'à un compagnon d'Hercule, dont on voit le monument sur la voie Salaria. Il avait si peu de goût pour tout ce qui tient à la pompe extérieure, que, le jour de son triomphe, fatigué de la lenteur de la marche et ennuyé de la cérémonie, il ne put s'empêcher de dire, « qu'il était justement puni d'avoir eu, à son âge, la sottise de souhaiter le triomphe, comme si cet honneur eût été dû à son nom, ou qu'il eût jamais pu l'espérer ». Il ne consentit que fort tard à accepter la puissance tribunitienne et le titre de Père de la patrie[28]. Quant à l'usage de fouiller ceux qui venaient saluer l'empereur[29], il l'avait aboli dès le temps même de la guerre civile.

XIII. Il endurait fort patiemment la franchise de ses amis, les apostrophes hardies des avocats et les invectives des philosophes. Licinius Mucianus, dont les mœurs infâmes étaient bien connues, mais que ses services [30] avaient enorgueilli, affectait pour lui fort peu de respect : l'empereur ne le reprit jamais qu'en particulier ; et alors qu'il se plaignait de Licinius auprès de l'un de leurs amis communs, il se contenta d'ajouter : « Pour moi, du moins, je suis un homme. » Il félicita Salvius Libéralis d'avoir osé s'écrier, dans la défense d'un riche client : « Qu'importe à César qu'Hipparque ait cent millions de sesterces [31] ? » Il trouva un jour, assis sur son chemin, Démétrius le cynique, qui venait d'être condamné par ses juges ; et celui-ci, loin de se lever en sa présence ou de le saluer, s'étant mis à aboyer je ne sais quelles injures, Vespasien se contenta de l'appeler *chien.*

XIV. Il n'avait ni mémoire ni ressentiment pour les offenses et les inimitiés. Il maria magnifiquement la fille de Vitellius, son ennemi, la dota et lui fit de riches présents. Sous Néron, à l'époque où l'accès de la cour lui était interdit, un des huissiers du palais, à qui il demandait, tout tremblant, ce qu'il ferait désormais et où il irait, lui avait répondu, en le mettant à la porte : « Allez-vous-en à Morbonia [32]. » Dans la suite, quand cet homme vint lui demander grâce, il se contenta de s'irriter en paroles, en lui faisant une réponse à peu près identique. Incapable de sacrifier quelqu'un à ses craintes ou à ses soupçons, il fit consul Mettius Pompusianus, dont ses amis l'avertissaient de se défier, parce que son horoscope l'appelait, disait-on, à l'empire : « Eh bien, dit alors Vespasien, il se souviendra du bien que je lui aurai fait [33]. »

XV. On citerait difficilement un innocent puni sous son règne, si ce n'est en son absence, à son insu, et, dans tous les cas, contre son gré ou parce qu'on le trompait. Quand il revint de Syrie, Helvidius Priscus fut le seul qui ne le salua que du nom de *Vespasien ;* et, pendant sa préture, il affecta de ne lui rendre aucun hommage et de ne jamais le nommer dans ses édits. Vespasien ne se fâcha qu'après que ce personnage l'eut presque fait rentrer dans le rang, par l'insolence effrénée de ses invectives. Si d'abord il l'exila, si même il donna ensuite l'ordre de le tuer, il fit tout pour le sauver : il dépêcha aussitôt des courriers chargés de ramener les exécuteurs de cet ordre ; et il eût sauvé Helvidius, si l'on ne lui avait annoncé faussement qu'il avait déjà péri. Du reste, bien loin de se réjouir du meurtre de personne [34], il pleura et gémit même sur les supplices justifiés.

XVI. Le seul reproche qu'on lui fasse avec raison, c'est d'avoir aimé l'argent. En effet, non content de rétablir les impôts abandonnés sous Galba, d'en créer de nouveaux et très pesants, d'augmenter les tribus des provinces et de les doubler quelquefois, il fit ouvertement des trafics honteux même pour un particulier, achetant, par exemple, certaines choses en bloc, dans le seul but de les revendre plus cher en détail. Il vendait les magistratures aux candidats et les absolutions aux accusés, qu'ils fussent innocents ou coupables. On prétend même qu'il donnait les plus grands emplois aux plus rapaces de ses agents, afin de les condamner quand ils se seraient enrichis. Ils étaient pour lui, disait-on communément, « comme des éponges, car, pour ainsi dire, il les mouillait quand ils étaient secs et les pressait quand ils étaient gorgés d'eau ». Cette cupidité lui était, selon quelques-uns, naturelle et lui fut reprochée, un jour, par un vieux bouvier, qui, ne pouvant en obtenir gratuitement la liberté malgré ses prières, après son avènement à l'empire, s'écria « que le renard pouvait bien changer de poil, mais non pas de mœurs ». D'autres pensent, au contraire, que l'extrême pénurie du trésor et du fisc lui fit une nécessité du pillage et de la rapine ; aussi avait-il dit, pour en témoigner, au commencement de son règne, « que l'État avait besoin, pour se soutenir, de quarante milliards de sesterces[35] ». Cette dernière opinion me paraît d'autant plus vraisemblable, qu'il employa très bien ce qu'il avait mal acquis.

XVII. Ses libéralités s'étendaient sur tout le monde sans distinction : il compléta le cens de quelques sénateurs[36], il fonda un revenu annuel de cinq cent mille sesterces pour les consulaires pauvres et dans tout l'empire il fit rebâtir, plus belles qu'elles n'étaient, un grand nombre de villes détruites par des tremblements de terre ou par des incendies.

XVIII. Il protégea surtout les talents et les arts ; il constitua le premier, sur le trésor impérial[37], une pension annuelle de cent mille sesterces aux rhéteurs grecs et latins, et il accorda de riches gratifications et de magnifiques présents aux poètes éminents ainsi qu'aux artistes ; par exemple, au restaurateur de la Vénus de Cos[38], et à celui qui répara le Colosse[39]. Un mécanicien s'était engagé à transporter à peu de frais, dans le Capitole, des colonnes immenses ; Vespasien lui fit payer une forte somme pour son projet ; mais il en ajourna l'exécution, en disant : « Permettez que je nourrisse le pauvre peuple[40]. »

XIX. Aux jeux célébrés pour la dédicace de la scène du théâtre de Marcellus, qu'on avait restauré, il fit jouer aussi d'anciennes pièces[41]. Il fit présent au tragédien Appellaris[42] de quatre cent mille sesterces ; les citharèdes Terpnus et Diodore en eurent deux cent mille ; quelques-uns, cent mille ; d'autres, quarante mille au moins, sans compter un grand nombre de couronnes d'or. Il donnait souvent des repas, en général selon les règles et magnifiques [43], pour faire gagner les marchands de comestibles. Il faisait des présents de table aux hommes le jour des Saturnales, et aux femmes le jour des calendes de Mars [44]. Mais il ne put, malgré ces libéralités, se laver du reproche d'avarice ; et les habitants d'Alexandrie l'appelèrent toujours *Cybiosacte* [45], du nom d'un de leurs rois, qui avait été d'une cupidité sordide. Le jour de ses funérailles, le chef des pantomimes, nommé Favor, qui faisait le personnage de l'empereur, et parodiait, selon la coutume, ses manières et son langage, demanda publiquement aux intendants du défunt « combien coûtaient ses obsèques et son convoi » ; et quand on lui eut répondu : « Dix millions de sesterces », il s'écria : « Donnez-m'en cent mille, et jetez-moi, si vous le voulez, dans le Tibre. »

XX. Il avait la taille carrée, les membres robustes et épais ; la figure comme celle d'un homme qui fait de violents efforts. Aussi un railleur, qu'il pressait de dire contre lui un bon mot, lui répondit assez plaisamment : « J'en dirai un, quand vous aurez fini de pousser votre selle. » Il jouit toujours d'une excellente santé, quoiqu'il ne fît rien pour l'entretenir, que de se frotter lui-même, dans une salle de jeu de paume, le cou et les autres parties du corps un certain nombre de fois, et de faire diète un jour par mois.

XXI. Voici, à peu près, quelle était sa manière de vivre. Depuis son avènement, il se levait toujours de bonne heure et même avant le jour. Quand il avait lu toutes ses lettres et les rapports des officiers du palais, il faisait entrer ses amis, et, tout en recevant leurs salutations, il se chaussait et s'habillait lui-même. Ensuite, après avoir expédié toutes les affaires qui pouvaient survenir, il se promenait en litière ; puis il revenait prendre un peu de repos, ayant à côté de lui, sur son lit, quelqu'une des nombreuses concubines qu'il avait choisies, après la mort de Cénis [46], pour la remplacer. Il passait de là dans la salle de bains et dans la salle à manger : c'était, dit-on, le moment où il était de l'humeur la plus douce et la plus facile, et que les gens de sa maison avaient soin de choisir pour lui adresser leurs demandes.

XXII. Il était d'une grande affabilité, à table et ailleurs, et réglait beaucoup d'affaires à l'aide d'un bon mot [47]. Il avait, en effet, beaucoup de causticité, et il descendait parfois à de grossières bouffonneries, ne s'abstenant même pas des plus sales expressions. On a toutefois conservé de lui d'assez heureuses saillies, entre autres celles-ci. Le consulaire Mestrius Florus l'avait, un jour, averti de dire *plaustra* (des chariots) et non pas *plostra;* Vespasien le salua, le lendemain, du nom de *Flaurus*[48]. Une femme ayant feint pour lui une passion violente et ayant triomphé de ses dédains, il se la fit amener, et lui donna, pour une nuit, quatre cent mille sesterces : son intendant lui ayant ensuite demandé comment il fallait inscrire cette dépense dans ses comptes : « Écrivez, dit-il, pour une passion inspirée par Vespasien. »

XXIII. Il citait avec assez d'à-propos des vers grecs; témoin celui dont il fit l'application à quelqu'un de grande stature, et que la nature avait, sous un certain rapport, traité avec largesse :

Marchant à grands pas et brandissant une lance dont l'ombre se projette au loin[49].

Un riche affranchi, nommé Cérylus, se disait de condition libre, afin de frauder plus tard les droits du fisc[50], et commençait même, laissant là son nom, à se faire appeler Lachès; Vespasien s'écria en grec : « Ô Lachès! Lachès! quand tu seras mort, tu te retrouveras Cérylus comme devant[51]. » Il cherchait surtout la plaisanterie à propos de ses bénéfices honteux, afin de couvrir par un trait d'esprit ce qu'elles avaient d'odieux, et d'y attacher le souvenir d'un bon mot. Un de ses serviteurs les plus chers lui demandait une place d'intendant pour quelqu'un qu'il disait être son frère : Vespasien ajourna sa réponse, fit venir l'aspirant lui-même; et s'étant fait donner la somme que celui-ci avait promise à son protecteur, il l'installa sur-le-champ. Lorsque le solliciteur lui en reparla : « Cherchez, lui dit-il, un autre frère; celui que vous croyiez le vôtre est tout à coup devenu le mien. » Ayant vu, dans un de ses voyages, son muletier s'arrêter brusquement pour faire ferrer ses mules, et le soupçonnant d'avoir voulu donner ainsi, à un plaideur dont ils avaient fait rencontre, le temps de lui parler de son affaire, il lui demanda « combien il avait reçu pour les fers », et il se fit payer une partie de la somme. Son fils Titus l'ayant blâmé d'avoir établi un impôt jusque sur l'urine[52], il lui mit sous le nez le premier argent de cet impôt, et lui demanda « s'il sentait mauvais ». Titus ayant répondu que non, « il vient cependant de l'urine », lui dit Vespasien. Des députés étaient venus lui annoncer que leurs concitoyens lui avaient décerné une statue colossale d'un prix considérable; il dit, en leur montrant le creux de sa main : « Qu'on la pose donc ici, le piédestal est prêt. » La crainte même de la mort ni les approches de ce moment fatal ne purent l'empêcher de plaisanter. Entre autres prodiges qui annoncèrent sa fin, le Mausolée[53] s'ouvrit tout à coup, et une étoile chevelue[54] parut dans le ciel : il prétendit que le premier de ces présages regardait Junia Calvina, qui était de la race d'Auguste, et que l'autre concernait le roi des Parthes, qui avait une longue chevelure. Il dit, au début de sa dernière maladie : « Hélas ! je crois que je deviens dieu[55]. »

XXIV. Il était consul pour la neuvième fois, lorsqu'il ressentit, en Campanie, de légers mouvements de fièvre : il revint sur-le-champ à Rome, d'où il se rendit à Cutilies[56] et dans ses terres de Réate, où il avait coutume de passer l'été. Là, son mal augmenta, grâce à l'usage immodéré de l'eau froide, qui provoqua chez lui un dérangement intestinal. Il n'en remplissait pas moins les devoirs de sa dignité avec autant d'exactitude qu'auparavant : il recevait même au lit les députations qu'on lui envoyait. Mais se sentant tout à coup défaillir à la suite d'un flux de ventre, « un empereur, dit-il, doit mourir debout », et, dans le moment même où il s'efforçait de se lever, il expira entre les bras de ceux qui l'y aidaient, le neuf des calendes de juillet[57], âgé de soixante-neuf ans, sept mois et sept jours.

XXV. Tout le monde s'accorde à dire qu'il avait une telle confiance dans la destinée promise à ses enfants et à lui, que, malgré de fréquentes conspirations formées contre sa vie, il ne craignit pas d'affirmer en plein sénat « qu'il aurait pour successeurs ses fils ou personne ». On dit aussi qu'il vit, une fois, en songe une balance suspendue, dans un parfait équilibre, au vestibule du palais, et portant dans l'un des plateaux Claude et Néron, dans l'autre lui et ses fils : égalité qui se retrouva dans la supputation des années, puisque la durée des règnes fut la même de part et d'autre.

TITUS

SOMMAIRE

I. Naissance de Titus. — II. Son intimité avec Britannicus. Il rend de grands honneurs à sa mémoire. — III. Ses qualités et ses talents. — IV. Son mérite militaire. Ses mariages. Ses exploits en Judée. — V. Il prend Jérusalem et est proclamé *imperator* par ses soldats, qui ne veulent plus se séparer de lui. On le soupçonne de vouloir se créer un empire en Orient. Son retour précipité à Rome, auprès de son père. — VI. Il partage le pouvoir avec Vespasien. Sa cruauté. Sa mauvaise réputation. — VII. Son intempérance. Sa rapacité. Sur le trône, il remplace par des vertus tous ses vices. Ses spectacles. — VIII. Sa bonté. Sa déférence pour le peuple. Son règne est troublé par de grandes calamités, qui sont pour lui l'occasion de nouveaux bienfaits. Ses règlements sévères contre les délateurs. — IX. Sa générosité envers ses ennemis. Sa bonté inépuisable à l'égard de son frère Domitien. — X. Sa mort. Il ne se reproche qu'une action, restée inconnue. — XI. Il est pleuré de tout le monde.

I. Titus, qui se nommait Vespasien comme son père, fut appelé l'amour et les délices du genre humain, grâce à ses qualités, à son adresse ou à son bonheur, qui lui concilièrent l'affection universelle, et ce qui est très difficile, durant son règne, alors que, tant qu'il fut un homme privé et même sous le principat de son père, il fut en butte à la haine, et encore bien plus au blâme public. Il naquit le troisième jour des calendes de janvier [1], durant l'année devenue célèbre par le meurtre de Caligula, dans une chambre aussi étroite qu'obscure, que l'on montre encore telle qu'elle était, et qui faisait partie d'une maison d'assez triste apparence, près du Septizone [2].

II. Élevé à la cour avec Britannicus, il eut la même éducation et les mêmes maîtres que lui. Un devin que Narcisse, l'affranchi de Claude, avait fait venir pour juger, d'après les principes de la métoposcopie[3], des destinées de Britannicus, affirma, dit-on, avec la plus grande assurance que ce jeune prince ne monterait jamais sur le trône ; mais que Titus, qui était présent, y parviendrait certainement. Il y avait entre eux une telle intimité, que l'on croit que Titus goûta du poison dont mourut Britannicus ; car il était alors à table à côté de lui, et il fut longtemps et dangereusement malade. En mémoire de cette étroite liaison, Titus lui érigea plus tard une statue d'or dans le palais, et lui dédia et entoura d'honneurs une statue équestre en ivoire, que l'on promène encore aujourd'hui dans les solennités du Cirque.

III. Les qualités du corps et de l'esprit brillèrent en lui dès son enfance, et se développèrent encore avec l'âge : un bel extérieur, où il y avait autant de grâce que de dignité, quoiqu'il ne fût pas très grand et qu'il eût le ventre un peu gros ; une force extraordinaire[4] ; une mémoire admirable ; une singulière aptitude à tous les travaux de la paix et de la guerre ; une rare dextérité dans le maniement des armes et du cheval ; une facilité prodigieuse, et qui allait jusqu'à l'improvisation, pour composer en grec et en latin des discours et des poèmes ; assez de musique pour chanter avec goût et s'accompagner avec talent. Je tiens de plusieurs personnes qu'il s'était habitué à sténographier très rapidement, au point de lutter quelquefois de vitesse avec ses plus habiles secrétaires. Il savait aussi contrefaire toutes les écritures, et il disait, à ce sujet, « qu'il aurait pu être un excellent faussaire ».

IV. Il servit, comme tribun des soldats, en Germanie et en Bretagne, avec une rare distinction, qui ne fut égalée que par sa réputation de modestie. L'immense quantité de statues, grandes et petites, qu'on lui érigea dans ces deux provinces, et les inscriptions dont elles sont chargées, attestent assez ses exploits. Après ses campagnes, il se tourna vers le barreau, où il se fit plus remarquer par ses succès que par son assiduité. Il épousa Arrecina[5] Tertulla, fille d'un chevalier romain, mais ancien préfet[6] des cohortes prétoriennes ; et celle-ci étant morte, il s'unit à Marcia Furnilla, qui était d'une illustre maison. Mais il divorça d'avec elle, après en avoir eu une fille. Placé, après sa questure, à la tête d'une légion, il se rendit maître de Tarichée et de Gamala, les plus fortes places de la Judée ; il eut un cheval tué sous lui dans une bataille, et monta aussitôt celui d'un soldat qui venait de tomber mort à ses côtés en combattant.

V. Lorsque Galba parvint à l'empire, Titus, envoyé pour le complimenter, recueillit partout sur son passage de grandes marques d'intérêt : on croyait que l'empereur l'appelait à Rome pour l'adopter. Mais, apprenant que toutes les affaires se brouillaient de nouveau, il retourna sur ses pas, et consulta, sur le succès de sa navigation, l'oracle de Vénus de Paphos, qui l'encouragea même dans son espoir de devenir empereur. Il vit bientôt se réaliser cet espoir[7], et fut laissé dans la Judée, pour achever de la soumettre. Au siège de Jérusalem, il tua de douze coups de flèches douze défenseurs de cette ville, dont il se rendit maître le jour anniversaire de la naissance de sa fille. La joie des soldats fut si grande et leurs dispositions si favorables, que, dans leurs acclamations, ils le saluèrent tout d'une voix *imperator*[8]. Plus tard, quand il lui fallut quitter cette province, ils employèrent, pour le retenir, les supplications et jusqu'aux menaces, le conjurant « ou de rester avec eux, ou de les emmener tous avec lui ». Ces démonstrations firent soupçonner qu'il voulait abandonner la cause de son père, et se créer un royaume en Orient. Il fortifia ces soupçons en se montrant avec un diadème sur la tête, pendant la consécration du bœuf Apis, à Memphis, par où il passait se rendant à Alexandrie. C'était, il est vrai, un usage emprunté aux rites de l'ancienne religion ; mais on ne manqua pas d'interpréter autrement sa conduite. Il se hâta donc de revenir en Italie, aborda à Rhégium et à Pouzzoles sur un bâtiment de transport, puis accourut à Rome avant sa suite ; et, voyant son père tout surpris de son arrivée, il s'écria, comme pour prouver la fausseté des bruits répandus sur son compte : « Me voilà, mon père, me voilà. »

VI. Depuis ce moment, il partagea le pouvoir suprême, et fut comme le tuteur de l'empire. Il triompha avec son père, et géra la censure avec lui[9]. Il fut aussi son collègue dans la puissance tribunitienne et dans sept consulats[10]. Chargé du soin de presque toutes les affaires, il dictait les lettres au nom de son père, il rédigeait les édits, il lisait les discours de l'empereur au sénat, à la place du questeur[11]. Il fut aussi préfet du prétoire ; fonctions qui jusque-là n'avaient été données qu'à des chevaliers romains[12]. Il s'y montra dur et violent : il faisait périr, sans hésiter, tous ceux qui lui étaient suspects, en apostant au théâtre et dans les camps des gens qui demandaient hautement leur supplice, comme au nom de tous. Je citerai, entre autres, le consulaire A. Cécina, qu'il avait invité à souper, et qui, à peine sorti de la salle à manger, fut massacré par ses ordres. Il est vrai que le danger était pressant : Titus avait saisi, écrite de sa main, une proclamation destinée aux soldats. Cette conduite, en assurant l'avenir, le rendit odieux dans le présent ; de sorte que peu de princes sont arrivés au trône avec une réputation plus mauvaise, et un éloignement plus marqué de la part des peuples.

VII. Outre sa cruauté, on accusait son intempérance ; car il prolongeait jusqu'au milieu de la nuit ses débauches de table avec les plus dissolus de ses familiers. On craignait jusqu'à son penchant au plaisir, à cause des troupeaux d'eunuques et de débauchés qui l'entouraient, et de sa passion bien connue pour la reine Bérénice, à qui, disait-on, il avait même promis de l'épouser. Enfin on l'accusait de rapacité ; car on savait que, dans les causes portées devant le tribunal de son père, il vendait à prix d'argent la justice. En un mot, l'on pensait, l'on disait ouvertement que ce serait un autre Néron. Mais cette réputation tourna enfin à son avantage, et devint l'occasion des plus grands éloges, quand on le vit renoncer à tous ses vices et pratiquer toutes les vertus. Il rendit ses repas fameux plutôt par l'agrément que par la profusion ; il choisit pour amis des hommes que les princes ses successeurs approchèrent de leur personne, et employèrent comme les meilleurs soutiens de leur puissance et de l'État ; il renvoya de Rome sur-le-champ Bérénice, malgré lui, malgré elle ; il cessa de traiter aussi libéralement et même de voir en public ceux de sa suite qui ne se distinguaient que par des talents frivoles, quoiqu'il y en eût parmi eux plusieurs qu'il aimait beaucoup, et qui dansaient avec une perfection dont la scène profita bientôt [13]. Il ne prit rien à aucun citoyen, respecta plus que personne le bien d'autrui, et ne reçut même pas les présents que permettait l'usage. Toutefois, il ne le céda en magnificence à aucun de ses prédécesseurs. Après la dédicace de l'Amphithéâtre [14] et la rapide construction des bains qui avoisinent cet édifice, il donna un spectacle des plus longs et des plus beaux. Il fit représenter, en outre, une bataille navale dans l'ancienne Naumachie ; il y donna aussi un combat de gladiateurs, et fit paraître en un seul jour cinq mille bêtes féroces de toute espèce.

VIII. Porté, de sa nature, à une extrême bienveillance, il dérogea le premier à l'usage suivi, depuis Tibère, par tous les Césars, de regarder les grâces et les concessions faites avant eux comme nulles, si eux-mêmes ne les ratifiaient expressément. Il les déclara toutes valables par un seul édit, et ne voulut qu'on le sollicitât pour aucune. Quant aux autres demandes qu'on pouvait lui faire, il eut pour principe constant de ne renvoyer personne sans espérance. Ses amis lui faisant observer « qu'il promettait plus qu'il ne pourrait tenir », il répondit « que personne ne devait sortir mécontent de l'audience d'un prince ». S'étant, une fois, souvenu, à son souper, de n'avoir fait aucun heureux dans la journée, il prononça ce mot si mémorable et si justement vanté : « Mes amis, j'ai perdu un jour. » Il montra pour le peuple, en toute occasion, beaucoup de déférence : ayant, un jour, annoncé un combat de gladiateurs, il déclara « que tout s'y passerait au gré de l'assemblée, et non au sien » ; et, en effet, loin de rien refuser de ce que demandèrent les spectateurs, il les exhorta lui-même à réclamer ce qu'ils voudraient. Ne voulant pas cacher sa préférence pour les gladiateurs thraces [15], il en plaisanta souvent avec le peuple, tout en les encourageant de la voix et du geste, mais sans jamais compromettre sa dignité ni blesser la justice. Pour se rendre encore plus populaire, il permit souvent à la multitude l'entrée des thermes où il se baignait. Son règne fut troublé par des événements aussi tristes qu'imprévus : l'éruption du Vésuve, dans la Campanie [16] ; à Rome, un incendie qui dura trois jours et trois nuits ; une peste telle qu'on en vit rarement ailleurs. Il montra, dans ces malheurs, la vigilance d'un prince et toute la tendresse d'un père, consolant les peuples par ses édits, les secourant par ses bienfaits. Des consulaires, désignés par le sort, furent chargés de réparer les désastres de la Campanie. Les biens de ceux qui avaient péri dans l'éruption du Vésuve, sans laisser d'héritiers, furent employés à la reconstruction des villes détruites [17]. Après l'incendie de Rome, il déclara prendre sur lui toutes les pertes publiques [18] : en conséquence, il consacra tous les ornements de ses villas aux monuments publics et aux temples ; et afin d'accélérer les travaux, il en fit surveiller l'exécution par un grand nombre de chevaliers romains. Pour améliorer la santé publique et adoucir l'effet des maladies, il prodigua tous les secours divins et humains, recourant à toutes sortes de sacrifices et de remèdes. On comptait parmi les fléaux de cette époque les délateurs et les suborneurs de témoins, à la suite d'une longue tolérance. Il les fit battre avec des verges et des bâtons en plein Forum, et, finalement, vers les derniers temps de son règne, il les fit amener dans l'arène de l'Amphithéâtre, où ils furent, les uns vendus à l'encan comme des esclaves, et les autres condamnés à l'exportation [19] dans les îles les plus arides. Afin de réprimer pour toujours l'audace de pareilles manœuvres, il statua, entre autres règlements sur cet objet, qu'on ne pourrait jamais poursuivre le même fait en vertu de plusieurs lois, ni inquiéter la mémoire des morts passé un terme qu'il fixa.

IX. Il accepta le souverain pontificat, dans le seul but, disait-il, de conserver ses mains pures. Il tint parole, et, depuis ce temps, il ne fut ni l'auteur ni le complice de la mort de personne. Ce n'est pas qu'il ait manqué de motifs de vengeance ; mais alors il protestait « qu'il aimerait mieux périr lui-même, que de faire périr qui que ce fût ». Deux patriciens furent convaincus d'aspirer à l'empire : il se contenta de leur conseiller de renoncer à leurs prétentions, ajoutant « que le trône était un présent du destin » ; et il promit de leur accorder ce qu'ils pourraient d'ailleurs désirer. Il envoya même aussitôt ses coureurs à la mère de l'un d'eux, qui était loin de Rome, pour la rassurer sur le sort de son fils et lui apprendre qu'il vivait. Non seulement il invita ces deux conjurés à souper avec lui ; mais, le lendemain, à un spectacle de gladiateurs, il les fit placer exprès à ses côtés ; et quand on lui présenta les armes des combattants, il les leur donna, sans crainte, à examiner. On ajoute qu'ayant fait tirer leur horoscope, il les avertit « qu'ils étaient menacés tous deux d'un danger certain, mais encore éloigné, et qui ne viendrait pas de lui » ; ce que l'événement confirma. Quant à son frère, qui ne cessait de lui dresser des embûches, qui tentait presque ouvertement la foi des armées, qui, enfin, voulut s'enfuir, il ne put se résoudre ni à le faire périr, ni à s'en séparer, ni même à le traiter avec moins d'égards qu'auparavant. Il continua, comme au premier jour de son règne, à le proclamer son collègue et son successeur à l'empire ; et quelquefois, le prenant à part, il le conjurait avec larmes « de consentir enfin à le payer de retour en lui accordant son affection ».

X. C'est au milieu de tous ces soins qu'il fut surpris par la mort, pour le malheur du monde encore plus que pour le sien. A la fin d'un spectacle où il avait abondamment pleuré devant tout le peuple, il partit pour le pays des Sabins, quelque peu attristé d'avoir vu s'enfuir la victime d'un sacrifice, et entendu gronder le tonnerre par un ciel serein. La fièvre le prit à la première couchée [20] : il continua sa route en litière, et l'on dit qu'écartant les rideaux, il regarda le ciel, et se plaignit « de mourir sans l'avoir mérité, puisqu'il n'avait fait en sa vie qu'une seule action dont il dût se repentir ». Il ne dit pas quelle était cette action, et il n'est pas aisé de le deviner. On a pensé que c'était une liaison intime avec Domitia, la femme de son frère ; mais celle-ci jura par tous les dieux qu'il n'en était rien, et elle n'était pas femme à nier un tel commerce, s'il eût existé ; elle s'en serait même vantée la première, comme de toutes ses infamies.

XI. Il mourut dans la même maison de campagne que son père, aux ides de septembre[21] et dans la quarante-deuxième[22] année de son âge, après deux ans, deux mois et vingt jours de règne. Dès que le bruit de sa mort se fut répandu, l'on eût dit, à voir le deuil public, que chacun pleurait un membre de sa propre famille. Les sénateurs accoururent, sans être convoqués, dans la salle de leurs séances, dont les portes étaient encore fermées : les ayant fait ouvrir, ils comblèrent le prince mort de plus de louanges et d'honneurs qu'ils ne lui en avaient jamais prodigué de son vivant et en sa présence.

DOMITIEN

SOMMAIRE

I. Naissance de Domitien. Sa jeunesse. Sa conduite pendant la guerre de Vitellius. Ses premières dignités. Son mariage avec Domitia Longina. — II. Il se montre envieux de Titus. Sa feinte modération. Ses prétentions après la mort de Vespasien. Sa conduite à l'égard de Titus, dont il ne cesse de poursuivre la mémoire. — III. Son occupation journalière, au commencement de son règne. Il répudie et reprend Domitia. Ses mauvais penchants se développent. — IV. Ses spectacles. Il célèbre les jeux séculaires. Il institue des concours et un nouveau collège de prêtres. Ses distributions. — V. Ses monuments. — VI. Ses expéditions militaires. Il triomphe de L. Antoine. — VII. Ses innovations. Ses mesures pour prévenir les séditions. — VIII. Son zèle pour l'administration de la justice. Sa sévérité dans les fonctions de la censure. — IX. Ses bonnes qualités. Ses plus sages règlements. — X. Ses barbaries. — XI. Ses raffinements de cruauté. — XII. Ses rapines. Son orgueil. — XIII. Son arrogance. Ses consulats. Il donne ses noms aux mois de septembre et d'octobre. — XIV. Ses pressentiments sur sa fin. Ses soupçons. — XV. Présages de sa mort. Sa conduite envers l'astrologue Asclétarion. — XVI. Ses terreurs aux approches de sa mort. — XVII. Sa mort. — XVIII. Son portrait. — XIX. Son adresse. — XX. Son mépris pour les lettres. Ses bons mots. — XXI. Ses habitudes. — XXII. Sa passion pour les femmes. — XXIII. Sentiments du peuple et des soldats à sa mort. Sa mémoire est abolie par le sénat. Présages d'un heureux changement.

I. Domitien naquit le neuf des calendes de novembre, son père étant désigné consul et devant entrer en charge le mois suivant [1]. Ce fut dans la sixième région de Rome, près de l'endroit appelé la Grenade, et dans une maison dont il fit plus tard le temple de la famille Flavia. Il passa, dit-on, la fin de son enfance et sa première jeunesse dans l'indigence et dans l'infamie : il n'avait pas même à lui un vase d'argent ; et l'on sait que Clodius Pollion, l'ancien préteur, contre qui nous avons un poème de Néron, intitulé *Luscio*[2], avait conservé et montrait quelquefois un billet de Domitien, où celui-ci lui promettait une nuit. On prétend aussi qu'il eut le même commerce de débauche avec Nerva, son successeur immédiat. Pendant la guerre contre Vitellius, il s'était enfermé dans le Capitole, avec son oncle Sabinus et une partie des troupes présentes à Rome. Mais l'ennemi s'étant emparé du temple et y ayant mis le feu, il se réfugia chez un des gardiens, où il passa la nuit, et, le matin, revêtu du costume d'un prêtre d'Isis, il put s'échapper, en se mêlant parmi les sacrificateurs de divers cultes superstitieux[3]. Il se retira au-delà du Tibre, avec une seule personne à sa suite, chez la mère d'un de ses condisciples ; et il y fut si bien caché, que les émissaires qui suivaient sa trace ne purent le découvrir. Il sortit enfin de sa retraite après la victoire, et fut salué César. On lui décerna même la dignité de préteur urbain, avec la puissance consulaire ; mais il n'en garda que le titre, et en transmit l'autorité au premier de ses collègues. Il montra d'ailleurs, par l'abus qu'il fit de son pouvoir, ce qu'il serait un jour. Tout dire serait trop long : après avoir séduit les femmes d'un grand nombre de citoyens, il enleva et épousa Domitia Longina, mariée à Élius Lamia. Il distribua en un seul jour plus de vingt offices pour la ville et pour les provinces ; et Vespasien disait, à cette occasion, « qu'il s'étonnait que son fils ne lui donnât pas aussi un successeur ».

II. Il entreprit, sans nécessité, une expédition en Gaule et en Germanie, malgré les conseils des amis de son père, et dans le seul but d'égaler la puissance et la considération de son frère. Vespasien l'en réprimanda sévèrement ; et pour le faire souvenir désormais de son âge et de sa condition, il le fit demeurer avec lui. Toutes les fois que l'empereur paraissait en public avec Titus, Domitien suivait en litière leur chaise à porteur ; et, le jour de leur triomphe sur la Judée, il les accompagna monté sur un cheval blanc. De ses six consulats, un seul fut ordinaire[4], et ce fut son frère qui le lui céda et le sollicita pour lui. Domitien sut alors affecter une grande modération, et surtout un goût très vif pour la poésie, dont il n'avait aucune habitude, et pour laquelle il témoigna, dans la suite, un profond mépris. Il lut même en public des vers de sa composition. Toutefois, quand le roi des Parthes, Vologèse, demanda contre les Alains un renfort qui fût commandé par un des fils de Vespasien, Domitien fit tout ce qu'il put pour que le choix tombât sur lui. Ses efforts ayant été vains, il essaya d'engager, par des dons et par des promesses, les autres rois de l'Orient à faire la même demande. Après la mort de son père, il balança longtemps s'il n'offrirait pas aux soldats, pour les détourner de leur devoir[5], le double de la gratification ordinaire ; et il n'hésita pas à publier « que Vespasien lui avait laissé une part de l'empire, mais qu'on avait falsifié son testament ». Il ne cessa depuis ce temps-là de conspirer en secret et même ouvertement contre son frère. Lorsqu'il le vit dangereusement malade, il ordonna, sans attendre son dernier soupir, de l'abandonner comme s'il eût été mort. Il ne fit rendre à sa mémoire d'autres honneurs que ceux de l'apothéose ; et souvent même il la poursuivit indirectement dans ses discours et dans ses édits.

III. Au commencement de son règne, il s'enfermait seul tous les jours pendant des heures entières pour attraper des mouches, qu'il enfilait avec un poinçon très aigu. Cette habitude donna lieu à un mot assez plaisant de Vibius Crispus, à qui l'on demandait, un jour, s'il n'y avait personne avec l'empereur : « Non, répondit-il, pas même une mouche. » Il répudia sa femme Domitia, qui lui avait donné un fils pendant son second consulat, et avait reçu de lui, l'année suivante, le titre d'Augusta[6], mais qui aimait éperdument l'histrion Pâris. Il ne put supporter cette séparation, et il reprit bientôt Domitia, comme pour céder aux instances du peuple. Quant à sa conduite dans le gouvernement de l'empire, elle fut d'abord très inégale, et mêlée de mal et de bien. Mais peu à peu ses vertus même devinrent des vices ; et, autant qu'on peut le conjecturer, les circonstances développèrent ses penchants, le besoin le rendant avide, et la peur, cruel.

IV. Il donna souvent, dans l'Amphithéâtre et dans le Cirque, des spectacles aussi dispendieux que magnifiques. Il y eut même dans le Cirque, outre les courses accoutumées de chars à deux et à quatre chevaux, un double combat d'infanterie et de cavalerie ; et, dans l'Amphithéâtre, une bataille navale. Les chasses aux bêtes fauves et les combats de gladiateurs avaient lieu la nuit, aux flambeaux ; et l'on vit se mesurer dans l'arène non seulement des hommes, mais aussi des femmes. Les questeurs avaient depuis longtemps laissé tomber l'usage de donner, à leur entrée en charge, des combats de gladiateurs[7] ; Domitien le rétablit, assista toujours à ces spectacles, et permit, chaque fois, au peuple de demander deux paires de ses propres gladiateurs, qu'il faisait alors paraître les derniers, avec une somptuosité digne de la cour. Pendant toute la durée de ces jeux, il avait à ses pieds un tout jeune enfant vêtu d'écarlate, et dont la tête était prodigieusement petite : il causait beaucoup avec lui, et quelquefois de choses sérieuses : ainsi, on l'entendit, un jour, lui demander « s'il savait pourquoi, dans la dernière promotion, il avait donné à Métius Rufus le gouvernement de l'Égypte ». Il fit représenter, sur un lac creusé près du Tibre et entouré de gradins, des batailles navales, où l'on vit combattre des flottes pour ainsi dire entières : une pluie battante et continue, qui vint à tomber pendant un de ces spectacles, ne l'empêcha pas d'y assister jusqu'à la fin. Il célébra aussi les jeux séculaires, datant les derniers du règne d'Auguste, et non de celui de Claude[8]. Le jour où on les donna dans le Cirque, il se décida, pour faciliter l'achèvement des cent courses de chars, à réduire chacune de sept à cinq tours. Il fonda, en l'honneur de Jupiter Capitolin, un concours quinquennal triple de musique, de courses de chevaux et d'exercices gymniques, où l'on distribuait plus de couronnes que de nos jours. On s'y disputait aussi le prix de la prose grecque et latine. Il y en avait encore un pour le chant et la harpe, un autre pour les chœurs de harpe et de chant, un autre enfin pour la harpe sans la voix[9]. L'on vit jusqu'à des jeunes filles lutter dans le stade, pour le prix de la course. Domitien présida lui-même à ces jeux chaussé de sandales, avec une toge de pourpre à la grecque, et une couronne d'or sur laquelle étaient gravées les images de Jupiter, de Junon et de Minerve ; il avait à ses côtés le prêtre de Jupiter et le collège des prêtres Flaviens, tous vêtus comme lui, si ce n'est que, sur leurs couronnes, ils avaient de plus son portrait. Il célébrait tous les ans, dans sa villa d'Albe, les Quinquatries de Minerve[10], divinité pour laquelle il avait institué un collège de prêtres. C'était le sort qui désignait parmi eux les présidents, lesquels étaient tenus de donner de magnifiques combats de bêtes, des jeux scéniques, des prix d'éloquence et de poésie. Il donna trois fois au peuple un congiaire de trois cents sesterces par tête, et il lui fit servir, au cours d'un spectacle public, un festin des plus splendides lors des fêtes des Sept Collines : à cette occasion, il fit distribuer des victuailles aux sénateurs et aux chevaliers dans des corbeilles à pain, et à la plèbe dans de petits paniers, et lui-même donna le signal en commençant à manger[11]. Le jour suivant, il fit jeter parmi les spectateurs des présents de toute sorte ; et comme la plupart de ces dons étaient tombés sur les bancs du peuple, il assigna cinquante nouveaux lots à chaque banc de sénateurs et de chevaliers.

V. Il restaura un grand nombre de beaux édifices qui avaient été la proie des flammes, entre autres le Capitole incendié de nouveau[12] ; mais il n'y inscrivit toujours que son nom, sans faire aucune mention de l'ancien fondateur. Il bâtit sur le Capitole un nouveau temple, dédié à Jupiter Gardien. On lui doit aussi le Forum qui porte aujourd'hui le nom de *Nerva*[13] ; le temple de la famille Flavia, un stade, un théâtre lyrique, une naumachie. Les pierres de ce dernier bâtiment servirent plus tard à la restauration du grand Cirque, dont les deux côtés avaient été brûlés.

VI. De ses expéditions militaires, il entreprit les unes spontanément, comme celle contre les Cattes[14] ; les autres, par nécessité, comme celle contre les Sarmates, qui avaient massacré une légion avec son légat. Telles furent aussi ses deux campagnes contre les Daces : la première, pour venger la défaite du consulaire Oppius Sabinus ; la seconde, pour venger celle de Cornélius Fuscus, préfet de cohortes prétoriennes, qu'il avait investi du commandement en chef. Après plusieurs combats, mêlés de succès et de revers, contre les Cattes et les Daces, il célébra un double triomphe ; mais après sa victoire sur les Sarmates, il se contenta d'offrir à Jupiter Capitolin une couronne de lauriers. Il termina, sans sortir de Rome et par un bonheur singulier, la guerre civile excitée par L. Antoine, gouverneur de la haute Germanie. Au moment même du combat, le dégel, ayant tout à coup entraîné les glaces du Rhin, empêcha les troupes des barbares de venir se joindre à celles d'Antoine. Les présages de cette victoire en précédèrent à Rome la nouvelle ; car, le jour même de la bataille, un aigle immense entoura de ses ailes la statue de l'empereur, en poussant des cris de joie ; et, quelques instants après, le bruit de la mort d'Antoine prit une telle consistance, qu'un grand nombre de personnes prétendirent avoir vu apporter sa tête.

VII. Il fit beaucoup de changements dans les usages reçus. Ainsi, il supprima la coutume des sportules publiques[15], et rétablit celle des repas réguliers[16]. Aux quatre factions du Cirque[17], il en ajouta deux autres, qu'il distingua par des vêtements couleur de pourpre et couleur d'or. Il interdit la scène aux histrions, et ne leur permit de jouer que dans les maisons particulières. Il défendit de châtrer les hommes, et imposa une limite aux prix des eunuques qui étaient encore en vente chez les marchands d'esclaves. Ayant remarqué, dans la même année, une grande abondance de vin et une grande disette de blé, et pensant que la préférence donnée aux vignes faisait négliger l'agriculture, il défendit d'en planter de nouvelles en Italie, et donna l'ordre de couper les vignobles dans les provinces, n'en laissant subsister au plus que la moitié : mais il abandonna l'exécution de cet édit [18]. Il partagea entre les affranchis et les chevaliers [19] romains quelques-unes des plus grandes charges de l'État. Il fut défendu de réunir dans un même camp deux légions, et de recevoir dans la caisse des dépôts militaires [20] plus de mille sesterces par soldat, parce qu'il croyait que L. Antoine, préparant un soulèvement dans le camp d'hiver de deux légions, avait aussi puisé sa confiance dans l'importance de ces dépôts. Il accorda aux soldats un quatrième terme de paiement, de trois pièces d'or [21].

VIII. Il rendit la justice avec un soin et un zèle remarquables; quelquefois même il donna dans le Forum, sur son tribunal, des audiences extraordinaires. Il cassa les sentences des centumvirs [22], dictées par la faveur. Il exhorta souvent les juges récupérateurs [23] à ne pas se prêter aux affranchissements réclamés sans de graves motifs. Il nota d'infamie les juges corrompus, ainsi que leurs conseils [24]. Il obligea les tribuns du peuple à accuser de concussion un édile avare, et à demander au sénat de lui nommer des juges. Il sut si bien contenir les magistrats de Rome et les gouverneurs des provinces, qu'ils ne furent jamais ni plus désintéressés ni plus justes; beaucoup de ceux-là, nous les avons vus accusés, après lui, de toutes sortes de crimes. Ayant entrepris la réforme des mœurs, il abolit l'usage abusif de s'asseoir indistinctement, au théâtre, sur les bancs des chevaliers; il détruisit les libelles répandus dans le public contre les premiers citoyens de l'État et contre les femmes de distinction, et il en flétrit les auteurs; il chassa du sénat un ancien questeur, trop passionné pour l'art de la pantomime et de la danse; il interdit aux femmes déshonorées l'usage de la litière, et le droit de recueillir des legs et des successions; il raya du tableau des juges un chevalier romain qui avait repris sa femme, après l'avoir répudiée et traînée devant les tribunaux comme adultère; il condamna, en vertu de la loi Scantinia [25], plusieurs citoyens des deux ordres; il établit des peines différentes, mais toujours sévères, contre les incestes [26] des vestales, sur lesquels son père et son frère avaient eux-mêmes fermé les yeux : ce fut d'abord la peine capitale, et, plus tard, le supplice ordonné par les anciennes lois. Il permit, par exemple, aux sœurs Oculata[27], et, après elles, à Varronilla, de choisir leur genre de mort, et il se contenta d'exiler leurs séducteurs. Mais la grande vestale Cornélie, qui avait été absoute autrefois, ayant été accusée de nouveau après un long intervalle de temps et convaincue, il la fit enterrer vive ; et ses complices furent battus de verges jusqu'à la mort, dans le Comitium, excepté un ancien préteur qui, la cause étant encore incertaine et l'enquête et les tortures n'ayant pas permis des conclusions bien claires, s'étant reconnu lui-même coupable, reçut de Domitien la faveur de partir en exil. Veillant avec un soin extrême à ce que le respect dû aux dieux ne fût pas impunément violé, il fit détruire par ses soldats un tombeau qu'un de ses affranchis avait élevé à son fils avec des pierres destinées au temple de Jupiter Capitolin ; et il ordonna de jeter dans la mer les cendres et les ossements qui s'y trouvaient.

IX. Il avait, dans ses premières années, une telle horreur pour le sang, que s'étant rappelé, un jour, en l'absence de son père, ce vers de Virgile :

Avant qu'une race impie se fût nourrie dans des festins de jeunes taureaux égorgés[28],

il voulut défendre dans un édit « qu'on immolât des bœufs ». Il ne fit soupçonner en lui, avant d'arriver à l'empire et dans les premiers temps de son règne, aucun penchant à l'avarice et à la cupidité : il donna, au contraire, de nombreuses marques de désintéressement et même de libéralité. Il comblait de présents toutes les personnes de sa suite, et ne leur recommandait rien avec tant d'instance que d'avoir l'avarice en horreur. Il n'acceptait pas les héritages de ceux qui avaient des enfants : il annula même un legs du testament de Rustius Cépion[29], qui consistait en une certaine somme que son héritier devait donner, tous les ans, à chaque sénateur, à son entrée dans le sénat. Il délivra de toutes poursuites judiciaires les débiteurs dont les noms étaient affichés au trésor depuis plus de cinq ans, et il n'en permit contre eux le renouvellement que dans l'année : encore imposa-t-il comme condition, à l'accusateur qui perdrait sa cause, la peine de l'exil. Il fit grâce, pour le passé, aux greffiers des questeurs qui trafiquaient[30], selon leur habitude et malgré la loi Clodia[31]. Les morceaux de terre qui étaient restés sans destination[32], après le partage fait entre les vétérans, furent laissés aux anciens possesseurs, comme par droit de prescription[33]. Il réprima l'ardeur des poursuites fiscales, en déterminant des peines sévères contre les accusateurs ; et l'on cite de lui ce mot : « Un prince qui ne punit pas les délateurs les encourage. »

X. Mais il ne persista ni dans sa clémence ni dans son désintéressement ; il se porta cependant plus vite à la cruauté qu'à l'avarice. Il fit tuer un élève du pantomime Pâris, tout jeune encore et alors très malade, par la seule raison qu'il ressemblait à son maître pour la figure et le talent[34]. Il fit aussi périr Hermogène de Tarse, pour quelques allusions contenues dans son histoire ; et les copistes qui avaient écrit[35] cet ouvrage furent mis en croix. Un père de famille s'étant écrié, au spectacle, « qu'un Thrace pouvait lutter contre un mirmillon, mais non contre la haine de celui qui donnait les jeux[36] », Domitien ordonna de l'arracher de sa place, le fit traîner dans l'arène et le livra aux chiens, avec un écriteau où on lisait : « Partisan des porteurs de boucliers ronds[37], impie dans ses discours. » Beaucoup de sénateurs, dont quelques-uns avaient été consuls, tels que Civica Cerealis, alors proconsul d'Asie, Salvidiénus Orfitus et Acilius Glabrion, alors en exil, furent mis à mort comme coupables de conspiration. D'autres furent tués sur les plus légers prétextes : Élius Lamia, pour d'anciennes plaisanteries qui l'avaient rendu suspect, et qui étaient fort innocentes ; pour avoir dit, par exemple, après l'enlèvement de sa femme[38], à quelqu'un qui le louait sur la beauté de sa voix, « C'est le prix de ma continence[39] », et pour avoir répondu à Titus, qui l'exhortait à prendre une autre femme : « Est-ce que vous voulez aussi vous marier ? » ; Salvius Coccéianus, pour avoir célébré la naissance de l'empereur Othon, son oncle ; Mettius Pompusianus[40], parce qu'il était né sous une constellation qui, disait-on, lui promettait l'empire ; parce qu'il portait partout avec lui une carte du monde sur parchemin, et les discours des rois et des grands capitaines, extraits de Tite-Live ; enfin parce qu'il avait donné à des esclaves les noms de Magon et d'Annibal ; Sallustius Lucullus, légat de Bretagne, pour avoir permis qu'on appelât *luculléennes* des lances d'une nouvelle forme ; Junius Rusticus, pour avoir écrit l'éloge de Pétus Thraséas et d'Helvidius Priscus, et les avoir appelés « les plus vertueux des hommes » ; crime qui fut cause que Domitien chassa de Rome et de l'Italie tous les philosophes. Il fit aussi périr Helvidius le fils, sous le prétexte que, dans un divertissement intitulé *Pâris et Œnone,* il avait censuré le divorce du prince ; et Flavius Sabinus, un de ses cousins, parce que, le jour des comices consulaires, le héraut, après l'élection de ce Sabinus, l'avait, au lieu de *consul,* proclamé *empereur*. Mais il devint plus cruel encore après sa victoire dans la guerre civile[41]. Pour découvrir les complices cachés de son adversaire, il soumit la plupart d'entre eux à un nouveau genre de question et de torture : il leur fit brûler les parties naturelles; à quelques-uns, même, il fit couper les mains. Il n'y en eut que deux d'épargnés parmi les plus connus, un tribun de l'ordre des sénateurs et un centurion; lesquels alléguèrent pour preuve de leur innocence, l'infamie de leurs mœurs, qui avait dû leur ôter toute influence sur l'esprit du chef et des soldats.

XI. Ce n'était pas assez, pour lui, de la cruauté; il en aimait les ruses et les coups soudains. Il fit venir un jour, dans sa chambre à coucher, un receveur, le força de s'asseoir à côté de lui sur son lit, le congédia plein de joie et de sécurité, après avoir envoyé chez lui des mets de sa table; et, le lendemain, il le fit mettre en croix. Quoiqu'il eût résolu la mort du consulaire Arrécinus Clémens, l'un de ses familiers et de ses agents, il le traita aussi bien et même mieux qu'à l'ordinaire, lorsqu'un jour, se promenant avec lui en litière et apercevant son délateur, il lui dit : « Voulez-vous que demain nous entendions ce méchant esclave? » Et pour abuser avec plus de mépris de la patience des hommes, il ne prononçait jamais une sentence de mort sans un préambule où il vantait la clémence; en sorte qu'il n'y avait pas de marque plus certaine d'une fin terrible que l'indulgence des premiers propos[42]. Il avait fait amener devant le sénat quelques citoyens accusés de lèse-majesté, en disant « qu'il éprouverait, ce jour-là, le zèle de cette assemblée pour sa personne »; aussi furent-ils condamnés au supplice déterminé par les lois anciennes[43]. Effrayé lui-même de l'atrocité de la peine, il voulut en prévenir le mauvais effet, et il intercéda pour eux en ces termes (car il n'est pas indifférent de les rappporter) : « Permettez-moi, pères conscrits, de réclamer de votre dévouement pour moi une chose qui, je le sais, me sera difficilement accordée : c'est que les condamnés puissent choisir leur genre de mort. Vous vous épargnerez ainsi un affreux spectacle, et tout le monde comprendra que j'assistais au sénat[44]. »

XII. Épuisé par les frais énormes de ses constructions et de ses spectacles, et par l'augmentation faite à la solde[45], il imagina, pour soulager le trésor militaire, de diminuer le nombre des soldats. Mais voyant que cette mesure l'exposait aux invasions des barbares, sans néanmoins le débarrasser de ses charges, il ne chercha plus que des occasions de rapine. Les biens des vivants et des morts étaient partout saisis, quel que fût le délateur, quelle que fût l'accusation ; il suffisait d'être accusé par quelqu'un de la moindre action, du moindre mot contre la majesté du prince. On confisquait pour lui les héritages qui lui étaient le plus étrangers, si une personne, une seule, affirmait avoir entendu dire au défunt, quand il vivait, « que César était son héritier ». L'impôt qu'on poursuivait avec le plus de rigueur était la taxe sur les juifs [46] ; et l'on dénonçait de partout au fisc ceux qui, sans en avoir fait profession, vivaient dans la religion juive, ou qui, dissimulant leur origine, ne payaient pas le tribut imposé à leur nation. Je me souviens d'avoir vu, dans mon jeune âge, un receveur visiter, devant une foule de témoins, un vieillard de quatre-vingt-dix ans, pour savoir s'il était circoncis. Domitien montra, dès sa jeunesse, beaucoup de présomption et d'orgueil. Aucune retenue dans sa conduite, aucune dans ses discours. Cénis, la concubine de son père [47], lui offrant, à son retour d'Istrie, le baiser d'usage, il lui tendit la main. Trouvant très mauvais que le gendre de son frère eût aussi des serviteurs habillés de blanc, il s'écria en grec : « Il n'est pas bon qu'il y ait plusieurs maîtres [48]. »

XIII. A peine sur le trône, il osa se vanter, dans le sénat, « d'avoir donné l'empire à son père et à son frère, qui n'avaient fait que le lui rendre ». Quand il reprit sa femme, après son divorce, il se servit dans un édit, pour dire qu'il la rappelait dans son lit, de l'expression consacrée pour la couche des dieux [49]. Le jour où il donna un festin au peuple, il témoigna une grande joie en entendant crier dans l'Amphithéâtre : « Bonheur à notre maître et à notre maîtresse ! » Aux jeux Capitolins, l'assemblée tout entière lui ayant demandé la réhabilitation de Palfurius Sura, naguère expulsé du sénat et qui venait de remporter le prix d'éloquence, il ne daigna même pas répondre, et commanda le silence par la voix du héraut. Il poussa aussi l'arrogance jusqu'à dicter, au nom de ses procurateurs, une lettre circulaire ainsi conçue : « Notre maître et notre dieu le veut et l'ordonne. » Ce fut, depuis ce temps-là, une règle de ne pas l'appeler autrement, qu'on eût à lui écrire ou à lui parler. Il ne permit de lui ériger dans le Capitole que des statues d'or ou d'argent, d'un poids déterminé. Il fit élever, dans les différents quartiers de Rome, tant de passages couverts et d'arcs de triomphe, avec des quadriges et des trophées militaires, que quelqu'un écrivit en grec sur un de ces monuments : « C'est assez [50]. » Il fut dix-sept fois consul, ce qui était sans exemple, et il exerça de façon consécutive les sept consulats du milieu [51] ; mais, le plus souvent, il n'en prit que le titre. De tous ces consulats, il n'en garda aucun au-delà des calendes de mai, et plusieurs, que jusqu'aux ides de janvier. Après ses deux triomphes, il prit le surnom de Germanique, et il appela de ses deux noms, Germanique et Domitien, les mois de septembre et d'octobre ; le premier, parce que c'était l'époque de son avènement au trône ; le second, parce que c'était le mois où il était né.

XIV. Devenu odieux et redoutable à tous, il succomba enfin sous une conspiration de ses amis, de ses affranchis intimes, et même de sa femme. Il avait, depuis longtemps, des pressentiments sur l'année et le jour où il devait cesser de vivre, et même sur l'heure et le genre de sa mort. Des Chaldéens lui en avaient prédit, dès sa jeunesse, toutes les circonstances ; et son père le voyant un jour, à table, refuser des champignons, l'en railla tout haut, et lui dit que c'était plutôt le fer qu'il devait craindre, s'il connaissait sa destinée. Toujours inquiet et tremblant, il éprouvait, aux moindres soupçons, d'incroyables terreurs ; et le principal motif qui l'empêcha de faire exécuter l'édit ordonnant de couper les vignes, ce fut, dit-on, la lecture d'un certain écrit répandu dans Rome, et où se trouvaient ces deux vers grecs :

Même si tu me manges jusqu'à la racine, je porterai cependant assez de fruits, ô bouc, pour faire une libation sur toi, qui seras sacrifié sur l'autel[52].

La même crainte lui fit refuser l'offre d'un honneur extraordinaire, imaginé par le sénat, qui le savait fort avide de ces sortes de distinctions : c'était, disait le décret, « que toutes les fois qu'il serait consul, des chevaliers romains, désignés par le sort, le précéderaient revêtus de la trabée[53], et la lance militaire à la main, entre les licteurs et les appariteurs. » A mesure que le moment du péril approchait, Domitien sentait redoubler son épouvante. Il fit garnir les galeries où il se promenait de ces pierres transparentes appelées phengites[54], dont la surface polie, réfléchissant les objets, lui permettait de voir tout ce qui se passait derrière lui. D'ordinaire, il n'interrogeait les prisonniers que seul et en secret ; il tenait même dans ses mains leurs chaînes. Afin de prouver à ceux qui le servaient que l'on ne doit jamais attenter aux jours de son maître, même dans une bonne intention, il condamna à la peine capitale son secrétaire[55] Épaphrodite, qui passait pour avoir aidé Néron, alors abandonné de tout le monde, à se donner la mort[56].

XV. Enfin, il attendit à peine que Flavius Clémens, son cousin germain, fût sorti du consulat, pour le faire périr[57], sur le soupçon le plus frivole, quoique ce fût un homme d'une incapacité notoire, et que l'empereur eût choisi ses fils, encore enfants, pour ses successeurs ; il leur avait même fait quitter, dans cette pensée, leur premier nom, et donné à l'un celui de *Vespasien*, à l'autre celui de *Domitien*. Cette cruauté contribua surtout à hâter sa fin. Pendant huit mois consécutifs il y eut et l'on annonça tant de coups de tonnerre, qu'à la fin il s'écria : « Eh bien ! qu'il frappe qui il voudra. » La foudre tomba sur le Capitole et sur le temple de la famille Flavia, ainsi que sur le palais de l'empereur et jusque dans sa chambre à coucher. L'inscription placée sur la base de sa statue triomphale fut même arrachée par la tempête, et jetée sur un tombeau voisin. Un arbre qui, renversé par le vent, s'était relevé avant l'avènement de Vespasien[58], retomba tout d'un coup avec fracas. La Fortune de Préneste, à qui, pendant tout le temps de son règne, il s'était recommandé au commencement de chaque année, et qui lui avait toujours fait des réponses favorables, lui en fit d'effrayantes pour la dernière, et parla même de sang. Il rêva que Minerve, déesse à laquelle il avait voué un culte superstitieux, sortait de son sanctuaire, en lui disant qu'elle ne pouvait plus le protéger, Jupiter lui ayant ôté les armes des mains. Mais rien ne lui fit plus d'impression que la réponse et le sort de l'astrologue Asclétarion, qui avait prédit la mort de l'empereur[59]. Il le fit venir ; et celui-ci ne se défendant pas d'avoir divulgué ce que son art lui avait appris, Domitien lui demanda quelle serait sa fin à lui-même. L'astrologue répondit « que, sous peu, il serait déchiré par des chiens ». Domitien le fit égorger sur-le-champ ; et, pour mieux prouver combien ses prédictions étaient vaines, il ordonna de l'ensevelir avec le plus grand soin. Cet ordre s'exécutait, quand il survint une tempête qui dispersa les apprêts funéraires ; des chiens déchirèrent alors le cadavre à demi brûlé, et le mime Latinus, que le hasard avait rendu témoin de ce fait, le raconta le soir au souper de Domitien, parmi les autres nouvelles du jour.

XVI. La veille de sa mort, on lui apporta des truffes, qu'il fit garder pour le lendemain, en disant : « Si du moins il m'est permis de les manger », puis, se tournant vers ceux qui l'entouraient, il ajouta « que, le jour suivant, la lune serait ensanglantée dans le signe du Verseau, et qu'il arriverait un événement dont toute la terre s'entretiendrait. » Il fut saisi, au milieu de la nuit, d'une telle épouvante, qu'il sauta de son lit. Dès le matin, il entendit et condamna à mort un aruspice qu'on lui avait envoyé de

Germanie, parce qu'il avait prédit, sur la foi d'un éclair, une révolution dans l'empire. Domitien, en grattant un peu trop fort une verrue enflammée qu'il avait au front, fit venir le sang et s'écria : « Plût au ciel que c'en fût assez ! » Alors il demanda l'heure, et, au lieu de la cinquième, qu'il redoutait, on eut soin de lui annoncer la sixième. Il montra une grande joie, comme si le danger eût été passé, et il allait entrer dans le bain, lorsque Parthénius, préposé au service de sa chambre, l'en empêcha en lui disant qu'un homme, qui avait à lui révéler des choses d'importance, demandait à lui parler sans délai. L'empereur, ayant fait retirer tout le monde, rentra dans sa chambre, et c'est là qu'il fut tué.

XVII. Voici à peu près ce que l'on sut de cette conjuration et de la manière dont périt Domitien. Les conjurés ne sachant ni où ni comment ils l'attaqueraient, si ce serait à table ou au bain, Stéphanus, intendant de Domitilla[60] et alors accusé de malversation, leur offrit ses conseils et son bras. Pour détourner les soupçons, il feignit d'avoir une blessure au bras gauche, et le porta, pendant plusieurs jours, entouré de laine et de bandages. Le moment venu, il y cacha un poignard, et fit demander une audience à l'empereur, pour lui dénoncer une conspiration. Il fut introduit ; et tandis que Domitien lisait, tout effrayé, l'écrit qu'il venait de lui remettre, Stéphanus lui perça le bas-ventre. L'empereur, blessé, cherchait à se défendre, lorsque Clodianus, corniculaire[61], Maxime, affranchi de Parthénius, Saturius, décurion[62] des valets de chambre, et quelques gladiateurs, fondirent sur lui, et le frappèrent de sept coups de poignard. Le jeune esclave chargé du soin de l'autel des dieux Lares, dans la chambre impériale, se trouvait là au moment du meurtre, et raconta que Domitien, en recevant la première blessure, lui avait ordonné d'aller prendre un poignard caché sous son chevet et d'appeler ses gardes ; mais qu'il n'avait trouvé, à la tête du lit, que le manche du poignard, et partout que des portes fermées ; que, pendant ce temps, Domitien, qui avait saisi et terrassé Stéphanus, soutenait contre lui une lutte acharnée, s'efforçant, quoiqu'il eût les doigts lacérés, tantôt de lui arracher son arme, tantôt de lui crever les yeux. Il fut tué le quatorze des calendes d'octobre[63], dans la quarante-cinquième année de son âge et la quinzième de son règne. Son cadavre fut emporté dans un cercueil de pauvres par des fossoyeurs. Mais sa nourrice Phyllis lui rendit les derniers devoirs dans sa maison de campagne sur la voie Latine ; elle porta secrètement ses restes dans le temple de la famille Flavia, et les joignit aux cendres de Julie, fille de Titus, qu'elle avait élevée aussi.

XVIII. Domitien était d'une haute taille, il avait le visage modeste, le teint coloré, les yeux grands, mais faibles ; il était beau et bien fait de sa personne, surtout dans sa jeunesse, excepté pourtant qu'il avait les doigts des pieds trop courts. A ce défaut s'en joignirent d'autres plus tard : une tête chauve, un ventre énorme et des jambes extrêmement grêles, qu'une longue maladie avait encore amaigries. Il savait si bien quel avantage il pouvait tirer de l'air de modestie empreint sur sa figure, qu'il dit, un jour, dans le sénat : « Certes, mon caractère et mon visage ont dû, jusqu'à présent, vous plaire. » Il était si fâché d'être chauve, qu'il prenait pour une offense personnelle les plaisanteries ou les reproches qu'on en faisait devant lui à ceux qui l'étaient aussi. Toutefois, dans un petit traité *Sur le soin de la chevelure,* publié par lui avec une dédicace à un de ses amis, dans laquelle il cherchait à se consoler avec lui, il lui dit, après avoir cité ce vers grec :

Ne vois-tu pas combien, moi aussi, je suis beau et grand[64] *?*

« Mais le même sort est réservé à mes cheveux, et je les vois avec résignation vieillir durant ma jeunesse. Sache qu'il n'y a rien de si agréable, mais rien de si passager, que la beauté. »

XIX. Ne pouvant souffrir la moindre fatigue, il n'allait guère à pied dans Rome, et presque jamais à cheval pendant la guerre et dans les marches ; c'était le plus souvent en litière. Sans aucun goût pour le maniement des armes, il en avait beaucoup pour l'exercice de l'arc. On le vit maintes fois, dans sa retraite d'Albe, tuer à coups de traits cent bêtes sauvages de diverses espèces, et même ficher, exprès, dans la tête de quelques-unes d'elles, deux flèches qui figuraient deux cornes. Quelquefois aussi, un jeune esclave se plaçait à une grande distance, tenant la main droite ouverte, en guise de but ; et, avec une adresse merveilleuse, Domitien faisait passer toutes ses flèches entre ses doigts, sans le toucher.

XX. Il négligea sur le trône les études libérales, quoiqu'il eût réparé à grands frais des bibliothèques incendiées, qu'il eût fait rechercher partout de nouveaux exemplaires des ouvrages perdus, et qu'il eût même envoyé jusqu'à Alexandrie pour en tirer avec soin des copies. Jamais il n'ouvrit un livre d'histoire ou de poésie, ni ne se donna la peine d'écrire, même en cas de nécessité. Excepté les Mémoires et les actes de l'empereur Tibère, il ne lisait rien. Ses lettres, ses discours et ses édits, il les donnait à faire à un autre. Toutefois, son langage n'était pas dépourvu d'élégance, ni sa conversation, de mots remarquables : « Je voudrais, dit-il un jour, être aussi beau que Métius croit l'être. » Il dit, une autre fois, d'un homme dont les cheveux roux grisonnaient : « C'est du vin doux sur de la neige. » Il disait souvent : « Quelle misérable condition que celle des princes ! On ne les croit sur les complots de leurs ennemis que quand ils en ont péri victime. »

XXI. Dans ses moments de loisir, il jouait aux dés : il y jouait même les jours ouvrables et le matin. Il se baignait de jour, et mangeait beaucoup à son premier repas ; en sorte qu'à celui du soir il ne prenait habituellement qu'une pomme de Matius[65], et n'absorbait qu'un peu de boisson dans une fiole. Ses festins, et il en donnait souvent, étaient splendides, mais fort courts : il ne les prolongeait jamais au-delà du coucher du soleil, et, au lieu de faire la fête, il se promenait seul, jusqu'à l'heure de son sommeil, dans un lieu retiré.

XXII. Il avait trop de passion pour les plaisirs de l'amour, qu'il appelait « sa gymnastique de lit », les mettant au rang des exercices du corps. Il s'amusait, à ce qu'on prétend, à épiler lui-même ses concubines, et il nageait avec les plus viles prostituées. Marié à Domitia, il refusa obstinément d'épouser la fille, encore vierge, de son frère[66], et dès qu'elle fut l'épouse d'un autre, il la séduisit, du vivant même de Titus. Quand elle eut perdu son père et son époux, il montra pour elle une passion des plus violentes : il fut même cause de sa mort, en la contraignant de se faire avorter.

XXIII. La mort de Domitien, que le peuple apprit avec indifférence, mit les soldats en fureur : ils voulurent, dans le moment même, le faire proclamer *divin*, et il ne leur manqua, pour le venger tout de suite, que les chefs qui consentissent à les conduire. Ils persistèrent cependant à exiger le supplice des meurtriers, et ne tardèrent pas à l'obtenir. Les sénateurs, au contraire, furent au comble de la joie : ils accoururent tous dans la salle de leurs séances, et chacun d'eux lui prodigua les invectives les plus insultantes et les plus cruelles. S'étant fait ensuite apporter des échelles, ils arrachèrent ses bustes et les boucliers de ses triomphes, et ils les brisèrent contre terre ; enfin l'on décréta que ses inscriptions seraient effacées partout, et sa mémoire abolie. Peu de mois avant qu'il fût tué, une corneille, perchée sur le

Capitole, avait dit en grec : « Tout ira bien » ; prodige qui fit faire aussitôt les vers suivants :

L'oiseau qu'on vit perché sur le mont Tarpéien
N'a pas dit : Tout est *bien ; il a dit :* sera *bien.*

Domitien lui-même rêva, dit-on, qu'il lui poussait derrière le cou une bosse d'or, et il en conclut que l'empire serait après lui dans un état plus heureux et plus florissant ; ce qui ne tarda pas à se vérifier, grâce au désintéressement et à la modération des princes qui lui succédèrent.

NOTES

C. J. CÉSAR

1. Les premiers chapitres de cette vie sont perdus.

2. Elle se portait ordinairement jusqu'à un âge situé entre 14 et 17 ans.

3. César avait effectivement épousé Cossutia, comme on le sait indirectement par Plutarque (*César,* 5). Il ne s'agit pas d'une simple rupture de fiançailles. Or sa nomination comme flamine de Jupiter aurait dû lui interdire le divorce.

4. A la tête du parti populaire depuis la mort de Marius, Cinna était l'adversaire du dictateur Sylla, chef du parti aristocratique.

5. Nicomède III Philopator (91-74 av. J.-C.), allié de Rome contre Mithridate.

6. Couronne de feuilles de chêne décernée à ceux qui avaient sauvé à la guerre un citoyen romain.

7. Sans doute en 78 av. J.-C., année de la mort de Sylla. C'est cette année-là que M. Lépidus, alors consul, tenta de faire abolir les lois de Sylla.

8. A dix kilomètres au sud-ouest de Milet, en Asie Mineure.

9. Le texte porte *indignatione* et non *dignatione,* leçon adoptée par T. Baudement et qui explique sa traduction : « et, sans rien perdre de sa dignité ».

10. Environ 300 000 francs-or.

11. Probablement en 73 av. J.-C.

12. Le pouvoir des tribuns de la plèbe, qui comportait notamment l'inviolabilité.

13. Sertorius, ancien partisan de Marius, avait formé un gouvernement en Espagne jusqu'à sa défaite et à sa mort (77-72 av. J.-C.).

14. En 68 av. J.-C.

15. *Rex* était un surnom de la famille Marcia, et ne signifie pas ici « roi », comme le croit T. Baudement.

16. Voir chap. 74.

17. Le Sud (la future Bétique) et l'Ouest (la future Lusitanie) de la péninsule ibérique.

18. Ces colonies, situées au nord du Pô (en Gaule Transpadane), ne possédaient qu'un droit de cité incomplet. Seuls leurs magistrats accédaient à la citoyenneté romaine.

19. Délayage inutile du traducteur. Comprendre simplement : « de plus grands projets à Rome ».

20. Neveu du dictateur.

21. Annaliste obscur de la fin de la République.

22. Voir le chap. 19.

23. Consul en 76 av. J.-C., auteur d'un dialogue dans lequel il dénonçait la conduite de César en Gaule.

24. Riche sénateur.

25. Historien ou polémiste contemporain de César.

26. Tribu ligure.

27. Partie du Forum où se réunissait, pour voter, l'assemblée du peuple.

28. L'Égypte ne devint province romaine que sous Auguste : voir *Vie d'Auguste*, chap. 18.

29. En 64 av. J.-C., César fut chargé, en tant qu'ex-édile, d'engager des poursuites contre les assassins (sicaires) en vertu de la loi de Sylla « sur les sicaires », qu'il appliqua en fait aux responsables des proscriptions, les partisans de Sylla eux-mêmes.

30. C'est-à-dire de Sylla. Sylla avait décidé que les auteurs de proscriptions échapperaient aux rigueurs de la loi. César passa outre.

31. En fait trente-sept ans, puisque les faits reprochés à Rabirius remontaient à l'année 100 av. J.-C. Rabirius niait avoir tué Saturninus.

32. C'est-à-dire, sans doute, du gouvernement de l'Égypte (chap. 11).

33. Fin 63 av. J.-C.

34. Quintus Cicéron.

35. Le 1er janvier 62 av. J.-C.

36. Quintus Catulus, alors prince du Sénat, avait été chargé de reconstruire le Capitole qui avait été détruit lors d'un incendie en 83 av. J.-C. César l'accusait de détournement de fonds.

37. Toge bordée d'une bande de pourpre que portaient les principaux magistrats de l'État (à ne pas confondre avec la prétexte que portaient les enfants, voir chap. 1).

38. T. Baudement a adopté un texte différent de celui que donnent la plupart des manuscrits et traduit : « par L. Vettius Judex ».

39. Non pas à titre de garantie, mais à titre de punition, sans doute parce qu'il s'était dérobé à une citation en justice.

40. Voir chap. 7.

41. Il s'agissait du vote des crédits et de la désignation des états-majors des gouverneurs.

42. On ne pouvait citer en justice un magistrat que lorsqu'il était redevenu un simple particulier et n'avait pas encore pris possession d'une nouvelle charge. César se hâta de partir pour l'Espagne au terme de sa préture pour éviter ce risque.

43. S'il abandonnait les pouvoirs militaires que lui conférait sa

charge de gouverneur d'Espagne Ultérieure, César ne pouvait plus obtenir le triomphe. Or il était forcé de renoncer à ces mêmes pouvoirs s'il voulait poser sa candidature au consulat, ce qui était plus important à ses yeux qu'un triomphe.

44. En 59 av. J.-C.

45. Fonction de surveillance dans le sud de l'Italie. Cette mission était des plus médiocres.

46. En 63 av. J.-C.

47. Accord connu sous le nom de « premier triumvirat » (60 av. J.-C.), qui était une simple entente entre trois grands personnages et n'avait aucun caractère officiel, à la différence du « second triumvirat » (43 av. J.-C.).

48. Auguste devait interdire plus tard la publication, mais non la rédaction des actes du sénat : voir *Vie d'Auguste*, chap. 36.

49. Chacun des deux consuls exerçait le pouvoir tour à tour pendant une durée d'un mois.

50. Partie de la Campanie. Distribuer ce territoire était considéré comme un sacrilège.

51. Un collège de vingt magistrats fut chargé de la distribution.

52. P. Clodius se fit adopter par un plébéien. Cela lui permettait de devenir tribun de la plèbe (fonction dont les patriciens étaient exclus), et d'attaquer Cicéron dont César avait à se venger.

53. Le texte est corrompu en cet endroit. Le nom de Vettius est restitué avec beaucoup de vraisemblance.

54. Voir note précédente. Le nom de Vettius, absent du texte conservé de Suétone, est à nouveau restitué par le traducteur.

55. En 58 av. J.-C.

56. Terme employé sans doute improprement par Suétone pour désigner la Gaule Transalpine (la future Narbonnaise), alors que la « Gaule Chevelue » (qui n'était pas, à cette époque, une province romaine) désigne normalement l'ensemble de la Gaule à l'exception de la Narbonnaise.

57. Allusion à la liaison scandaleuse que César aurait eue avec le roi Nicomède (voir chap. 2).

58. Ils concluaient à une demande de mise en accusation de César pour les illégalités qu'il avait commises durant son consulat.

59. Le départ de César pour la Gaule se situe vers le milieu du mois de mars 58 av. J.-C.

60. Il faut en réalité comprendre : « et aussitôt on traîna son questeur en justice en vue d'une enquête préalable, pour plusieurs chefs d'accusation ».

61. L'Alouette.

62. C'est-à-dire trois mille deux cents milles romains, soit à peu près 4730 km.

63. Dix millions de francs-or environ.

64. Clodius fut tué en 52 av. J.-C. par Milon, qui fut défendu par Cicéron.

65. Soit environ vingt-cinq millions de francs-or.

66. C'est une glose plutôt qu'une traduction. Comprendre en fait : « ... les plus fameux, partout où ils combattaient devant des

spectateurs hostiles » (et qui risquaient donc de demander leur mort).

67. Pompée avait épousé la fille de César, Julie (voir chap. 21), mais celle-ci était morte.

68. Fils de Sylla le dictateur.

69. On ne possède pas d'exemples qui puissent étayer cette double affirmation.

70. Voir chap. 26. Il était essentiel pour César de rentrer à Rome en tant que consul, car s'il y était retourné comme homme privé, il aurait pu être inculpé en raison des illégalités qu'il avait commises.

71. Côme.

72. Les consuls de 49 av. J.-C., C. Claudius Marcellus et L. Cornélius Lentulus Crus.

73. L'élection précédait de plusieurs mois l'entrée effective en fonctions. Ce qui importait à César était de devenir effectivement consul, sans transition, dès le terme de son gouvernement de Gaule.

74. C'est-à-dire qu'il passa de Gaule Transalpine en Gaule Cisalpine.

75. Lors de ces sessions, le gouverneur rendait la justice.

76. Le meurtrier de Clodius (voir chap. 26).

77. Contemporain de César, auteur d'*Histoires* dans lesquelles il relatait les guerres civiles.

78. *Phéniciennes,* vers 524.

79. Voir la fin du chapitre : la fortune minimum (cens) pour pouvoir parvenir à l'ordre équestre était de quatre cent mille sesterces (environ cent mille francs-or).

80. Allusion à l'anneau d'or, signe distinctif des chevaliers romains.

81. L'Adriatique.

82. Marseille avait choisi le parti de Pompée contre celui de César.

83. Voir chap. 11.

84. La victoire de César eut lieu à Thapsus (46 av. J.-C.).

85. Victoire de Munda, en 45, sur Gnaeus et Sextus Pompée.

86. Voir la fin du chapitre 35, et la note précédente.

87. Quartier de Rome situé entre le Forum, le Capitole et le Palatin.

88. Soit environ 500 francs-or. On adoptera de même, pour les sommes indiquées dans ce chapitre, l'équivalence un sesterce = 0,25 franc-or. Cela représente, non pas le pouvoir d'achat du sesterce, impossible à comparer avec celui du franc-or, mais une équivalence approximative fondée sur la valeur en or des deux monnaies.

89. C'est-à-dire le grec, le latin et, probablement, l'osque.

90. Bataille navale.

91. Danse guerrière.

92. Qui étaient réservés aux chevaliers en vertu d'une loi de 67 av. J.-C. Il était infamant pour un chevalier de se produire sur la scène. Pour cette raison, Décimus Labérius avait été déchu. César lui rend sa dignité de chevalier avec les signes attachés à l'ordre

équestre : l'anneau d'or, et le droit de s'asseoir au théâtre dans les rangs réservés aux chevaliers.

93. Spectacle équestre qui comportait des manœuvres compliquées, décrites par Virgile, *Énéide*, 5, 545-603. Son origine « troyenne » était purement mythique.

94. La petite Codète se trouvait sur le champ de Mars.

95. Le calendrier.

96. Avant la réforme de César, le calendrier était « lunisolaire ». Aux douze mois lunaires on ajoutait, tous les deux ans, un mois intercalaire de vingt-deux ou vingt-trois jours pour obtenir en moyenne deux années solaires. Mais, en fonction de leurs sympathies ou de leurs antipathies politiques, les pontifes s'étaient réservé le droit de supprimer ou d'ajouter des mois intercalaires (de façon à diminuer ou accroître la durée des fonctions des magistrats), d'où la confusion qui s'était introduite dans le système.

97. Le premier janvier 45 av. J.-C.

98. Juges plébéiens créés en 70 av. J.-C.

99. Il ne s'agissait pas de procéder à un véritable recensement (cette opération avait normalement lieu au champ de Mars), mais de diminuer le nombre des assistés, pouvant bénéficier de distributions de blé.

100. Le texte est corrompu en cet endroit : « quarante » est purement conjectural. D'autres pensent qu'il faut suppléer : « soixante ».

101. C'est-à-dire qui n'accomplirait pas son service militaire.

102. Les associations, religieuses ou professionnelles, étaient parfois utilisées à des fins subversives.

103. Loi votée à l'initiative de César en 45 av. J.-C., et visant à lutter contre les dépenses excessives.

104. Célèbre érudit, auteur d'une œuvre considérable dont seule une faible partie nous est parvenue. Il avait été un des trois lieutenants de Pompée en Espagne (chap. 34). Après sa reddition, César avait fait preuve de clémence envers lui.

105. Ce sera l'œuvre de l'empereur Claude, cf. *Vie de Claude*, chap. 20 et 21.

106. L'isthme de Corinthe.

107. Ce trait est en contradiction avec l'image de César que nous révèlent ses statues.

108. Double bande de pourpre cousue sur la tunique, signe distinctif des sénateurs.

109. De sorte que le laticlave était complètement dissimulé puisque, au-dessus de la ceinture, la toge cachait la double bande de pourpre.

110. Ce trait était considéré comme la marque des hommes efféminés.

111. Quartier populeux et mal famé, au pied du Quirinal, du Viminal et de l'Esquilin.

112. Voie qui allait du Forum au Palatin.

113. C'est-à-dire les officiers.

114. Les civils romains.

115. Gaius Licinius Calvus, orateur et poète, ami de Catulle.

116. Cette traduction versifiée de T. Baudement est peu fidèle. Nous traduirions, en prose : « Tout ce que la Bithynie et l'amant de César ont jamais possédé. »

117. Voir chap. 9.

118. Voir chap. 20.

119. Voir chap. 23.

120. César se flattait de descendre de Vénus : voir chap. 6.

121. Pompée se comparait par là à Agamemnon, qui avait été assassiné par son épouse Clytemnestre et l'amant de cette dernière, Égisthe.

122. Soit 1 500 000 francs-or.

123. Jeu de mots intraduisible, les deux mêmes vocables latins signifiant : « Il y a déduction du tiers » (ou : « de Tertia »), et : « on a prostitué Tertia ». Voir la dernière phrase du chapitre.

124. Bogud était le roi de Maurétanie occidentale.

125. Actorius Nason : voir le chap. 9.

126. Césarion.

127. Le mot « contemporains » est ajouté par T. Baudement.

128. Soit 750 francs-or.

129. La livre romaine équivalait à 327 grammes. César vendait ainsi l'or un tiers environ au-dessous de son prix.

130. Trente-six millions de francs-or.

131. Voir chap. 4.

132. Suétone s'inspire de près de Cicéron, *Brutus*, 261, mais ne le cite pas exactement.

133. Cette lettre est perdue.

134. Cousin éloigné de César, mort en 85 av. J.-C.

135. Voir chap. 30.

136. Littéralement : « ... à des sots qui voudraient friser au petit fer cette narration ».

137. Citation presque rigoureusement exacte de Cicéron, *Brutus*, 262.

138. Citation d'Hirtius, *Guerre des Gaules,* livre VIII, préface.

139. Voir chap. 11.

140. Près de 148 kilomètres.

141. Scipion l'Africain, puis Scipion Émilien avaient remporté une victoire éclatante en Afrique lors de la seconde, puis de la troisième guerre punique. C'est encore un Scipion qui commandait l'armée de Pompée en Afrique contre César : voir chap. 35 et 37.

142. *Cornelius* était le nom de famille des Scipions.

143. Les meilleurs manuscrits donnent le nom de *Salviton*. D'après Pline l'Ancien, *Histoire naturelle*, 7, 54, un mime portait ce nom. L'infamie de ses mœurs avait dû faire donner le même sobriquet à ce membre de la famille des Scipions.

144. César avait promis de construire ce temple juste avant la bataille de Pharsale. C'est Auguste qui l'acheva. Il était en marbre et se trouvait au centre du Forum de Jules César.

145. Près de 300 mètres.

146. « Que certains d'entre vous s'abstiennent... et qu'ils s'en rapportent ».

147. Voir chap. 25. Ce désastre eut lieu en 54 av. J.-C.

148. Héros de la bataille de Marathon.

149. Roi de Numidie, que Pompée avait mis sur le trône à la place d'Hiarbas, qui s'était allié aux partisans de Marius. Masintha était un prince numide, peut-être le fils d'Hiarbas, et refusait de faire allégeance à Hiempsal. Arbitrant cette querelle, le sénat déclara Masintha tributaire d'Hiempsal.

150. Voir chap. 23.

151. Caïus Licinius Calvus : voir chap. 49.

152. Catulle, 29 ; 57 ; 93.

153. Mamurra était le *praefectus fabrum* (chef d'état-major) de César. Catulle accusait César de relations impudiques avec ce personnage.

154. Voir chap. 4.

155. Voir chap. 1.

156. Les mots : « Il pouvait livrer à d'affreux tourments » sont ajoutés par T. Baudement. Comprendre : « L'esclave Philémon, son secrétaire, avait promis à ses ennemis de l'empoisonner. Il se contenta de lui infliger la mort sans le faire torturer. »

157. Voir chap. 6.

158. Voir chap. 34.

159. Epargné par César et libéré après la bataille d'Ilerda, il fut mis à mort après la victoire de Thapsus, en même temps que Faustus Sylla, le fils du dictateur. Il fut, selon des sources divergentes, soit massacré par les soldats de César, soit exécuté sur les ordres de ce dernier.

160. Cousin éloigné de César. Tué lui aussi après Thapsus, dans des conditions obscures.

161. Consul en 59 av. J.-C., puis en 48, il le fut aussi en 46, 45 et 44.

162. Et non la censure, car cette dernière était exercée par deux magistrats simultanément, alors que César fut seul préfet des mœurs, sans collègue.

163. Ce dernier portant son image.

164. C'est sur de tels lits que l'on plaçait les statues des dieux.

165. Prêtres qui célébraient chaque année la fête des Lupercales en l'honneur du dieu primitif Lupercus. César ajouta aux deux collèges existants de luperques un troisième collège de luperques « juliens ».

166. Le mois de juillet.

167. C'est-à-dire pour plusieurs années d'avance.

168. Il employait donc ses propres esclaves comme des esclaves publics.

169. Auteur de biographies de grands hommes, contemporain de César.

170. Plaisanterie de César : le cœur était considéré comme le siège de l'intelligence.

171. Un des auteurs de la conspiration contre César.

172. Elles se célébraient sur le mont Albain en présence de tous les magistrats de Rome. On nommait pendant ce temps un préfet de Rome pour administrer les affaires de la ville.

173. La bandelette blanche évoquait le diadème des rois.

174. Elles avaient lieu le 15 février de chaque année : cf. le chap. 76.

175. Les quindécemvirs étaient un collège de quinze prêtres chargés de garder et d'interpréter les livres sibyllins.

176. Lucius Junius Brutus, premier consul de Rome, qui renversa la monarchie.

177. Les électeurs passaient sur un pont pour aller déposer leur bulletin de vote.

178. Le 15 mars.

179. Salle de réunion située dans le portique attenant au théâtre de Pompée.

180. Loi agraire dont il est parlé au chap. 20.

181. César. Iule était le surnom d'Ascagne, le fils d'Énée.

182. Vers onze heures du matin.

183. Tige de fer avec laquelle on écrivait sur des tablettes de cire.

184. Le bruit courait que Brutus était le fils de César, en raison des relations de ce dernier avec sa mère Servilia (voir chap. 50). Mais cette liaison fut postérieure de nombreuses années à la naissance de Brutus.

185. Lieutenant du dictateur, César.

186. Le 13 septembre 45 av. J.-C.

187. Ville du Latium, entre Tusculum et Préneste.

188. Pour démontrer l'ingratitude de son gendre.

189. Environ soixante-quinze francs-or.

190. Sa fille, l'ancienne épouse de Pompée.

191. C'est-à-dire les jeux funèbres qui suivirent la mort de César.

192. La bulle était un médaillon de forme arrondie que les enfants portaient au cou et qui était censé avoir une vertu protectrice. Sur la prétexte, voir le chap. 1.

193. César leur avait accordé divers privilèges.

194. Vers cinq heures du soir.

195. La curie était la salle où se rassemblait le sénat.

196. En vertu de la loi votée à l'initiative du consul Q. Pédius, en 43 av. J.-C.

OCTAVE AUGUSTE

1. Aujourd'hui Velletri. Ville située dans le Latium, au sud du mont Albain.

2. T. Baudement a adopté la leçon donnée par certains manuscrits (« au rang des familles romaines »), mais qui paraît erronée. Les familles mineures étaient des familles plébéiennes qui furent ajoutées aux familles patriciennes pour accroître le nombre des sénateurs.

3. Ville de Lucanie, à 134 km au sud-ouest de Tarente, fondée en 443 par les Athéniens.

4. « Tullius » est ajouté par T. Baudement.

5. *Lettres à son frère Quintus*, I,1,21, et I,2,7.

6. Voir *Vie de César*, chap. 20.
7. Un des assassins de César. Il fut mis à mort par Octave à Alexandrie en 30 av. J.-C.
8. Ville du Latium, à 30 km au sud-est de Rome.
9. Petite ville proche de Thurium.
10. Le 23 septembre de l'an 63 av. J.-C.
11. Hadrien, dont Suétone fut le secrétaire préposé à la correspondance *(ab epistulis)*.
12. César.
13. Ville d'Illyrie (aujourd'hui Pojani, en Albanie).
14. Distinction fondamentale dans les biographies de Suétone, où à la chronologie *(tempora)*, relativement négligée, s'opposent les catégories ou rubriques *(species)* selon lesquelles il ordonne la vie d'un César.
15. Voir *Vie de César*, chap. 88. Ils eurent lieu le 20 juillet 44, pour commémorer la victoire de Thapsus.
16. Un patricien ne pouvait devenir tribun de la plèbe : aussi Clodius s'était-il fait adopter par un plébéien pour pouvoir briguer cette magistrature *(Vie de César*, chap. 20). D'autre part, Auguste n'était pas encore sénateur, car pour entrer au sénat il fallait préalablement avoir exercé la questure.
17. 43 av. J.-C.
18. Les deux consuls de cette année-là.
19. Pamphlétaire contemporain d'Auguste. Suétone est seul à le nommer.
20. Asinius Pollion et Munatius Plancus.
21. Jeu de mots difficilement traduisible dû à Cicéron, le même mot latin *(tollere)* signifiant « élever » et « faire disparaître ».
22. 42 av. J.-C.
23. T. Baudement a adopté une leçon manuscrite qui ne fait pas autorité. Selon la leçon la plus couramment admise, on comprendra : « ou de jouer à la mourre », jeu consistant à deviner le nombre de doigts que tend l'autre joueur.
24. Lucius Antonius, frère de Marc Antoine, fut consul en l'an 41 av. J.-C.
25. Cette guerre eut lieu de l'automne 41 au printemps 40.
26. L'ordre des sénateurs et celui des chevaliers.
27. Jour anniversaire de l'assassinat de César.
28. On comprend le plus souvent, en corrigeant le texte des manuscrits : « ... qui prétendent qu'il avait engagé cette guerre à la suite d'un accord avec Antoine ».
29. De 43 à 36.
30. Nommé ainsi d'après le nom de famille *(Julius)* de César, qui était aussi celui d'Octave Auguste après son adoption par César.
31. Sextus Pompée, fils du Grand Pompée.
32. Sur la côte nord de la Sicile.
33. Compagnon et général d'Octave Auguste, et son futur gendre.
34. Reggio de Calabre.
35. Ville du Latium au sud-est d'Antium, sur la côte, et non point île, comme l'indique à tort T. Baudement.

36. Il s'agit en fait d'une correction, car le texte de Suétone porte en réalité : « T. Domitius ». Mais le consul se nommait bien Cn. Domitius.

37. 31 av. J.-C. Actium se trouve sur le promontoire situé au sud-ouest du golfe d'Ambracie, au sud de l'Épire.

38. « Tout inquiet » : mots ajoutés par T. Baudement.

39. A l'entrée du golfe de Corinthe.

40. Les monts Cérauniens séparaient l'Illyrie de l'Épire.

41. Navires rapides.

42. Peuple d'Afrique du Nord qui avait la réputation de charmer les serpents et de guérir leurs morsures.

43. Épouse de Marc Antoine, morte en 40 av. J.-C.

44. Tombeau des Ptolémées.

45. « Ville de la Victoire. »

46. La fille de Julie et d'Agrippa, elle-même nommée Julie.

47. T. Baudement a ajouté les mots : « et la raison ».

48. Les Parthènes *(Parthini)* étaient un peuple d'Illyrie.

49. Un esclave nomenclateur avait pour fonction d'indiquer à son maître (ou à sa maîtresse) le nom des personnes qu'il rencontrait de façon à lui permettre de faire croire qu'il les connaissait personnellement : cela était utile, notamment, lors d'une campagne électorale.

50. Voir chap. 65.

51. En 35-33.

52. En 26-25.

53. Lors de la bataille de Carrhes, en 53 av. J.-C.

54. En 36-35, lorsque Antoine, s'étant avancé jusqu'à Phraaspa, dut opérer une retraite difficile et meurtrière pour les Romains.

55. Les portes du temple étaient ouvertes aussi longtemps que des armées romaines étaient en guerre.

56. Pendant une durée de quarante-trois jours sous le règne de Numa, et quelques jours seulement en 235 av. J.-C., à la fin de la première guerre punique.

57. En 29 av. J.-C., à la fin des guerres civiles ; en 25 av. J.-C., après la guerre cantabrique, et à une date incertaine, que l'on situe en 13 ou en 2 av. J.-C.

58. L'ovation était un triomphe mineur, lors duquel le général entrait à Rome à pied, avec une couronne de myrte (et non de laurier), et ne portait pas la toge ornée d'un semis d'étoiles d'or comme dans le triomphe majeur.

59. Ou triomphes majeurs : le général entrait alors dans la ville sur un char tiré par quatre chevaux.

60. En 16 av. J.-C., contre les Sicambres.

61. En 9 ap. J.-C. Le chef germain Arminius anéantit l'armée romaine commandée par Varus dans la forêt de Teutoburg.

62. Marius avait repoussé les Cimbres qui avaient tenté d'envahir l'Italie en 102-101 av. J.-C. La guerre des Marses (90 av. J.-C.) est un épisode important de la guerre sociale qui vit la révolte des alliés de Rome (91-88).

63. Les fermiers publics, ou publicains, étaient eux-mêmes des chevaliers. Par solidarité de classe, ils auraient voulu acheter le

chevalier coupable pour l'affranchir aussitôt. D'où l'intervention d'Auguste pour empêcher cette manœuvre.

64. Punition ignominieuse : on nourrissait d'orge les bêtes de trait.

65. C'est-à-dire sans leur costume militaire. D'autre part, être sans ceinture ou porter sa ceinture mal serrée était considéré comme un trait propre aux hommes efféminés : voir *Vie de César*, chap. 45.

66. Les perches d'arpenteur, comme les mottes de gazon, étaient les instruments dont on se servait pour établir le camp, corvée qui incombait aux simples soldats, et non pas aux centurions.

67. C'est-à-dire la rive gauche.

68. La révolte de l'Illyrie eut lieu en 6 ap. J.-C. La nécessité de protéger la rive gauche du Rhin se fit sentir à la suite du désastre de Varus, en 9 ap. J.-C. (voir chap. 23).

69. Plaques de métal ciselé.

70. A l'origine, la couronne vallaire était accordée au premier soldat qui avait franchi le retranchement *(vallum)* de l'ennemi, la couronne murale à celui qui le premier avait escaladé son mur.

71. Vers d'Euripide, *Phéniciennes*, 599.

72. Ainsi, la puissance tribunicienne, correspondant au pouvoir des tribuns de la plèbe et qui comportait, entre autres prérogatives, l'inviolabilité ainsi que le droit de veto à l'égard des décisions des magistrats. Auguste en fut investi sans interruption de 23 av. J.-C. à sa mort, en 14 ap. J.-C., et cette pratique fut observée par tous les empereurs qui le suivirent.

73. En 43 av. J.-C.

74. 33 av. J.-C.

75. 31 av. J.-C.

76. 31-23 av. J.-C.

77. Respectivement en 5 et 2 av. J.-C.

78. Le premier janvier, jour d'entrée en fonction des consuls.

79. Contrairement à l'usage républicain, qui exigeait que les nouveaux consuls fussent à Rome le jour de leur entrée en charge.

80. Le triumvirat, en vertu duquel Octave, Marc Antoine et Lépide étaient investis des pleins pouvoirs, dura de 43 à 33 av. J.-C.

81. Suétone est le seul auteur à mentionner cet écrivain, sans doute un partisan d'Antoine.

82. Seuls les esclaves pouvaient légalement être soumis à la torture.

83. Dans ses *Mémoires* : voir chap. 85.

84. Voir le début du chap. 26.

85. Agrippa, de 18 à 13 av. J.-C. (et à nouveau pour un second lustre, interrompu par sa mort en 12 av. J.-C.) ; Tibère, de 6 à 1 av. J.-C. Mais Tibère reçut encore la puissance tribunicienne pour dix ans, de 4 à 13 ap. J.-C., et à nouveau pour dix ans à partir de 13 ap. J.-C. Suétone est donc ici inexact, ou du moins incomplet.

86. En 18 av. J.-C., avec Agrippa ; seul en 8 av. J.-C. ; en 14 ap. J.-C., avec Tibère.

87. Voir la fin du chap. 101. Auguste y décrivait les ressources de l'État, ses forces armées, les provinces et les royaumes alliés. La maladie d'Auguste eut lieu en 23 av. J.-C.

88. Le Forum romain et le Forum de César.
89. César, son père adoptif.
90. Voir chap. 32.
91. Neveu d'Auguste, fils de sa sœur Octavie : voir chap. 63.
92. Parmi lesquels le Panthéon, plusieurs aqueducs, un portique.
93. Douze millions et demi de francs-or environ.
94. Lépide mourut en 13 ou 12 av. J.-C. Auguste lui succéda comme grand pontife en 12 et eut dès lors la haute main sur la religion romaine.
95. On les attribuait à la Sibylle de Cumes.
96. Le mois de *sextilis* devint *Augustus,* d'où nous avons tiré le nom du mois d' « août ».
97. C'est notamment en août de l'an 30 av. J.-C. qu'Octave Auguste s'empara d'Alexandrie, après sa victoire d'Actium.
98. Cérémonie qui avait lieu en temps de paix : on demandait aux dieux s'il était permis de prier pour le salut du peuple.
99. Ces jeux, qui avaient lieu une fois par siècle, furent célébrés en 17 av. J.-C. à l'initiative d'Auguste prétendant qu'ils étaient exigés par un oracle sibyllin.
100. Ces fêtes comportaient des rites visant à favoriser la fertilité et présentaient des aspects indécents : des jeunes gens nus couraient autour du Palatin et frappaient de lanières faites de la peau d'un bouc les femmes qu'ils rencontraient afin de les rendre fécondes.
101. D'autres comprennent : « en face de la basilique attenante au théâtre ».
102. C'était une habitude chez les accusés de porter des vêtements négligés, en signe de deuil, aussi longtemps que leur procès n'avait pas eu lieu.
103. Jeux que donnaient les magistrats lors de leur entrée en charge, par opposition à ceux qui étaient institués pour les fêtes religieuses.
104. Ils avaient une fortune d'au moins deux cent mille sesterces. Les juges des trois autres décuries, étant des chevaliers, devaient posséder au minimum quatre cent mille sesterces.
105. Le texte de Suétone porte : « à partir de trente ans ». T. Baudement a introduit une correction contestable. Il semble bien établi en effet que Suétone se trompe, mais que l'âge minimum des juges, de trente ans avant Auguste, ne fut plus que de vingt-cinq ans sous cet empereur.
106. Le parricide était cousu dans un sac avec un singe, un coq, un chien et une vipère, et jeté à la mer.
107. Loi de Sylla qui punissait les auteurs de faux testaments.
108. Visant à limiter les dépenses excessives.
109. C'est-à-dire l'homosexualité.
110. Loi qui avait pour objet d'inciter les Romains des classes privilégiées à avoir des enfants légitimes.
111. Neveu et fils adoptif de Tibère, il eut neuf enfants de sa femme Agrippine l'aînée.
112. Autrement dit « d'outre-tombe », car Antoine prétendait, contre rétribution, qu'ils avaient été nommés par César avant les

ides de mars 44 av. J.-C. Cette plaisanterie signifie qu'ils devaient, en quelque sorte, leur avancement à la faveur d'un mort.

113. C'est-à-dire le laticlave.

114. Les mois de vacances, le climat de Rome étant alors particulièrement pénible.

115. Voir *Vie de César*, chap. 20.

116. La fonction de décemvir pour le jugement des procès était dévolue à ceux qui entamaient une carrière sénatoriale. Les centumvirs jugeaient dans les procès civils.

117. En 22 av. J.-C., mais ce rétablissement de la censure fut sans lendemain. C'est l'empereur, en fait, qui en assuma les fonctions.

118. C'est-à-dire la couronne de laurier, la toge ornée d'étoiles d'or, le droit de se faire élever une statue en costume de triomphateur.

119. De cavalerie.

120. Que la loi réservait aux chevaliers.

121. Et non plus, comme sous la République, sur le champ de Mars.

122. 250 francs-or.

123. Soumis au paiement d'un tribut annuel, ce dont étaient dispensés les citoyens romains, les alliés de Rome et certaines communautés privilégiées.

124. La liberté « simple » était un statut accordé aux esclaves qui n'avaient pas été affranchis dans les formes légales, ce qui les empêchait de devenir de véritables citoyens. Au contraire, l'affranchissement légitime faisait d'eux des citoyens de plein droit.

125. Virgile, *Énéide*, 1, 282.

126. Cette information n'est confirmée par aucun autre auteur. Le cens sénatorial passa sous Auguste de 400 000 à un million de sesterces et resta fixé à ce chiffre pendant toute la durée de l'Empire.

127. Distributions d'huile à l'origine, les congiaires étaient devenus ensuite une simple somme d'argent.

128. Ces bons étaient échangeables contre diverses denrées. Ils étaient distribués aux citoyens indigents.

129. Ce qui prouve que l'on ne put, en réalité, distinguer entre les citoyens et les esclaves nouvellement affranchis.

130. Le latin, le grec et l'osque, cf. *Vie de César*, chap. 39.

131. Au champ de Mars.

132. Il célébrait le souvenir de Caïus et Lucius Césars, les petits-fils d'Auguste.

133. Voir *Vie de César*, chap. 39.

134. De *torques*, qui signifie « collier ». Surnom illustre depuis que T. Manlius, ayant tué au combat un Gaulois et lui ayant enlevé son collier, avait été appelé *Torquatus*.

135. En 22 av. J.-C.

136. Soit 22 mètres environ.

137. Le Comitium était la place où avaient lieu les élections.

138. Caïus et Lucius Césars.

139. C'est-à-dire un manteau, voir la fin du chap. 40.

140. C'est à un préteur qu'il appartenait de présider les jeux et d'y faire régner l'ordre.

141. Lors de sa nomination à cette fonction, en 12 av. J.-C.

142. Vers onze heures.

143. Dans cette loge étaient disposées les statues des dieux à la fin de la procession du cirque.

144. Celles qui mettaient en scène des Romains vêtus de la toge. Dans les pièces dont les personnages étaient des Grecs, les acteurs étaient vêtus du *pallium* (ou manteau grec).

145. Membres des conseils municipaux.

146. L'Italie était divisée en onze régions.

147. 250 francs-or environ.

148. Les provinces impériales.

149. Les provinces sénatoriales.

150. Dans les villes qui possédaient ce droit, les magistrats, à leur sortie de charge, recevaient la citoyenneté romaine avec leur famille.

151. La Tyrrhénienne et l'Adriatique.

152. Soldats originaires de Calagurris (aujourd'hui Calahorra), en Espagne.

153. En 6 ap. J.-C. Les nouveaux impôts furent le vingtième sur les héritages, et le centième sur les ventes aux enchères.

154. Agrippa Postumus, petit-fils d'Auguste : voir chap. 19 et 65.

155. On avait aboli la dictature à la mort de César.

156. T. Baudement a adopté sans nécessité une correction au texte latin, d'où sa traduction : « découverte ».

157. Voir chap. 35.

158. Lépide était en fait non point exilé, mais relégué à Circéies : voir la fin du chap. 16.

159. T. Baudement a adopté une correction improbable : « Les injurieux libelles répandus contre lui dans le sénat ne lui donnèrent ni souci, ni envie de les réfuter. »

160. Certains opposants inséraient parfois dans leurs testaments des propos injurieux à l'égard des empereurs ou de leurs séides. Tacite et Dion Cassius en citent des exemples.

161. Cette conjuration, qui eut lieu en 23 av. J.-C., est rappelée plus haut au chap. 19.

162. Ancien marécage, desséché à l'époque d'Auguste, situé au milieu du Forum, où un personnage nommé Curtius s'était jeté, obéissant à un oracle, pour le salut du peuple romain.

163. Plus exactement, l'Apollon Sandaliarius, ainsi nommé parce que sa statue se trouvait dans le « quartier des sandales », le *vicus Sandaliarius*.

164. Dans le « quartier des tragédiens », le *vicus Tragoedus*.

165. Décuries (= corporations) de juges, ou encore de scribes, de licteurs, d'appariteurs, etc.

166. 23 av. J.-C. Voir le chap. 81.

167. Sur les jeux quinquennaux institués à Naples en l'honneur d'Auguste, voir la fin du chap. 98.

168. Atia, morte en 43 av. J.-C.

169. Octavie la cadette (voir chap. 4), épouse de Claudius

Marcellus (dont elle eut Marcellus, dont Auguste envisagea de faire son successeur), puis de Marc Antoine. Elle mourut en 11 av. J.-C.

170. En 38 av. J.-C.

171. Père de l'empereur Tibère.

172. Peuple situé au nord du Danube, dans la Roumanie actuelle.

173. Agrippa Postumus.

174. Antique procédé d'adoption fondé sur l'achat symbolique de l'adopté par l'adoptant.

175. D'autres comprennent : « dans le Journal du Peuple » (voir *Vie de César,* début du chap. 20), interprétation qui paraît préférable.

176. Ancienne division des citoyens romains. Les curies n'étaient plus représentées que par des licteurs dans les cas d'adoption. Cette forme d'adoption était nécessitée par le fait que Tibère était un adulte et un père de famille. On ne pouvait utiliser dans ce cas la forme d'adoption évoquée au chap. 64.

177. L'île de Pandataria, dans la mer Tyrrhénienne.

178. L'île de Planasie, au sud de l'île d'Elbe.

179. Auguste modifie légèrement un vers de l'*Iliade,* 3, 40.

180. Après la guerre de Pérouse, il voulut traiter avec Marc Antoine, qui révéla ses projets. Octave Auguste le fit mettre à mort après son procès devant le Sénat, en 40 av. J.-C.

181. Poète et ami de Virgile. Lors de sa préfecture d'Égypte, il obtint des succès militaires. Il s'éleva alors des statues dans tout le pays et fit inscrire ses exploits sur les pyramides. Cette conduite déplut à Auguste : mis en accusation, il se donna la mort en 26 av. J.-C.

182. Voir *Vie de Tibère,* chap. 10. On ne pense pas, aujourd'hui, qu'Agrippa ait été en rivalité avec Marcellus. Il exerça plutôt le rôle de vice-empereur dans la partie orientale de l'Empire.

183. Le texte latin est ici peu certain. Nous choisissons la leçon la plus communément admise.

184. Voir note précédente.

185. Cinq cents francs-or.

186. Il ne s'agit pas de la Lycie, où mourut Caïus César en 4 ap. J.-C. et qui n'était pas alors province romaine, mais sans doute de la province voisine d'Asie.

187. Mot à double entente, intraduisible en français : le même vocable, *orbem,* désigne le tambour et l'univers.

188. Cléopâtre.

189. Le nom de Livie était *Livia Drusilla.*

190. Par César, il faut entendre Auguste. Mallia désigne peut-être le nom de la maison ou du lieu-dit où se passait cette scène.

191. Allusion au supplice infligé à Marsyas par Apollon.

192. Le mois où avaient lieu les Saturnales, et où les mœurs étaient plus libres.

193. Les jeunes gens étaient censés se livrer aux exercices du corps, alors qu'aux vieillards convenait un passe-temps de sédentaires.

194. Les dés étant marqués sur quatre faces, le coup du chien, le

plus faible, consistait à amener les quatre as. Si l'on amenait quatre chiffres différents, on obtenait le coup de Vénus, le meilleur.

195. Fêtes de Minerve qui avaient lieu du 19 au 23 mars.

196. Drusus.

197. A pair ou impair. Dans ce jeu, il fallait deviner si le nombre d'objets que tenait dans sa main l'adversaire était pair ou impair.

198. Le plus ancien des trois forums nommés au chap. 29.

199. L'ancienne ville de Syracuse n'était réunie à la côte sicilienne que par un isthme étroit.

200. Par opposition aux simples distributions.

201. Affranchi de Pompée, il trahit son fils Sextus Pompée en faveur d'Auguste.

202. Ce qui lui permit de devenir chevalier, car un homme de naissance servile ne pouvait normalement, après avoir été affranchi, accéder à un tel rang.

203. Vente aux enchères.

204. En fait, six *sextantes,* c'est-à-dire un peu plus d'un demi-litre.

205. Le texte latin est peu certain en cet endroit et doit être corrigé. La correction proposée par T. Baudement n'est généralement pas admise. On comprend, le plus souvent, en introduisant une correction plus vraisemblable : « quoique Julius Marathus, son affranchi et son secrétaire, rapporte qu'elle était de... ». Cinq pieds neuf pouces représentent 1,70 m.

206. Dont on se servait dans les thermes pour se nettoyer la peau.

207. En 25 av. J.-C.

208. Voir chap. 59.

209. Respectivement à 32 et 25 km de Rome à vol d'oiseau, un peu plus par la route.

210. Eaux sulfureuses près de la rive gauche de l'Anio, à l'ouest de Tibur (Bagni di Tivoli). Elles étaient renommées pour leur vertu fortifiante.

211. Exactement : « de l'éloquence et des études libérales ».

212. De diction.

213. Brutus avait composé, en réponse aux *Anticatons* de César (voir *Vie de César,* chap. 56), un ouvrage où il défendait la mémoire de Caton et attaquait César.

214. Les mots : « d'Ajax » sont ajoutés par T. Baudement.

215. Ajax avait péri en se jetant sur son épée. Auguste s'est servi d'une éponge pour effacer sa tragédie.

216. T. Baudement adopte une correction inopportune. Comprendre : « ... simple et élégant, évitant la sottise des formules à effet et la recherche de la symétrie ».

217. T. Baudement adopte ici une leçon qui ne fait plus autorité. Comprendre : « ... de ses auditeurs, il n'hésita pas à mettre des prépositions devant les noms de villes ». La syntaxe latine classique proscrit l'usage de prépositions avec les noms de villes.

218. Glose plutôt que traduction. Comprendre : « ... un égal mépris pour les précieux et pour les archaïsants ».

219. Écrivains archaïsants.

220. On reprochait à Salluste son goût pour les vieux mots latins.

221. Caton d'Utique, l'ennemi de César, par opposition à Caton l'Ancien.

222. Texte peu sûr.

223. Sur le langage chiffré utilisé par César, voir le chap. 56 de la *Vie de César*.

224. Philosophe stoïcien de tendances éclectiques, originaire d'Alexandrie. Auguste aurait épargné cette cité par amitié pour Aréus.

225. Comprendre : en poésie grecque.

226. La comédie du Ve s. av. J.-C. représentée par Eupolis, Cratinos et Aristophane, par opposition à la « comédie nouvelle » de Ménandre.

227. C'est-à-dire sur l'accroissement de la population. Q. Metellus Macedonicus, durant sa censure, en 131 av. J.-C., avait promulgué une loi nataliste. Auguste lui aussi essaya de favoriser la natalité : voir chap. 34.

228. Rutilius était un homme politique qui vécut à la fin du IIe et au début du Ier s. av. J.-C. : c'était un stoïcien remarquable par son désintéressement. On ignore tout de son discours, mais on sait par Strabon (5,3,7,C 235) qu'Auguste avait interdit que la hauteur des bâtiments bordant les rues excédât soixante-dix pieds, soit environ vingt et un mètres.

229. Selon une croyance commune, le phoque (ou veau marin) n'était jamais frappé par la foudre.

230. Voir chap. 29.

231. L'île d'Enaria s'appelle aujourd'hui Ischia.

232. Les marchés *(nundinae)* avaient lieu tous les neuf jours. Or, neuf jours après les funérailles d'un mort, on célébrait une fête appelée *novendial*. Le mot « nones » se rattache aussi au mot *nonus*, « neuvième », car c'est le neuvième jour avant les ides.

233. Il s'agit des mystères d'Éleusis, relatifs à la déesse Déméter (Cérès).

234. Voir chap. 79.

235. Ce qui frappait de nullité le sénatus-consulte.

236. Cet écrivain, originaire de Mendès en Égypte, n'est au demeurant connu que par une mention d'Athénée.

237. P. Nigidius Figulus, auteur d'ouvrages d'astronomie et de divination, « science » dans laquelle il était l'autorité la plus savante de son temps.

238. Voir le chap. 3.

239. Autre nom de Bacchus.

240. C'est-à-dire dans l'appareil des triomphateurs.

241. Écrivain au demeurant inconnu.

242. Route qui, au nord du Tibre, allait de Rome vers les marais salants proches d'Ostie *(campus salinarum Romanarum)*. D'autres pensent, moins probablement, qu'il s'agit de la *Via Appia*, qui allait de Rome vers Capoue.

243. Voir *Vie de César*, chap. 15.

244. L'ordre sénatorial.

245. Julie, femme de Pompée, était morte en 54 av. J.-C. et avait été ensevelie au champ de Mars, voir *Vie de César*, chap. 84.

246. En novembre 43 av. J.-C., lors de la rencontre entre Octave, Marc Antoine et Lépide qui aboutit à la création du triumvirat.

247. C'est-à-dire « Heureux », en grec.

248. Autre nom grec signifiant « Vainqueur ».

249. Le lustre était un sacrifice de purification célébré par l'un des censeurs tous les cinq ans, après l'achèvement du cens, ou recensement du peuple romain. De là vient que le mot « lustre » signifie aussi une période de cinq ans. La cérémonie dont il est question ici eut lieu en 14 ap. J.-C., Auguste étant censeur avec Tibère pour collègue : voir la fin du chap. 27.

250. La première lettre du nom d'Agrippa était l'initiale de son prénom, *M.* (pour *Marcus*). C'est aussi la première lettre du mot *mors*, mort. D'où la réaction d'Auguste.

251. *Caesar*.

252. Port du Latium, à 13 km au sud-est d'Antium.

253. C'est-à-dire une diarrhée.

254. Les éphèbes, dans les villes grecques, étaient les jeunes gens qui, à partir de dix-huit ans et avant de devenir des citoyens de plein droit, subissaient un entraînement militaire.

255. Le texte fait difficulté, car il n'existe pas d'île voisine de Caprée. Certains pensent qu'il faut comprendre, au prix d'une correction du texte latin : « Caprée, île voisine » (de Naples, où se serait alors trouvé Auguste, et d'où il se serait rendu quelque temps sur l'île).

256. Sur les jeux quinquennaux, voir le chap. 59.

257. C'est-à-dire à Bénévent, comme il est dit au chap. 97.

258. Au sud-ouest de Bénévent, sur la route de Naples où sans doute Auguste projetait de revenir.

259. Le 19 août 14 ap. J.-C.

260. Le texte grec est très peu sûr et présente d'importantes variantes selon les leçons ou les corrections adoptées par les éditeurs.

261. Livilla, sœur de Germanicus et du futur empereur Claude.

262. Au champ de Mars, près du cirque de Flaminius.

263. En signe de deuil.

264. En 13 ap. J.-C.

265. Tibère, adopté en 4 ap. J.-C., eut désormais comme nom de famille (ou gentilice) *Iulius*. Quant à Livie, elle prit à partir de la mort d'Auguste le nom de *Iulia Augusta*.

266. Néron, Drusus et Caius (le futur empereur Caligula). Les deux premiers furent mis à mort sous Tibère. Germanicus avait été adopté par Tibère en 4 ap. J.-C., au moment où ce dernier fut lui-même adopté par Auguste.

267. Dix millions de francs-or.

268. Huit cent soixante-quinze mille francs-or.

269. Deux cent cinquante francs-or.

270. Cent vingt-cinq francs-or.

271. Soixante-quinze francs-or.

272. T. Baudement a indûment corrigé le texte latin et traduit : « deux millions de sesterces ».

273. Trente-sept millions et demi de francs-or.

274. Un milliard de francs-or.

275. Celui qu'il tenait de son véritable père, C. Octavius, et celui que lui avait laissé Jules César, son père adoptif.

276. Ce document est conservé : ce sont les *Res Gestae*, dont un exemplaire a été retrouvé, inscrit sur les murs du temple de Rome et d'Auguste, à Ancyre (Ankara), en Asie Mineure, en 1555. Une partie d'une seconde inscription semblable a été trouvée à Antioche de Pisidie, et la version grecque de la même inscription a été découverte à Apollonie de Pisidie.

TIBÈRE NÉRON

1. Le membre de phrase : « sur la proposition… cette maison » porte en fait sur la fin de la phrase précédente. Comprendre, d'autre part : « ou, ce qui paraît mieux établi, sur celle d'Atta Claudius, alors chef de cette maison, environ six ans après l'expulsion des rois ». C'est en 509 av. J.-C. que la royauté fut remplacée par la république.

2. T. Baudement, traduisant « sept », a adopté la correction d'un des premiers éditeurs de Suétone.

3. Voir *Vie d'Auguste,* chap. 22.

4. Texte mal établi. D'autres comprennent : « Tibérius Néron ».

5. Lors de la bataille du Métaure, en 207 av. J.-C.

6. Texte mal établi. D'autres comprennent : « Claudius Régillanus. »

7. 447 av. J.-C. La jeune fille se nommait Virginie.

8. Le « forum d'Appius » était une ville située sur la *Via Appia,* à 60 km au sud-est de Rome.

9. Déesse phrygienne dont le culte fut introduit à Rome en 204 av. J.-C.

10. Les accusés revêtaient ordinairement des habits de deuil.

11. Les tribuns de la plèbe jouissaient de l'inviolabilité.

12. Le maître de la cavalerie était le délégué du dictateur.

13. En 390 av. J.-C., date de la prise de Rome par les Gaulois.

14. Il s'agit de Livius Drusus, tribun en 91 av. J.-C.

15. Les faisceaux.

16. Voir *Vie d'Auguste,* chap. 62.

17. Sur la voie Appienne, à environ 100 km au sud-est de Rome.

18. Le 16 novembre 42 av. J.-C.

19. Le frère de Marc Antoine.

20. Manteau grec.

21. Voir *Vie de César,* chap. 84.

22. T. Baudement traduit d'après un texte latin qui ne fait plus autorité : « aux jeux donnés pour cette victoire ».

23. Sur les jeux Troyens, voir *Vie de César,* chap. 39.

24. Voir *Vie d'Auguste,* chap. 43.

25. Il s'agit de gladiateurs qui avaient pris leur retraite, une fois terminée la période pour laquelle ils avaient été engagés.

26. Vingt-cinq mille francs-or.
27. Auguste.
28. Marcellus, neveu d'Auguste, mort en 23 av. J.-C.
29. En 9 av. J.-C.
30. Roi de Cappadoce. Voir plus loin, chap. 37.
31. Ville de la province d'Asie.
32. Voir *Vie d'Auguste*, chap. 19.
33. Voir *Vie d'Auguste*, chap. 32.
34. Voir *Vie d'Auguste*, chap. 20.
35. L'événement eut lieu en 20 av. J.-C.
36. Voir *Vie d'Auguste*, chap. 21.
37. La partie de la Gaule qu'avait conquise César, composée des trois provinces de Lyonnaise, d'Aquitaine et de Belgique.
38. Voir *Vie d'Auguste*, chap. 21.
39. C'est-à-dire qu'il obtint successivement l'ovation ou triomphe mineur, puis un véritable triomphe.
40. Sur cette distinction, voir la *Vie d'Auguste*, chap. 38.
41. Consul pour la seconde fois en 7 av. J.-C., il reçut la puissance tribunicienne en 6 av. J.-C. Voir, dans la *Vie d'Auguste*, la fin du chap. 27.
42. C'est-à-dire Caïus et Lucius Césars, petits-enfants d'Auguste, adoptés par ce dernier.
43. Voir *Vie d'Auguste*, chap. 66.
44. Une propriété de campagne.
45. Voir *Vie d'Auguste*, chap. 65.
46. En 1 av. J.-C.
47. Voir chap. 10.
48. En 1 ap. J.-C.
49. C'est-à-dire des centurions que Tibère avait autrefois nommés à ce grade.
50. C'est-à-dire « l'astrologue ».
51. Source thermale.
52. Quartier à l'ouest de l'Esquilin.
53. En retombant sous la puissance d'un père, Tibère n'était plus considéré comme « père de famille ». Tout ce qu'il possédait devenait la propriété de son père adoptif.
54. Avoir dont la jouissance était autorisée à un fils par son père ou à un esclave par son maître.
55. Sur la déchéance d'Agrippa Postumus, voir *Vie d'Auguste*, chap. 65.
56. En 4 ap. J.-C.
57. C'est-à-dire le nom d'Auguste.
58. Ou *Saepta :* voir *Vie d'Auguste*, chap. 43.
59. En 10 ap. J.-C.
60. Les Bructères étaient un peuple de Germanie.
61. Soixante-quinze francs-or.
62. Voir *Vie d'Auguste*, chap. 97.
63. Voir *Vie d'Auguste*, chap. 98.
64. Le texte de Suétone, qui comporte ici un passage en grec, a été défiguré par les copistes et n'est nullement certain.
65. Auguste modifie légèrement un vers célèbre d'Ennius : « Un

seul homme, en temporisant, a rétabli pour nous la situation », appliqué à Fabius Cunctator qui avait sauvé Rome à l'époque de la seconde guerre punique.

66. *Iliade*, 10, 246-247.

67. Voir *Vie d'Auguste*, chap. 101.

68. La solde d'un prétorien était environ le triple de celle d'un légionnaire.

69. Le 16 novembre : voir chap. 5.

70. En l'honneur de sa mère Livie.

71. Voir *Vie de César*, chap. 2. On l'avait conférée à Auguste en tant que sauveur de tous les citoyens.

72. Tibère avait déjà exercé deux consulats auparavant.

73. Respectivement en 18 ap. J.-C., 21 et 31.

74. C'est-à-dire l'octroi par l'État à un particulier ou à une société du droit exclusif de vendre certains produits (par exemple le sel, le cinabre d'Espagne, le baume de Judée, etc.), soit pour lutter contre la spéculation, soit dans un but purement fiscal.

75. Les légions sont formées de soldats romains, les corps auxiliaires de pérégrins, c'est-à-dire d'hommes libres mais ne possédant pas la citoyenneté romaine.

76. Littéralement : « des guerres extraordinaires », c'est-à-dire venant de l'extérieur de l'Empire, ou d'une gravité exceptionnelle, par opposition aux opérations militaires indispensables à la pacification des provinces, et qui étaient considérées comme ordinaires.

77. Situation qui conférait à l'intéressé les privilèges d'un ambassadeur et lui permettait de voyager aux frais de l'État, bien qu'il ne fût pas chargé d'une mission officielle.

78. Aujourd'hui Trévi, en Ombrie.

79. C'est-à-dire des représentants d'une ou de plusieurs cités de la province d'Afrique, qui avaient quelque faveur à demander à Tibère.

80. Sept mille cinq cents francs-or. Sur ces poissons, très prisés, que l'on trouvait notamment dans l'océan Atlantique, voir Pline, *Histoire naturelle*, 9, 54. Mais on en pêchait aussi en Méditerranée : voir plus bas, chap. 60.

81. L'objet de cette mesure était d'empêcher la propagation d'une maladie de peau, le *lichen* (Pline, *H. N.*, 26, 2-3).

82. Il s'agit de femmes de l'aristocratie.

83. Il était interdit aux sénateurs et aux chevaliers de se produire comme acteurs ou comme gladiateurs, sous peine d'être déchus de leur rang.

84. Le premier juillet était le point de départ des baux. Une fois passée cette date, les maisons qui n'avaient pas été données à bail étaient louées meilleur marché.

85. T. Baudement a adopté pour le texte latin une variante manuscrite qui modifie complètement le sens de cette phrase. On peut supposer que le questeur, ayant tiré au sort une province dont il attendait une source considérable d'enrichissement, répudia sa femme, désormais trop pauvre pour lui, afin de s'allier à une plus riche famille.

86. En 19 ap. J.-C., il fit déporter quatre mille Juifs affranchis en

Sardaigne pour leur faire combattre le brigandage, avec l'idée que l'insalubrité du climat causerait leur mort, selon Tacite (*Annales*, II, 85).

87. Pollentia, en Ligurie.

88. Dans la région des Alpes dites « Cottiennes », qui étaient alors un royaume ami de Rome.

89. Les conseillers municipaux de Pollentia.

90. Ville située au nord de la province d'Asie.

91. C'est-à-dire l'autonomie municipale que possédaient les villes alliées de Rome.

92. Ou plutôt « Marobodus ».

93. Ou plutôt « Rhascuporis ».

94. En 17 ap. J.-C.

95. Approximation historique : Tibère se retira à Caprée en 26. Or, Germanicus était mort en 19 et Drusus en 23.

96. Ville où Auguste était mort (*Vie d'Auguste*, chap. 98).

97. À moins de dix kilomètres au nord-ouest de Rome, sur la rive gauche du Tibre.

98. Les trois décuries de juges équestres : voir *Vie d'Auguste*, chap. 32.

99. *Biberius* signifie « ivrogne » ; *Caldius* est une déformation de *caldum*, « vin coupé d'eau chaude » (c'est ainsi qu'on le servait dans les tavernes) ; *Mero*, une déformation de *merum*, « vin pur ».

100. Fonction de préfet de police de la ville de Rome.

101. Plus de 26 litres.

102. Cinquante mille francs-or.

103. Ou cèpe, mets dont les Romains étaient très friands, voir *Vie de Claude*, chap. 44.

104. Littéralement, « ses spintries » (déformation d'un mot grec signifiant « prostitués mâles »).

105. Nom d'une prostituée d'époque hellénistique — probablement un pseudonyme — à laquelle étaient attribués des ouvrages pornographiques sans doute ornés de dessins, qui jouirent d'une grande fortune à Rome.

106. Nom à double entente signifiant à la fois « l'homme de Capri » et « le vieux bouc ».

107. 250 000 francs-or.

108. Petite comédie que l'on donnait à la fin du spectacle.

109. T. Baudement a adopté une correction peu nécessaire du texte latin. Nous avons écarté sa traduction.

110. Ils ne furent en effet achevés que sous Caligula : voir *Vie de Caligula*, chap. 21.

111. Vingt-cinq millions de francs-or.

112. Le but du sénatus-consulte était de mettre de l'argent en circulation pour remédier au manque de numéraire : mais le résultat fut le contraire de celui qui était espéré. Les débiteurs s'acquittant de leurs dettes par la vente de leurs biens-fonds, le prix des terres s'effondra, entraînant la ruine de maints patrimoines. D'où la nécessité pour Tibère de consentir un prêt important.

113. Mille francs-or.

114. La durée du service militaire était normalement pour un

légionnaire de vingt-cinq ans, mais il arrivait parfois qu'on lui fît attendre son congé au-delà du temps convenu.

115. Ce désastre frappa douze villes de la province d'Asie en 17 ap. J.-C. (voir Tacite, *Annales*, II, 47).

116. *Augur* est un surnom, et non pas un nom commun comme l'a compris T. Baudement.

117. On les accusait d'avoir accumulé de l'argent pour préparer un renversement du régime.

118. Voir chap. 15.

119. De juges.

120. Et qui donc n'était pas citoyen de naissance. Tibère jugeait sans doute que c'était une faveur excessive pour un ex-pérégrin d'obtenir l'entrée dans les décuries de juges.

121. Elle mourut en 29 ap. J.-C. Elle fut divinisée seulement en 42 ap. J.-C., sous le règne de Claude.

122. Les pompes servaient à élever l'eau. C'était un travail d'esclave. Le mot « infamant » a été ajouté par T. Baudement.

123. Il était interdit aux membres de l'ordre sénatorial de pénétrer en Égypte.

124. Le texte est corrompu. La traduction de T. Baudement est conjecturale.

125. T. Baudement fausse le sens en indiquant que Tibère avait fait avertir Agrippine. En réalité, comme le dit Tacite, *Annales*, II, 54, c'est Séjan qui avait tout manigancé, de façon à susciter la méfiance d'Agrippine et l'irritation de Tibère.

126. Dans la mer Tyrrhénienne, à une soixantaine de km au sud-est de Terracine.

127. Les Gémonies étaient un escalier situé sur la pente du Capitole, où l'on exposait les corps des condamnés à mort après leur exécution.

128. Cérémonie qui avait lieu au forum après la prise de la toge virile, et qui n'avait rien à voir avec le service militaire. La traduction de T. Baudement : « leur début dans la carrière des armes », ne peut être retenue.

129. Au nord-ouest de l'île de Pandatéria.

130. On étranglait les condamnés à mort à l'aide d'un lacet, et l'on traînait leur corps avec des crochets aux Gémonies.

131. Les restes de Néron furent recueillis plus tard par Caligula : voir *Vie de Caligula*, chap. 15.

132. Meilleure leçon que celle qu'a adoptée T. Baudement : « Zénon. »

133. Kinaros, qui fait partie des Sporades, dans la mer Égée.

134. Ville de Syrie.

135. Un chevalier devait posséder une fortune d'au moins quatre cent mille sesterces. Tibère n'a pas le quart de cette somme (allusion possible au fait qu'après avoir été adopté par Auguste, il n'avait rien à lui, étant sous puissance paternelle : voir chap. 15). De plus, on feint de croire qu'il n'est même pas citoyen romain, puisqu'il a été exilé à Rhodes (voir chap. 11-13).

136. Romulus représente les citoyens romains en général. Il y a un jeu de mots sur le surnom de Sylla, *Felix* (= heureux). Ce

personnage, à son retour d'Orient, exerça des proscriptions à partir de l'année 82 av. J.-C. Marius, revenant d'Afrique, en 87, s'était auparavant conduit de même.

137. De prétoriens, chargés de la garde personnelle de l'empereur.

138. T. Baudement a adopté une leçon qui n'est plus considérée comme acceptable, et que nous avons écartée.

139. Ce fut le sort de la fille de Séjan.

140. Le futur Caligula.

141. Le temple de la Fortune, à Préneste.

142. En 31 ap. J.-C.

143. Il lui avait promis la main de Julie, sa petite-fille.

144. Ce qui l'eût associé au pouvoir impérial.

145. Ou « d'Io ». L'origine de ce nom est obscure : il peut s'agir du premier propriétaire de la villa (Ion), ou du nom d'un personnage mythologique (Io, fille d'Inachus, aimée de Jupiter). On comprend quelquefois : « la villa ionienne ». T. Baudement a adopté la leçon *Iovis* (au lieu de *Ionis*), celle des moins bons manuscrits, d'où sa traduction : « la maison de Jupiter ».

146. Les places réservées aux sénateurs se trouvaient dans l'orchestre.

147. Voir chap. 26.

148. Cela lui avait été reproché par Auguste : voir *Vie d'Auguste*, chap. 86.

149. Les deux premiers appartiennent à l'époque hellénistique. Parthénius de Nicée vint à Rome sans doute en 73 av. J.-C. comme prisonnier de guerre et fut affranchi. Il exerça son influence sur Cornélius Gallus et sur Virgile.

150. Chap. 56.

151. A l'endroit où eut lieu la bataille navale mentionnée dans la *Vie d'Auguste*, chap. 43, sur la rive droite du Tibre.

152. Voir *Vie d'Auguste*, chap. 97.

153. Voir *Vie d'Auguste*, chap. 16.

154. Port situé à l'extrémité nord-ouest de la baie de Naples, où stationnait une importante flotte : voir *Vie d'Auguste*, chap. 49.

155. Sur ces comptes rendus des séances du sénat, voir *Vie de César*, chap. 20, et *Vie d'Auguste*, chap. 36.

156. Homme politique romain du Ier s. av. J.-C., immensément riche. Il vainquit Mithridate.

157. Le 16 mars 37 ap. J.-C.

158. Cette première version de la mort de Tibère est développée et combinée avec la troisième dans la *Vie de Caligula*, chap. 12.

159. Il était l'objet d'un culte à Téménos, faubourg de Syracuse.

160. Il s'agit du temple d'Apollon Palatin, qui est dit « nouveau » parce que son achèvement était récent : c'est Auguste qui l'avait fait construire et l'avait consacré. Voir *Vie d'Auguste*, chap. 29.

161. Caligula.

162. Atella était située à 25 km au nord-est de Misène. Le but était sans doute d'assimiler Tibère à un criminel, car les condamnés à mort étaient souvent tués dans les amphithéâtres.

163. N'étant pas à Rome lorsqu'il le rédigea, il ne put le faire signer par des membres de l'ordre sénatorial.

164. Ils assuraient le culte impérial dans les différents quartiers de Rome.

CAÏUS CALIGULA

1. L'empereur Caligula est désigné généralement par la dénomination « C. César » ou « Caïus » (nom que l'on prononçait en fait : « Gaius »).

2. C'est-à-dire sans avoir assumé les magistratures intermédiaires : édilité ou tribunat, et préture. Mais il y eut un intervalle de quatre années entre sa questure (7 ap. J.-C.) et son consulat (12 ap. J.-C.).

3. En 18 ap. J.-C.

4. En 19.

5. Voir *Vie de Tibère,* chap. 52.

6. Le grec et le latin.

7. Voir *Vie de Tibère,* chap. 23.

8. Le roi des Parthes.

9. Manifestation de deuil public.

10. Les Saturnales. Germanicus était mort le 10 octobre.

11. Voir *Vie de Tibère,* chap. 54.

12. Le 31 août de l'année 12 ap. J.-C.

13. C'est-à-dire Pline l'Ancien.

14. La leçon admise par T. Baudement (« dans un village du canton Ambiatin ») n'est pas recevable.

15. Sur le Journal du Peuple (ou Actes du Peuple), voir la *Vie de César,* chap. 20 : c'était une sorte de Journal officiel de Rome, où l'on publiait les nouvelles les plus importantes. Il ne s'agit nullement d' « archives », comme traduit inexactement T. Baudement.

16. Voir chap. 7.

17. Le dix-huit mai.

18. *Caligula* est en fait un diminutif de *caliga,* mot qui désigne la chaussure du simple soldat (et qui fut employé, par extension, pour désigner la profession de soldat).

19. En 29 ap. J.-C.

20. T. Baudement a adopté une correction que rien ne justifie (« vingt et un ans »).

21. Il aurait dû prendre la toge virile au plus tard à l'âge de dix-sept ans : voir *Vie de César,* chap. 1.

22. Elles sont rappelées au chap. 54 de la *Vie de Tibère.*

23. Fils du Soleil, Phaéton voulut diriger le char de son père, mais, dans son inexpérience, il embrasa la terre et fut foudroyé par Jupiter.

24. Mort en 33.

25. Voir *Vie de Tibère,* chap. 73.

26. T. Baudement a ajouté les mots : « ornés de fleurs » et « déjà parées ».

27. Le jeune Tibère, fils de Drusus (voir *Vie de Tibère,* chap. 54).

28. Littéralement : « autour du Palatium » (ou mont Palatin, où se trouvait le palais impérial).

29. Le gouverneur de la province qui jouxtait l'Empire parthe.

30. Voir *Vie de Tibère,* chap. 54.

31. Monument qu'avait fait élever Auguste pour que ses restes y fussent déposés ; voir *Vie d'Auguste,* fin du chap. 100.

32. Les mots : « comme celles des dieux » sont un commentaire, non une traduction : c'étaient, en effet, les images des dieux que l'on promenait lors des jeux du cirque.

33. Ce qui faisait de lui l'héritier présomptif de l'empereur : de même Auguste avait conféré ce titre à ses fils adoptifs C. et L. Césars.

34. On apprendra plus loin qu'il avait seulement feint de les brûler (chap. 30). C'est en fait Dion Cassius, 59, 4, 3, qui fournit l'explication de cette apparente contradiction : Caligula avait fait brûler, non les originaux, mais des copies.

35. Voir *Vie de Tibère,* chap. 43.

36. Il est seulement fait allusion dans la *Vie de Tibère,* chap. 61, à certains de ces écrivains, sans qu'ils soient nommés. Il s'agit d'opposants à l'Empire que les persécutions de Tibère avaient poussés à la mort.

37. Voir *Vie d'Auguste,* chap. 32. Aux trois décuries de juges équestres, s'en ajoutèrent désormais deux (au lieu d'une seule) formées de juges n'appartenant pas à l'ordre des chevaliers.

38. Nom porté par Livie après la mort d'Auguste.

39. Les Parilies ou Palilies étaient la fête de Palès, déesse des bergers et des pâturages. Elle devint l'anniversaire de la fondation de Rome.

40. Respectivement en 37, 39, 40 et 41. Ce furent donc ses trois, et non ses deux derniers consulats qui furent consécutifs.

41. Des calendes de janvier. C'est le premier janvier que les consuls ordinaires, ceux qui donnaient leurs noms à l'année, entraient en fonctions.

42. De Statilius Taurus : voir *Vie d'Auguste,* fin du chap. 29.

43. Ou Septes *(Saepta).* Voir *Vie d'Auguste,* chap. 43.

44. Voir *Vie de César,* chap. 39.

45. Il s'agit d'un minéral vert à reflets cuivrés (voir Pline, *H. N.,* 37, 147). Le rouge et le vert étaient les couleurs de deux des factions du cirque.

46. On ignore l'origine de ce nom (maison appartenant à un certain Gelotius ?). On peut supposer qu'elle se trouvait sur la pente sud-ouest du Palatin, en face du grand cirque.

47. L'astrologue.

48. Le jeune Tibère, fils de Drusus, lui-même fils selon le sang de l'empereur Tibère, alors que Germanicus, le père de Caligula, n'était que le fils adoptif de Tibère.

49. C'est-à-dire à la manière des jeux célébrés à Athènes en l'honneur de Dionysos. La leçon peu justifiable adoptée par

T. Baudement (« jeux isélastiques ») signifierait : « jeux qui procurent aux athlètes les honneurs du triomphe ».

50. Voir *Vie de Tibère,* chap. 47.

51. Voir *Vie de Claude,* chap. 20.

52. Ainsi nommé d'après Didyme, lieu proche de Milet où se trouvait un temple d'Apollon.

53. L'isthme de Corinthe.

54. *Iliade,* 2, 204-205.

55. Le régime impérial, ou « principat », était une monarchie absolue qui affectait l'apparence d'une république. Caligula envisage de devenir un véritable roi, ce qui eût supprimé cette illusion et mis en harmonie l'apparence et la réalité.

56. Statue incrustée d'or et d'ivoire, œuvre de Phidias : voir plus loin, chap. 57.

57. Ou Jupiter Latial : c'était le dieu tutélaire de la confédération latine. Son temple se trouvait au sommet du mont Albain.

58. C'est-à-dire des flamants.

59. *Iliade,* 23, 724. Parole d'Ajax luttant avec Ulysse.

60. Agrippine, épouse de Germanicus et mère de Caligula, était la fille d'Agrippa, lequel appartenait à une famille de chevaliers.

61. La victoire d'Actium avait été remportée sur Antoine. Or, Antoine était le père d'Antonia la cadette, mère de Germanicus. Caligula était donc l'arrière-petit-fils d'Antoine. D'autre part, la victoire de Sicile avait été remportée sur Sextus Pompée par Agrippa, lieutenant d'Octave-Auguste, et Caligula, on l'a vu, désire rabaisser la mémoire d'Agrippa.

62. Voir *Vie de Tibère,* chap. 5.

63. Voir *Vie de Caligula,* chap. 12.

64. Sur les avanies qu'eut à souffrir Claude sous le règne de Caligula, voir *Vie de Claude,* chap. 8 ; et *Vie de Néron,* chap. 6.

65. C'est-à-dire qu'il accordait à ses sœurs la place (la partie inférieure du lit) qui aurait dû être celle de l'épouse.

66. Auteur d'une conspiration contre Caligula, avec Gaetulicus : voir *Vie de Claude,* chap. 9.

67. Ces quatre derniers mots sont ajoutés par le traducteur.

68. Romulus avait, d'après certaine tradition, épousé une femme déjà mariée, Hersilia. Et Auguste avait enlevé Livie, enceinte, à son mari (voir *Vie d'Auguste,* chap. 62).

69. Le texte n'est pas sûr en cet endroit, bien que la suite des idées ne fasse pas de doute.

70. Séléné était la fille d'Antoine et de Cléopâtre.

71. Voir chap. 12.

72. Exactement, les distributions de « décimes », présents offerts au peuple.

73. Les quatorze gradins qui, au théâtre, étaient réservés aux chevaliers.

74. Le texte est peu sûr. Selon la leçon aujourd'hui admise, on traduirait : « Au lieu des combats ordinaires, il produisait des bêtes épuisées, les plus méprisables gladiateurs, accablés de vieillesse, et, en guise d'escrimeurs, des pères de famille. »

75. L'expression est en fait : « du chauve au chauve », plaisante-

rie devenue proverbiale. Sans doute y avait-il un chauve au premier et au dernier rang de la file des prisonniers qu'il avait sous les yeux.

76. Ou plutôt, « d'esclaves ».

77. Ce lieu d'exécution n'était pas forcément la roche Tarpéienne, comme le croit T. Baudement.

78. Voir *Vie de Tibère*, chap. 45.

79. Voir chap. 15.

80. Trois cités portaient ce nom : une ville de Phocide située dans une péninsule du golfe de Corinthe ; une ville de Locride placée à l'entrée du même golfe ; et une ville sise à l'embouchure du Spercheios, près du golfe maliaque. Toutes trois étaient renommées pour leur ellébore, qui passait pour guérir la folie.

81. La Galatie, pays d'Asie Mineure, occupée au IIIe s. av. J.-C. par des Celtes. C'était une province romaine depuis le règne d'Auguste.

82. Vers d'Accius, poète tragique romain de la fin du IIe s. av. J.-C.

83. Voir chap. 15.

84. Gladiateurs munis d'un filet *(rete)* dans lequel ils tentaient d'envelopper leur adversaire et armés d'un trident et d'un poignard.

85. Les « poursuivants » *(secutores)* étaient armés d'une épée et d'un bouclier et portaient des jambières et un casque à visière.

86. Voir *Vie d'Auguste*, chap. 23.

87. Voir *Vie de Tibère*, chap. 40.

88. Chap. 19.

89. Gladiateur portant un casque surmonté de l'image d'un poisson.

90. Sur le sens de ce surnom, voir *Vie d'Auguste*, chap. 43.

91. Le nom de *Cincinnatus* venait du mot *cincinnus*, « boucle de cheveux », et faisait référence à la beauté de la chevelure de l'illustre personnage qui l'avait porté le premier.

92. Pompée, l'adversaire de César, avait le premier reçu ce surnom.

93. Voir chap. 26.

94. Gladiateur portant des jambières, un casque à visière, un brassard protégeant son bras droit, et armé d'une courte épée recourbée et d'un petit bouclier.

95. Un *hoplomachus*. Son équipement ressemble à celui du *secutor* ou « poursuivant » (voir chap. 30), mais il portait un long bouclier.

96. On désignait ainsi le prêtre de la Diane de Némi, près d'Aricie. C'était un esclave fugitif qui accédait à ce sacerdoce en tuant son prédécesseur.

97. Gladiateur combattant sur un char.

98. Le même que celui qui est nommé Émilius Lépidus au chap. 24 : c'était l'époux de Drusilla, sœur de Caligula.

99. Amant de Messaline, il sera plus tard tué sur l'ordre de Claude.

100. Le Journal du Peuple (voir chap. 8).

101. Vaisseaux rapides et légers (voir *Vie d'Auguste*, chap. 17) qui tiraient leur nom de celui d'un peuple illyrien, mais manifestement détournés, en l'occurrence, de leur fonction.

102. Six cent soixante-quinze millions de francs-or.

103. Attestant la concession de la citoyenneté romaine.

104. Deux millions deux cent cinquante mille francs-or.

105. T. Baudement a adopté une correction peu justifiable (« jusqu'aux affranchis des alliés »). Sur la condamnation des sœurs de Caligula, voir chap. 24 et 59.

106. C'est-à-dire que les impôts, d'abord affermés, furent ensuite perçus directement par des agents de l'empereur, parce qu'ils rapportaient ainsi davantage.

107. Voir *Vie d'Auguste,* chap. 19.

108. Julia Drusilla : voir chap. 25.

109. Voir *Vie de Tibère,* chap. 34.

110. Un repli de la toge servait de poche.

111. Rivière d'Ombrie célèbre par la beauté de son cours et de ses rives.

112. Ville proche du Clitumne, à environ 120 km au nord de Rome.

113. Prime de retraite.

114. Couronnes destinées à récompenser ceux qui ont fait une « reconnaissance » (du verbe *explorare*).

115. *Énéide,* 1, 207.

116. C'est-à-dire le Phare d'Alexandrie.

117. Cent francs-or environ.

118. Voir chap. 9.

119. Ou majeur, par opposition au triomphe mineur qu'est l'ovation, ou aux simples ornements du triomphe (voir *Vie d'Auguste,* chap. 22 et 38).

120. Le 31 août 40.

121. Voir chap. 8.

122. Voir chap. 29.

123. Voir chap. 35.

124. C'est-à-dire un spectacle durant toute une nuit ; voir la fin du chap. 57.

125. Littéralement « à la seconde veille », c'est-à-dire vers minuit, la nuit étant divisée en quatre veilles.

126. Sandales auxquelles était adapté un instrument de musique qui scandait le mouvement des pieds des danseurs.

127. Elle descendait jusqu'aux pieds.

128. Voir chap. 36.

129. Voir chap. 32 : la raison de cette mesure est que les mirmillons étaient normalement opposés aux gladiateurs thraces.

130. Une des quatre factions de cochers du cirque : les autres étaient les Bleus, les Blancs et les Rouges.

131. Environ 500 000 francs-or.

132. Jeux institués en 14 ap. J.-C., après la mort d'Auguste, par Livie.

133. Voir chap. 22.

134. Jour anniversaire du meurtre de César.

135. On suppose parfois, sans raison décisive, qu'il faut comprendre : « ainsi que le sanctuaire d'Apollon Palatin, le gardien

de l'entrée (du palais), à Rome ». Le texte latin n'autorise pas une telle interprétation.

136. Divinités (les « Fortunes ») qui rendaient des oracles à Antium, ville natale de Caligula.

137. Ou flamant : voir chap. 22.

138. Le 24 janvier (de l'année 41 ap. J.-C.), vers une heure de l'après-midi.

139. Parole rituelle du prêtre au sacrificateur.

140. T. Baudement a adopté une correction de Juste-Lipse (*iratum* pour *ratum*), d'où sa traduction (« Reçois une marque de sa colère »). Caligula a nommé Jupiter, le dieu de la foudre, le dieu qui frappe les impies et les parjures. Il est exaucé (parole évidemment ironique), car il est traité par Jupiter comme il le mérite.

141. Anciens jardins du consul L. Aelius Lamia, devenus propriété impériale. Ils étaient situés sur l'Esquilin.

142. Salle de réunion de sénat.

143. D'après le nom de Jules César.

144. C. Julius Caesar Strabo, tué en 87 av. J.-C. Cinna était un partisan de Marius, qui dirigea le parti populaire après la mort de ce dernier (voir *Vie de César*, chap. 1).

CLAUDE

1. Voir *Vie d'Auguste*, chap. 62.

2. T. Baudement : « d'une construction nouvelle et d'une étendue immense ». Il a préféré, parmi les leçons manuscrites, *novi* à *navi*, qui est retenu aujourd'hui. Ces canaux mettaient en liaison le Rhin avec la mer du Nord.

3. Voir *Vie d'Auguste*, chap. 22 et 38.

4. Les scribes (greffiers) de certains magistrats formaient des collèges répartis en décuries.

5. Rite funéraire.

6. Les dépouilles opimes étaient les armes du chef ennemi conquises par un chef romain à la suite d'un combat corps à corps.

7. Antonia, la fille cadette de Marc Antoine et d'Octavie, la sœur d'Auguste.

8. Il faut comprendre en fait : « l'anniversaire du jour où l'on y fit ». Car Claude naquit le 1er août 10 av. J.-C., et la dédicace de l'autel de Lyon avait eu lieu le 1er août 12 av. J.-C., selon la date la plus communément acceptée.

9. C'est-à-dire lorsque Germanicus fut adopté par Tibère, lui-même adopté au même moment par Auguste, en 4 ap. J.-C.

10. Alors qu'il aurait dû être en toge.

11. C'est-à-dire aux belles-lettres.

12. Livie était ainsi nommée depuis la mort d'Auguste.

13. C'est-à-dire Claude, qui portait les noms de Tiberius Claudius Drusus (chap. 2).

14. Jeux en l'honneur de Mars Vengeur, célébrés par Auguste le 1er août 12 ap. J.-C.

15. Les mots : « les qualités requises et universelles » sont en grec dans le texte. Quantité d'autres mots ou membres de phrases des lettres citées par Suétone dans ce chapitre sont aussi en grec.

16. Germanicus.

17. M. Plautius Silvanus : Claude épousa sa fille, Plautia Urgulanilla.

18. Voir *Vie d'Auguste,* début du chap. 45.

19. Les fêtes latines avaient lieu chaque année sur le mont Albain. Tous les magistrats de Rome s'y transportaient, et il fallait, en leur absence, placer un préfet à la tête de la ville durant cette période.

20. La mère de Claude.

21. Sulpicius se confond sans doute avec le Sulpicius Flavus dont il est question au chap. 41. Athénodore est un affranchi.

22. Le texte, mélange de grec et de latin, n'est pas absolument assuré. T. Baudement a choisi une leçon des plus douteuses que nous avons écartée.

23. Cette déclamation était apparemment un exercice scolaire.

24. C'est-à-dire qu'il n'aurait reçu le sixième de la succession d'Auguste que si les héritiers du premier rang, et de surcroît ceux du second, étaient morts ou avaient refusé l'héritage. Autant dire qu'il n'avait aucune chance d'hériter. Il reçut toutefois un legs particulier, dont il est question dans la phrase suivante.

25. Huit cent mille sesterces représentent environ 200 000 francs-or.

26. Sorte de décoration qui autorisait son titulaire à porter certains accessoires du costume des consuls, mais qui n'impliquait aucune responsabilité effective.

27. La fête des Sigillaires faisait immédiatement suite à celle des Saturnales. On avait coutume d'offrir à cette occasion des figurines *(sigilla).*

28. Voir *Vie d'Auguste,* chap. 100.

29. Porter un manteau lors d'un spectacle public était une incorrection de la part d'un citoyen romain : voir *Vie d'Auguste,* chap. 40.

30. Prêtres chargés du culte d'Auguste divinisé.

31. Voir *Vie de Caligula,* chap. 15.

32. En 39 ap. J.-C. Voir *Vie de Caligula,* chap. 24.

33. Il s'agit de la prêtrise consacrée à la divinité de Caligula : voir *Vie de Caligula,* chap. 22.

34. Il avait été obligé d'emprunter de l'argent au trésor public et avait mis en gage ses biens.

35. C'est-à-dire, selon une interprétation souvent reçue, que si des acheteurs ne se présentaient pas pour une vente à un prix fixé d'avance, la liquidation des biens pouvait avoir lieu à n'importe quel prix, même très désavantageux pour leur propriétaire. D'autres comprennent : « ... il vit mettre ses biens en vente pour pallier sa défaillance ».

36. Voir *Vie de Caligula,* chap. 58.

37. Peut-être s'agissait-il d'une chapelle à Hermès (le Mercure grec).

38. Environ 3 750 francs-or.

39. C'est-à-dire de changer de régime.

40. Pour porter son image, assimilée à celle d'une divinité. Tibère avait refusé les honneurs divins à Livie : voir *Vie de Tibère,* chap. 51.

41. Germanicus.

42. Sur les comédies grecques de Germanicus, voir *Vie de Caligula,* chap. 3.

43. Tibère aussi s'en était abstenu *(Vie de Tibère,* chap. 26), et Caligula lui-même ne le porte que de façon exceptionnelle dans les inscriptions qui lui sont consacrées.

44. Fonctionnaires dépendant de l'empereur seul.

45. Voir chap. 36, où la même tentative est rappelée.

46. En 42 ap. J.-C.

47. Une première fois consul sous Caligula en 37 (voir chap. 7), il le fut ensuite en 42, 43, 47 et 51.

48. Claude, comme on le sait par Dion Cassius (60, 17, 1), diminua le nombre des jours de fêtes.

49. Les décuries de juges : voir *Vie de Caligula,* chap. 16.

50. Le port de la toge était le privilège des citoyens romains.

51. En 22 av. J.-C.

52. C'est-à-dire qu'il lui retira la citoyenneté romaine.

53. Voir la fin du chap. 23. Jusqu'au règne de Claude, c'est le sénat qui accordait cette permission.

54. Ptolémée Aulète, roi d'Égypte. L'épisode se situe en 55 av. J.-C. Rabirius Postumus fut défendu par Cicéron.

55. Seul le suicide par pendaison était jusqu'alors considéré comme infâme. Les autres sortes de suicide étaient jugées honorables. Sans doute la tentative de mort volontaire est-elle aux yeux de Suétone à placer au nombre des « causes assez singulières » pour lesquelles Claude nota d'infamie certains citoyens.

56. Quartier de Rome où se vendaient les figurines *(sigilla)* que l'on offrait lors de la fête des Sigillaires (voir chap. 5).

57. En 43 ap. J.-C. L'expédition de Bretagne fut, au contraire de ce que dit Suétone, d'une importance considérable, comme le reconnaît indirectement cet auteur dans la *Vie de Vespasien,* chap. 4.

58. Voir *Vie d'Auguste,* chap. 32. C'est en 41 ap. J.-C. qu'il reçut ces ornements, pour des succès remportés en réalité sous Caligula en Maurétanie.

59. Littéralement : « par un violent circius », nom romain du mistral.

60. Les îles d'Hyères.

61. Boulogne-sur-Mer.

62. Sur la couronne civique, voir *Vie de César,* chap. 2. La couronne navale était accordée pour une victoire en mer.

63. Quartier situé au voisinage du champ de Mars.

64. Local où se faisait le dépouillement des bulletins de vote, au voisinage des *Saepta,* ou enceinte des élections, près du champ de Mars.

65. Loi qui tirait sa dénomination du nom des deux consuls de l'année 9 ap. J.-C., et qui infligeait des pénalités aux célibataires et aux couples sans enfants.

66. Les femmes affranchies mères de quatre enfants étaient notamment libérées de leurs devoirs envers ceux qui leur avaient accordé la liberté.

67. Voir *Vie de Caligula,* chap. 21.

68. Dans le pays des Marses, à l'est de Rome.

69. Voir *Vie de César,* chap. 44.

70. T. Baudement a faussé le sens de cette phrase : c'est à la fois l'eau Claudienne et le nouvel Anio qui furent amenés à Rome par un « aqueduc de pierre » (et non par « un bel aqueduc ») et distribués dans des réservoirs.

71. Dérivation de l'Anio.

72. Caligula avait fait venir cet obélisque d'Héliopolis, en Égypte. Il fut placé près de la colline du Vatican. Il se dresse actuellement sur la place Saint-Pierre de Rome.

73. Voir *Vie de Tibère,* chap. 47, et *Vie de Caligula,* chap. 21 : Suétone se contredit. Claude a dû seulement procéder à la dédicace du monument achevé sous Caligula.

74. Il y avait deux temples au sommet du théâtre.

75. Voir *Vie d'Auguste,* chap. 31.

76. Voir chap. 41.

77. Caligula y avait édifié un cirque.

78. Voir *Vie de César,* chap. 39.

79. Près du champ de Mars (voir *Vie d'Auguste,* chap. 43).

80. Petits repas ou vivres que les riches Romains distribuaient à leurs clients.

81. Mot qui signifie « palombe ».

82. Le gladiateur qui l'obtenait recevait sa retraite et n'avait plus à combattre.

83. T. Baudement a adopté le texte : « *Avete vos* » (Salut à vous !) des plus mauvais manuscrits. Nous modifions la traduction d'après la leçon plus satisfaisante : « *Aut non !* »

84. De façon qu'en cas d'urgence la mesure fût prise plus vite. Auparavant, c'est au préteur urbain ou aux gouverneurs de provinces que revenait ce soin.

85. Voir chap. 16.

86. Les procurateurs étaient de hauts fonctionnaires dépendant directement de l'empereur. Mis à part les procurateurs affranchis, ils appartenaient à l'ordre équestre. Les procurateurs ducénaires recevaient un traitement de 200 000 sesterces par an. Au Iᵉʳ siècle, les fonctionnaires de cette catégorie sont les administrateurs les plus importants : ils sont généralement à la tête d'une province impériale. Accorder les insignes consulaires à des procurateurs était une faveur considérable, puisqu'elle leur conférait à titre honoraire le rang des anciens consuls alors que les procurateurs n'appartenaient pas à l'ordre sénatorial. Elle devait paraître humiliante pour le sénat.

87. Il ne peut s'agir que des chevaliers qui possédaient une fortune d'au moins un million de sesterces (alors que la fortune

exigée d'un chevalier était seulement de 400 000 sesterces), et qui, de ce fait, auraient pu, en obtenant une haute magistrature (questure, édilité, etc.), devenir sénateurs.

88. L'*ager Gallicus,* qui faisait partie de l'Italie, occupait la région située autour d'*Ariminum* (Rimini).

89. Le trésor public, administré par le sénat. Il était distinct du « fisc », trésor directement sous la responsabilité de l'empereur et confié à des procurateurs impériaux.

90. L. Junius Silanus, que Claude fit périr plus tard (voir chap. 29).

91. Chef de l'expédition victorieuse de Bretagne (dont Claude lui-même prit la tête, pour quelques jours seulement) en 43 ap. J.-C. Voir chap. 17.

92. C'est-à-dire qu'il lui laissa la place d'honneur.

93. Les commandements successsifs d'une cohorte, d'une aile, et d'un tribunat de légion (les « milices équestres ») étaient en principe les fonctions indispensables à un chevalier pour qu'il pût accéder à la haute administration impériale. Avant Claude, l'ordre était différent : le commandement de l'aile était la fonction la plus élevée, que l'on exerçait en dernier. La réforme de Claude ne survécut pas à son auteur.

94. L'île Tibérine, à Rome, où se trouvait un temple à Esculape.

95. Il était donc interdit de traverser les villes à cheval ou en voiture, pour éviter les embarras de circulation.

96. Les noms de famille ou « gentilices » étaient particuliers aux citoyens romains.

97. A l'extérieur de la porte Esquiline, à l'est de Rome.

98. On considère généralement qu'il s'agit de Jésus-Christ (mort à cette époque puisqu'il avait été exécuté en Judée sous le règne de Tibère). Mais Suétone aurait pu commettre une erreur de chronologie, et penser d'autre part que ce personnage était venu à Rome. La forme *Chrestiani* pour *Christiani,* de *Chrestus* pour *Christus,* est attestée chez quelques auteurs chrétiens (Tertullien, Lactance). Pour d'autres commentateurs, Chrestus serait simplement un agitateur juif de Rome.

99. Prêtres préposés aux traités internationaux et aux rites qui les accompagnaient.

100. Son père était L. Aemilius Paulus, qui conspira contre Auguste *(Vie d'Auguste,* chap. 65); sa mère, Julie, petite-fille d'Auguste, reléguée en raison de sa mauvaise conduite *(Vie d'Auguste,* chap. 65).

101. Plus exactement, « dont le père avait reçu le triomphe » (en fait, les insignes du triomphe). Elle était la fille de M. Plautius Silvanus : ce personnage est nommé au chap. 4.

102. Voir *Vie de Caligula,* chap. 25.

103. Erreur de Suétone : le second consulat de Claude date de l'année 42, et cet empereur a commencé à régner le 24 janvier 41.

104. Voir chap. 29.

105. Récompense militaire qu'on ne donnait guère normalement qu'aux officiers.

106. Il épousa la fille de Juba II, roi de Maurétanie, et celle d'Hérode Agrippa, roi de Judée. La troisième est inconnue.

107. En latin *a studiis*. Il fournissait à l'empereur des informations pour prendre et motiver ses décisions. Suétone fut lui-même *a studiis* de l'empereur Trajan.

108. Ce qui l'assimilait à un membre de l'ordre sénatorial.

109. Au sens de « société commerciale ».

110. Le 29 décembre.

111. Cette version n'est pas compatible avec celle qui est donnée au chap. 26.

112. Les festins des Saliens étaient d'un luxe proverbial.

113. Sur le supplice des parricides, voir *Vie d'Auguste,* chap. 33.

114. La tête du condamné était placée dans une fourche et il était frappé de verges jusqu'à la mort (voir *Vie de Néron,* chap. 49).

115. Les rétiaires ne portaient pas de casque et avaient donc le visage à découvert, à la différence d'autres catégories de gladiateurs.

116. Lors des combats de midi, on produisait des condamnés à mort : à l'aide du fouet et du fer rouge, on les obligeait à s'entretuer. Beaucoup de spectateurs profitaient de ce moment, où le spectacle manquait de qualités artistiques, pour aller déjeuner.

117. Chap. 12.

118. Voir chap. 13 : il s'agit de Furius Camillus Scribonianus.

119. Voir chap. 13.

120. Voir *Vie de Tibère,* chap. 34.

121. Termes grecs qui ne font que traduire les mots « inconséquences » et « distractions ».

122. T. Baudement adopte (« il faisait inviter à souper ») la correction *convivium* au lieu du *consilium* des manuscrits.

123. Le texte latin adopté par T. Baudement (« Theogonius ») est fautif. Telegenius est un personnage inconnu : peut-être quelque idiot de comédie.

124. Peut-être le même personnage que celui qui est nommé au chap. 4 sous le nom de Sulpicius.

125. Sa mère, Antonia, était la fille du triumvir Marc Antoine, adversaire d'Octave-Auguste. Et sa grand-mère (il ne peut s'agir que de Livie, puisque Octavia, sa grand-mère maternelle, était morte un an après la naissance de Claude) était l'épouse d'Auguste. Les exigences contradictoires des deux femmes ne devaient guère laisser à Claude la liberté d'exposer comme il l'entendait l'histoire des guerres civiles !

126. Elles correspondaient au V consonantique, au groupe *bs* ou *ps,* et à l'*upsilon* grec.

127. Claude rendit en effet l'Achaïe, province impériale depuis Tibère, à l'administration du sénat (voir chap. 25).

128. Il faut entendre sans doute : aux ambassadeurs de langue grecque.

129. *Iliade,* 24, 369 ; *Odyssée,* 16, 72 ; 21, 133.

130. Expression proverbiale empruntée à la légende de Télèphe, qui avait été blessé par Achille. Un oracle lui fit savoir que seul celui qui avait causé la blessure pourrait la guérir. Télèphe se conforma à

la parole de l'oracle en appliquant sur sa plaie la lance d'Achille, ou, selon d'autres versions, de la rouille provenant de cette lance.

131. C'est-à-dire un héritier légitime. Néron, adopté à la suite des manœuvres d'Agrippine, n'était pas considéré comme tel.

132. Il était chargé de goûter les mets avant lui, pour prévenir les tentatives d'empoisonnement !

133. Le 13 octobre 54 ap. J.-C.

NÉRON

1. Castor et Pollux.

2. La bataille du lac Régille, en 498 av. J.-C., selon la tradition.

3. Précisément Énobarbus *(Aenobarbus)* veut dire « à la barbe d'airain » (ou de cuivre).

4. Confusion de Suétone : le vainqueur des Allobroges et des Arvernes (en 121 av. J.-C.) est en réalité le père du tribun dont il vient d'être question, et qui exerça cette magistrature en 104 av. J.-C.

5. En réalité, fils du tribun de 104. Il exerça sa préture en 58 av. J.-C.

6. Voir *Vie de César,* chap. 34.

7. Voir *Vie de César,* chap. 75.

8. Fille de Marc Antoine et de la sœur d'Auguste, Octavie.

9. Confusion de Suétone : il ne peut s'agir de C. César, le petit-fils et fils adoptif d'Auguste (mort en 4 ap. J.-C.), lors de son départ pour l'Orient en 1 av. J.-C., car Cn. Domitius Aenobarbus, le père de Néron, était à cette époque un tout petit enfant ou n'était pas encore né. Il ne peut s'agir que de Germanicus, qui fut envoyé en Orient en 17 ap. J.-C. Germanicus porta après son adoption par Tibère le nom de *C. Iulius Caesar Germanicus,* mais jamais il n'est appelé *C. Caesar* tout court.

10. Lors des ventes aux enchères : c'est-à-dire qu'il refusa de rembourser les courtiers qui lui avançaient de l'argent pour payer ses achats.

11. Sur les factions du cirque, voir *Vie de Caligula,* chap. 55.

12. Port d'Étrurie, à environ 45 km au nord-ouest de Rome.

13. Le 15 décembre 37 ap. J.-C.

14. Littéralement : « le jour de la purification », neuvième jour après la naissance, où les garçons recevaient leur nom.

15. Caligula.

16. Agrippine.

17. Second époux d'Agrippine.

18. Voir *Vie de César,* chap. 39.

19. Voir *Vie de César,* chap. 79.

20. Entre midi et une heure.

21. Le même fait est relaté de façon très défavorable à Néron à la fin du chap. 28.

22. T. Baudement : « un pont » ; mais c'est là un lapsus.

23. Sur la loi Papia Poppaea, voir *Vie de Claude*, chap. 19.
24. Les sénateurs devaient disposer d'une fortune au moins égale à un million de sesterces. Ce salaire était un moyen de renflouer la fortune des sénateurs ruinés qui, sans cela, n'auraient pu rester dans l'ordre sénatorial.
25. Jeux de la jeunesse. Ils commémorèrent le jour où Néron fit couper sa première barbe, en 58 ap. J.-C. (voir ci-après, fin du chap. 12).
26. Jusqu'alors ils disposaient de gradins réservés seulement au théâtre (voir *Vie de César*, chap. 39).
27. Auteur de la seconde partie du IIᵉ s. av. J.-C. Il écrivit des comédies mettant en scène des Romains (*fabulae togatae*) par opposition aux *fabulae palliatae*, comédies dont les personnages étaient des Grecs.
28. C'est-à-dire de jeunes Grecs. Voir *Vie d'Auguste*, chap. 98.
29. Danse guerrière à l'origine, mais qui avait fini par comporter des thèmes érotiques, bachiques ou mythologiques.
30. Le podium était une plate-forme jouxtant l'arène, d'où l'empereur et les personnes les plus éminentes de l'État suivaient les jeux.
31. L'huile nécessaire au massage des athlètes.
32. Au champ de Mars.
33. Pour des raisons de décence (les athlètes étaient nus), Auguste avait formellement interdit le spectacle des jeux d'athlètes à toute personne du sexe féminin : voir *Vie d'Auguste*, chap. 44.
34. En 66 ap. J.-C.
35. Sur le temple de Janus, voir *Vie d'Auguste*, chap. 22.
36. En 55, 57, 58 et 60. Mais il exerça un cinquième consulat en 68 : voir chap. 43
37. Comprendre : avec ses conseillers.
38. Il y avait plus de candidats aux magistratures que de postes à pourvoir, d'où des retards dans la carrière des sénateurs.
39. Voir *Vie de César*, chap. 76.
40. Comprendre : du haut des terrasses des portiques.
41. Vivres ou petites sommes d'argent.
42. Cette interdiction existait déjà avant Néron : voir *Vie de Claude*, chap. 38.
43. Pour empêcher les témoins d'ajouter leur propre nom à ceux des légataires.
44. Il ne faut pas confondre, comme le fait T. Baudement, le trésor (public), géré par le sénat, et le fisc, qui relève de l'empereur.
45. Ces juges, ne relevant pas du trésor public, seraient moins tentés de donner systématiquement raison à celui-ci que les préfets du trésor, qui étaient auparavant chargés de juger ce genre d'affaires : voir *Vie de Claude*, fin du chap. 9.
46. Sur les Alpes Cottiennes, voir *Vie de Tibère*, chap. 37.
47. Défilé situé au centre du massif du Caucase. C'est par erreur qu'on l'appelait « portes Caspiennes ». Pline, *H. N.*, 6, 30 et 40, rectifie l'erreur : il s'agit en réalité des « portes Caucasiennes ».
48. Environ 1,78 m.

49. T. Baudement suit une leçon de valeur douteuse (« à un anneau qui ornait leur main gauche »).

50. La traduction de T. Baudement, ici encore, est fondée sur une leçon qui ne fait plus autorité (« quarante mille sesterces »).

51. Créés en 60 (voir chap. 12), ils auraient dû être célébrés à nouveau en 65.

52. Vers quatre heures de l'après-midi.

53. Littéralement : « ... un affranchi qui jeta la serviette », ce qui était le signal du départ.

54. Voir chap. 19.

55. Ville de l'île de Corcyre (Corfou). Il s'y trouvait un temple en l'honneur de Jupiter Cassius (ou plutôt Casius), dont le culte était d'origine orientale. Il y avait un sanctuaire de Jupiter Casius sur le mont Casius, situé entre la Basse Égypte et l'Arabie, près de Péluse, et un autre sur la montagne du même nom, situé près de l'embouchure de l'Oronte, en Syrie.

56. Les règlements interdisaient aux concurrents l'usage du mouchoir.

57. Le pantomime accompagnait de ses gestes la déclamation de l'acteur tragique.

58. C'est-à-dire que toutes les villes de la province d'Achaïe furent dotés de l'autonomie.

59. Ils avaient lieu à Corinthe tous les cinq ans.

60. La ville d'Albanum (Albano Laziale) n'existait pas encore. Il ne peut donc s'agir ici que d'un domaine impérial situé dans la région d'Albe, tel que celui qu'y posséda Domitien (voir *Vie de Domitien,* chap. 4).

61. Jeux célébrés tous les quatre ans à Delphes en l'honneur d'Apollon.

62. C'est-à-dire les compagnons d'Auguste (nom que se donnaient les membres de la claque de Néron : voir chap. 20).

63. Le Vélabre est une vallée située entre le Capitole et le mont Palatin.

64. Dans les rixes, un des modes d'agression (ou de défense) favoris consistait à tenter de crever les yeux de son adversaire : voir *Vie d'Auguste,* chap. 27 ; *Vie de Néron,* chap. 4 ; *Vie de Domitien,* chap. 17.

65. Il s'agit de Julius Montanus, qui n'avait pas encore géré une magistrature lui permettant d'entrer au sénat (Tacite, *Annales,* XIII, 25).

66. Voir *Vie d'Auguste,* chap. 43 ; *Vie de Tibère,* chap. 72.

67. Coiffure orientale. Le texte est peu sûr. T. Baudement a adopté la correction *mellita* au lieu de conserver le mot *mitellita* que comportent les manuscrits (d'où sa traduction : « pour un mets préparé avec du miel »).

68. Son nom grec indique qu'il devait s'agir d'un jeune esclave.

69. Voir *Vie de César,* chap. 30.

70. Sur ce quartier de Rome, voir *Vie de Claude,* chap. 16.

71. Voir chap. 9.

72. *Vie de Caligula,* fin du chap. 37 : en moins d'un an, Caligula avait dilapidé deux milliards sept cents millions de sesterces.

73. Sur les mirmillons, voir *Vie de Caligula,* chap. 32.
74. Ville d'Apulie (Canossa).
75. Les Mazaces (ou Mazyces) étaient des cavaliers réputés de Maurétanie. Sur les phalères, voir *Vie d'Auguste,* chap. 25.
76. La célèbre « Maison Dorée ».
77. Voir *Vie d'Auguste,* chap. 82.
78. En ne lui laissant aucun legs ou des legs d'un montant insuffisant. Un procédé analogue avait été utilisé par Caligula : voir *Vie de Caligula,* chap. 38.
79. Voir chap. 32.
80. Et, par là même, de confisquer ce qu'elles contenaient.
81. Le même mot, *morari,* veut dire (avec *o* bref) « séjourner », ou (avec *o* long), « faire l'idiot ».
82. Le texte n'est pas sûr. Nous ne suivons pas celui qu'a adopté T. Baudement (« une célèbre empoisonneuse, du nom de Locuste ».)
83. Loi de Jules César sur les assassinats, confirmant une loi de Sylla, et punissant notamment les empoisonneurs.
84. Elles étaient célébrées en mars, en l'honneur de Minerve.
85. Voir *Vie de Caligula,* chap. 37.
86. Petite ville de Campanie située entre Baïes et Misène.
87. Domitia Lepida : voir chap. 5, 6 et 7.
88. La coupe de la première barbe, qui signifiait symboliquement que l'on entrait dans l'âge adulte, donnait lieu à une cérémonie : voir la fin du chap. 12.
89. Statilius Taurus. Il fit construire en 30 av. J.-C. le premier amphithéâtre permanent à Rome : voir *Vie d'Auguste,* chap. 29.
90. En 65 ap. J.-C. Mais Néron n'épousa Statilia Messalina qu'en 66, après la mort de Poppée.
91. Par référence aux ornements triomphaux, ou aux ornements consulaires, que l'on recevait en lieu et place d'un vrai triomphe ou d'un vrai consulat. C'est une façon de dire qu'Octavie doit se contenter du titre purement théorique d'épouse de l'empereur, sans partager sa couche.
92. En 66.
93. C'est-à-dire une comète.
94. Ses origines remontaient à 62. Elle fut découverte et réprimée en 65.
95. Son auteur s'appelait L. Annius Vinicianus. Elle date de 66.
96. Ces boutiques étaient louées, en guise d'appartements ou de bureaux, à des cités de l'Empire qui y établissaient leurs délégations.
97. Voir chap. 19.
98. Vers grec attribué à Euripide. Dion Cassius (58, 23) le place dans la bouche de Tibère.
99. C'étaient des immeubles collectifs *(insulae)* et non pas des maisons particulières, comme traduit à tort T. Baudement.
100. Sur l'Esquilin, dans les jardins de Mécène.
101. Composition poétique de Néron lui-même.
102. Déesse des funérailles : on conservait dans son temple un registre où étaient consignés les noms des défunts, et l'on y achetait tout l'appareil nécessaire aux obsèques.

103. Camulodunum et Verulamium.

104. Il y aurait eu soixante-dix mille morts du côté des Romains et de leurs alliés. Ces événements eurent lieu en 60-61 ap. J.-C., lors de la révolte de la reine Boudicca. L'insurrection fut écrasée par C. Suetonius Paulinus.

105. Les deux vers ne forment pas un distique et sont indépendants l'un de l'autre.

106. Jeu de mots sur le verbe *sustulit*, qui veut dire à la fois : « a porté » et s'applique à Énée qui porta son père Anchise sur son dos, et : « a fait disparaître » et s'applique à Néron meurtrier de sa mère.

107. Le jeu porte ici sur les deux épithètes d'Apollon : l'une (Péan) désignant le musicien (Néron), l'autre *(Hécatêbélétês)* faisant référence à l'archer (le roi des Parthes).

108. Allusion à la Maison Dorée, qui englobait plusieurs quartiers de Rome (chap. 31).

109. Roi d'Eubée, père de Palamède. Il se vengea sur les Grecs de la mise à mort de son fils devant Troie en provoquant le naufrage de leurs navires.

110. Orcus est le nom latin de Pluton, dieu des Enfers.

111. Il gouvernait la province de Lyonnaise.

112. Le texte (grec) de cette parole n'est pas absolument certain.

113. Né le 24 décembre 3 av. J.-C. (*Vie de Galba*, chap. 4), Galba était, dans les derniers jours du règne de Néron (mort le 9 juin 68), dans sa soixante-dixième année. Toutefois, on a parfois contesté la date de naissance indiquée par Suétone, et cet auteur se contredit en écrivant que Galba était dans sa soixante-treizième année au moment de sa mort (le 15 janvier 69) [voir *Vie de Galba*, chap. 23], alors que selon sa propre chronologie il commençait à peine sa soixante et onzième année.

114. De la même façon qu'un poisson avait rapporté à Polycrate l'anneau qu'il avait jeté à la mer (Hérodote, 3, 41-42).

115. Les trois provinces d'Espagne.

116. Car si Néron s'était produit lui-même sur le théâtre, il aurait eu plus de succès que cet acteur.

117. Partisans.

118. T. Baudement suit le texte des moins bons manuscrits (« ... soumises que par lui, pourvu qu'il fût revêtu du consulat »).

119. Les immeubles de rapport et les maisons particulières.

120. Le texte n'est pas sûr.

121. Allusion à la longue chevelure que Néron aimait à porter : voir chap. 51.

122. C'est-à-dire : ce ne sont plus des concours théâtraux, mais une vraie guerre qu'il doit affronter.

123. Il y a plusieurs variantes selon les manuscrits et les corrections proposées. Le texte n'est pas sûr et le sens est peu clair, quelle que soit la leçon adoptée.

124. Allusion au supplice du parricide, que Néron, meurtrier d'Agrippine, a mérité de se voir infliger : voir *Vie d'Auguste*, chap. 33.

125. Mot à double entente, le même vocable *(gallos)* signifiant à la fois « Gaulois » et « coqs ».

126. Nouveau jeu de mots : *Vindex* est le nom du chef de l'insurrection (Julius Vindex), et signifie « vengeur ».
127. Voir chap. 28.
128. Ces prières pour le salut de l'empereur et de l'État avaient lieu le 1er janvier.
129. Mot à double entente.
130. T. Baudement : « Furieux, il déchira. »
131. Voir chap. 33.
132. Près de l'Aventin.
133. *Énéide,* 12, 646. Pour le texte français : Racine, *Phèdre,* III, 3.
134. « D'or » est ajouté par T. Baudement.
135. Voir chap. 30.
136. Au nord-est de Rome.
137. Ces trois mots sont ajoutés par T. Baudement.
138. Allusion ironique à une boisson imaginée par Néron, qui consistait à mettre de l'eau bouillie dans des flacons de verre et à les rafraîchir dans de la neige : voir Pline, *H. N.*, 31, 40.
139. L'eau était destinée à laver son cadavre, et le bois à le faire brûler.
140. Vers de l'*Iliade,* 10, 535.
141. Voir *Vie de Galba,* chap. 14.
142. Voir chap. 28.
143. La colline du Pincio, qui était alors en dehors des limites de la ville de Rome.
144. Ville d'Étrurie.
145. Île grecque, près de la côte thrace. Le marbre y est très abondant et était largement utilisé dans l'antiquité romaine.
146. La durée de son principat.
147. Ample vêtement de soie aux couleurs brillantes.
148. Ne pas porter de ceinture ou avoir une ceinture mal ajustée était considéré comme un trait propre aux hommes efféminés : voir *Vie de César*, chap. 45.
149. T. Baudement : « et surtout pour la sculpture », d'après une leçon de peu de valeur.
150. Le mot désigne ici non pas une période de cinq ans, mais la période de quatre ans qui s'écoulait entre deux séries successives de jeux Olympiques.
151. Roi des Rutules, adversaire d'Énée.
152. Atargatis, déesse de la fécondité.
153. Le bonnet phrygien, que portaient les esclaves que l'on venait d'affranchir.
154. La tribune aux harangues, au forum.

GALBA

1. Les empereurs « julio-claudiens » (d'Auguste à Néron) devaient le nom de César à un lien de parenté (réelle ou par

adoption) avec la famille de Jules César. Les empereurs suivants prirent le nom de César comme un symbole du rang impérial.

2. Ville d'Étrurie, à 17 km au nord-ouest de Rome.

3. Ce personnage avait reconstruit le Capitole : voir *Vie de César,* chap. 15; *Vie d'Auguste,* chap. 94. Aucune des inscriptions conservées de Galba ne mentionne cette parenté.

4. Allusion aux portraits d'ancêtres que les nobles Romains plaçaient dans l'atrium de leur maison et exhibaient lors des funérailles de l'un des leurs.

5. Suétone se limite aux *Sulpicii* qui ont eu le surnom de Galba.

6. Suc résineux d'une plante ombellifère de Syrie.

7. 147-139 av. J.-C. Viriathe était un chef lusitanien.

8. Voir *Vie de Néron,* chap. 3 : cette loi frappait les assassins de César.

9. Ses travaux littéraires.

10. Quintus Catulus Capitolinus, mentionné au chapitre précédent.

11. Le 24 décembre 3 av. J.-C.

12. Port de la Tyrrhénienne, à une centaine de km au sud-est de Rome.

13. Voir *Vie de Tibère,* chap. 5.

14. On a proposé plusieurs leçons différentes. Nous écartons celle sur laquelle se fonde T. Baudement.

15. La confusion était rendue possible (la mauvaise foi aidant) par le fait que les Romains notaient le chiffre 500 000 par un D surmonté d'un trait horizontal; et que pour noter 50 000 000, ils ajoutaient, en plus, de chaque côté du D une barre verticale (voir R. Cagnat, *Cours d'épigraphie latine,* 4e éd., Paris, 1914, p. 32).

16. Les jeux de Flore étaient célébrés le 28 avril de chaque année.

17. En 33 ap. J.-C. Les deux consuls ordinaires entraient en fonction le premier janvier et étaient éponymes, c'est-à-dire qu'ils donnaient leur nom à l'année.

18. Tous les manuscrits portent : « L. Domitius ». Mais en réalité le personnage s'appelait bien Cn. Domitius.

19. Le texte est corrompu. Les mots : « Il fut ensuite envoyé en Germanie » sont seulement restitués par hypothèse. Gétulicus avait conspiré contre Caligula et fut exécuté en 39 ap. J.-C.

20. Le même fait est évoqué, mais de façon négative pour Caligula, dans la *Vie de Caligula,* chap. 26.

21. Voir *Vie de Claude,* chap. 17.

22. Les mots « le jour même du départ » sont ajoutés par T. Baudement.

23. Cent francs-or.

24. Mesure de capacité de 8,75 litres.

25. Sur les quindécemvirs, voir *Vie de César,* fin du chap. 79. Les « confrères de Titius » (ou prêtres Titiens, comme traduit T. Baudement) étaient un très ancien collège d'origine obscure. Sur les prêtres d'Auguste, voir *Vie de Claude,* chap. 6.

26. Sans doute pour pouvoir partir dans les plus brefs délais s'il apprenait qu'on voulait l'arrêter.

27. C'est-à-dire qu'en cas de décès du pupille, le legs destiné à ce dernier revenait au tuteur.

28. C'est-à-dire qu'il y rendait la justice en tant que gouverneur.

29. Gouverneur d'une province impériale.

30. Clunie était une ville de Tarraconaise, près de la rive droite du Duero.

31. C'est-à-dire qu'ils continuaient d'appartenir à l'ordre équestre, dont l'anneau d'or était le symbole.

32. Soldats qui, après avoir reçu leur congé, sont rappelés sur leur demande pour poursuivre leur service militaire.

33. Cité située près de l'embouchure de l'Èbre, à 75 km au sud-ouest de Tarragone.

34. Il fut vaincu par Verginius Rufus, resté fidèle à Néron, près de Vesontio (Besançon), et se donna la mort.

35. Auguste avait déjà licencié sa cohorte germaine. Mais elle avait été rétablie au plus tard par Caligula : voir *Vie d'Auguste*, chap. 49 ; *Vie de Caligula*, chap. 58.

36. Cinq francs-or.

37. T. Baudement a adopté une correction de Turnèbe, d'où sa traduction (« Simus revient de sa campagne »). Onésimus était sans doute, dans l'atellane, un personnage de paysan avare.

38. Juge assesseur lorsque Galba tenait ses assises judiciaires.

39. Un affranchi ne pouvait devenir chevalier, sauf si l'empereur effaçait son origine servile et lui conférait l'anneau d'or. Le surnom romain de Marcianus fut substitué à l'ancien nom d'esclave Icélus, nom grec qui ne pouvait être celui d'un homme de naissance libre.

40. La préfecture du prétoire.

41. Ce privilège était parfois accordé par faveur impériale à des personnes qui n'avaient pas trois enfants (Suétone lui-même en fut bénéficiaire). En vertu de la loi Papia Poppaea, de l'époque d'Auguste, les pères de trois enfants jouissaient de certaines prérogatives, comme d'être dispensés d'exercer la fonction de juge.

42. Voir *Vie de Claude*, chap. 23.

43. Entendre : presque toutes les personnes des différents ordres de l'État.

44. Nymphidius Sabinus, préfet du prétoire, qui s'était révolté contre Galba : voir chap. 11.

45. Voir chap. 4.

46. Autrement dit, le sacrifice n'avait pas été fait dans les formes : il aurait dû y avoir une flamme ardente, c'est un jeune homme vêtu de blanc qui aurait dû porter l'encens dans un coffret, et le vin aurait dû être dans un vase d'une matière plus noble.

47. Le camp de la garde prétorienne.

48. Voir *Vie d'Auguste*, chap. 57.

49. Ces cinq derniers mots sont ajoutés par T. Baudement, d'après la leçon de certains manuscrits.

50. T. Baudement suit une leçon qui n'est pas celle des meilleurs manuscrits (« Allons, beau Galba... »).

51. Fin d'un vers homérique qui se rencontre à la fois dans l'*Iliade*, 5, 254, et dans l'*Odyssée*, 21, 426.

52. Ce nom indique que Patrobius était lui-même un affranchi de Néron.
53. Cent pièces d'or *(aurei)* valaient dix mille sesterces, soit environ deux mille cinq cents francs-or.
54. Route qui partait de Rome en direction du nord-ouest en longeant la côte de la mer Tyrrhénienne.
55. Un livre se présentait sous forme d'un rouleau de papyrus.
56. Texte peu clair et qu'on a interprété de diverses façons.
57. Cette affirmation est en contradiction avec l'indication de Suétone sur la date de naissance de Galba (chap. 4). Voir notre note à la *Vie de Néron,* chap. 40.

OTHON

1. Ville d'Étrurie, à 75 km au nord-ouest de Rome.
2. Sur la révolte de Furius Camillus Scribonianus, voir *Vie de Claude,* chap. 13 et 35.
3. Le 28 avril 32 ap. J.-C.
4. Les concussionnaires étaient normalement exclus du sénat : voir *Vie de César,* chap. 43.
5. Ces trois derniers mots ont été ajoutés par T. Baudement.
6. Voir *Vie de Galba,* chap. 17.
7. Le camp des prétoriens.
8. Qui devaient avoir pour origine de mauvais présages.
9. Voir *Vie de Galba,* chap. 19.
10. Voir *Vie de Galba, ibid.*
11. Les brevets étaient des pièces officielles émanant de l'empereur par lesquelles il accordait la citoyenneté romaine à un étranger, ou sa retraite à un soldat, etc.
12. Expression proverbiale signifiant que quelqu'un s'engage dans une entreprise qui dépasse ses forces.
13. Comprendre : à Ostie.
14. La traduction de T. Baudement (« qu'on avait solennellement promenés ») est en fait une glose : du 1er au 24 mars, les Saliens, en costume guerrier, mettaient en mouvement les boucliers sacrés, les déposant à la fin de la journée dans des reposoirs *(mansiones).* Après la revue militaire du 24, ils rapportaient les boucliers dans le temple. Othon aurait dû attendre cette ultime cérémonie avant de partir en campagne.
15. Le 24 mars, jours où les prêtres de Cybèle, les « galles », commémoraient la mort d'Attis par des plaintes funèbres.
16. Littéralement : « à Dis pater », un des noms latins de Pluton.
17. Brixellum est une ville située sur le Pô, entre Parme et Mantoue.
18. Bédriac, entre Vérone et Crémone.
19. Il y avait deux sortes de tribuns militaires : les tribuns appartenant à l'ordre sénatorial, dits « laticlaves » parce que leur

tunique comportait une large bande de pourpre ; et les tribuns appartenant à l'ordre équestre, dits « angusticlaves », parce que leur bande de pourpre était étroite. Le père de Suétone était donc un chevalier.

20. Statilia Messalina, dont il a été question dans la *Vie de Néron*, chap. 35.

21. Petite erreur de Suétone : né le 28 avril 32 (chap. 2), Othon mourut le 25 avril 69. Il était donc à l'extrême fin de sa trente-septième année.

VITELLIUS

1. *Eulogius* est une correction de Casaubon adoptée par T. Baudement. On ne connaît cet écrivain que par la mention qu'en fait Suétone.

2. Habitants primitifs du Latium.

3. Peuple de l'antique Latium, qui habitait à l'est de Rome, de part et d'autre de l'Anio.

4. Voir *Vie de Caligula*, chap. 16.

5. Voir *Vie de Caligula*, chap. 2.

6. Voir *Vie de Caligula*, chap. 14.

7. Le 24 ou le 7 septembre 15 ap. J.-C.

8. Voir *Vie de Tibère*, chap. 43 ; *Vie de Caligula*, chap. 16.

9. Voir *Vie de Néron*, chap. 12 et 21.

10. Sans quoi sa fortune serait tombée aux mains de Vitellius. Lorsque l'on était sous la puissance paternelle, on ne pouvait rien posséder en propre : voir *Vie de Tibère*, chap. 15.

11. Voir *Vie de Caligula*, chap. 55.

12. Les mains ouvertes étaient un signe de gratitude envers les dieux.

13. Les habits sordides dont les accusés se revêtaient, en signe de deuil : voir *Vie d'Auguste*, chap. 32.

14. De la ville près de laquelle était stationnée son armée, c'est-à-dire Cologne.

15. Tente du général.

16. Voir *Vie de Galba*, chap. 16.

17. Voir le chap. 18, où Suétone explique en quoi ce présage était défavorable.

18. Cologne.

19. Les Gaulois avaient écrasé les Romains sur les rives de l'Allia, au nord de Rome, en 390 av. J.-C.

20. Les *Poèmes du Maître* étaient un recueil d'œuvres de Néron.

21. T. Baudement suit la leçon de certains manuscrits : *ferocitatem* au lieu de *furacitatem* (d'où sa traduction : « fatigué de son humeur âpre et mutine »).

22. Symbole de l'appartenance à l'ordre équestre.

23. Comme l'empereur Claude : voir *Vie de Claude*, chap. 33.

24. C'est-à-dire de flamants.

25. Une des factions du cirque : voir chap. 7, et *Vie de Caligula*, chap. 55.
26. Terme par lequel on désignait communément les astrologues.
27. Peuple de l'ouest de la Germanie, situé entre le Rhin et la Weser, dont le territoire correspondait à la Hesse actuelle.
28. *Flavius* était le nom de famille de Vespasien et de ses fils.
29. Signifiant par là qu'il renonçait à son pouvoir de vie et de mort sur les citoyens.
30. Voir chap. 9.

VESPASIEN

1. Sur les images des ancêtres, voir *Vie de Galba*, note relative au début du chap. 3.
2. À environ soixante-dix kilomètres au nord-est de Rome, sur la *via Salaria*. Aujourd'hui Rieti.
3. Taxe douanière de deux et demi pour cent sur l'exportation et l'importation de certaines marchandises.
4. À 110 km au nord-est de Rome, dans le pays des Sabins.
5. Spolète se trouve à 95 km au nord de Rome, en Ombrie.
6. En latin *Vespasiae*.
7. Le 17 novembre 9 ap. J.-C.
8. Port d'Étrurie (aujourd'hui Ansedonia), à environ 120 km au nord-ouest de Rome.
9. Les récupérateurs avaient à traiter des questions de propriété et de statut personnel.
10. La mère de l'empereur Claude.
11. Vectis, l'île de Wight.
12. En 51 ap. J.-C.
13. T. Baudement suit la leçon des moins bons manuscrits (« ceux qui avaient été ses amis »).
14. Erreur de Suétone : le gouverneur de Judée, Gessius Florus, se réfugia à Césarée.
15. La main était le symbole du pouvoir.
16. Montagne de Judée.
17. L'historien juif de langue grecque Flavius Josèphe.
18. Le premier juillet 69.
19. Le 11 juillet.
20. Vespasien et Titus obtinrent simultanément le triomphe en 71 pour les succès remportés en fait par Titus, qui mirent fin à la guerre juive et aboutirent à la prise de Jérusalem.
21. Au consulat obtenu en 51 (voir chap. 4) s'ajoutèrent les huit consulats ordinaires obtenus chaque année pendant le règne de Vespasien, de 70 à 79 à l'exception des années 73 et 78.
22. Ils constituaient une brigade de lutte contre les incendies. Leurs différents détachements venaient prendre, à tour de rôle, leur service à Rome.
23. Il est impossible de garder la leçon *Thraciam* des manuscrits,

car la Thrace et la Cilicie proprement dite étaient déjà des provinces romaines avant Vespasien.

24. Vitellius l'avait incendié : voir *Vie de Vitellius*, chap. 15.

25. Le Colisée, que l'on appela « amphithéâtre flavien ».

26. En d'autres termes, les sénateurs n'ont pas de droits supérieurs aux autres citoyens. Leur seule supériorité est dans leur rang social.

27. Les centumvirs avaient à s'occuper notamment des procès concernant la propriété, les testaments, les parentés, les dégâts des eaux, etc.

28. Il y a une lacune dans les manuscrits et le sens de la phrase n'est pas certain, d'autant que l'on a tout lieu de croire que Vespasien reçut dès qu'il le put la puissance tribunicienne. Sur cette dernière, voir, dans la *Vie d'Auguste*, notre première note relative au chap. 26. En revanche, il ne semble avoir accepté le titre de Père de la patrie qu'en avril 71. Mais il n'était pas de règle pour les empereurs de le recevoir dès le début de leur règne.

29. Voir *Vie de Claude*, chap. 35.

30. Voir chap. 6.

31. Un prince plus avide aurait profité de la situation pour faire condamner Hipparque afin de confisquer ses biens.

32. Plus exactement : « à Morbovia », c'est-à-dire le pays de la maladie (*morbus*). C'est une façon de dire : « Allez au diable. »

33. Par plaisanterie, Vespasien feint de croire à cet avertissement, et d'espérer que Mettius Pompusianus, devenu empereur, l'épargnera par gratitude.

34. Le texte latin n'est pas sûr, mais le sens ne fait pas de doute.

35. Soit environ dix milliards de francs-or. A titre de comparaison, rappelons que le trésor laissé par Tibère à sa mort était de deux milliards sept cents millions de sesterces (*Vie de Caligula*, chap. 37) : mais cela ne concernait que le fisc, c'est-à-dire le trésor géré par l'empereur. Les besoins exprimés par Vespasien englobaient sans doute à la fois les dépenses afférentes au fisc et celles qui relevaient du trésor public géré par le sénat.

36. Ceux qui, ne possédant pas la fortune minimum d'un million de sesterces, n'auraient pu légalement rester dans l'ordre sénatorial.

37. Distinct du trésor public, lequel était géré par le sénat.

38. Vespasien avait placé cette statue dans le temple de la Paix (chap. 9 ; voir Pline, *H. N.*, 36, 27).

39. Statue de cent vingt pieds de haut que Néron avait fait dresser dans l'entrée de la Maison Dorée : on dut la restaurer pour remplacer la tête de Néron par celle du Soleil, et on la plaça sur la Voie Sacrée.

40. L'utilisation de cette invention aurait mis au chômage les ouvriers chargés habituellement de transporter des colonnes.

41. Il y a probablement à cet endroit une lacune dans le texte de Suétone.

42. T. Baudement a adopté la traduction : « Apollinaris. »

43. C'est-à-dire qu'il ne se contentait pas de simples sportules ou distributions.

44. Jour de la fête des femmes mariées, les *Matronalia*.

45. Ce qui signifie « marchand de thon salé ».
46. Voir chap. 3.
47. *Comissimus* (« très affable ») vaut mieux que la leçon *communissimus* (« grande familiarité ») adoptée par T. Baudement.
48. Peut-être y a-t-il là un jeu de mots, l'adjectif grec *phlauros* signifiant « frivole », « insignifiant ».
49. *Iliade,* 7, 213.
50. Entendre : après sa mort. Si un affranchi mourait sans enfants, son patron héritait de lui. Cérylus, affranchi de Vespasien, voulant échapper à cette règle afin de transmettre sa fortune à la personne de son choix, prétendait faire oublier son ancien nom d'esclave pour que l'on crût qu'il était de naissance libre.
51. Parodie de vers de Ménandre.
52. Les foulons l'utilisaient pour nettoyer les étoffes de laine. Avant Vespasien, ils la recueillaient gratuitement.
53. Le Mausolée édifié par Auguste pour lui-même et pour la famille impériale : voir *Vie d'Auguste,* chap. 100. Un prodige semblable s'était produit avant la mort de Néron : voir *Vie de Néron,* chap. 46.
54. Une comète.
55. Allusion plaisante à l'apothéose qui l'attendait, et sur la réalité de laquelle, apparemment, il était fort sceptique.
56. Lieu proche de Réate, où se trouvaient des sources thermales.
57. Le 23 juin (de l'année 79).

TITUS

1. Le 30 décembre 41.
2. Ou Septizonium. Édifice à sept étages, dont chacun évoquait une planète. Il ne peut s'agir de l'édifice de ce nom bâti sur le Palatin à l'époque de Septime Sévère. On ignore où se trouvait celui auquel Suétone fait allusion.
3. Pseudo-science en vertu de laquelle l'examen des traits du visage révèle la destinée d'un individu.
4. Ces trois mots ont été arbitrairement déplacés par T. Baudement, alors qu'ils doivent se trouver après : « autant de grâce que de dignité ».
5. Correction indispensable au texte des manuscrits (au lieu de « Arricidia »).
6. La modestie relative du rang du personnage (il n'était que chevalier) était compensée par le fait qu'il avait accédé à la plus haute fonction à laquelle pût prétendre un chevalier, la préfecture du prétoire.
7. Grâce à l'accession de son père Vespasien à l'empire.
8. Terme qui désigne un général victorieux.
9. Voir *Vie de Vespasien,* chap. 8.
10. En 70, 72, 74, 75, 76, 77 et 79 ap. J.-C.

11. Voir *Vie de Néron,* chap. 15.
12. Cette règle avait cependant souffert quelques exceptions.
13. Texte délayé par T. Baudement. Comprendre : « ... de voir en public quelques-uns des favoris qu'il aimait le plus, bien qu'ils dansassent avec tant de talent qu'ils s'imposèrent ensuite sur la scène. »
14. Le Colisée : voir *Vie de Vespasien,* chap. 9.
15. Sur les gladiateurs thraces, voir *Vie de Caligula,* chap. 35.
16. Illustrée par la destruction de Pompéi et d'Herculanum, en 79 ap. J.-C.
17. Alors qu'ils auraient dû, si l'on avait appliqué strictement la loi, devenir la propriété du trésor public.
18. Le texte n'est pas sûr en cet endroit. C'est seulement une des interprétations possibles.
19. A la déportation.
20. A la première étape.
21. Le 13 septembre 81.
22. Cela ne s'accorde pas avec la date indiquée par Suétone pour la naissance de Titus : le 30 décembre 41 (chap. 1). On suppose que Titus était né en fait le 30 décembre 39.

DOMITIEN

1. Le 24 octobre 51.
2. On ignore ce que désigne ce nom propre. « Borgne » (trad. de T. Baudement) se dit en latin *luscus.*
3. T. Baudement a adopté la leçon *vanae* (« parmi les ministres subalternes de cette vaine religion ») des moins bons manuscrits, au lieu de *variae.*
4. Les consuls ordinaires prenaient leurs fonctions le premier janvier et étaient éponymes de l'année, c'est-à-dire qu'ils leur donnaient leur nom.
5. Les mots : « pour les détourner de leur devoir » sont ajoutés par T. Baudement.
6. Le texte est corrompu en cet endroit et a été restitué de diverses façons.
7. Voir *Vie de Claude,* chap. 24.
8. Voir *Vie de Claude,* chap. 21. Claude avait invoqué des raisons spécieuses pour pouvoir célébrer les jeux séculaires sous son propre règne. Domitien rétablit la chronologie adoptée par Auguste.
9. Suétone décrit trois sortes de joueurs de cithare (terme que T. Baudement rend par « harpe ») : ceux qui chantaient en s'accompagnant (citharèdes) ; ceux qui accompagnaient le chœur ; et ceux qui ne chantaient pas.
10. Sur ces fêtes, voir *Vie d'Auguste,* chap. 71.
11. La fête des Sept Collines (le *Septimontium*) avait lieu en décembre : elle célébrait l'association en une seule ville des sept collines de Rome.

12. Incendié en 69 (voir *Vie de Vitellius*, chap. 15), il brûla à nouveau en 80.
13. Connu aussi sous le nom de *Forum transitorium*.
14. Ou plutôt les Chattes. Voir *Vie de Vitellius*, chap. 14.
15. Simples distributions de vivres ou d'argent.
16. Offerts au peuple.
17. Voir *Vie de Caligula*, chap. 55.
18. L'explication en est donnée au chap. 14.
19. Il s'agit de la direction des offices administratifs qui étaient exercés dans le palais impérial : secrétariat, correspondance, requêtes, etc. Jusqu'alors c'étaient des affranchis qui avaient presque toujours assuré ces fonctions. Le règne de Domitien marque une transition : les chevaliers partagent avec les affranchis ces charges qui, à partir du IIe siècle, seront l'apanage exclusif de l'ordre équestre.
20. Littéralement : « ... de recevoir auprès des enseignes », où les soldats déposaient leurs économies.
21. Ce qui veut dire qu'aux trois versements annuels de trois pièces d'or *(aurei)*, équivalant à trois cents sesterces chacun, il ajouta un quatrième versement de trois cents sesterces. La solde annuelle des légionnaires passa donc de neuf cents à mille deux cents sesterces (c'est-à-dire, approximativement, de deux cent vingt-cinq à trois cents francs-or).
22. Voir *Vie d'Auguste*, chap. 36; *Vie de Vespasien*, chap. 10.
23. Voir *Vie de Vespasien*, chap. 3, première note.
24. Leurs assesseurs.
25. Elle réprimait les relations contre nature entre hommes.
26. Manquements à leur obligation de chasteté.
27. T. Baudement adopte une correction de Beroald qui n'a pas de raison d'être (« Ocellata »).
28. *Géorgiques*, 2, 537.
29. La correction *Rusti* (au lieu du *Rusci* des manuscrits) est rendue indispensable par le témoignage des inscriptions.
30. Qui se livraient au commerce.
31. On ne sait rien de cette loi.
32. Il s'agit des « subsécives », parcelles de terres qui échappaient à la cadastration préalable à la distribution des terres aux vétérans.
33. Droit qui assure de la possession d'un bien foncier celui qui l'a occupé depuis un certain temps.
34. Domitia, épouse de Domitien, avait aimé Pâris d'un amour adultère (chap. 3). L'empereur avait fait périr son amant.
35. C'est-à-dire : « copié ».
36. Glose plutôt que traduction. Le texte porte en fait : « qu'un Thrace pouvait rivaliser avec un mirmillon, mais non avec celui qui donnait les jeux ». C'est-à-dire que Domitien était accusé de déloyauté, et de favoriser outrageusement les mirmillons aux dépens des Thraces (en exigeant la mise à mort de ces derniers).
37. Les Thraces portaient la *parma*, petit bouclier rond.
38. Voir chap. 1 : il s'agit de Domitia Longina.
39. On croyait la continence bonne pour la voix des chanteurs.

40. Voir *Vie de Vespasien,* chap. 14.
41. Contre L. Antonius : voir chap. 6.
42. T. Baudement a adopté la correction *principis* (« l'indulgence du prince ») au lieu du *principii* des manuscrits.
43. Supplice décrit dans la *Vie de Néron,* chap. 49.
44. C'est-à-dire : « que j'étais présent à cette séance du sénat ».
45. Voir chap. 7.
46. Après la défaite des Juifs face à Titus, tous ceux qui pratiquaient la religion juive durent verser au temple de Jupiter Capitolin les deux drachmes (= environ deux francs-or) dont ils étaient autrefois redevables envers le temple de Jérusalem.
47. Voir *Vie de Vespasien,* chap. 3.
48. Citation de l'*Iliade,* 2, 204.
49. Voir *Vie de César,* chap. 26, note relative aux mots : « lit sacré ». Le mot latin correspondant est, dans les deux cas, *pulvinar.*
50. Jeu de mots difficilement traduisible : *arci* est la transcription latine du mot grec *arkei,* « il suffit ». Et, d'autre part, « arc de triomphe » se dit en latin *arcus,* mot dont le pluriel archaïque était *arci.*
51. Domitien fut consul en 71, 73, 74, 76, 77, 79, 80, avant son règne ; puis, durant ce dernier, sept fois de suite, de 82 à 88, et encore en 90, 92 et 95.
52. Le texte du second vers de ce distique est mal établi et comporte plusieurs variantes selon les manuscrits et les éditeurs.
53. Manteau blanc de cérémonie.
54. Pierre blanche et translucide, découverte en Cappadoce à l'époque de Néron.
55. Entendre : « le secrétaire de Néron ». Exactement : *a libellis,* « chargé des requêtes ».
56. Voir *Vie de Néron,* chap. 49.
57. D'après Dion Cassius, 67, 14, il fut mis à mort pour athéisme. Certains auteurs supposent qu'il avait des sympathies pour le christianisme.
58. Voir *Vie de Vespasien,* chap. 5.
59. Les mots : « qui avait... de l'empereur » sont ajoutés par T. Baudement.
60. Nièce de Domitien et épouse de Flavius Clémens que Domitien avait fait mettre à mort (chap. 15).
61. C'est-à-dire sous-officier d'ordonnance.
62. Ici, chef du personnel.
63. Le 18 septembre 96.
64. Vers de l'*Iliade,* 21, 108.
65. C. Matius fut un ami de Cicéron et de César, puis d'Auguste. Il avait consacré des écrits à la cuisine et aux jardins. Il avait introduit à Rome une nouvelle espèce de pomme.
66. Depuis le règne de Claude, ce type de mariages, jusqu'alors considérés comme incestueux, était légal : voir *Vie de Claude,* chap. 26.

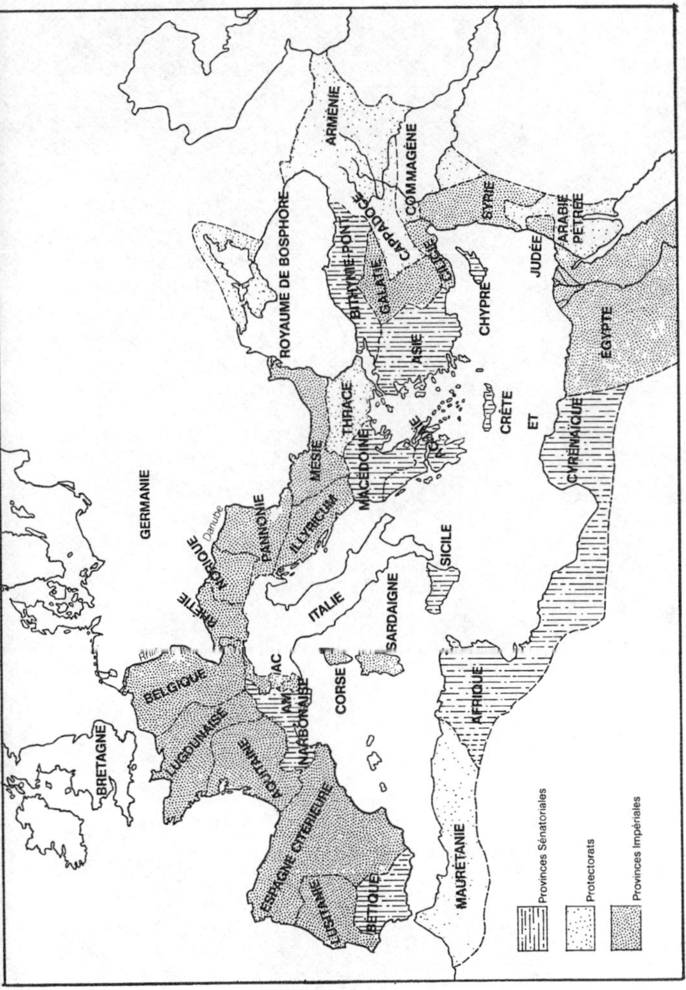

L'ÉTAT ROMAIN À LA MORT D'AUGUSTE

CHRONOLOGIE HISTORIQUE

Césars	Événements
100 av. J.-C. : naissance de César.	
	91-88 av. J.-C. : révolte des Italiens alliés de Rome (« guerre sociale »). Ils sont vaincus par Sylla, mais obtiennent le droit de cité.
	88-84 : guerres contre Mithridate.
	88-86 : guerre civile entre Marius et Sylla. Proscriptions de Marius à Rome et en Italie.
	86 : mort de Marius.
	83-79 : dictature de Sylla. Nouvelles proscriptions, à l'initiative de ce dernier.
81 : César chez Nicomède.	
	78 : mort de Sylla.
	77-72 : gouvernement de Sertorius en Espagne. Pompée triomphe de Sertorius.
	74-67 : guerre des pirates. Ils sont détruits par Pompée.
	74-63 : nouvelle guerre contre Mithridate. Ce dernier, vaincu par Lucullus, puis par Pompée, se tue.
	73 : révolte des esclaves sous la direction de Spartacus. Ce dernier est vaincu par Crassus.
68 : questure de César.	
65 : édilité de César.	
63 : César grand pontife. Naissance d'Octave.	**63** : conspiration de Catilina.
62 : préture de César.	
	60 : « premier triumvirat » : Pompée, Crassus et César s'accordent secrètement pour gouverner Rome.
59 : premier consulat de César. Au terme de ce consulat, il obtient pour cinq ans les deux Gaules Cisalpine et Transalpine.	
58-50 : conquête de la Gaule Chevelue par César, dont le gouvernement est prorogé pour cinq ans en 55.	**58** : Clodius tribun de la plèbe. Exil de Cicéron.
	57 : Cicéron est rappelé d'exil.
	56 : consolidation du triumvirat.
	53-49 : anarchie à Rome.
52 : César, battu à Gergovie, triomphe de Vercingétorix à Alésia.	

Césars	**Événements**
49 : Le sénat refuse la prorogation du commandement de César en Gaule. César franchit le Rubicon.	
49-45 : guerre civile entre César et Pompée. César vainqueur à Ilerda (49), à Pharsale (48), à Thapsus (46), à Munda (45). César est dictateur une première fois en 49, une deuxième fois en 47, puis pour dix ans en 46.	
44 (15 mars) : César est assassiné par Brutus, Cassius et leurs complices. Il est divinisé.	
	43 : guerre de Modène : Octave, petit-neveu et fils adoptif de César, s'unit d'abord au sénat et bat Antoine. Puis renversement d'alliances : « second triumvirat » entre Octave, Antoine et Lépide. Partage du monde romain entre les triumvirs. Proscriptions à Rome, à l'initiative de ces derniers. Cicéron est mis à mort.
42 : naissance de Tibère.	**42** : les troupes républicaines sont vaincues à Philippes, en Macédoine. Nouveau partage du monde romain, plus avantageux pour Octave.
	40 : traité de Brindes entre les triumvirs. L'Occident est à Octave, l'Orient à Antoine et l'Afrique à Lépide. Mariage d'Antoine et d'Octavie, sœur d'Octave.
39 : naissance de Julie, fille d'Octave et de Scribonie.	
38 : Octave, après avoir divorcé d'avec Scribonie, épouse Livie (Livia Drusilla) enlevée à son époux Tibérius Néro.	
	37 : renouvellement du triumvirat.
	36 : Lépide, évincé, est privé de l'Afrique au profit d'Octave. Sextus Pompée est battu par Agrippa, lieutenant d'Octave, à *Myles* et à Nauloque.
31 : Octave seul maître du monde romain.	**31** : Bataille d'Actium.
30 : il célèbre son triomphe et ferme le temple de Janus.	**30** : Antoine et Cléopâtre se donnent la mort.
27 : Octave reçoit le titre d'Auguste.	

Césars

23 : grave maladie d'Auguste. Il est guéri par Antonius Musa. Il reçoit la puissance tribunicienne, qu'il conservera jusqu'à sa mort. Mort de Marcellus, neveu d'Auguste et époux de Julie.

21 : Agrippa épouse Julie.

17 : Auguste adopte ses petits-fils Caïus et Lucius, fils d'Agrippa et de Julie.

15 : naissance de Germanicus, fils de Drusus, et de Drusus, fils de Tibère et de Vipsania Agrippina.

12 : Auguste est nommé grand pontife et, à ce titre, possède la haute main sur la religion romaine. Mort d'Agrippa.

11 : Tibère épouse Julie, après avoir répudié Vipsania Agrippina.

10 : naissance de Claude à Lyon.

9 : mort de Drusus, frère de Tibère.

6 : Tibère partage avec Auguste la puissance tribunicienne pour cinq ans. Il se retire à Rhodes.

3 (?) : naissance de Galba.

2 : Julie, fille d'Auguste, est reléguée à Pandatéria pour inconduite.

1 ap. J.-C. : mort de Lucius César à Marseille.

2 : Tibère revient à Rome après sept ans d'absence.

4 : mort de Caïus César en Lycie. Auguste fait adopter par Tibère son neveu Germanicus, et adopte lui-même Tibère et son petit-fils M. Agrippa Postumus, fils d'Agrippa et de Julie.

7 : Auguste relègue Agrippa Postumus à Planasie.

9 : naissance de Vespasien.

12 : naissance de Caïus (Caligula).

14 : mort et apothéose d'Auguste. Avènement de Tibère. Ce dernier fait tuer Agrippa Postumus.

Événements

15 : campagnes de Drusus, frère de Tibère, sur le Rhin, et de Tibère sur le Danube.

13 ou 12 : mort de Lépide, grand pontife.

4 (?) : date présumée de la naissance de Jésus-Christ.

4-6 ap. J.-C. : campagnes en Germanie.

7-8 : campagne de Pannonie.

9 : trois légions commandées par Varus sont anéanties en Germanie, dans la forêt de Teutoburg.

Césars	**Événements**
15 : naissance de Vitellius.	**15-31** : Séjan est préfet du prétoire.
	15-16 : expédition de Germanicus en Germanie.
	16 : Germanicus est rappelé par Tibère.
	17 : triomphe de Germanicus. Il est envoyé en Orient avec des pouvoirs très étendus.
	18 : rupture entre Germanicus et Cn. Pison, gouverneur de Syrie.
	19 : Voyage de Germanicus en Égypte. Mort suspecte de Germanicus à son retour en Syrie.
	20 : Cn. Pison, accusé devant le sénat d'avoir fait périr Germanicus, se donne la mort.
23 : Drusus, fils de Tibère, est empoisonné par Séjan.	
	24 : Défaite et mort du chef numide Tacfarinas en Maurétanie.
26 : Tibère se retire à Caprée (Capri).	
	27 : chute de l'amphithéâtre de Fidènes : 20 000 ou 50 000 morts selon les sources.
29 : mort de Livie, veuve d'Auguste.	
	31 : Séjan, accusé devant le sénat par Tibère, est mis à mort.
32 : naissance d'Othon.	
33 : suicide d'Agrippine, veuve de Germanicus, persécutée par Tibère.	**33** (?) : date présumée de l'exécution de Jésus-Christ.
37 : mort de Tibère et avènement de Caïus (Caligula), fils de Germanicus. Caligula fait tuer son cousin Tibérius, fils de Drusus et petit-fils de Tibère. Naissance de Néron.	
38 : Caligula est appelé « Père de la patrie ». Mort de Drusilla, sœur bien-aimée de Caligula, qu'il divinise sous le nom de Panthée. Il épouse Lollia Paulina après l'avoir enlevée à son mari Memmius Régulus.	
39 (ou 41 ?) : naissance de Titus.	**39** : expédition de Caligula sur le Rhin, sans aucun résultat concret.
	40 : mise à mort de Ptolémée, roi de Maurétanie, et annexion de son royaume.
41 : meurtre de Caligula et avènement de Claude, frère de Germanicus et oncle de son prédécesseur.	

Césars	Événements
42 : Claude est appelé « Père de la patrie ».	**42** : formation des provinces de Maurétanie Césarienne et de Maurétanie Tingitane. Construction d'un port à Ostie.
	43 : conquête de la Bretagne (Grande-Bretagne). Annexion de la Lycie.
48 : Messaline, épouse de Claude, célèbre ses noces avec C. Silius. Mise à mort de Messaline et de Silius.	
49 : Claude épouse sa nièce Agrippine la Jeune, fille de Germanicus, après avoir obtenu du sénat la légalisation de ce type de mariages.	**49** (?) : les Juifs touchés par la propagande chrétienne sont chassés de Rome.
50 : Domitius, fils d'Agrippine, est adopté par Claude et reçoit le nom de Claudius Néron.	
51 : naissance de Domitien.	
53 : Néron épouse Octavie, fille de Claude.	
54 : Claude est empoisonné à l'instigation de sa femme Agrippine. Il est divinisé. Avènement de Néron.	
	55 : Britannicus, fils de Claude, est empoisonné sur l'ordre de Néron.
	58-63 : succès du général romain Corbulon en Arménie. Paix de compromis entre Rome et le roi des Parthes, Vologèse, et son frère Tiridate, roi d'Arménie.
62 : Néron fait mettre à mort sa femme Octavie. Il épouse Poppée.	**62** : mort de Burrus, préfet du prétoire.
	63 : la côte méridionale de la mer Noire est annexée à l'empire romain.
64 : Néron fait bâtir la « Maison Dorée » et fixe des règles d'urbanisme pour la reconstruction de Rome. Mort de Poppée, victime des brutalités de Néron.	**64** : incendie de Rome. Dix régions sur quatorze sont consumées ou fortement endommagées. Les chrétiens de Rome, accusés de l'incendie, sont suppliciés.
65 : Néron se produit sur la scène.	**65** : conspiration avortée de C. Pison contre Néron. Sénèque se suicide sur l'ordre de Néron.
66 : il épouse Statilia Messalina.	
66-67 : il triomphe aux Jeux Olympiques et à d'autres jeux en Grèce.	
67 : il entreprend le percement de l'isthme de Corinthe.	**67** : Corbulon se donne la mort sur l'ordre de Néron.
68 : Galba, gouverneur de Tarraconaise, accepte l'Empire. Néron, déclaré ennemi public, se suicide avec l'aide d'Epaphrodite. Fin de la	**68** : soulèvement de Vindex, gouverneur de la Lyonnaise, contre Néron. Il est défait et tué.

Césars	**Événements**
dynastie julio-claudienne. Avènement de Galba. **69** : Vitellius est salué empereur par les légions de Germanie. Galba adopte Pison. Othon est salué empereur par les prétoriens. Galba et Pison sont tués à Rome. Guerre entre Othon et Vitellius. Othon, battu à Bédriac, se donne la mort. Vespasien est proclamé empereur à Alexandrie et par l'armée de Judée et de Syrie. Guerre entre Vitellius et Vespasien. Désastre de Crémone. Vitellius est massacré par la populace romaine. Avènement de Vespasien et de la dynastie flavienne.	
	70 : siège et destruction de Jérusalem par Titus.
71 : Titus est associé au pouvoir impérial.	
	73-74 : siège de Masada. La résistance juive est écrasée. **74** : la Trachée-Cilicie est réunie à la province de Cilicie. **75** : répression contre les philosophes. **78-84** : pacification de la Bretagne (Grande-Bretagne) par Agricola.
79 : mort et apothéose de Vespasien. Avènement de Titus. Ce dernier se sépare de la reine Bérénice. **81** : mort et apothéose de Titus. Avènement de Domitien. **83** : Domitien condamne au suicide trois Vestales coupables d'inconduite.	**79** : destruction de Pompéi, d'Herculanum et de Stabies à la suite d'une éruption du Vésuve.
	88 : révolte d'Antonius Saturninus en Germanie. Nombreuses exécutions à Rome.
89 : Domitien célèbre un double triomphe sur les Chattes et sur les Daces.	**89** : la révolte de Germanie est écrasée. Opérations militaires en Dacie et en Germanie. **90** : les philosophes sont expulsés de Rome.
91 : Domitien fait enterrer vive la Vestale Cornélia. **95** : il fait mettre à mort son cousin T. Flavius Clémens pour athéisme. **96** : Domitien est assassiné. Fin de la dynastie flavienne. Avènement de Nerva.	

BIBLIOGRAPHIE SOMMAIRE

1. *Ouvrages sur Suétone*

A. MACÉ, *Essai sur Suétone* (Bibliothèque des Écoles françaises d'Athènes et de Rome, 82), Paris, 1900. Ouvrage encore fondamental sur la vie et la carrière de Suétone et certains aspects de son œuvre.

F. LEO, *Die griechisch-römische Biographie nach ihrer litterarischen Form*, Leipzig, 1901. Les chapitres consacrés à Suétone prétendent faire de lui l'héritier de la biographie érudite d'origine alexandrine. Très important pour la conception de l'œuvre de Suétone qui a largement prévalu dans la critique du XXe siècle et selon laquelle l'auteur des *Vies des Douze Césars* est seulement un érudit, et non un écrivain.

D. R. STUART, *Epochs of Greek and Roman Biography*, Berkeley-Londres, 1928 (chap. VI, p. 189-200, et VIII, p. 221-253). L'auteur conteste la thèse de Leo et souligne l'aspect profondément romain de l'œuvre de Suétone : plus que l'érudition alexandrine, ce sont les éloges funèbres et les épitaphes qui peuvent expliquer la disposition « par rubriques » des biographies de Suétone.

W. STEIDLE, *Sueton und die antike Biographie*, 2e éd., Munich, 1963. Renversement par rapport aux théories de F. Leo. Suétone est un écrivain et un artiste, qui sait organiser la matière de ses biographies impériales en vue d'un effet à produire.

F. DELLA CORTE, *Svetonio eques Romanus*, 2e éd., Florence, 1967. Essai intéressant, mais très contestable, selon lequel Suétone, chevalier romain, jugerait les Césars en fonction de leur attitude à l'égard de l'ordre équestre.

E. Cizek, *Structures et idéologie dans « Les Vies des Douze Césars » de Suétone*, Bucarest-Paris, 1977. Contribution très neuve à l'interprétation de la principale œuvre de Suétone. Étude approfondie de la composition des *Vies des Douze Césars*. C'est par la disposition de la matière dans ses biographies plus que par des prises de position explicites que l'on peut déceler les options idéologiques de l'écrivain. On peut ne pas partager tous les points de vue de E. Cizek sur le contenu de cette « idéologie ».

A. Wallace-Hadrill, *Suetonius : the Scholar and his Caesars*, Newhaven et Londres, 1983. Étude bien informée qui tente de replacer Suétone dans son milieu et dans son temps en suivant un fil conducteur : Suétone est un érudit, seulement un érudit. Ce n'est ni un écrivain ni un historien. L'auteur revient, au moins en partie, aux théories de F. Leo.

L. de Coninck, *Suetonius en de Archivalia* [= Suétone et les archives], Bruxelles, 1983. Contrairement à l'opinion prédominante depuis A. Macé, l'auteur entend prouver que Suétone n'a fait qu'un usage occasionnel des archives et des sources primaires, et que pour l'essentiel il s'est fondé sur des sources historiques. Ouvrage paradoxal, hypercritique, mais plein d'aperçus intéressants.

B. Baldwin, *Suetonius*, Amsterdam, 1983. Bonnes mises au point, subtiles et parfois audacieuses, sur la vie de Suétone, le genre biographique à Rome, les sources et les méthodes de l'écrivain, ses idées, son *De Viris Illustribus*, son style et sa langue.

J. Gascou, *Suétone historien* (Bibliothèque des Écoles françaises d'Athènes et de Rome, 255), Rome, 1984. L'auteur tente de montrer que Suétone, dans les *Vies des Douze Césars*, tout en se situant en dehors du genre littéraire historique, fait œuvre d'historien par la richesse et la variété de sa documentation, et par la multiplicité de ses curiosités et de ses points de vue.

2. *Éditions des* Vies des Douze Césars *:*

• Texte latin seul :

C. *Suetoni Tranquilli quae supersunt omnia* (p. 1-254), éd. C. L. Roth, Leipzig, 1858 (réimp. 1871).

C. *Suetoni Tranquilli De Vita Caesarum libri VIII*, éd. L. Preud'homme, Groningue, 1906.

C. *Suetoni Tranquilli De Vita Caesarum libri VIII*, éd. M. Ihm, Leipzig, 1907.

• Texte latin et traduction :

Suétone, *Les Douze Césars*, dans : *Suétone, Les écrivains de l'Histoire Auguste, Eutrope, Sextus Rufus, avec la traduction française, publiés sous la direction de M. Nisard*, Paris, 1845, p. 1-220 (plusieurs rééditions ultérieures ; la traduction — reproduite ici — est de Théophile BAUDEMENT).

Suetonius (avec traduction anglaise), éd. J. C. ROLFE, 2 vol. (t. I et t. II, p. 1-385), Londres-Cambridge, Mass., 1913-1914 (nombreuses rééditions).

Suétone, *Vies des Douze Césars*, éd. H. AILLOUD, 3 vol., Paris, 1931-1932 (nombreuses rééditions).

CHRONOLOGIE BIOGRAPHIQUE

Vers 70 ap. J.-C. : Naissance de Suétone (Caius Suetonius Tranquillus) en un lieu inconnu : Hippone, en Numidie, ou Rome, ou Pisaurum, dans l'*ager Gallicus* (façade adriatique de l'Italie centrale), selon diverses conjectures. Il n'y a plus lieu d'envisager Ostie comme patrie possible de l'écrivain. Son père était un chevalier romain : en tant que tribun de la XIIIe légion, il combattit à Bédriac dans l'armée d'Othon qui fut vaincue par celle de Vitellius (69 ap. J.-C.).

97 : Deux lettres de Pline le Jeune jettent quelque lumière sur Suétone : dans l'une (I, 18), nous apprenons que ce dernier est à la veille de plaider devant un tribunal (ce qui prouve qu'il était alors avocat) ; dans la seconde (I, 24), Pline désigne Suétone comme son « camarade », *contubernalis,* et comme un « érudit », *scholasticus*.

Date indéterminée entre 98 et 103 : Suétone est admis par l'empereur Trajan à faire partie des « juges sélectionnés », c'est-à-dire de ceux dont l'aptitude avait été vérifiée.

Entre 101 et 103 : Suétone, ayant obtenu grâce à Pline d'exercer un tribunat militaire (service militaire propre aux chevaliers romains) en Bretagne (= Grande-Bretagne) auprès de L. Neratius Marcellus, y renonce et demande à Pline de faire transférer ce tribunat à son parent Caesennius Silvanus (Pline, *Lettres,* III, 8).

105-106 : Suétone travaille à un ouvrage (sa première œuvre destinée à la publication), peut-être le *De viris illustribus* (Pline, *ibid.*, V, 10), brèves biographies consacrées à des hommes de lettres.

111-113 : Pline, alors gouverneur de Bithynie, demande à Trajan d'accorder à Suétone, marié, mais sans enfants, le statut des pères de trois enfants, *ius trium liberorum*. L'empereur y consent (Pline, *ibid.*, X, 94-95).

113-117 (probablement) : Suétone est nommé secrétaire impérial « aux études » *(a studiis)*, fonction dont la nature n'est pas parfaitement élucidée (sans doute fournissait-il à l'empereur des informations pour prendre et motiver ses décisions), et, ensuite ou en même temps, secrétaire aux bibliothèques impériales *(a bibliothecis)*. Ces deux fonctions se placent sans doute à la fin du règne de Trajan.

117-122 : Suétone est secrétaire d'Hadrien à la correspondance *(ab epistulis)*. Il dédie ses *Vies des Douze Césars* à Septicius Clarus alors que celui-ci est à la tête des cohortes prétoriennes, c'est-à-dire entre 119 et 122 (Jean Lydus, *Sur les Magistratures*, II, 6).

122 : Suétone est disgracié en même temps que son protecteur Septicius Clarus, préfet du prétoire, selon l'*Histoire Auguste* (*Vie d'Hadrien*, 11, 3). On perd toute trace de Suétone après 122.

TABLE

GF — TEXTE INTÉGRAL — GF

10399.-III-1990 — Imp. Bussière, St-Amand (Cher).
N° d'édition 12521. — Mars 1990. — Printed in France.